瀛和书系

winteam5

瀛和律师机构

《最高人民法院关于适用〈中华人民共和国民法典〉有关担保制度的解释》

条文理解与适用指南

瀛和研究院 / 组织编写

蒋保鹏 / 主　　编

蔡　璇 / 执行主编

法律出版社

LAW PRESS · CHINA

图书在版编目(CIP)数据

《最高人民法院关于适用〈中华人民共和国民法典〉有关担保制度的解释》条文理解与适用指南 / 蒋保鹏主编. -- 北京 : 法律出版社, 2021
ISBN 978-7-5197-5626-0

Ⅰ. ①最… Ⅱ. ①蒋… Ⅲ. ①担保法-法律解释-中国②担保法-法律适用-中国 Ⅳ. ①D923.25

中国版本图书馆 CIP 数据核字(2021)第 093062 号

《最高人民法院关于适用〈中华人民共和国民法典〉有关担保制度的解释》条文理解与适用指南
《ZUIGAO RENMIN FAYUAN GUANYU SHIYONG〈ZHONGHUA RENMIN GONGHEGUO MINFADIAN〉YOUGUAN DANBAO ZHIDU DE JIESHI》TIAOWEN LIJIE YU SHIYONG ZHINAN

蒋保鹏 主编

责任编辑 李 群 李争春 陈昱希
装帧设计 鲍龙卉

出版发行 法律出版社
编辑统筹 法规出版分社
责任校对 张红蕊
责任印制 张建伟
经　　销 新华书店

开本 710 毫米×1000 毫米 1/16
印张 26　字数 386 千
版本 2021 年 6 月第 1 版
印次 2021 年 6 月第 1 次印刷
印刷 中煤(北京)印务有限公司

地址:北京市丰台区莲花池西里 7 号(100073)
网址:www.lawpress.com.cn
投稿邮箱:info@lawpress.com.cn
举报盗版邮箱:jbwq@lawpress.com.cn
销售电话:010-83938349
客服电话:010-83938350
咨询电话:010-63939796

书号:ISBN 978-7-5197-5626-0
定价:78.00 元

本书编委会

主　　任：董冬冬　　孙在辰

编委会成员（以拼音字母为序）

蔡　璇　　丁佳佳　　方　毅　　蒋保鹏
孔晓青　　刘　敏　　马传良　　潘雪松
秦文生　　王晓增　　杨　慧　　杨　婧
杨晓玲　　赵　岩

出版顾问：王晓增

条文序号	编写人员
第 1–8 条	蒋保鹏
第 9–12 条	刘　敏　赵　岩
第 13–18 条	丁佳佳
第 19–24 条	孔晓青
第 25–26 条	潘雪松
第 27–30 条	方　毅
第 31–35 条	赵　岩
第 36–41 条	潘雪松
第 42 条	蔡　璇　潘雪松
第 43–46 条	蔡　璇
第 47–53 条	秦文生
第 54–55 条	杨　婧
第 56 条	蒋保鹏
第 57–60 条	杨　婧
第 61 条	杨晓玲　刘　敏
第 62 条	杨　慧　刘　敏
第 63 条	刘　敏　蔡　璇
第 64 条	刘　敏　赵　岩
第 65 条	蒋保鹏　刘　敏
第 66–71 条	马传良

主编简介

蒋保鹏

中国人民大学法学学士，北京大学法学硕士，原某法院民庭法官，现瀛和研究院秘书长。参与审理二审、申请再审、提审和下级法院请示的民商事案件逾 600 件，主要类型包括建设工程施工合同、民间借贷、公司相关诉讼。办理的典型案件包括成都华瑞达与北京坤阳股权转让纠纷（公报案例）；山东达盛集团与济南九顶塔公司执行异议之诉（公报案例）；交通银行河北分行与石家庄矗麟房地产执行异议之诉（提审案件）；九城与马拉多拉肖像权、姓名权申请再审；狼牙山五壮士名誉侵权案；电梯劝阻吸烟案等。参与民间借贷司法解释、民诉法解释、执行异议之诉、建工解释二、第三人撤销之诉、网络侵权司法解释、婚姻法解释、证据司法解释、食品安全法司法解释、劳动争议诉裁衔接、道交一体化和有关送达的若干意见等十余项司法文件的调研起草；参与撰写多部司法解释的理解与适用。在瀛和研究院，主持《瀛和典论》的编纂，组织《民法典》《民事诉讼法》等民商事领域学术研究，重大疑难案件进行分析论证，外部学术资源的沟通和交流。

执行主编简介

蔡　旋

先后就读于西南政法大学、中国人民大学，北京瀛和律师事务所律师 / 合伙人。主要业务领域为公司类纠纷、股权交易全流程法律服务（含股权激励、股权投融资、股权架构设计等方向）。担任“全国中小企业协会民法典宣讲团”专家成员，担任 2020 年度全国中小企业创新创业大赛决赛创业导师，曾任江西地区某市级人民检察院人民监督员；本人代理案件于 2020 年入选中央电视台《今日说法》栏目。

丁佳佳

上海瀛东律师事务所合伙人律师，华东政法大学民商法学硕士，上海市法学会民法学研究会会员，上海财经大学法学院兼职导师。专业领域为公司治理、商事、金融争议解决。曾服务于上海苏宁、澳新银行、上海国金租赁有限公司、创格融资租赁有限公司及中投君安（深圳）融资租赁有限公司等著名企业，发表过多篇理论和实务文章。

方　毅

北京市君泽君（成都）律师事务所律师，毕业于四川省社会科学院研究生院。中国法学会会员、四川省律师协会金融证券专业委员会委员、成都市律师协会金融与保险法律专业委员会委员兼副秘书长、成都市涉外商事与法律服务中心调解员，主要执业领域为民商事诉讼与仲裁、公司法律事务、企业投融资法律服务等。

孔晓青

上海瀛东律师事务所高级合伙人，公司事务部主任，瀛和律师机构股权治理委员会主任，毕业于复旦大学法学院。擅长公司治理（股权架构设计、股权融资、股权激励等）、融资租赁、保理等业务，为多家大型国有企业、上市公司、金融公司提供法律服务。

刘　敏

辽宁瀛沈律师事务所律师、瀛和律师机构知识产权专业委员会主任、辽宁省法学会知识产权研究会副会长。主要业务领域为知识产权、不良资产、金融、高端民商事诉讼、合同纠纷。

马传良　北京瀛和律师事务所合伙人，中国政法大学法学学士、国际经济法硕士。曾任英大汇通融资租赁有限公司（国家电网与GE合资）法务经理、国网国际融资租赁有限公司（国家电网全资）资深法务经理、蔷薇信息技术有限公司法务总监。主要业务领域为数字供应链金融、保理、融资租赁、境内外融资、综合性金融业务；公司合规治理；数据合规；区块链法务与在线司法。

潘雪松　安徽瀛国伦律师事务所律师，专注于商事争议与诉讼案件处理、致力于企业和企业家法律风险防范。现任全国中小企业法治人才库专家组成员、全国中小企业《民法典》宣讲团成员、瀛和律师机构民商事诉讼与仲裁委员会委员、瀛和律师机构数字化法律服务专家团成员，发表论文十余篇。

秦文生　广东瀛双律师事务所合伙人，主要执业于不良资产和破产清算领域，广东省律师协会破产与清算委员会委员、佛山市律师协会破产与清算委员会委员、佛山市禅城区青年商会副会长、中国政法大学破产法与企业重组研究中心会员。

杨　慧　北京瀛和律师事务所权益合伙人，瀛和律师机构股权治理专业委员会副主任，2018年度北京市海淀区优秀律师，2019年度瀛和律师机构优秀律师。执业至今专注于公司治理、股权实务、法律风险与合规管理业务的研究，拥有法务及律师的双重工作经验，擅长非诉项目及商事争议解决。

杨　婧　上海瀛东律师事务所高级合伙人，上海财经大学法学院实务导师，临汾仲裁委仲裁员，为睿学院专职讲师。曾任上海区法院审判员十年，主要执业方向为商事纠纷及不良资产、破产领域，具有丰富的办案经验，擅于解决重大疑难案件，司法实践经验丰富并善于总结，长期为各大学、银行行业、各大专业协会等机构授课。

杨晓玲　北京瀛和律师事务所律师，毕业于中国政法大学。宁夏股权托管交易中心法律服务团成员律师、宁夏总工会法律服务站维权律师、宁夏交通广播“与法同行”栏目特邀律师、银川电视台“律师维权”“生活帮”等栏目维权律师。先后在大中型企业担任法务负责人、投融资部门负责人、副总经理等职务。目前担任多家企事业单位、政府机关常年法律顾问。

赵　岩　北京瀛和律师事务所律师，北京瀛和青年律师工作委员会委员，北京市东城区律师协会青年律师工作委员会委员。主要业务领域为民商事合同纠纷、劳动争议、交通事故、企业法律顾问。

《民法典》时代的法律研习

随着2021年1月1日《民法典》的颁布实施，我国法律理论研究和实践应用进入了新的时期。有学者认为，法典化之后，立法论退居二线，解释论占据主流，以实务为问题导向的学术论证及其观点，将对裁判思路及方向影响日重。这显然是借鉴了王泽鉴先生和拉伦茨教授的观点。

《民法典》和相关司法解释，包括作为本书写作基础的《担保制度司法解释》，对既往的法律规范作了较多修改，增加了很多新的内容，也对很多过去存在争议的问题进行了明确。例如，第4条规定的担保物权代持，既往的判决中既有支持的观点，也有反对观点，在《担保制度司法解释》中出于对债权人利益保护、内部外部利益平衡等方面考虑，认可了支持担保物权代持的观点。再如，第9条关于上市公司对外担保要件的特别规定，也是综合了《民法典》、《公司法》以及证监会关于上市公司信息披露的规范而作出的，对《公司法》第16条规定的公司对外担保要件作了实质性的调整，由内部决议调整为外部披露。类似的内容，在这部解释中比比皆是。

这对于法律人而言，既是挑战，也是一次机遇。原因在于《民法典》和各部司法解释的出台，对现有规范的整理、调整、修改、删除和新增，使所有人都重新处在同一起跑线上公平竞争——无论是律师、法官、检察官，还是公司、律师事务所甚至法检机关，不论是新入行的个人或者机构，还是久负盛名的大律师、公司或律师事务所——所有人都面临这个问题。也就是说，《民法典》时代，旧有的知识需要更新，如果仍然因循守旧，以过去民商事法律和司法实践为准，来开展未来的工作，有可能会出错。

更何况，《民法典》和相关解释，从立法技术上而言堪称精妙。无论从文义解释角度理解，还是从目的解释、体系解释、历史解释等方式发掘条文文字背后的含义，我们都可以发现立法者的良苦用心。例如，《民法典》第545条第2款规定，“当事人约定非金钱债权不得转让的，不得对抗善意第三人。当事人约定金钱债权不得转让的，不得对抗第三人”。第三人是否善意，在不同类型的债权转让中是有不同要求的，这就必须区分非金钱债权和金钱债权的不同，以及善意的要件。再如，《担保制度司法解释》第57条，其基础是《民法典》第416条规定的购置款抵押权，第57条规定了在特定前提下如何认定购置款抵押权的具体情形，以及该制度下最重要的问题即不同担保物权的顺位，都是值得细细研究的。

在这样的背景下，就有可能产生“专业壁垒”。法律界的共识之一就是细分领域的专业化，但在诉讼领域，之前的专业化并不算成功，一个法官今天审理离婚纠纷，明天就可能审理建设工程纠纷；一个律师今天办理了一个民间借贷案件，明天可能就要办理股权转让纠纷。造成这种现象的原因之一就是没有形成足够的“专业壁垒”，如果立法较为粗略，而司法技术不足以产生区分度，那么结果就是专业划分无法形成。但是在《民法典》时代，我们认为，基于前面讲到的立法内容的更新、立法技术的精妙、司法裁判越加注重逻辑化和理论化、案例制度的广泛应用等，“勾兑派”律师生存空间越来越小，这种“专业壁垒”正在逐渐形成。未来一定会产生细分诉讼领域的法律专家，对该领域的知识和技能的掌握与其他领域的法律人产生区分度。这就要求每一个法律人必须明确自己所追求的法律领域，在该范围内深度学习和实践，而不能再做一个“全能”的法律人。所谓全能，未来一定意味着全不能。

最后，我想谈一谈“学术化”。这并不是个新鲜的名词，但具体的意义，很少有人深究。我个人认为，对不同的法律职业而言，学术化的要求是不一样的。学者的学术化，往往是兼顾立法层面和法律适用层面，而且是偏理论化，对域外的立法和司法实践也关注较多；法官的学术化，往往是立足于如何解决纠纷或如何审结一起案件，即更关注实用性，所以不太注意立法缺陷和域外理论与实践，而更关注法律适用的具体问题，且会考虑裁判之外的解决纠纷方式；律师的学术化比较接近法官，但比法官还多一个层面，即商业方面的考虑，因为律师要说服的不仅是法官，还有委托人。本书无法解决上述的所有问题，只希望能在实用性、条文理解、具体案件处理等方面，对读者有所帮助。

为帮助读者更便捷快速地获取本书相关知识，了解我们在书中表达的观点和解读，本书作者特录制了相关视频、音频课程。读者们可扫描封底二维码试听并购买配套的课程，以资更好地利用碎片化时间，参与我们作为实务型学术化的研究成果的推广，也可以提出您的宝贵意见和建议（邮箱地址：jiangbp_ 1985@ sina. com）。

是为序。

蒋保鹏

2021 年 4 月 28 日

法律、司法解释缩略语表

全　称	简　称
《中华人民共和国民法典》	《民法典》
《中华人民共和国民法通则》（已被《民法典》废止）	《民法通则》
《中华人民共和国民法总则》（已被《民法典》废止）	《民法总则》
《中华人民共和国物权法》（已被《民法典》废止）	《物权法》
《中华人民共和国合同法》（已被《民法典》废止）	《合同法》
《中华人民共和国担保法》（已被《民法典》废止）	《担保法》
《中华人民共和国土地管理法》	《土地管理法》
《中华人民共和国城市房地产管理法》	《城市房地产管理法》
《中华人民共和国公司法》	《公司法》
《中华人民共和国企业破产法》	《企业破产法》
《中华人民共和国仲裁法》	《仲裁法》
《中华人民共和国民事诉讼法》	《民事诉讼法》
《最高人民法院关于适用〈中华人民共和国民法典〉有关担保制度的解释》	《担保制度司法解释》
《最高人民法院关于适用〈中华人民共和国民法典〉物权编的解释（一）》	《物权编解释（一）》
《最高人民法院关于贯彻执行〈中华人民共和国民法通则〉若干问题的意见（试行）》（已废止）	《民通意见》
《最高人民法院关于适用〈中华人民共和国担保法〉若干问题的解释》（已废止）	《担保法司法解释》
《最高人民法院关于适用〈中华人民共和国民事诉讼法〉的解释》	《民事诉讼法解释》

续表

全　称	简　称
《全国法院民商事审判工作会议纪要》(2019 年)	《九民会议纪要》
《最高人民法院关于适用〈中华人民共和国民法典〉担保部分的解释(征求意见稿)》	《担保部分司法解释》(征求意见稿)
《最高人民法院关于适用〈中华人民共和国民法典〉时间效力的规定》	《民法典时间效力规定》
《最高人民法院关于审理买卖合同纠纷案件适用法律问题的解释》	《买卖合同司法解释》
《最高人民法院关于适用〈中华人民共和国企业破产法〉若干问题的规定(三)》	《破产法若干规定(三)》

目 录

一、关于一般规定

一、关于一般规定

第一条　【适用范围】

因抵押、质押、留置、保证等担保发生的纠纷，适用本解释。所有权保留买卖、融资租赁、保理等涉及担保功能发生的纠纷，适用本解释的有关规定。

【条文理解】

我国立法历史上第一次规定担保制度，是在1986年颁布的《民法通则》第89条，其规定了四种担保形式：保证、抵押、定金、留置。1993年《经济合同法》规定了两种担保形式，为定金和保证。1994年《最高人民法院关于审理经济合同纠纷案件有关保证的若干问题的规定》成为历史上处理保证纠纷的重要裁判依据。1995年6月发布的《担保法》，是我国第一部关于担保的基本法律。2007年《物权法》全面规定了抵押、质押和留置三种担保物权。《民法典》则在合同编、物权编分列了五种典型担保形式和其他具有担保功能的担保形式。

从法律技术上讲，本解释是将涉及担保的合同规范与物权规范放在一起的。我国民法并不承认物权行为和债权行为之分，但承认区分原则在法律实践中的应用，可见《民法典》第214条、第215条的规定，物权的生效以登记或交付为准，而当事人之间有关物权变动的合同自成立时生效，合同效力不受物权登记或交付与否的影响。

在本条前一句列举的抵押、质押、留置、保证等担保方式中，抵押和质押都遵循物权公示原则，担保物权的生效要进行抵押或交付，质权还存在登记对抗的情形。《民法典》第 388 条规定，设立担保物权，应当依照《民法典》和其他法律的规定订立担保合同。故在抵押或质押担保方式中，同时存在债权法律关系和物权法律关系。根据区分原则，债权法律关系的效力和物权法律关系的效力并无必然的关联性，如抵押合同签订之后未进行登记的，不产生抵押权这一物权，债权人对抵押财产不享有优先受偿的排他权利；但是债权人得请求抵押人履行抵押合同或者承担合同不能履行的违约责任，则此为合同之债的请求权，为对人权，效力较物权更弱。也有观点认为此时得适用“无效法律行为的转换”制度①，认为此时双方构成实质上的保证法律关系，但程啸教授等认为，该制度并无适用必要，依据担保合同即可追究义务人的责任。

留置权的产生无须“留置合同”，其形式为债权人依据基础法律关系（如《担保法》所列举的保管合同、运输合同、加工承揽合同等），合法占有留置财产，符合法定的条件即可享有并行使。保证中不存在物权法律关系，保证权利义务均由保证合同约定产生，故《物权法》中没有保证合同的规范，《民法典》中保证合同则是规定在合同编而非物权编。

所有权保留、融资租赁也是具有“混合型”法律关系的担保方式。所有权保留是一种通过延缓所有权移转的方式来担保出卖人货款债权获偿的交易方式，最早规定应是《民通意见》第 84 条：财产已经交付，但当事人约定财产所有权转移附条件的，在所附条件成就时，财产所有权方为转移。《合同法》第 134 条也有类似规定，即当事人可以在买卖合同中约定买受人未履行支付价款或者其他义务的，标的物的所有权属于出卖人。但《买卖合同司法解释》第 25 条对此作了限缩规定，即买卖合同当事人主张《民法典》第 641 条关于标的物所有权保留的规定适用于不动产的，人民法院不予支持，则所有权保留仅限于动产。所有权保留法律关系中也同时存在物权法律关系和合同法律关系，而且是以合同法律关系对抗物权的公示（交付）。融资租赁则存在租赁物登记的问题。在人民银行征信中心《关于融资租赁登记问题的研究报告》中则认为融资租赁有登记的必要性，《融资租赁法（草案）》（并未正

① 参见《九民会议纪要》第 54 条。

式通过）中也明确规定，租赁物应当在登记机关办理所有权登记，未办理登记的，出租人对租赁物的所有权不得对抗善意第三人。目前在央行动产融资统一登记公示系统中可对此办理登记。

保理法律关系中则不存在物权法律关系或登记要件，而是类似保证，以合同来约束各方当事人并体现担保功能。保理业务一般被理解为以现金方式买入一段时间内卖方对买方的应收账款，进行管理和催收，并承担买方无法给付货款风险的一种方式，其本质是为赊销贸易的当事人，尤其是卖方，提供融资的经营活动。保理合同中，保理人提供的服务一般包括资金融通、应收账款管理或者催收、应收账款债务人的付款担保等，本条中所称保理合同为“具有担保功能的合同”，即是基于保理人上述服务内容而言。

本条中的“所有权保留买卖、融资租赁、保理等涉及担保功能发生的纠纷，适用本解释的有关规定”，应理解为：（1）上述三种合同纠纷，可以适用本解释；（2）所有权保留法律关系中物权转移的条件和时间点，融资租赁法律关系将来可能出现的登记事宜，不适用本解释；（3）保理合同可能涉及质押问题，则可适用本解释中有关质押的规定。

【适用指南】

值得注意的是，在列举的三种具有担保功能的合同中，并未明示包含“让与担保”“保兑仓交易”两种合同。这两种合同出现在《九民会议纪要》第 68 条至第 71 条。保兑仓交易的流程为：卖方、买方和银行订立三方合作协议，其中买方向银行缴存一定比例的承兑保证金，银行向买方签发以卖方为收款人的银行承兑汇票，买方将银行承兑汇票交付卖方作为货款，银行根据买方缴纳的保证金的一定比例向卖方签发提货单，卖方根据提货单向买方交付对应金额的货物，买方销售货物后，将货款再缴存为保证金。让与担保的基本模式为：债务人或者第三人与债权人订立合同，约定将财产形式上转让至债权人名下，债务人到期清偿债务，债权人将该财产返还给债务人或第三人；债务人到期没有清偿债务，债权人可以对财产拍卖、变卖、折价偿还债权的，人民法院应当认定合同有效。合同如果约定债务人到期没有清偿债务，财产归债权人所有的，人民法院应当认定该部分约定无效，但不影响合同其他部分的效力。

“让与担保”这一名词虽然未出现在本解释中，但第 68 条规定的内容其实就是让与担保的含义和操作。虽然这一名词在法律中并未出现，但我们认为，在担保立法从形式担保到实质担保转变的思想指导下，让与担保已经成为实践中常见的制度，而且其特殊意义、与其他法律制度（买卖、抵押等）的区别也可以明确，那么这事实上是一个法律认可的制度，以此订立合同或在纠纷解决中使用该术语，并无不当。

实践中，商业银行和小贷公司经常采用的其他非典型担保模式有：（1）商铺租赁权质押。由贷款方（商业银行）、借款方（商户、商铺承租人）与大型专业市场的商铺所有者或管理者（商铺出租人）签订三方协议，以商铺租赁权的财产价值作为优先偿债的担保，在商铺出租人处办理质押登记，并限制商铺承租人将商铺租赁权以任何形式进行转让、转租或重复质押。商铺租赁权的价值由商业银行进行评估、商铺出租人确认。贷款方（质权人）与商户（质押人）则约定，如果商户到期不能归还贷款，由商铺所有者或管理者处置该租赁权，所得价款用于优先清偿商户的贷款。（2）出租车经营权质押。出租车营运证持有人将其持有的、由车辆运输管理所核发的出租车营运证交由债权人保管，并在车辆管理所进行质押登记，以出租车营运证所代表的出租车经营权进行质押，办理贷款。如到期不能还贷，由债权人对出租车经营权进行处置，所得款项用于清偿所担保的债权。（3）银行理财产品质押。债务人以其在商业银行所投资的理财产品为出质标的，为其在同一银行申请的贷款提供担保。如其到期不能偿还贷款，银行有权将该理财产品折价变现，以清偿债务人所借贷款。（4）保单质押。以小微企业的法定代表人或大股东等关联人提供的人寿保险保单作为质押标的，银行按照保单受益金额的一定比例发放贷款，在担保权利的公示上，多采取直接交付保单的方式。另外，保单在股东互保的规划中也有重要意义。（5）排污权质押。排污权是可交易的，排污权质押系以排污权为质押标的，在颁发排污权许可证的环保部门办理质押登记，为债权提供担保的方式。目前应用范围较窄，尚未形成全国范围内的交易形式。

本解释将具有担保功能的物权法律关系和合同法律关系规定在一部规范中，并不意味最高人民法院忽视了区分原则。在《物权法》第15条中就明确了合同效力和物权效力的区分，即当事人之间订立的担保合同，合同成立时生效，未办理物权登记的，不影响合同效力。故本解释采取这种技术处理的缘由，应该是在明确区分原则的基础上出于便于使用的目的而做的安排。以《民法典》为例，关于抵押、质押和留置等担保物权的规定见于第394条至第457条，而关于担保相关的合同的规定则散见于合同编第一分编（通则），第十三章保证合同、第十五章融资租赁合同、第十六章保理合同、总则编第六章第三节民事法律行为的效力等。这种体例安排固然遵守了潘德克顿体系[①]的规范性与严谨性，但也不免分离和晦涩。《德国民法典》就因其体系、概念和术语而受到批评，“学者们似并不在意民众们是否能读懂民法典，理解概念后的深层精妙设计。这部法典不是要用之于普通公民，而是要用之于法律专家，它有意识地放弃了通俗易懂性和民众教育的作用，却处处以一种抽象概念的语言取代具体清楚的规定”。我们国家的司法实践注重“司法为民”“公正司法”，则法律规范在保证严谨和逻辑自洽的基础上，要有更广的接受度，这也是本解释采用这种做法的原因之一。

需要注意的是，本条规定“所有权保留买卖、融资租赁、保理等涉及担保功能发生的纠纷”适用本解释，但有论者认为，融资租赁和保理并不必然具有担保功能。约定租赁期满后租赁物所有权转归承租人的融资租赁合同，可以理解为具有担保功能；租赁期满后租赁物所有权仍属于出租人的融资租赁合同，难说具有担保功能。保理有融资保理和非融资保理，非融资保理并不具有担保功能；融资保理分为有追索权保理和无追索权保理，有追索权保

① 民法典制定中提到的潘德克顿体系，一般是指作为德国民法典制定时的指导思想的潘德克顿法学派所持的观点，即强调罗马法作为德国历史上最重要的法律渊源，后来在编纂德国民法典时按照罗马法的《学说汇编》而成民法的“五编制”，即总则、债、物、家族、继承五部分。潘德克顿体系的特色在于，将个别事项的共通部分抽象出来而为之统领，最典型的就是物权行为。此体系成为后世大陆法系民法典制定的通例，我国民法典制定也参考该体例，在此基础上增加了人格权和侵权责任两编，是为对潘德克顿体系的改进。

理可以解释为让与担保，无追索权保理性质上属于债权买卖，也不具有担保功能。将融资租赁和保理一概认为是担保，将引发民事实体法、强制执行法、破产法上的一系列复杂反应，在这些问题没有理清之前，不宜急于定性。这个观点没有问题，不过从文义解释的角度来看，本条并不能得出“将融资租赁和保理一概认为是担保”的结论。条文中已经明确“涉及担保功能发生的纠纷”才适用本解释，即最高人民法院也认识到了某些融资租赁和保理并不具有担保性质，故不能适用本解释。

【关联案例】

上海贵灵实业集团有限公司、张友进与袁楚丰民间借贷纠纷案①

裁判要旨：债权债务双方当事人虽然约定了将某公司股权用于抵偿债务，但同时约定债务人偿还借款本息的则股东有权赎回该股权，法院认为这一约定系各方之间担保意思表示，股权变更行为是债务人的股权让与担保行为而非抵偿转移行为，法院认定债权人就标的股权拍卖所得享有优先受偿权。

【关联规范】

《中华人民共和国民法典》（2020 年 5 月 28 日）

第二百一十四条 不动产物权的设立、变更、转让和消灭，依照法律规定应当登记的，自记载于不动产登记簿时发生效力。

第二百一十五条 当事人之间订立有关设立、变更、转让和消灭不动产物权的合同，除法律另有规定或者当事人另有约定外，自合同成立时生效；未办理物权登记的，不影响合同效力。

第三百八十八条 设立担保物权，应当依照本法和其他法律的规定订立担保合同。担保合同包括抵押合同、质押合同和其他具有担保功能的合同。担保合同是主债权债务合同的从合同。主债权债务合同无效的，担保合同无效，但是法律另有规定的除外。

---

① 参见上海市高级人民法院（2020）沪民终 423 号民事判决书。

第二条 【担保合同效力的从属性】

当事人在担保合同中约定担保合同的效力独立于主合同，或者约定担保人对主合同无效的法律后果承担担保责任，该有关担保独立性的约定无效。主合同有效的，有关担保独立性的约定无效不影响担保合同的效力；主合同无效的，人民法院应当认定担保合同无效，但是法律另有规定的除外。

因金融机构开立的独立保函发生的纠纷，适用《最高人民法院关于审理独立保函纠纷案件若干问题的规定》。

【条文理解】

（一）担保的从属性

从定义上讲，从合同是以他种合同的存在为前提、自身不能独立存在的合同。担保合同，包括保证合同、抵押合同、质押合同以及其他具有担保功能的合同，都可视为主合同的从合同。

1. 发生上的从属性

担保合同的成立应以相应的主合同关系的发生和存在为前提，而且担保合同所担保的债务范围不得超过主合同债权的范围。第一，从时间上看，担保合同成立的时间应该晚于主合同成立时间，或者与主合同同时成立；如果担保合同成立时间早于主合同成立时间，则在主债权债务关系尚未形成之时就成立了从法律关系，逻辑上无法自洽。第二，从因果关系上看，应该是当事人之间成立主合同关系为因，担保合同为果，因果关系不应颠倒产生。但是实践中常见的情形是，乙谋求与甲的合作关系，甲要求乙为其对外（可能的）债务承担担保责任方可合作，乙答应，则实际的顺序为，甲乙先确定了乙为甲提供担保的事宜，甲再对外商谈主债权债务关系的确立。这么做的现实考虑是，很多债权人（如银行）要求债务人必须提供担保方可放款，则债务人必须先确定担保人，才能取得银行款项。但这并不能否认担保法律关系在发生逻辑上的从属性，因为只有确定了债务人（甲）与债权人（银行）之间的具体授信，才能确定担保人（乙）所要承担的担保责任。第三，从价值判断上看，担保合同的约束力和效力，依赖于主合同。当然担保合同的约束力和效力，除了受到主合同的限制外，也取决于担保合同自身的合法性。

2. 消灭上的从属性

与发生上的从属性相对应，担保合同在消灭上也从属于主合同。主合同的终止缘由，根据《民法典》第575条的规定，包括：（1）债务履行完毕；（2）债务抵销；（3）债务人提存标的物；（4）债权人免除债务；（5）债权债务归于同一人；等等。主合同存在上述情形导致终止的，作为从合同的担保合同一并终止。需要注意的是，对担保人而言，合同解除与合同终止的法律后果是不同的，合同解除的，无论是法定解除还是约定解除，主合同的权利义务归于终止，但主合同解除后担保人仍要承担相应责任。

3. 特定性上的从属性

关于特定性上的从属性问题，可以从以下几个方面考虑：（1）担保责任范围应限于主合同责任，在主合同责任之外约定的担保责任，不应予以支持。《民法典》第389条规定，担保物权的担保范围包括主债权及其利息、违约金、损害赔偿金、保管担保财产和实现担保物权的费用，或者按照当事人的约定。《民法典》第691条对保证的范围也有类似的规定。但现实中常遇到的问题是，担保合同中约定的担保范围与登记的担保范围不一致。① （2）主合同内容变更的，一般需要担保人同意；如果未经担保人同意而加重担保人责任的，担保人对加重部分不承担担保责任。（3）债权转让的，需要通知保证人，如果不通知则对保证人不发生效力。这一点上《民法典》、《物权法》与《担保法》的规定不尽相同。就保证而言，《担保法》第22条规定，债权人转让债权的，保证人在原保证担保的范围内继续承担保证责任；但《民法典》规定债权转让必须通知保证人，否则转让对保证无效，则与债权转让对债务人的行为模式和效力相匹配。就抵押而言，《担保法》第50条规定“抵押权不得与债权分离而单独转让或者作为其他债权的担保”，但并未规定主债权转让时抵押权是否一并转让。《物权法》第192条和《民法典》第407条则在

① 参见最高人民法院民事审判第二庭编著：《〈全国法院民商事审判工作会议纪要〉理解与适用》，人民法院出版社2019年版，第356～358页。

《担保法》第50条规定之外添加了“债权转让的，担保该债权的抵押权一并转让，但法律另有规定或者当事人另有约定的除外”的规定予以弥补。（4）主债务转移的，必须经过担保人同意，否则担保人免责。因为担保行为是基于担保人和债务人之间的关系而产生，债务转移导致新债务人与担保人之间失去上述关系，可能危害担保人的利益。

4. 抗辩权上的从属性

现行的理论和实践普遍认为，抗辩权并不会消灭原告权利，而是得以对抗原告权利的行使。担保人的抗辩权从属于债务人的抗辩权，但两者范围不尽相同。《民法典》第701条规定，保证人可以主张债务人对债权人的抗辩。债务人放弃抗辩的，保证人仍有权向债权人主张抗辩。则在抗辩权的从属性的基础上，出于保护保证人合法权益的考虑，对债务人处分自身权利作了限制。值得注意的是，《民法典》第197条第2款规定，当事人对诉讼时效利益的预先放弃无效。虽然保证期间不属于诉讼时效，但鉴于保证期间制度在程序法和实体法上的重要性，以及其与诉讼时效的紧密关系，一般认为，当事人如果在签订担保合同时或者担保责任发生之前放弃保证期间的，该放弃无效；但是如果在担保责任发生之后，担保人放弃保证期间利益的，可以视为成立新的保证，则不存在违法之处。

5. 效力上的从属性

《民法典》第388条、第682条规定，主债权债务合同无效的，担保合同/保证合同无效，但是法律另有规定的除外。最高人民法院审委会副部级专职委员、二级大法官刘贵祥2020年8月28日在“人民法院大讲堂”第七课中认为，本条中的“法律”，应包括法律、行政法规、地方法规和规章四个位阶，但不允许当事人约定排除。当事人无论在主合同还是担保合同中作了违反从属性的约定的，尤其是效力上的从属性，该约定无效。

（二）主合同效力形态

合同的效力形态包括有效、无效、可撤销、未生效、效力待定等几种类型。王轶教授曾经指出，应增设“尚未完全生效的法律行为（如中外合资、合作经营企业中尚未得到主管机关批准的合同）”、“相对特定第三人无效的法律行为（如擅自转让预登记的不动产）”，并将无权处分合同剥离出效力待定的范围。[①] 本条第1款中规定“主合同无效的，人民法院应当认定担保合同无效”，但是除了无效之外，其他的主合同的效力形态对担保合同效力形态影响如何？我们认为：（1）主合同未成立的，担保合同自然不成立；（2）主合同未生效或效力待定的情景下，包括法律、行政法规规定应当办理批准登记等手续方能生效而未能办理的，附生效条件的合同条件不成就的，附生效期限合同期限届至之时未能生效的，限制民事行为能力人或无权代理人订立的合同未得到追认或被明确拒绝追认的，等等，则作为担保的从合同对当事人（担保人和债权人）不产生约束力；（3）主合同被依法撤销，依据《民法典》第155条规定，撤销的法律效果与无效等同，自始无约束力，则担保合同也会产生相同的后果；（4）需要注意的是，主合同解除并不影响担保合同的效力，担保人仍然要依据担保合同承担相应的责任。

（三）独立保函

按照《最高人民法院关于审理独立保函纠纷案件若干问题的规定》，独立保函是指银行或非银行金融机构作为开立人，以书面形式向受益人出具的，同意在受益人请求付款并提交符合保函要求的单据时，向其支付特定款项或在保函最高金额内付款的承诺。《担保法》第5条曾经规定，担保合同中对担保的从属性另有约定的，从其约定；但《九民会议纪要》第54条作了限缩规定，认为从属性是担保的基本属性，但由银行或者非银行金融机构开立的独立保函除外。独立保函的开具机构只能是银行或者非银行金融机构，内容上要符合具有下列情形之一：（1）保函载明见索即付；（2）保函载明适用国际商会《见索即付保函统一规则》等独立保函交易示范规则；（3）根据保函文本内容，开立人的付款义务独立于基础交易关系及保函申请法律关系，其仅承担相符交单的付款责任。保函一旦被认定为独立保函，则其与基础交易关系脱离，不依赖基础交易关系的履行而履行，且不受法律关于一般保证或者连带保证规范约束。虽然该司法解释开篇将《涉外民事关系法律适用法》作为规范依据之一，

---

① 参见王轶：《民法总则法律行为效力制度立法建议》，载《比较法研究》2016年第2期。

但司法实践中并未将独立保函限制在对外贸易中，而是认可了国内商事交易中独立保函的效力。除此之外，银行或者非银行金融机构之外的当事人开立的独立保函，以及当事人有关排除担保从属性的约定，均应当认定无效。

（四）无效法律行为的转换

在《民法通则》、《民法总则》和《合同法》中均无“无效法律行为”这一概念，在《九民会议纪要》第54条中首次出现。其基本法律要件为：（1）当事人的法律行为因符合法定情形，使当事人之间意欲达成的法律关系无效；（2）虽然法律行为无效，但各方当事人之间行为符合另一法律关系的要件，而该法律关系是合法有效的；（3）法律行为的转换符合当事人拟制的意思表示。这里存在两种情形：其一，探究当事人真实意思表示，进行转换符合当事人本意，即存在符合《民法典》第146条规定的情形，此时通谋的虚伪意思表示无效，而被隐藏的意思表示可以有效；其二，不存在通谋的虚伪意思表示，无效的法律行为即为当事人追求的意思表示效果，因其达成合意时并未考虑无效的可能性。此时需要考察的就不是其真实的意思，而是其可能的意思，对此通常的判断标准是：当事人在知道法律行为无效时，会希望缔结替代法律行为还是放弃缔结替代法律行为。如果是前者，则存在“无效法律行为的转换”制度的适用空间。

事实上，最高人民法院在2007年5月30日南京召开的全国法院民商事审判工作会议中就表示，在主合同有效的前提下，若当事人在非国际商事交易领域约定独立保证或独立担保物权，应当否定担保的独立性，并将其转换为有效的从属性连带保证或担保物权。在《最高人民法院关于审理涉及国有土地使用权合同纠纷案件适用法律问题的解释》第11条中也规定，土地使用权人与受让方订立合同转让划拨土地使用权的，一定条件下可以按照补偿性质的合同处理。这些司法实践体现了转换制度的思想，但并未明确提出这一概念。

【适用指南】

（一）担保合同作为合同的约束力的体现

合同的约束力一般体现在以下三个方面：（1）当事人不得擅自变更或者

解除合同；（2）当事人应按合同约定履行其合同义务；（3）当事人应按诚实信用原则履行一定的合同外义务，如完成合同的报批、登记手续以使合同生效，不得恶意影响附条件法律行为的条件的成就或不成就，不得损害附期限法律行为的期限利益等。[①] 担保合同在具有从属性的同时，其也符合一般合同的要件，故有其独立的约束力，在担保合同履行中，当事人亦受到上述约束。例如，在抵押合同中，抵押人的义务是在抵押物上设立抵押权并进行登记；如其未能履行合同导致债权人利益受损，则债权人享有两种竞合的权利，其一为请求抵押人承担违约责任（违约责任形态可以是继续履行即办理抵押登记，也可以是损害赔偿），请求权基础为抵押合同；其二为请求抵押人在抵押物价值范围内承担保证责任，则请求权基础为主合同 + 抵押合同。如果抵押人不存在其他债务，则债权人可请求对抵押物进行执行并清偿债务；如果抵押人存在其他债权人，则该债权人不享有抵押物上的优先受偿权。

（二）担保合同无效

主合同无效担保合同自然无效，但担保合同作为合同的一种，自身效力也受到《民法典》第一编第六章和第三编第三章的约束。具体而言，实践中常遇到的担保合同无效情形，主要有两种：

第一，担保主体不合格导致担保无效，包括：（1）《民法典》第 683 条规定，机关法人，以公益为目的的非营利法人、非法人组织不得为保证人；（2）《担保法》第 10 条原则上禁止法人分支机构担保，《民法典》第 683 条规定中删除了这一禁止性规定，但仍然要注意法人分支机构提供担保是否得到法人的授权，以及《民法典》第 170 条规定的职务代理问题，对担保合同效力也可能产生影响；（3）根据《合伙企业法》第 31 条的规定，合伙企业为他人担保的，除合伙协议另有约定之外，应当经全体合伙人一致同意；根据《九民会议纪要》第 17 条、第 18 条规定的精神，未经合伙人一致同意的，则需考察表见代理的问题，未经合伙人一致同意的对外担保效力和对内追偿的问题，亟待考虑；（4）村委会、居委会等基层群众自治组织，原则上无担保

① 参见赵旭东：《论合同的法律约束力与效力及合同的成立与生效》，载《中国法学》2000 年第 1 期。

主体资格，其对外担保的行为应属无效。但村委会担保如经村民会议决议，则应认定为有效。

第二，因担保合同所指向的担保财产而无效，主要见《民法典》第359条、第399条、第440条。依据第399条的规定，不得抵押的财产主要包括：（1）禁止流转、限制流转物上的担保和涉及违反公共利益的担保无效，包括土地所有权，宅基地、自留地、自留山等集体所有土地的使用权，学校、幼儿园、医疗机构等为公益目的成立的非营利法人的教育设施、医疗卫生设施和其他公益设施；（2）权属争议的财产，包括所有权、使用权不明或者有争议的财产，依法被查封、扣押、监管的财产等。

（三）主合同解除下的担保责任

《民法典》第566条第3款规定，主合同解除后，担保人对债务人应当承担的民事责任仍应当承担担保责任，但是担保合同另有约定的除外。这是《民法典》新增加的制度。主合同解除不同于无效，无论是法定解除还是约定解除，担保人均需承担担保责任，盖因合同解除后的责任承担也在担保范围之内。需要注意的是，本款规定中但书部分，“另有约定”是指担保合同中关于主合同解除时担保人免责或者担保人仍承担担保责任范围的约定，而非担保合同中关于履行期限的约定。合同解除后，如果担保人主张担保合同约定的履行期限尚未届至、应按照原主合同约定的履行期限来确定担保责任承担时间点，人民法院不予支持。

【关联案例】

北京中铁建物资贸易有限公司、天津市长芦盐业集团有限公司确认合同无效纠纷案[①]

裁判要旨：考虑到独立担保责任的异常严厉性，以及使用该制度可能产生欺诈和滥用权利的弊端，尤其是为了避免严重影响或动摇我国担保法律制度体系的基础，在司法实践中独立担保只能在国际商事交易中使用，不能在

① 参见最高人民法院（2018）最高法民申6281号民事裁定书。

国内市场交易中运用。因此法院认定担保合同中当事人关于独立担保的约定无效。

【关联规范】

《中华人民共和国民法典》（2020年5月28日）

第三百九十九条 下列财产不得抵押：

（一）土地所有权；

（二）宅基地、自留地、自留山等集体所有土地的使用权，但是法律规定可以抵押的除外；

（三）学校、幼儿园、医疗机构等为公益目的成立的非营利法人的教育设施、医疗卫生设施和其他公益设施；

（四）所有权、使用权不明或者有争议的财产；

（五）依法被查封、扣押、监管的财产；

（六）法律、行政法规规定不得抵押的其他财产。

第四百四十条 债务人或者第三人有权处分的下列权利可以出质：

（一）汇票、本票、支票；

（二）债券、存款单；

（三）仓单、提单；

（四）可以转让的基金份额、股权；

（五）可以转让的注册商标专用权、专利权、著作权等知识产权中的财产权；

（六）现有的以及将有的应收账款；

（七）法律、行政法规规定可以出质的其他财产权利。

第五百六十六条 合同解除后，尚未履行的，终止履行；已经履行的，根据履行情况和合同性质，当事人可以请求恢复原状或者采取其他补救措施，并有权请求赔偿损失。

合同因违约解除的，解除权人可以请求违约方承担违约责任，但是当事人另有约定的除外。

主合同解除后，担保人对债务人应当承担的民事责任仍应当承担担保责任，但是担保合同另有约定的除外。

第六百八十三条 机关法人不得为保证人，但是经国务院批准为使用外国政府或者国际经济组织贷款进行转贷的除外。

以公益为目的的非营利法人、非法人组织不得为保证人。

第三条 【担保范围的从属性】

当事人对担保责任的承担约定专门的违约责任，或者约定的担保责任范围超出债务人应当承担的责任范围，担保人主张仅在债务人应当承担的责任范围内承担责任的，人民法院应予支持。

担保人承担的责任超出债务人应当承担的责任范围，担保人向债务人追偿，债务人主张仅在其应当承担的责任范围内承担责任的，人民法院应予支持；担保人请求债权人返还超出部分的，人民法院依法予以支持。

【条文理解】

（一）担保责任的范围

担保责任的范围，即在发生担保人承担责任的情形时，担保人需承担责任的广度。依照担保责任的从属性，担保人承担担保责任的范围，不应大于债务人承担债务的范围。这里的范围，应该作两个方面的理解：一是性质，如主合同未约定利息而担保合同约定了利息，则属于性质上违背了担保责任范围的从属性；二是数量（额），如主合同约定了日万分之一的违约责任，而担保合同则要求担保人承担日万分之二，则为数量上违背了从属性。

实践中常见的担保合同约定担保责任范围大于主合同的情形中，最常见的也是争议最大的，是针对担保责任约定专门的违约责任（包括违约责任），包括两种：一是要求担保人对主合同违约责任的承担；二是要求担保人对担保合同的履行承担违约责任，如约定主债务届满而债务人未偿还的，担保人需在多长时间内向债权人清偿，逾期则担保人需承担一定数额的违约责任。前者依照《民法典》第389条、第691条等规定，是合法有效的；后者则依据担保的从属性，应认定为无效。

另外，常见的担保范围超过主债权而应认定为无效的情形，包括：担保责任的数额高于主债务（本金、利息、违约责任、实现债权的费用等）；担保合同约定的利息高于主合同约定利息；担保责任的履行期先于主债务履行期而届满，等等。

（二）担保责任履行的违约责任

当事人对担保责任的承担约定专门的违约责任，或者约定的担保责任范围超出债务人应当承担的责任范围，担保人可以主张仅在债务人应当承担的责任范围内承担责任。对该句的理解，应注意以下两个方面：

第一，担保合同在从属性之外，也具备完整的合同的要件，要符合《民法典》规定的平等自愿原则。有论者认为，出于尊重当事人合意的考虑，并且商事活动中充当担保人的一般具有较高的交易能力，专门从事担保业务的公司更是具有较强的自我保护能力，不会产生信息不对称或债权人优势地位过高的问题，将该问题交由合同约定、避免司法过度干预当事人的意思自治，担保合同中的违约责任条款不应一概认定无效。我们认为，违约责任有两种形式：一为损害填补，二为惩罚。损害填补的功能，可由损害赔偿这一违约形态解决并在主合同中予以约定；惩罚性违约责任则违背了担保的从属性，而且会加重担保人义务，且担保人无法向债务人追偿，是对担保法律制度的破坏。

第二，合同未履行时，义务人应承担违约责任，依据《民法典》第577条和第585条的规定，违约责任形态主要包括四种：继续履行、采取补救措施、赔偿损失和违约责任。担保合同单独约定违约责任的，债权人不能主张担保人承担额外的违约责任，但可主张《民法典》第577条规定的另外三种形态。值得注意的是，根据《民法典》第583条、第584条规定的赔偿损失，如担保人未履行担保责任或履行不符合约定并造成债权人损失的，债权人可主张填平原则下的损害赔偿，包括直接损失和可得利益。该做法并未违反担保的从属性，因实践中往往约定担保范围包括实现债权的费用，则担保人不履行担保义务所造成的损失，往往体现为实现债权和担保权的费用（而且大多与诉讼相关），且担保人可就此部分向债务人追偿。

（三）担保人的抗辩和追偿权

担保人的抗辩权，大致可以分为两类：一为共性的抗辩权，即担保人可主张的债务人对债权人的抗辩；二为独有的抗辩权，是担保人基于担保法律关系的抗辩。前者包括主债务人的实体抗辩权（债权债务法律关系未成立、债权债务终止、履行抗辩权等）、诉讼时效抗辩权、合同无效抗辩权等；后者包括擅自加重担保人责任的抗辩权、债权转让抗辩权、债务转移抗辩权、债务人放弃物保的抗辩权、一般保证人的先诉抗辩权、保证期间抗辩权、流押流质抗辩权等。本条第 1 款规定的担保人的两种抗辩权：一为担保范围的抗辩，二为担保合同违约责任条款无效的抗辩，均属于担保人独有的抗辩，不因债务人履行债务或放弃权利而灭失。

担保人在承担担保责任后享有追偿权，该追偿权可向债务人行使，自无疑问。但在不同形态的混合担保之下（人保物保混合或者共同保证人），担保人在履行担保责任后是否可向其他担保人追偿，从《担保法》到《担保法司法解释》、《物权法》、《九民会议纪要》和《民法典》，规定不尽相同。《担保法》和《担保法司法解释》规定，对于连带保证，保证人承担保证责任后得向其他保证人追偿；但《九民会议纪要》第 56 条规定，承担了担保责任的担保人向其他担保人追偿的，人民法院不予支持。虽然文义解释上讲，《九民会议纪要》第 56 条规定的情形是人保物保混合，但我们认为，结合立法目的和实践操作，连带共同保证的情况下，保证人之间如无特别约定，应不享有互相追偿的权利。至于保证人之间互负按份责任且债权人同意的，自《担保法》开始法律就明确规定担保人之间不得互相追偿。所以，我们可以一般性地认为，如无特别约定，担保人之间无互相追偿的权利，这也是本解释第 13 条、第 14 条规定的内容。本条规定担保人行使追偿权时，债务人可仅在其应当承担责任的范围内承担责任，也只是说担保人向债务人追偿，自无担保人之间互相追偿的问题。

【适用指南】

（一）无效的依职权审查

担保合同中违约责任条款的效力，依据法理，法院可依职权审查。有观点认为，（担保）合同部分无效后所产生的担保人因此减少给付的法律后果，仅涉及担保人的个人利益，法院无权也不应提醒担保人提出主张，更不能在担保人未提出主张的情况下依职权将担保人的责任降低到与主债务相同的程度。故而无效只能在担保人提出主张（起诉、抗辩或反诉）的情况下法院才能审查。① 对此我们认为，效力问题属于法院主动审查的职权范围，不同于诉讼时效——诉讼时效不得事前放弃，但可以事后放弃，即在诉讼中放弃该抗辩，则权利人得主张权利。但效力问题不是当事人可以通过约定（事前或事后）排除法律适用的，即使当事人并未主动提出，法院也可以审查，否则《最高人民法院关于民事诉讼证据的若干规定》第 53 条将产生逻辑上的混乱。诉讼中即使担保人未提出担保合同违约责任条款无效的抗辩/反诉，也不影响法院依职权审查。我们认为，如果法院在审理过程中发现担保合同中约定了单独的违约责任条款且不能被主合同所涵盖的，应当依职权审查其效力。

（二）担保合同违约责任效力的争议

在《担保部分司法解释》（征求意见稿）中有“当事人针对担保责任的履行约定违约责任条款，担保人主张该约定无效的，人民法院应予支持”这一表述，在征求意见过程中遇到了很多异议。有的人认为，这一规定并不合理，因为该违约责任条款的效力，取决于《民法典》所规定的合同效力的评价条款（《民法典》第一编第六章和第三编第三章），倘若该约定不符合《民法典》所规定的合同无效的任一情形，应当认定该违约责任条款有效。如果该约定超越了担保责任范围，可以规定担保人不得就违约责任部分向债务人进行追偿。有的学者认为，本句中有关担保责任履行的违约责任条款应当有效，因为违约责任可以附于违约责任中，也可以附于单独的履行行为中，后

---

① 最高人民法院民事审判第二庭编著：《〈全国法院民商事审判工作会议纪要〉理解与适用》，人民法院出版社 2019 年版，第 350 页。

者被称为独立的违约责任条款，不应当轻易否认它的效力。还有的人则认为，虽然该表述是为防止担保责任的违约责任超过了主债务人的责任而设计的，但在司法实践中容易引发错误适用的情况，建议删除。

其实这个问题，在《九民会议纪要》出台过程中就引发过争议。《九民会议纪要》第 55 条规定，当事人约定的担保责任的范围大于主债务的，均应当认定大于主债务部分的约定无效。对此起草人解释，基于《担保法》第 5 条“担保合同是主合同的从合同，主合同无效，担保合同无效”及《民法典》第 153 条第 1 款的规定，可以认定超出范围的约定无效。[①] 最高人民法院在（2019）最高法民终 1353 号民事判决书中认为：“由于债权人与保证人在保证合同中特别约定的违约责任只针对保证人，不属于主债务的范围，故保证人承担保证合同约定的责任后将无法向主债务人追偿，这将使当事人之间的利益关系严重失衡。”故而认为保证合同中单独约定的违约责任条款无效。

本条正式出台后，将“当事人针对担保责任的履行约定违约责任条款，担保人主张该约定无效的，人民法院应予支持”的表述改为了“担保人主张仅在债务人应当承担的责任范围内承担责任的，人民法院应予支持”，实际上是避免了对此类违约责任条款的效力的判断。我们认为这是符合实际的，对于效力的判断，要依据《民法典》第一编第六章第三节的规定，在针对担保责任的履行约定违约责任条款的问题存在很大争议的情况下，出于实用的考虑，避免作出对效力的绝对化判断，而是判决担保人仅在债务人应当承担的范围之内承担责任，不失为可行之举。需要注意的是，正式稿中的表述还可以避免一个争议，即按本条规定，担保人必须主张，法院才能支持；担保人如不主张的，法院可以不予处理。这就使对担保责任的履行约定的违约责任成为类似“自然之债”的法律地位，即担保人如果对此项责任自行履行，则法院不予干预，担保人履行后不得再请求债权人返还；如果担保人拒绝履行，则法院对该请求应予以支持。

法律的关键在于可预测性。例如，《公司法》第 24 条规定，有限责任公

---

① 最高人民法院民事审判第二庭编著：《〈全国法院民商事审判工作会议纪要〉理解与适用》，人民法院出版社 2019 年版，第 350 页。

司由50个以下股东出资设立，超过则必须转为股份公司。很难从逻辑上解释这个条款，为什么是50个而不是40个或者60个？再如，一人公司的特别规定不适用于股东为二人及以上的公司，但实践中关联二人为股东的公司经常成为股东逃避责任的掩饰（但近来最高人民法院有判决认为夫妻公司实质为一人公司，适用一人公司的法律规定）。法律有明文规定，当事人就可以有准确的预期，并在此基础上调整自己的行为。从这个角度看，形式上和实质上都可以成立，而且有助于形成对法律结果的稳定的预期，也有助于督促债权人行使权利，免于“懒政”。

【关联案例】

联储证券有限责任公司、东方金钰股份有限公司合同纠纷案①

裁判要旨： 虽然保证人承担保证责任的范围优先适用保证合同的约定，实行意思自治，但因保证合同是主合同的从合同，保证责任是主债务的从债务，基于担保从属性的必然要求，保证责任的范围不能大于主债务的范围。当事人约定的保证责任的范围大于主债务的，应当缩减至主债务的范围。保证人承担保证合同约定的违约责任后将无法向主债务人追偿，这将使当事人之间的利益关系严重失衡。

【关联规范】

《中华人民共和国民法典》（2020年5月28日）

第三百八十九条 担保物权的担保范围包括主债权及其利息、违约金、损害赔偿金、保管担保财产和实现担保物权的费用。当事人另有约定的，按照其约定。

第六百九十一条 保证的范围包括主债权及其利息、违约金、损害赔偿金和实现债权的费用。当事人另有约定的，按照其约定。

---

① 参见最高人民法院（2019）最高法民终1353号民事判决书。

第四条　【担保物权的代持】

有下列情形之一，当事人将担保物权登记在他人名下，债务人不履行到期债务或者发生当事人约定的实现担保物权的情形，债权人或者其受托人主张就该财产优先受偿的，人民法院依法予以支持：

（一）为债券持有人提供的担保物权登记在债券受托管理人名下；

（二）为委托贷款人提供的担保物权登记在受托人名下；

（三）担保人知道债权人与他人之间存在委托关系的其他情形。

【条文理解】

（一）债券发行法律关系

债券发行是一项较为复杂的交易活动，其中包含的法律关系可以细分为以下几个方面。

1. 发行人与中介机构的合同关系

发行人会与承销商、律师事务所、会计师事务所等中介机构订立《承销协议》等合同，专业的中介机构基于合同约定，有义务为发行人提供专业服务，在法律法规允许的范围内，推动债券成功发行，这种合同可以归纳为《民法典》典型合同中的委托合同。2019 年修改后的《证券法》第 163 条适用范围为“委托人”，也是对该法律关系的确认。

值得注意的是，专业机构并非发行人利益代表，而是基于法律法规要求承担独立的专业责任的机构，虽是由一方委托，但要居中、客观地处理受托事务，否则要承担相应的责任。

2. 债券发行人与债券持有人之间的借款合同关系

这是债券法律关系中的基础，在这个问题上，少有法律或行政法规、部门规章的强制性规定。一方面，发行人自行决定债券期限、利率、增信措施等交易要素；另一方面，投资者通过选择是否购买债券、购买数量以及在类似簿记建档的交易场景中就债券利率提出要约的方式，积极参与合同关系的建立。同时，各方就有关借款合同的约定，均以专业化的募集说明书与认购协议（如有）等发行文件作为依据，法律法规及行业规则基本不就此进行安排。担保物权作为从权利，其对应的主权利，其实就是债券发行人和持有人之间的借款合同关系中的权利。

3. 债券发行人、中介机构和作为债权人的投资者之间的信息披露关系

我们认为，我国债券发行实践中的信息披露行为，完全围绕相关法律法规、监管要求构建，与以当事人意思自治为核心的合同关系存在根本不同。有关债券发行活动，是现代证券法背景下受到公权力的严格监管与约束的特殊交易行为，难以用合同法理论与规则解释。实际上债券发行中的信息披露法律关系，基本上没有《民法典》合同编的适用空间，原因在于：第一，信息披露的内容和要求，并不取决于当事人的意思自治，而是法律以强制性规范来约束，而且不得以合同形式排除法律的适用。信息披露的事项、内容和其他要求（时间、程度等），均是由法律、行政法规或行业规范确定的，如2019年修订的《证券法》第78条第2款规定，信息披露义务人披露的信息，应当真实、准确、完整，简明清晰，通俗易懂，不得有虚假记载、误导性陈述或者重大遗漏。其中“简明清晰、通俗易懂”是2014年《证券法》所不具备的，这显然与一般合同订立的内容要求不同。作为对比，这种要求更多地出现在非对等的法律关系中，如消费者权益保护领域，或者格式合同的规范。可以认为，从投资者角度看，法律认为在信息披露领域，披露义务人是实质上优势一方，而投资人是议价能力和专业水平均处于弱势的主体，所以法律以强制手段调整双方实质上的不平等，以对披露义务人附加更多义务的形式弥补其间的差距。从债券发行者的角度来看，发行人除提供基础文件材料外，事实上没有能力撰写、编制募集说明书中的法定披露信息。依照法律、行政法规或行业规范要求，相关信息披露到何种程度、如何表述，都是由承销商及相关中介机构按照其专业准则完成的。因此有关信息的披露，包括披露行为本身及披露内容，都难以用发行人自愿来解释。所以无论从债券投资者角度，还是从债券发行人角度，在法律、行政法规等强制性规范下，披露行为无论如何也不能认为是平等、自愿的合同行为。

第二，债券发行人披露信息的义务，不仅受到法律法规的要求，也与其

他主体的责任相关。例如，发行人的董事、监事、高级管理人员，以及承销商等中介机构均对募集文件的真实性、准确性、完整性进行核查（参见《证券法》第19条、第29条、第82条第4款），如果对虚假记载、误导性陈述等重大问题存在过错的，应当承担责任。在法律如此严格的要求下，董事、监事、高级管理人员和承销商等必须存在超越普通合同的注意义务。

第三，法律对投资者进行前述的保护的同时，也禁止其就信息披露事宜存在与债券发行人协商的机会。一般情况下，募集说明书中会写明“投资者认购或持有本期公司债券，视作同意债券受托管理协议、债券持有人会议规则及债券募集说明书中其他有关发行人、债券持有人权利义务的相关约定”，但不会就信息披露问题作类似的约定。这也是法律关于债券投资者的专业能力有限、整体上难以在平等自愿的基础上与发行人协商的认识有关，所以法律在硬性保护投资人的前提下，也硬性排除了投资者就信息披露的相关协商权利。

4. 以受托管理人和债券持有人为主体的受托管理法律关系

受托管理人制度是2019年修订《证券法》时新增加的制度，虽然法律未明确规定，但可以参照信托制度理解该制度的组成和运行程序。受托管理人一方面接受发行人聘任，另一方面负有法定的勤勉尽责、公正履行和不得损害债券持有人利益的义务，是一种既有当事人意思自治又承担一定程度上公权力职能的制度。

一般来讲，受托管理协议在募集说明书发布前已经签订，且募集说明书中一般会有债券持有人认购债券即视为同意的表述。由此，虽然投资人并未参与受托管理协议的拟定，但受托管理协议可以理解为发行人、债券持有人与受托管理人的三方合同。其中，核心是债券持有人授权受托管理人代表其利益行使部分债券权利，两者间成立委托合同关系。其中就包括本条所规定的担保物权的代持。

5. 债券持有人会议

与受托管理协议类似，一般在募集说明书中会有明确约束，即持有人认购债券即视为同意募集说明书记载的持有人会议规则，受其决议约束。同时，

《全国法院审理债券纠纷案件座谈会纪要》(法〔2020〕185号)给予了持有人会议决议非常高的实体和程序法律地位。关于债券持有人会议的特殊性,包括实体上与股东(大)会、基金持有人大会等的异同,程序上与代表人诉讼的关联等,值得进一步分析。

(二)委托贷款法律关系

按照《商业银行委托贷款管理办法》第3条的规定,委托贷款是指委托人提供资金,由商业银行(受托人)根据委托人确定的借款人、用途、金额、币种、期限、利率等代为发放、协助监督使用、协助收回的贷款,不包括现金管理项下委托贷款和住房公积金项下委托贷款。实践中,委托贷款合同通常有两种模式:一种是委托人与银行签订委托贷款委托合同,银行与借款人再签订委托贷款借款合同,即三方主体签订两份合同;另一种是委托人(资金提供方)、受托人(银行)和借款人签订三方协议。

在实践中,尤其是诉讼实践中,常常遇到委托贷款突破合同相对性的情况。《最高人民法院关于如何确定委托贷款协议纠纷诉讼主体资格的批复》(法复〔1996〕6号,已失效)规定,贷款人(受托人)可以借款合同纠纷为由向人民法院提起诉讼;贷款人坚持不起诉的,委托人可以委托贷款协议的受托人为被告、以借款人为第三人向人民法院提起诉讼。但实践中经常突破该批复进行处理,原因在于,在委托贷款关系中,贷款人不承担风险,不享有收益,仅仅是收取一定的手续费,因此在借款人违约之时,贷款人往往怠于催收贷款,这使委托人不得不亲自催收贷款以维护自身权益。实践中认可较多的裁判思路是:三方主体签订两份合同情况下,委托人提供证据证明借款人对委托贷款的事实明知,即其知晓真正的债权人并非贷款人(银行)而是委托人,即可突破合同相对性的约束。如果是三方签署一份合同的,直接适用合同相对性去追究借款人即可。

【适用指南】

(一)担保物权人与债权人的分离

《担保制度司法解释》的主导思想为,从形式担保到实质担保的转变。

《担保法》作为商业领域中应用极为广泛的法律，其经验和实用的考虑，要高于形式逻辑方面的考虑。在之前关于担保物权代持的问题上，有两种不同的审理思路：一种观点认为，担保权人跟债权人应该统一，因为从担保物权登记来看，登记的担保物权的权利人应该是实际的债权人，而且这也符合担保的从属性。所以如果有担保权代持的情形，可能违反物权法定原则，也可能产生《民法典》第146条的适用。另一种观点认为，首先，从内部关系上看，担保权人、担保义务人、代持人之间往往有合意，知晓并认可担保物权代持的情形，在平等、自愿原则下，代持在三方内部并不产生利益失衡；其次，从对外关系上看，不管是物权登记在代持人名下，还是实际债权人名下，外观上而言只有权利主体的差别，在担保物权的顺位和担保债务数额上并没有区别，那么在担保物上存在其他权利的主体，不管其权利为另外的担保物权还是其他权利（如转让后的所有权，或者在物上的租赁权），并不影响其权利的内容和行使。

本条采纳了第二种观点，主要是考虑到，担保物权代持既能提高交易效率，也并不影响交易安全，所以不必过于追求逻辑上的严整。本解释中类似的立法思想还体现在其他条文中，如第19条的反担保，第16条第2款借新还旧的担保物权顺位，如果从逻辑上讲确实有难以解释之处，但从实务出发，此种处理在内部关系和外部关系上都不会产生不利影响，并可提高交易效率，且已成为交易惯例，便可以立法的形式对此予以确认。

就本条而言，如果为追求逻辑严密而否认担保物权代持的，会造成非常大的不方便。如前所述，债券发行中，往往存在多个债券持有人即债权人，如果一定要求担保物权人和债权人一致，就会产生非常大的麻烦，对债券的流动性也会产生影响。这么做的结果，在影响交易效率的同时，对交易安全并不会产生积极效应。基于此，我们认为本条规定是符合实践要求的。

（二）担保物权登记

本条中并未区分作为效力要件的登记和作为对抗要件的登记。在区分原则下，对抗要件的登记和效力要件的登记，对外的法律效果上已经没有太大区别。例如，根据《担保制度司法解释》第54条的规定，动产抵押合同订立动产抵押权即设立，但是未登记的，抵押权人不能对抗抵押财产转让的受让人，不能对抗租赁权人，不能对抗保全或执行，也不能享有优先受偿权，除了第三人非善意的情况下，登记作为对抗要件的担保物权，未完成登记的权利人只能按照合同追究担保人的责任。所以此处不区分作为效力要件的登记和作为对抗要件的登记，也是因为没有必要作出区分。

（三）担保人知情

在本条第1项和第2项中，并未规定担保人知情，而第3项规定了担保人须知道。我们认为，原因在于：第一，在这两种交易类型的实践中，担保人一般是专业的商事主体，根据其专业能力和注意义务，对担保物权登记在非实际债权人的他人名下这件事情应当是知晓的；第二，在实践中，债券发行中担保物权登记在债券受托管理人名下和委托贷款中担保物权登记在受托人名下，是实务中的普遍做法，反而担保物权登记在实际债权人名下的情形几乎没有。基于此，本条免除债权人或受托人对担保人知情的举证责任，是符合实际的。

【关联案例】

青岛鸿泰投资担保有限公司与拉图拉甘（青岛）国际酒业集团有限公司、文斌、王合伟与王文惠抵押权纠纷案①

裁判要旨： 当事人之间为办理抵押登记手续，存在将抵押物的权利人登记为真实债权人以外的主体的现象。但只要能够就各方当事人真实借贷关系、真实担保意思表示予以查明的，应当认定真实的债权人为抵押权人。抵押权确权纠纷中，对真实抵押权人的认定并不违反物权公示公信原则。

【关联规范】

《中华人民共和国证券法》（2019年12月28日修订）

第十九条 发行人报送的证券发行申请文件，应当充分披露投资者作出

---

① 参见最高人民法院（2015）民申字第593号民事裁定书。

价值判断和投资决策所必需的信息，内容应当真实、准确、完整。

为证券发行出具有关文件的证券服务机构和人员，必须严格履行法定职责，保证所出具文件的真实性、准确性和完整性。

第九十二条 公开发行公司债券的，应当设立债券持有人会议，并应当在募集说明书中说明债券持有人会议的召集程序、会议规则和其他重要事项。

公开发行公司债券的，发行人应当为债券持有人聘请债券受托管理人，并订立债券受托管理协议。受托管理人应当由本次发行的承销机构或者其他经国务院证券监督管理机构认可的机构担任，债券持有人会议可以决议变更债券受托管理人。债券受托管理人应当勤勉尽责，公正履行受托管理职责，不得损害债券持有人利益。

债券发行人未能按期兑付债券本息的，债券受托管理人可以接受全部或者部分债券持有人的委托，以自己名义代表债券持有人提起、参加民事诉讼或者清算程序。

《中华人民共和国民法典》（2020 年 5 月 28 日）

第一百四十六条 行为人与相对人以虚假的意思表示实施的民事法律行为无效。

以虚假的意思表示隐藏的民事法律行为的效力，依照有关法律规定处理。

第五条 【担保主体的限制/特别法人的担保资格】

机关法人提供担保的，人民法院应当认定担保合同无效，但是经国务院批准为使用外国政府或者国际经济组织贷款进行转贷的除外。

居民委员会、村民委员会提供担保的，人民法院应当认定担保合同无效，但是依法代行村集体经济组织职能的村民委员会，依照村民委员会组织法规定的讨论决定程序对外提供担保的除外。

【条文理解】

（一）机关法人

根据《民法典》第 97 条的规定，民事法律关系中的“机关法人”，应该具备两个要件：一是要有独立经费，二是其从事的是履行职能所需的民事活动。基于现代国家治理的基本原理，此处的独立经费不是机关实际支配的经费，而应当是独立的预算经费，而不能是社会投资、捐资或者国家投资。国家机关并不一定是民事主体，按照《民法典》第 97 条后半句的文义，如果一个国家机关未参与民事活动，即使该国家机关具有独立经费，也不必受到《民法典》的规制。

现实中往往有两个问题：一是，军事机关是否可以成为《民法典》第 97 条所涵摄的机关法人；二是，党的各级组织的机关和八个民主党派各级组织的机关，是否属于机关法人的机关。可以认为，在满足《民法典》第 97 条规定条件之下，应当将其相应的民事法律行为纳入《民法典》之下。

（二）村民委员会

《民法典》第 96 条规定，机关法人、农村集体经济组织法人、城镇农村的合作经济组织法人、基层群众性自治组织法人，为特别法人。第 101 条规定，居民委员会、村民委员会具有基层群众性自治组织法人资格，可以从事为履行职能所需要的民事活动。未设立村集体经济组织的，村民委员会可以依法代行村集体经济组织的职能。除此之外，关于村民委员会的主体地位和行为能力，参见《村民委员会组织法》和《土地管理法》。

基于村民委员会特殊的“群众性自治组织”的定位，其法人的民事权利能力和民事行为能力要受到一定的限制，即“从事为履行职能所需要的民事活动”。所以村民委员会的民事权利能力和民事行为能力，与自然人、营利法人不同，要依据《村民委员会组织法》的职能定位，从事为履行其职能所需要的民事活动。

在《村民委员会组织法》中有几个相关概念，即村民委员会、村民会议、村民代表会议和村民小组。如果以公司内部机构来类比，村民委员会类似于董事会，村民会议类似于股东会或股东大会，村民代表会议地位和权限与村民会议类似，这两个概念往往并用，也可以说是简易版的村民会议。区别在于村民会议可以授权村民代表会议讨论决定前款规定的事项（《村民委员会组织法》第 24 条），人数较多或者居住分散的村，可以设立村民代表会议，讨论决定村民会议授权的事项（《村民委员会组织法》第25条）。村民小组则是村民委员可以根据村民居住状况、集体土地所有权关系等分设（《村民委员会组织法》第3条）。

（三）居民委员会

依照《民法典》第101条的规定，居民委员会作为基层群众性自治组织，具有法人资格，可以从事为履行职能所需要的民事活动。居民委员会必须在职能范围内从事民事活动，受到民事法律规范的约束。根据《城市居民委员会组织法》的规定，居民委员会是居民自我管理、自我教育、自我服务的基层群众性自治组织，其职能由《城市居民委员会组织法》第3条所列明。从《民法典》的规定来看，居民委员会的主要职能集中在监护和物权管理领域（业主的建筑物区分所有权）。作为特殊法人，在法律未对其授权对外担保的情况下，其对外担保行为无效。而且不同于村民委员会，村民委员会在一定条件下可以对外做出有效担保，但居民委员会则无此例外情形。

【适用指南】

政府对外发函的形式，实践中可以分为以下几类。

1. 差额补足函

差额补足函即差额支付义务人承诺向差额支付权利人承担补足义务的函件，根据其相应补足范围及差额支付权利人的不同，分为资产端差额补足函和计划端差额补足函。司法实践中往往将差额补足函的性质认定为保证担保、债务加入或者单方允诺。值得一提的是，在本解释实质担保观点下，债务加入、连带保证和单方允诺在法律效果上已经没有明显差别了，很难区分也无区分必要。

2. 债务加入函

债务加入函是指第三人向债权人单方承诺由第三人履行债务人的债务，但同时不免除债务人履行义务的函件。鉴于现行规范层面针对债务加入函暂无明确的概念、性质以及构成要件的界定，司法实践中存在将其认定为并存的债务承担或保证担保的不同观点。

3. 回购承诺函

回购承诺函是指回购义务人承诺在特定回购情形触发时履行回购义务的函件，是许多金融资管产品中缓释产品风险，或实现投资退出的常见增信方式。司法中经常将其认定为保证担保或新的借贷关系。

4. 维好函

维好函通常系指融资方的关联方针对融资方财务状况、报表结构等经营、财务指标承诺维持一定标准，并可以进一步承诺在融资方流动性资产出现不足时以适当方式向融资方提供流动资金的函件。维好函的用词，如“促使”“适当方式”等，往往非常笼统模糊，且并未设定任何违反该等义务后的责任承担条款，有可能被认定为该等函件无明确的担保意思表示，也不构成并存的债务承担或者债务加入，最终将可能导致较难认定违约及落实执行。

5. 安慰函

安慰函多指政府或企业关联方为融资人融资而向权利人出具的表示愿意维持融资人正常运营、协助融资人履行义务的函件。如安慰函由政府出具且其中含有担保的意思，可能会因违反国家法律规定而被认定为无效①；但是大部分安慰函的措辞笼统，没有规定具体的事项或者结果，其中所表达的是一种道义或政策上的协助或支持，没有任何债性义务，特别是在函件的出具方无明确的承担保证责任或代为还款的意思表示的情况下，安慰函一般不具有法律拘束力，更不具有担保效力。

6. 流动性支持函

针对资产提供支持的流动性支持函通常设置一定的触发情形，触发相应的流动性支持事件后，流动性支持机构在流动性支持限额内向流动性支持对象进行资金补足，并有权根据约定获得相应流动性支持资金的返还。因流动性支持机构补充的流动性支持资金在正常情况下可以全额带息返还，流动性支持机构类似于仅承担了临时短期垫付的义务，并未实质性承担基础资产的

① 参见最高人民法院（2017）最高法民终353号民事判决书。

风险。

7. 保证函

即符合《民法典》第681条保证要件的函件。其内容较为明确，法律关系也固定，但有可能在诉讼中，根据其具体表述，被认定为具有债务加入或者单方允诺的实际意思表示。

实践中，政府发函带有保证内容或性质的，一般要从以下三个方面考虑：第一，是否构成保证？第二，如果构成保证，效力如何？第三，如果不构成保证，又如何追究政府的责任？

对于第一个问题，公认的观点认为，应当结合文本名称、出具背景、约定内容、债权人的预期和过错等方面综合认定函件的性质是否为保证。另外，鉴于政府的特殊身份，在认定时一般采用严格的标准，即政府必须在函件中明确表示当债务人不履行债务时政府或财政主管机关承担偿还责任的意思表示，否则不能推定函件构成保证。如果函件的用词不确切、表达含糊不清，导致双方对函件内容的理解产生偏差，而且这种偏差达到歧义的标准的，就不能贸然认定函件为保证。

第二个问题，如果构成保证的，依照本解释第5条的规定，担保合同无效。这是从《担保法》、《担保法司法解释》到《民法典》一致的观点。

第三个问题，如果担保合同无效，就要考虑政府或政府部门出具承诺函过程中是否存在错误，依据本解释第17条的规定，可能承担不超过债务人不能清偿部分的1/2或1/3的责任。需要注意的是，如果有多个政府或政府部门出具担保函的，则多个担保主体共同承担前述1/2或1/3的责任。而且北京市高级人民法院在（2014）高民终字第1606号民事判决书中明确认为，机关法人承担责任的财产，应以预算外资金和行政结余为限。2015年《预算法》规定政府全部收入和支出都应当纳入预算，也就不存在预算外资金的概念，所以只能由预算结余资金或政府主动将其纳入预算进行偿付。

【关联案例】

石河子经济技术开发区财政局、中国信达资产管理股份有限公司新疆维吾尔自治区分公司保证合同纠纷案①

裁判要旨：开发区财政局作为国家行政机关，对于自己能否作为保证人应当明知，其与接受担保的债权人对双方之间形成的保证合同无效负有同等的过错责任，开发区财政局应当以主债务人不能清偿债务的1/2为限，承担连带赔偿责任，但该赔偿责任并非一审法院认定的“连带保证责任”。

【关联规范】

《中华人民共和国民法典》（2020年5月28日）

第九十六条 本节规定的机关法人、农村集体经济组织法人、城镇农村的合作经济组织法人、基层群众性自治组织法人，为特别法人。

第九十七条 有独立经费的机关和承担行政职能的法定机构从成立之日起，具有机关法人资格，可以从事为履行职能所需要的民事活动。

第一百零一条 居民委员会、村民委员会具有基层群众性自治组织法人资格，可以从事为履行职能所需要的民事活动。

未设立村集体经济组织的，村民委员会可以依法代行村集体经济组织的职能。

第六百八十一条 保证合同是为保障债权的实现，保证人和债权人约定，当债务人不履行到期债务或者发生当事人约定的情形时，保证人履行债务或者承担责任的合同。

① 参见最高人民法院（2017）最高法民终84号民事判决书。

第六条 【非营利性法人的担保】

以公益为目的的非营利性学校、幼儿园、医疗机构、养老机构等提供担保的，人民法院应当认定担保合同无效，但是有下列情形之一的除外：

（一）在购入或者以融资租赁方式承租教育设施、医疗卫生设施、养老服务设施和其他公益设施时，出卖人、出租人为担保价款或者租金实现而在该公益设施上保留所有权；

（二）以教育设施、医疗卫生设施、养老服务设施和其他公益设施以外的不动产、动产或者财产权利设立担保物权。

登记为营利法人的学校、幼儿园、医疗机构、养老机构等提供担保，当事人以其不具有担保资格为由主张担保合同无效的，人民法院不予支持。

【条文理解】

（一）营利法人

《民法典》将法人分为营利法人、非营利法人和特别法人并以相关章节加以规范。营利法人的认定要件可以归纳为：第一，以取得利润为目的，即投入资本的目的是实现资本的增值。这是根据法人设立时的追求目标来认定的，而不论是否可以实现资本的增值。第二，营利法人要有取得利润后将利润分配给出资人的目的。如果法人的经营虽然以取得利润为目的，或者虽然不存在取得利润的目的但是有取得利润的实际结果，而并不以向出资人分配为目标的，也不能认定为营利法人。第三，分配利润的目的和是否分配的行为是相分离的，如按照《公司法》的规定，公司取得利润后，应当先行偿还债务、提取法定公积金和任意公积金后方可分配利润；根据《公司法》第 74 条反推，可以认为，在公司连续盈利的情况下，可以不向股东分配利润。所以分配利润的目的作为认定营利法人的要件，既不以实际盈利为标准，也不以盈利后实际分配利润为必要条件。

营利法人主要包括三大类型：公司（有限公司或股份公司，其他如上市公司、国有独资公司、一人公司等均可纳入有限公司或股份公司之列）、其他企业法人（全民所有制企业、城镇集体所有制企业、乡镇企业、合伙企业等）、其他营利法人。依据《民办教育促进法》第19条的规定，民办学校的举办者可以自主选择设立非营利性或者营利性民办学校。如果采用营利法人形式的，营利性民办学校的举办者可以取得办学收益，学校的办学结余依照《公司法》等有关法律、行政法规的规定处理。民办学校取得办学许可证后，要进行相应的法人登记。关于营利性医疗机构，国务院2010年11月26日颁布的《关于进一步鼓励和引导社会资本举办医疗机构的意见》中规定，社会资本可按照经营目的，自主申办营利性或非营利性医疗机构。

（二）非营利法人

非营利法人的成立目的是公益性的，或者以其他非营利目的为追求。非营利法人的概念最早出现在《民法总则》中，相关的概念还有非营利性组织、非营利性社会组织、从事非营利性社会服务活动的社会组织等。《社会团体登记管理条例》第2条第1款规定，社会团体是中国公民自愿组成，为实现成员共同意愿，按照其章程开展活动的非营利性社会组织。《民办非企业单位登记管理暂行条例》《民间非营利组织会计制度》等也都使用了从事非营利性社会服务活动的社会组织、民间非营利组织等概念。这些概念的使用，一方面体现了社会生活的日益复杂化和专业化，另一方面也是与当时立法技术的不甚规范有关。

非营利法人因其设立目的在存续期间不以利润为追求，也不允许分配利润，否则与营利法人无从进行区分。尽管如此，法人终止后能否分配剩余财产方面，为公益为目的而设立的非营利法人与为其他目的设立的非营利法人有所不同。前者是面向不确定的社会大众，为其利益而设置的非营利法人，包括公立学校、公立医院等；后者包括因其他非营利目的而成立的法人，如共益性法人（商会、行业协会等）。在法人终止后能否分配剩余财产问题上，前者一般不予分配，但后者可以。

《民法典》第 87 条第 2 款规定了若干典型的非营利法人，包括事业单位、社会团体、基金会、社会服务机构等。需要注意的是，以公益为目的的非营利性学校、幼儿园、医疗机构、养老机构，并不限于公立，私立的机构也可以是非营利性的，如《民办教育促进法》第 19 条规定，民办学校的举办者可以自主选择设立非营利性或者营利性民办学校。但是，不得设立实施义务教育的营利性民办学校。非营利性民办学校的举办者不得取得办学收益，学校的办学结余全部用于办学。那么区分营利性与非营利性，要从法人设置的目的和运行状况来区分，而不是以公立还是私立为标准。

【适用指南】

（一）融资租赁合同的类型

本条第 1 款第 1 项规定，在购入或者以融资租赁方式承租教育设施、医疗卫生设施、养老服务设施和其他公益设施时，出卖人、出租人为担保价款或者租金实现而在该公益设施上保留所有权的，担保合同有效。

从融资租赁这一制度的实践来看，一般有以下几种类型。

1. 典型的融资租赁合同

即与融资租赁合同相关的买卖合同的买受人和出租人是同一人。这是融资租赁合同最主要的形式。出租人根据承租人对出卖人和租赁物的选择，直接向出卖人购回选定的租赁物品，交给承租人使用，并由承租人交付租金。这是我国融资租赁业务中大多采取的形式。

2. 转租式的融资租赁合同

此类合同中以特别条款约定，承租人同时以出租人的身份与第三人即最终承租人订立另一个融资租赁合同，该另一个合同的租赁物和租赁期限与本合同完全相同。根据该合同，承租人向出租人办理租赁手续，租入设备，然后再转租给最终承租人使用，其中承租人和出租人均为租赁公司。转租赁交易中作为第三人的最终承租人往往要支付比典型租赁承租人高的租金。这种形式往往是因某些特殊交易要求导致的，如所有权人不愿意转让所有权，只同意对外出租，导致中间转租的出现。

3. 回租式融资租赁合同

即合同的承租人和相关买卖合同的出卖人是同一人的合同。这种合同形式一般在以下两种情形下被采用：（1）企业资金不足而又急需某种设备，此时，企业先出资从制造商那里购置所需的租赁物，转售给租赁公司，然后再从租赁公司租回租赁物使用；（2）企业资金不足，但拥有大型设备或生产线，此时，可将本企业原有的大型设备或生产线先卖给租赁公司，收取现款，以解燃眉之急，在售出设备的同时向租赁公司办理租赁手续，由企业继续使用原有设备。

4. 回转租式的融资租赁合同

即相关买卖合同的出卖人同时是相关的另一融资租赁合同的承租人，即最终承租人。这种合同形式汇集了回租式融资租赁合同的特点和转租式融资租赁合同的特点，即当转租式融资租赁合同中的最终承租人是租赁物的出卖人时，这一合同就成了回转租式融资租赁合同。

（二）所有权保留的买卖

在所有权保留交易中，买受人依买卖合同先占有、使用标的物，但在双方当事人约定的特定条件（通常是价款的部分或全部清偿）成就之前，出卖人仍然保留标的物的所有权，待条件成就后，再将所有权转移给买受人。出卖人以其保留的所有权获得充分的保护，买受人在价款未（足额）清偿的情况下获得对物的用益，其实质是出卖人以其保留的所有权为其价款债权或其他权利的实现提供担保，从而以制度设计的内在合理性为契机，一经运用，即发挥了巨大的信用供给功能。《民法典》第641条第1款规定："当事人可以在买卖合同中约定买受人未履行支付价款或者其他义务的，标的物的所有权属于出卖人。"第642条、第643条也对所有权保留买卖进行了详细规范。

在非营利法人对外担保问题上规定所有权保留买卖和所有权保留的融资租赁两种例外情形，是因为在所有权的强势效力下，交易实践中多有以所有权为担保工具的情形。除了所有权保留买卖和融资租赁之外，让与担保也是一种常见形式。过去囿于登记机构的问题，所有权保留和融资租赁无法在登记中体现出与所有权的区别，导致虽然实质上属于担保，但外观上还是所有权的表象。由此导致的问题是，如果发生债务不能偿还的情形，在实现担保物权以获得优先受偿的时候，法律基础其实是所有权而非担保物权，导致物上存在其他法定的典型担保物权的时候，此种非典型担保的顺位是靠后的。但是目前在中国人民银行动产融资交易统一登记公示系统中，已经按照《民法典》规定的内容，增加了融资租赁、保理和所有权保留的登记事项，实践中该问题已经得到解决。但是在让与担保中，此问题仍值得探讨。

【关联案例】

马鞍山中加双语学校、新时代信托股份有限公司金融借款合同纠纷案①

裁判要旨：对于尚未明确选择登记为营利性民办学校的主体，可以从其章程、出资人是否分配利润、收取回报等角度实际判断其是否为营利性法人。若判断为具有公益性事业的非营利性法人，则担保合同无效，担保人应当根据过错程度承担相应的民事责任。

【关联规范】

《中华人民共和国公司法》（2018 年 10 月 26 日修正）

第七十四条　有下列情形之一的，对股东会该项决议投反对票的股东可以请求公司按照合理的价格收购其股权：

（一）公司连续五年不向股东分配利润，而公司该五年连续盈利，并且符合本法规定的分配利润条件的；

……

《中华人民共和国民法典》（2020 年 5 月 28 日）

第七十六条　以取得利润并分配给股东等出资人为目的成立的法人，为营利法人。

营利法人包括有限责任公司、股份有限公司和其他企业法人等。

---

① 参见最高人民法院（2017）最高法民终 297 号民事判决书。

第八十七条 为公益目的或者其他非营利目的成立，不向出资人、设立人或者会员分配所取得利润的法人，为非营利法人。

非营利法人包括事业单位、社会团体、基金会、社会服务机构等。

第六百四十一条 当事人可以在买卖合同中约定买受人未履行支付价款或者其他义务的，标的物的所有权属于出卖人。

出卖人对标的物保留的所有权，未经登记，不得对抗善意第三人。

第七百三十五条 融资租赁合同是出租人根据承租人对出卖人、租赁物的选择，向出卖人购买租赁物，提供给承租人使用，承租人支付租金的合同。

《中华人民共和国民办教育促进法》（2018 年 12 月 29 日修正）

第十九条 民办学校的举办者可以自主选择设立非营利性或者营利性民办学校。但是，不得设立实施义务教育的营利性民办学校。

非营利性民办学校的举办者不得取得办学收益，学校的办学结余全部用于办学。

营利性民办学校的举办者可以取得办学收益，学校的办学结余依照公司法等有关法律、行政法规的规定处理。

民办学校取得办学许可证后，进行法人登记，登记机关应当依法予以办理。

第七条 【公司法定代表人越权担保的效力和责任】

公司的法定代表人违反公司法关于公司对外担保决议程序的规定，超越权限代表公司与相对人订立担保合同，人民法院应当依照民法典第六十一条和第五百零四条等规定处理：

（一）相对人善意的，担保合同对公司发生效力；相对人请求公司承担担保责任的，人民法院应予支持。

（二）相对人非善意的，担保合同对公司不发生效力；相对人请求公司承担赔偿责任的，参照适用本解释第十七条的有关规定。

法定代表人超越权限提供担保造成公司损失，公司请求法定代表人承担赔偿责任的，人民法院应予支持。

第一款所称善意，是指相对人在订立担保合同时不知道且不应当知道法定代表人超越权限。相对人有证据证明已对公司决议进行了合理审查，人民法院应当认定其构成善意，但是公司有证据证明相对人知道或者应当知道决议系伪造、变造的除外。

【条文理解】

（一）法定代表人的权限

本条解释规定内容，基本上沿袭了《九民会议纪要》的内容，并未作过多改动。

《民法典》第 61 条第 1 款规定，依照法律或者法人章程的规定，代表法人从事民事活动的负责人，为法人的法定代表人。现有理论通常认为，法定代表人具有两个彼此关联的特点：一是法定代表人无须公司特别授权即可自动享有代表公司实施法律行为的权利，是公司合法的对外行为主体；二是法定代表人是公司唯一的合法对外行为主体，具体表现为法定代表人只能由一人担任，且未经法定代表人授权，其他主体不能代理公司对外签订合同。前者重视“代表”的属性，我国学者强调代表制度中代表人和法人的同一性，因此，代表人不需要特别授权即可代表公司；后者则重视“法定”的属性，代表人权利来源于法律，并因为法律规定而具有唯一性。例如，《民法典》第 61 条第 2 款规定，法定代表人以法人名义从事的民事活动，其法律后果由法人承受。

一般认为，只要法定代表人签字并加盖公司公章，就足以认定公司的意思表示和责任承担。因为法定代表人是公司的工商登记必需事项之一，相对人查找非常方便，这种登记就赋予了法定代表人身份的公示效应和相对人的信赖利益，我们可以采用类似区分原则的思路，认为只要是工商登记上记载的即足以代表公司，其行为是公司的意思和行为，除非有相反证据；如公司内部的章程或董事会、股东会、股东大会等对法定代表人权利作了限制，除非此等限制以明确的方式通知相对人（不管是登记还是只对相对人作出此种意思表示)，否则这种限制不能对抗善意的相对人。法定代表人制度真正的问题，不在于对外，而在于对内，即公司的治理方面。常见的情形包括：在自身利益与公司利益冲突的情况下，有的法定代表人滥用权力导致公司利益受损，此时虽然有股东代表诉讼制度的约束，但是该制度的行使条件比较苛刻，多有不便；法定代表人控制公章，可能对公司和股东利益造成损害，实践中多见于股权转让情形，原法定代表人往往在转让前私刻公章或者在空白纸上加盖公章，在股权转让之后以此对外签订合同对公司不利；公司内部权利义务责任的不对称，如小公司中法定代表人一言堂使其他股东或高管被实际架空，大公司中法定代表人权力过大而产生舞弊行为，如公章或法定代表人名章预留在秘书或行政人员处导致公章或名章的滥用，给公司和法定代表人自身造成损害。

从《公司法》第16条的规定来看，只要有符合法律或章程的内部决议，那么对外签订担保合同的主体不限制为法定代表人，公司的代理人也可以为之。而且法定代表人超越权限提供担保造成公司损失的，公司可以依据《民法典》第62条请求法定代表人承担赔偿责任；代理人超越代理权限签署担保合同的，公司也可以依据《民法典》第929条第2款追究其越权代理或无权代理的法律责任。

（二）善意的认定与主体身份

关于相对人善意的认定，《九民会议纪要》和本解释采用的是同样的认定标准，即债权人对公司机关决议内容的审查一般限于形式审查，只要求尽到必要的注意义务即可，除非公司有证据证明相对人恶意。常见的问题是，相对人的主体身份不同，对注意义务是否有影响？例如，债权人是自然人或者非以放贷为主业的企业，和债权人是专业的金融机构，注意义务的认定标准是否一样？这个问题应该从两个层面来看。第一，如果没有公司内部决议，前者以不知道《公司法》或者本解释的规定为由认为其是善意的相对人，要求公司承担担保责任或者赔偿责任的，法院不应支持。原因在于，法律的一个基本推定为，法律出台后所有人都应清楚法律规定内容，不得以不知法为由拒绝法律的规制。第二，在完成形式审查、确认存在公司内部决议的情况下，对公司内部决议的真实性审查，在不同主体之间可以存在不同要求。例如，债权人是自然人或者非以放贷为主业的企业，其对决议的真实性审查义务，可以低于银行等金融机构。

（三）合同效力与不发生效力

值得注意的是，《九民会议纪要》第17条关注点是公司对外签订的担保合同的效力，认为债权人善意的合同有效，反之合同无效，显然是认为《公司法》第16条的规范是效力性强制性规范。但是，在本解释中，表述改为了相对人善意的，担保合同对公司发生效力；相对人非善意的，担保合同对公司不发生效力。所谓“不发生效力”，出现在《民法典》第157条、第171条（无权代理未追认的对被代理人不发生效力）、第209条（不动产未经登记不发生效力）、第546条（债权转让未通知债务人的对债务人不发生效力）、第696条（债权转让未通知保证人的对保证人不发生效力）。由此可见，不发生效力，并非该法律行为本身无效，而是对特定主体不能产生约束力。也就是说，本解释第7条只是规定了在满足前提条件的时候相对人能否依据担保合同要求公司承担责任以及承担何种责任（担保责任或赔偿责任），并没有绝对化地规定合同效力问题，而是将其放到《民法典》第一编第六章第三节和第三编第一分编第三章项下予以规范。我们认为，这种体例是符合逻辑和民法典体系的，相对于《九民会议纪要》的表述更加科学。

【适用指南】

有种观点认为，《公司法》第16条为管理性强制性规定，在这种观点影响下，法院可能认为法定代表人未经决议擅自对外签订担保合同的，不影响合同效力，也不影响公司承担担保责任。当然如果是公司的代理人对外签订合同，另当别论。这是基于我国民法和《公司法》关于法定代表人对外当然代表公司这一观点的表现。甚至有观点认为，只要是法定代表人对外宣称其所作的意思表示和法律行为是代表公司，即可认为是公司的行为，由公司承担责任（而且还不是基于代理制度的责任承担）。这种观点一方面完全架空了《公司法》第16条，另一方面对公司和其他股东的利益保护也不利，尤其是法定代表人是公司控制人的情况下。

《九民会议纪要》和本解释最终采纳的观点是，《公司法》第16条是公司组织规范的范畴，是限制法定代表人代表权限的规范，即法定代表人可以在一般情况下代表公司对外作出意思表示和从事法律行为，但对于担保这一影响重大且可能成为纯粹负担行为的意思表示，必须以法定代表人之上的权力机关（股东会、股东大会或者董事会）作出明确意思。而且《公司法》第16条作为组织规范而不是行为规范，很难简单地将其归纳为管理性或效力性强制性规定，而是采取另外的逻辑进行判断和衡量，不能简单地认为此种越权代表的行为有效或者无效。

根据上述分析，法官对公司对外担保的基本裁判思路，可以总结为以下几个步骤：第一，看有无决议。相对人如果疏于审查公司决议的存在与否就贸然与公司签订合同，可以认定其并非善意，而且公司对外担保往往出现在商事领域，相对人也一般是商事行为的主体，如果不审查，可认定其存在过错。第二，有决议的，审查是不是适格的决议，关联担保的必须是股东会或者股东大会作出决议且关联股东不得参加表决，非关联担保的可以是股东会、股东大会或者董事会决议，且依据《公司法》第16条、公司章程和工商登记档案，应当是有效通过的决议，即同意的表决权应当不低于章程规定或者法定的比例。第三，如果存在决议伪造、变造等情况的，相对人已经尽到形式审查义务的，也应当认为担保对公司发生效力。

【关联案例】

中国工商银行股份有限公司祥云支行、云南世晟农业科技有限公司保证合同纠纷案①

裁判要旨：担保行为不是法定代表人所能单独决定的事项，而必须以公司股东（大）会、董事会等公司机关的决议作为授权的基础和来源。法定代表人越权代表时，人民法院应当审查订立合同时债权人是否善意。作为专业

---

① 参见最高人民法院（2019）最高法民申5029号民事裁定书。

金融机构的债权人并未提交证据证明订立担保合同时，对担保人的相应决议进行了审查，故该行为人不能构成善意第三人。

【关联规范】

《中华人民共和国民法典》（2020年5月28日）

第六十一条 依照法律或者法人章程的规定，代表法人从事民事活动的负责人，为法人的法定代表人。

法定代表人以法人名义从事的民事活动，其法律后果由法人承受。

法人章程或者法人权力机构对法定代表人代表权的限制，不得对抗善意相对人。

第六十二条 法定代表人因执行职务造成他人损害的，由法人承担民事责任。

法人承担民事责任后，依照法律或者法人章程的规定，可以向有过错的法定代表人追偿。

第五百零四条 法人的法定代表人或者非法人组织的负责人超越权限订立的合同，除相对人知道或者应当知道其超越权限外，该代表行为有效，订立的合同对法人或者非法人组织发生效力。

第九百二十九条 有偿的委托合同，因受托人的过错造成委托人损失的，委托人可以请求赔偿损失。无偿的委托合同，因受托人的故意或者重大过失造成委托人损失的，委托人可以请求赔偿损失。

受托人超越权限造成委托人损失的，应当赔偿损失。

《全国法院民商事审判工作会议纪要》（2019年11月8日 法〔2019〕254号）

17.【违反《公司法》第16条构成越权代表】为防止法定代表人随意代表公司为他人提供担保给公司造成损失，损害中小股东利益，《公司法》第16条对法定代表人的代表权进行了限制。根据该条规定，担保行为不是法定代表人所能单独决定的事项，而必须以公司股东（大）会、董事会等公司机关的决议作为授权的基础和来源。法定代表人未经授权擅自为他人提供担保的，构成越权代表，人民法院应当根据《合同法》第50条关于法定代表人越权代表的规定，区分订立合同时债权人是否善意分别认定合同效力：债权人善意的，合同有效；反之，合同无效。

18.【善意的认定】前条所称的善意，是指债权人不知道或者不应当知道法定代表人超越权限订立担保合同。《公司法》第16条对关联担保和非关联担保的决议机关作出了区别规定，相应地，在善意的判断标准上也应当有所区别。一种情形是，为公司股东或者实际控制人提供关联担保，《公司法》第16条明确规定必须由股东（大）会决议，未经股东（大）会决议，构成越权代表。在此情况下，债权人主张担保合同有效，应当提供证据证明其在订立合同时对股东（大）会决议进行了审查，决议的表决程序符合《公司法》第16条的规定，即在排除被担保股东表决权的情况下，该项表决由出席会议的其他股东所持表决权的过半数通过，签字人员也符合公司章程的规定。另一种情形是，公司为公司股东或者实际控制人以外的人提供非关联担保，根据《公司法》第16条的规定，此时由公司章程规定是由董事会决议还是股东（大）会决议。无论章程是否对决议机关作出规定，也无论章程规定决议机关为董事会还是股东（大）会，根据《民法总则》第61条第3款关于“法人章程或者法人权力机构对法定代表人代表权的限制，不得对抗善意相对人”的规定，只要债权人能够证明其在订立担保合同时对董事会决议或者股东（大）会决议进行了审查，同意决议的人数及签字人员符合公司章程的规定，就应当认定其构成善意，但公司能够证明债权人明知公司章程对决议机关有明确规定的除外。

债权人对公司机关决议内容的审查一般限于形式审查，只要求尽到必要的注意义务即可，标准不宜太过严苛。公司以机关决议系法定代表人伪造或者变造、决议程序违法、签章（名）不实、担保金额超过法定限额等事由抗辩债权人非善意的，人民法院一般不予支持。但是，公司有证据证明债权人明知决议系伪造或者变造的除外。

第八条 【无须决议的担保】

有下列情形之一，公司以其未依照公司法关于公司对外担保的规定作出决议为由主张不承担担保责任的，人民法院不予支持：

（一）金融机构开立保函或者担保公司提供担保；

（二）公司为其全资子公司开展经营活动提供担保；

（三）担保合同系由单独或者共同持有公司三分之二以上对担保事项有表决权的股东签字同意。

上市公司对外提供担保，不适用前款第二项、第三项的规定。

【条文理解】

《公司法》第16条的规定，一般被理解为对法定代表权的限制。一般情况下，公司法定代表人为职务行为所作出的意思表示即为公司对外意思表示，而不像代理制度那样存在两个意思表示。但在公司对外担保这一法律行为上，因为担保并不会直接产生利益，而是一种纯承担义务的行为，对公司的利益影响很大，所以法律对此时法定代表人的权限作了特别限制，即必须由股东会、股东大会或者董事会决议方能作出。而只要存在股东会、股东大会或董事会决议，那么对外签订担保合同的，可以是法定代表人，也可以是法定代理人，因在此法律关系中法定代表人也是依公司权力机关授权而对外行为，此时与代理人的地位并无二致。相对人在接受担保的时候，依法负有甄别法定代表人或代理人实施的担保行为是否有公司授权的义务。

但是实践中，基于某些商事主体的经营内容，如果必须要求其在每一项对外担保中均严格依照《公司法》第16条要求出具决议文件，则会导致交易效率的大大降低，而对交易安全并无太大提升，此时法律可以规定此类交易无须公司决议，对外担保的法律行为也会产生约束力。从《九民会议纪要》到《担保制度司法解释》均是沿袭此种思路。但是其中的区别，体现了立法者的谨慎。

（一）金融机构

《国务院办公厅关于加强金融消费者权益保护工作的指导意见》没有对何

为金融机构进行定义，而《中国人民银行金融消费者权益保护实施办法》只包含“银行业金融机构”金融消费者权益。《最高人民法院关于新民间借贷司法解释适用范围问题的批复》（法释〔2020〕27号）中认为：“经征求金融监管部门意见，由地方金融监管部门监管的小额贷款公司、融资担保公司、区域性股权市场、典当行、融资租赁公司、商业保理公司、地方资产管理公司等七类地方金融组织，属于经金融监管部门批准设立的金融机构，其因从事相关金融业务引发的纠纷，不适用新民间借贷司法解释。”

2019年9月11日，《金融控股公司监督管理试行办法》（中国人民银行令〔2020〕第4号）规定，金融机构包括：商业银行（不含村镇银行）、金融租赁公司；信托公司；金融资产管理公司；证券公司、公募基金管理公司、期货公司；人身保险公司、财产保险公司、再保险公司、保险资产管理公司；国务院金融管理部门认定的其他金融机构。

《银行业金融机构法人名单》列举了25类“银行业金融机构”；从银保监会“许可证信息查询系统数据”中可以看出，银保监会认可了六类保险业金融机构，但不包括保险公估机构、保险代理机构、保险经纪机构；证监会所认可的证券业金融机构，一般来说，只包括证券公司、公募基金公司和期货公司三种，需要注意的是，私募基金管理人虽然是在中国证券投资基金业协会（AMAM）中登记的，但并非官方定义的金融机构。

《金融机构编码规范》规定了32类机构为“金融机构”，同时对各类担保公司、金融机构的范围进行了定义。如果中国人民银行承认某机构是金融机构，那么将发给其唯一的金融机构代码和代码证。《金融机构编码规范》是迄今为止中国金融监管机构颁布的唯一一部关于各类“金融机构”定义和类别的权威性的监管文件。

总的来说，不同主管机构因监管范围和角度不同，对金融机构作定义的方式和口径也不同。在诉讼中，可以根据具体行为和主体，以其监管的行政部门的意见为准，必要时可以请求法院向相关监管机构发函征询意见。

（二）担保公司

担保公司一般是以第三人信用担保的方式提供增信。按照银保监会《融资性担保公司管理暂行办法》的规定，担保公司可以分为融资担保公司、投资担保公司和担保公司。经监管部门批准，融资性担保公司可以经营以下部分或全部融资性担保业务：（1）贷款担保；（2）票据承兑担保；（3）贸易融资担保；（4）项目融资担保；（5）信用证担保；（6）其他融资性担保业务。同时经监管部门批准融资性担保公司可以兼营以下部分或全部业务：（1）诉讼保全担保；（2）投标担保、预付款担保、工程履约担保、尾付款如约偿付担保等其他履约担保业务；（3）与担保业务有关的融资咨询、财务顾问等中介服务；（4）以自有资金进行投资；（5）监管部门规定的其他业务。投资担保公司、担保公司目前不得经营融资性担保业务，只可经营履约担保业务，包括工程合同履约担保、工程招投标履约担保、技术转让合同履约担保、贸易合同履约担保、房地产交易担保、机动车交易担保、房屋产权过户交易安全担保、企业产权过户交易安全担保、合约对冲押金/预付款/质量保证金担保、中介费/佣金担保、产品质量担保、出国留学经济担保、个人分期付款消费担保、诉讼保全担保等。

（三）全资子公司

在《九民会议纪要》和《担保部分司法解释》（征求意见稿）中，表述方式都为“公司为其直接或者间接控制的公司开展经营活动向相对人提供担保”，但在《担保制度司法解释》中改成了“公司为其全资子公司开展经营活动提供担保”的无须决议。我们理解，在本解释中作如此限缩规定，是出于实际操作的考虑，而且也为了避免《公司法》第16条被实质架空。如果采用“直接或间接控制”的标准，可以看到，既可以是多数股权的方式，也可以是协议的方式（如VIE架构），还可以是董事、监事、高级管理人员等人员混同的方式，该标准的认定过于模糊不清。如果是通过股权的方式，则可能存在多层次的控制，可能产生实质上占少数股份的股东实际控制公司的情形，如A公司占B公司的股份超过50%，B公司占C公司的股份超过50%，最终可能导致A公司在某一后续链条上的公司的实际控股比例很低，但却因这种关联关系而实质掌握公司控制权。VIE架构则是通过协议、质押等方式实际控制境内公司，但在股权登记上却无法显示。

按照本条规范，无须担保的情形被限制在“公司为其全资子公司开展经营活动提供担保”的，则可避免上述混乱和架空。全资子公司的股东只有母公司一个，为实质上的一人公司，受到《公司法》关于一人公司的特别规定的约束。而且全资子公司要求在股权登记上体现一人公司的外观特征，避免了协议控制公司或董事、监事、高级管理人员混同而产生的实际控制。在作此种限缩后，不满足条件的公司对外担保，债权人依然要依据《公司法》第16条的规定审查公司决议。

【适用指南】

（一）合同效力

本条所列举的三项情形中，第三项可谓对《公司法》第16条采取了实质标准而非形式标准进行认定。因为按照《公司法》的规定，2/3股东多数同意的事项，是股东决议所可能需要的最大比例的多数，那么即使没有股东会决议这一形式要件，也可认为这种多数同意可以产生如同股东会决议通过的完全一样的法律效果。需要注意的是，这里的2/3，必须是有表决权的股东的比例，即对应《公司法》第16条第3款规定的“前款规定的股东或者受前款规定的实际控制人支配的股东，不得参加前款规定事项的表决”内容。

《九民会议纪要》中规定，在符合四项情形下，应当认定担保合同系公司真实意思表示，合同有效；本条规范中将表述修改为公司主张不承担担保责任的，不予支持。这其中的差别在于，逻辑上讲，符合相应的情形的，公司不能因此主张担保合同无效（承担担保责任的必要条件），但是否系公司真实意思表示或合同是否一定有效，这些情形并非充分条件，即并不能简单地认为因为符合这些情形之一就认为一定是公司的真实意思表示或合同一定有效。也就是说，本条规定的三种情形或者《九民会议纪要》规定的四种情形，逻辑上讲都应该是公司承担担保责任或者合同有效的必要条件而非充分条件。所以相对于《九民会议纪要》的表述，《担保制度司法解释》的用词是更符合逻辑的。

（二）主体标准和行为标准

《担保部分司法解释》（征求意见稿）和《九民会议纪要》中采取的是主体标准，即认为公司是以为他人提供担保为主营业务的担保公司，或者是开展保函业务的银行或者非银行金融机构的，即使没有公司机关决议，也应当认定担保合同符合公司的真实意思表示，合同有效，公司应当承担担保责任。但担保公司或金融机构除了主营业务之外，尚可能存在其他业务，有的还是超出经营范围的，则如果单纯采用主体标准，过于绝对。《担保制度司法解释》中采用的是“主体标准＋行为标准”，即金融机构开立保函或者担保公司提供担保的，公司不得以未经决议为由主张不承担担保责任。这种表述更加符合逻辑，而且体现了“主体＋行为”是承担担保责任的必要条件而非充分条件的逻辑关系。

（三）担保权人过错

《担保部分司法解释》（征求意见稿）中规定“即使相对人知道或者应当知道没有公司决议”，而《担保制度司法解释》删掉了该表述。我们认为，《担保制度司法解释》中删掉该表述，是因为这三项情形中根本不需要审查担保权人是否善意。第一项情形，因为开具保函或者提供担保分别是金融机构和担保公司的经营范围内的活动，而第二项、第三项中，如前文所述，乃是实质上产生了股东会决议的效果，虽然并未有股东会决议这一形式。所以在这三项情形下，法院无须审查相对人的善意，相对人也没有举证责任，所以删掉该表述，并无不当。

【关联案例】

山西商融融资担保股份有限公司、陕西博融中创科技有限公司金融借款合同纠纷案①

裁判要旨：担保公司系以为他人提供担保为主营业务，案涉担保业务属于担保公司主要业务范围，无论担保公司机关决议是否进行了授权，均不能认定担保合同的签订违反了担保公

① 参见最高人民法院（2019）最高法民终1791号民事判决书。

司的真实意思表示。故有关担保公司董事会决议的真实性问题，对案涉最高额保证合同的效力并不构成影响。

【关联规范】

《全国法院民商事审判工作会议纪要》（2019年11月8日　法〔2019〕254号）

19.【无须机关决议的例外情况】存在下列情形的，即便债权人知道或者应当知道没有公司机关决议，也应当认定担保合同符合公司的真实意思表示，合同有效：

（1）公司是以为他人提供担保为主营业务的担保公司，或者是开展保函业务的银行或者非银行金融机构；

（2）公司为其直接或者间接控制的公司开展经营活动向债权人提供担保；

（3）公司与主债务人之间存在相互担保等商业合作关系；

（4）担保合同系由单独或者共同持有公司三分之二以上有表决权的股东签字同意。

《中华人民共和国公司法》（2018年10月26日修正）

第十六条　公司向其他企业投资或者为他人提供担保，依照公司章程的规定，由董事会或者股东会、股东大会决议；公司章程对投资或者担保的总额及单项投资或者担保的数额有限额规定的，不得超过规定的限额。

公司为公司股东或者实际控制人提供担保的，必须经股东会或者股东大会决议。

前款规定的股东或者受前款规定的实际控制人支配的股东，不得参加前款规定事项的表决。该项表决由出席会议的其他股东所持表决权的过半数通过。

第九条 【上市公司提供担保】

相对人根据上市公司公开披露的关于担保事项已经董事会或者股东大会决议通过的信息，与上市公司订立担保合同，相对人主张担保合同对上市公司发生效力，并由上市公司承担担保责任的，人民法院应予支持。

相对人未根据上市公司公开披露的关于担保事项已经董事会或者股东大会决议通过的信息，与上市公司订立担保合同，上市公司主张担保合同对其不发生效力，且不承担担保责任或者赔偿责任的，人民法院应予支持。

相对人与上市公司已公开披露的控股子公司订立的担保合同，或者相对人与股票在国务院批准的其他全国性证券交易场所交易的公司订立的担保合同，适用前两款规定。

【条文理解】

《担保制度司法解释》中关于一般规定共有24个条文，分别就适用范围、担保从属性、担保资格、公司对外担保、共同担保、担保无效的法律后果、担保与破产的衔接以及其他问题作出规定。其中，本解释第7~12条主要规定了公司对外担保的问题。本解释在《九民会议纪要》确定的裁判尺度基础上明确，公司的法定代表人违反《公司法》关于公司对外担保决议程序的规定，超越权限代表公司与相对人订立担保合同，人民法院应当依照《民法典》第61条和第504条等规定视相对人是善意还是非善意进行处理。

本条即对相对人与上市公司签订担保合同的效力和后果进行了特别规定。债权人接受上市公司及其子公司担保，应当审查该公司公开披露的关于担保事项已经董事会或者股东大会决议通过的信息。

规范公司对外提供担保的主要依据，源自《公司法》第16条的规定，其立法目的在于防止控股股东滥用股东权利，损害中小股东、公司以及债权人的利益。上市公司作为公众公司，其对外提供担保属于公司重要经营事项，往往涉及广大投资者利益保护及证券市场交易秩序的稳定，《担保制度司法解释》关于上市公司提供担保的效力认定规则相比《九民会议纪要》第22条的规定发生了较大的变化，并且在第8条单独针对上市公司增加了一个除外条款。第8条规定，有下列情形之一，公司以其未按照公司法关于公司对外担保的规定作出决议为由主张不承担担保责任的，人民法院不予支持：（1）金融机构开立保函或者担保公司提供担保；（2）公司为其全资子公司开展经营活动提供担保；（3）担保合同系由单独或者共同持有公司三分之二以上对担保事项有表决权的股东签字同意。上市公司对外提供担保不适用前款第2项、第3项的规定。

上市公司对外提供担保，是司法实践中经常遇到的问题，也是司法实务中的难点，《担保制度司法解释》对此进行了特别规定。这一规定对于规范证券市场交易秩序、防范资本市场金融风险传导，具有十分重要的意义。但是，笔者认为，这一规定从一定角度来看与《民法典》中关于担保合同无效后，各方当事人应当按照各自的过错承担责任的理念相悖。由此可见，《担保制度司法解释》对上市公司的担保责任进行了特别规定，为保护上市公司股票持有人的利益，赋予了上市公司一定的“特权”，但同时进一步加重了相对人在接受担保时对公司公开披露信息的审查责任。

在实践中，上市公司对于该类信息的披露存在“天然”的规避冲动，如果上市公司董事会或股东大会就对外担保事项已经决议通过，并向相对人承诺在规定的期限内进行公开披露，甚至在担保合同中明确了信息公开义务，相对人审查了上述决议后，双方订立了担保合同。尽管对外担保是上市公司的真实意思，但上市公司其后在应当“及时”披露的合理期限内并未披露，债权人审查的只是未公开披露的公司机关决议，按照本条的规定，此时担保合同对上市公司不发生效力，上市公司无须承担担保责任。

因此，在接受上市公司担保时，相对人应当对相关决议进行更加严格的审查。

【适用指南】

因本条涉及担保合同效力的问题，相对人在与上市公司或上市公司控股的子公司订立担保合同时，应当对上市公司对外公开披露的担保事项或者股东会决议通过的信息严格审查，否则会导致该担保合同无效，进而无法实现相对人的利益。

由于上市公司所披露的年度担保额度是对未来担保事项的预计，一般仅包括被担保人、担保限额，如出现上市公司不持续披露实际发生的担保数额的情况，债权人将不能明确其所接受的担保是否仍在所披露的担保额度内。因此，相对人在审查相关公告时，对于担保事项单独进行公告的，应当至少审查担保已经内部决策程序的相关内容以及担保的具体情况是否与担保的实际情况相符，如被担保人、债权人、担保金额、担保方式等。对于集中担保公告的审查，则需要审查被担保人是否包括债务人，为被担保人提供担保的额度是否高于债权金额。同时还需要上市公司就担保事项单独进行公告，披露担保的相关情况，明确担保事项，降低担保无效、争夺担保额度的风险。

【关联案例】

亿阳信通股份有限公司、安徽华地恒基房地产有限公司企业借贷纠纷案①

裁判要旨：债权人接受上市公司及其子公司担保，应当审查该公司公开披露的关于担保事项已经董事会或者股东大会决议通过的信息。否则，担保合同不生效且上市公司及其子公司无须承担任何责任。

【关联规范】

《中华人民共和国公司法》（2018 年 10 月 26 日修正）

第十六条 公司向其他企业投资或者为他人提供担保，依照公司章程的规定，由董事会或者股东会、股东大会决议；公司章程对投资或者担保的总

① 参见最高人民法院（2019）最高法民终 451 号民事判决书。

额及单项投资或者担保的数额有限额规定的，不得超过规定的限额。

公司为公司股东或者实际控制人提供担保的，必须经股东会或者股东大会决议。

前款规定的股东或者受前款规定的实际控制人支配的股东，不得参加前款规定事项的表决。该项表决由出席会议的其他股东所持表决权的过半数通过。

第一百二十一条 上市公司在一年内购买、出售重大资产或者担保金额超过公司资产总额百分之三十的，应当由股东大会作出决议，并经出席会议的股东所持表决权的三分之二以上通过。

《中华人民共和国民法典》（2020年5月28日）

第六百八十二条第二款 保证合同被确认无效后，债务人、保证人、债权人有过错的，应当根据其过错各自承担相应的民事责任。

《中国证券监督管理委员会、国务院国有资产监督管理委员会关于规范上市公司与关联方资金往来及上市公司对外担保若干问题的通知》（2017年12月7日修订）

二、严格控制上市公司的对外担保风险

上市公司全体董事应当审慎对待和严格控制对外担保产生的债务风险，并对违规或失当的对外担保产生的损失依法承担连带责任。控股股东及其他关联方不得强制上市公司为他人提供担保。

上市公司对外担保应当遵守以下规定：

（一）上市公司不得为控股股东及本公司持股百分之五十以下的其他关联方、任何非法人单位或个人提供担保。

（二）上市公司对外担保总额不得超过最近一个会计年度合并会计报表净资产的百分之五十。

（三）上市公司《章程》应当对对外担保的审批程序、被担保对象的资信标准做出规定。对外担保应当取得董事会全体成员三分之二以上签署同意，或者经股东大会批准；不得直接或间接为资产负债率超过百分之七十的被担保对象提供债务担保。

（四）上市公司对外担保必须要求对方提供反担保，且反担保的提供方应当具有实际承担能力。

（五）上市公司必须严格按照《上市规则》、《公司章程》的有关规定，认真履行对外担保情况的信息披露义务，必须按规定向注册会计师如实提供公司全部对外担保事项。

（六）上市公司独立董事应在年度报告中，对上市公司累计和当期对外担保情况、执行上述规定情况进行专项说明，并发表独立意见。

《中国证券监督管理委员会、中国银行业监督管理委员会关于规范上市公司对外担保行为的通知》（证监发〔2005〕120号）

一、规范上市公司对外担保行为，严格控制上市公司对外担保风险

（一）上市公司对外担保必须经董事会或股东大会审议。

（二）上市公司的《公司章程》应当明确股东大会、董事会审批对外担保的权限及违反审批权限、审议程序的责任追究制度。

（三）应由股东大会审批的对外担保，必须经董事会审议通过后，方可提交股东大会审批。须经股东大会审批的对外担保，包括但不限于下列情形：

1. 上市公司及其控股子公司的对外担保总额，超过最近一期经审计净资产50%以后提供的任何担保；

2. 为资产负债率超过70%的担保对象提供的担保；

3. 单笔担保额超过最近一期经审计净资产10%的担保；

4. 对股东、实际控制人及其关联方提供的担保。

股东大会在审议为股东、实际控制人及其关联方提供的担保议案时，该股东或受该实际控制人支配的股东，不得参与该项表决，该项表决由出席股东大会的其他股东所持表决权的半数以上通过。

（四）应由董事会审批的对外担保，必须经出席董事会的三分之二以上董事审议同意并做出决议。

（五）上市公司董事会或股东大会审议批准的对外担保，必须在中国证监会指定信息披露报刊上及时披露，披露的内容包括董事会或股东大会决议、截止信息披露日上市公司及其控股子公司对外担保总额、上市公司对控股子

公司提供担保的总额。

（六）上市公司在办理贷款担保业务时，应向银行业金融机构提交《公司章程》、有关该担保事项董事会决议或股东大会决议原件、刊登该担保事项信息的指定报刊等材料。

（七）上市公司控股子公司的对外担保，比照上述规定执行。上市公司控股子公司应在其董事会或股东大会做出决议后及时通知上市公司履行有关信息披露义务。

二、规范银行业金融机构贷款担保审批行为，有效防范银行业金融机构发放由上市公司提供担保的贷款风险

（一）各银行业金融机构应当严格依据《中华人民共和国担保法》、《中华人民共和国公司法》、《最高人民法院关于适用〈中华人民共和国担保法〉若干问题的解释》等法律法规，加强对由上市公司提供担保的贷款申请的审查，切实防范相关信贷风险，并及时将贷款、担保信息登录征信管理系统。

（二）各银行业金融机构必须依据本《通知》、上市公司《公司章程》及其他有关规定，认真审核以下事项：

1. 由上市公司提供担保的贷款申请的材料齐备性及合法合规性；

2. 上市公司对外担保履行董事会或股东大会审批程序的情况；

3. 上市公司对外担保履行信息披露义务的情况；

4. 上市公司的担保能力；

5. 贷款人的资信、偿还能力等其他事项。

（三）各银行业金融机构应根据《商业银行授信工作尽职指引》等规定完善内部控制制度，控制贷款风险。

（四）对由上市公司控股子公司提供担保的贷款申请，比照上述规定执行。

第十条 【一人公司为其股东提供担保的效力】

一人有限责任公司为其股东提供担保，公司以违反公司法关于公司对外担保决议程序的规定为由主张不承担担保责任的，人民法院不予支持。公司因承担担保责任导致无法清偿其他债务，提供担保时的股东不能证明公司财产独立于自己的财产，其他债权人请求该股东承担连带责任的，人民法院应予支持。

【条文理解】

关于一人有限责任公司能否为其股东提供担保及担保的效力问题，在理论界一直存在争论，在司法实践中，法院不否认一人公司为其股东提供担保的效力。在本解释出台前，《公司法》、《担保法》及其司法解释、《九民会议纪要》对此都没有作出明确的规定。

《公司法》第16条规定：“公司向其他企业投资或者为他人提供担保，依照公司章程的规定，由董事会或者股东会、股东大会决议；公司章程对投资或者担保的总额及单项投资或者担保的数额有限额规定的，不得超过规定的限额。公司为公司股东或者实际控制人提供担保的，必须经股东会或者股东大会决议。前款规定的股东或者受前款规定的实际控制人支配的股东，不得参加前款规定事项的表决。该项表决由出席会议的其他股东所持表决权的过半数通过。”但由于一人公司有且仅有一名股东，不能适用该条关于关联股东回避表决的规定。

本解释明确肯定了一人公司为其股东提供担保的效力。一人公司仅有一名股东，既然为股东提供担保，必然经过该股东同意，是否经过单独的决议都不影响提供担保的行为实际上即为公司的意志。但本条第2款则直接适用公司法人人格否认制度，规定一人公司为其股东承担的担保责任导致无法清偿其他债务，提供担保时的股东不能证明公司财产独立于自己的财产，其他债权人有权要求提供担保时的股东承担连带责任。根据《公司法》第63条的规定，“一人有限责任公司的股东不能证明公司财产独立于股东自己的财产的，应当对公司债务承担连带责任”，当一人公司为股东承担了担保责任，以公司财产偿还股东的债务，而股东又不能证明公司财产独立于自己的财产时，公司财产与股东财产发生了混同情况，为保护债权人的利益，该股东显然需要对公司债务承担连带清偿责任。

另外，根据《九民会议纪要》关于公司人格否认的规定和宗旨，公司人格独立和股东有限责任是《公司法》的基本原则。否认公司独立人格，由滥用公司法人独立地位和股东有限责任的股东对公司债务承担连带责任，是股东有限责任的例外情形，旨在矫正有限责任制度在特定法律事实发生时对债权人保护的失衡现象。在审判实践中，要准确把握《公司法》第 20 条第 3 款规定的精神。

【适用指南】

本条明确提供担保的对象为股东，而非股东以外的第三人，在适用本条时应当以一人有限责任公司为股东提供担保为前提。《公司法》对于公司对股东提供担保作出限制的目的是避免人格混同，防止公司财产被股东恶意套空，但也不能因此就直接否认一人有限责任公司对股东提供担保的有效性。本条规定股东不能证明公司财产独立于个人财产时，被要求承担连带责任才会被支持。因此，在审判实践中，在债权人有证据证明存在一人有限责任公司为其股东进行担保的情形时，可以要求股东举证证明其财产与公司财产相互独立。

实践中，人民法院并不否认一人公司为其股东提供担保的效力问题，但是，因为一人有限责任公司的特殊性，看似与《公司法》第 16 条的规定有矛盾之处，加之其中涉及公司人格混同问题，所以在实践中，可能会出现较为复杂的案例。在审判实践中要结合《九民会议纪要》的规定，准确把握《公司法》第 20 条第 3 款规定的精神：一是只有在股东实施了滥用公司法人独立地位及股东有限责任的行为，且该行为严重损害了公司债权人利益的情况下，才能适用。损害债权人利益，主要是指股东滥用权利使公司财产不足以清偿公司债权人的债权。二是只有实施了滥用法人独立地位和股东有限责任行为的股东才对公司债务承担连带清偿责任，而其他股东不应承担此责任。三是公司人格否认不是全面、彻底、永久地否定公司的法人资格，而只是在具体案件中依据特定的法律事实、法律关系，突破股东对公司债务不承担责任的一般规则，例外地判令其承担连带责任。人民法院在个案中否认公司人格的判决的既判力仅仅约束该诉讼的各方当事人，不当然适用于涉及该公司的其他诉讼，不影响公司独立法人资格的存续。如果其他债权人提起公司人格否认诉讼，已生效判决认定的事实可以作为证据使用。四是《公司法》第20条第3款规定的滥用行为，实践中常见的情形有人格混同、过度支配与控制、资本显著不足等。在审理案件时，需要根据查明的案件事实进行综合判断，既审慎适用，又当用则用。实践中存在标准把握不严而滥用这一例外制度的现象，同时存在因法律规定较为原则、抽象，适用难度大，而不善于适用、不敢于适用的现象，均应当引起高度重视。

【关联案例】

陈祥山、意卓达炊具公司与陈敬银股权转让纠纷案[①]

裁判要旨：一人公司不存在大股东与小股东之别，也不存在利害关系股东与无利害关系股东之别，唯一的股东同意提供担保，不仅体现股东意志，也体现公司意志。法律并未禁止一人公司为其股东提供担保，至于是否损害公司债权人利益，则属于民法中撤销权的范畴，不属于公司法调整范围。如果一人公司的股东借公司担保损害资本维持原则，抽逃出资，或滥用股东有限责任损害公司其他债权人的利益，则其他债权人可以援引公司法关于股东抽逃出资或者股东滥用公司法人地位等法律规定，追究股东的法律责任，原则上对公司特殊担保的效力不产生影响。因此，一人公司的股东可以自行作出由一人公司为自己债务提供担保的决定。

---

① 参见湖北省襄阳市中级人民法院（2014）鄂襄阳中民三终字第00466号民事判决书。

【关联规范】

《中华人民共和国公司法》(2018年10月26日修正)

第十六条 公司向其他企业投资或者为他人提供担保，依照公司章程的规定，由董事会或者股东会、股东大会决议；公司章程对投资或者担保的总额及单项投资或者担保的数额有限额规定的，不得超过规定的限额。

公司为公司股东或者实际控制人提供担保的，必须经股东会或者股东大会决议。

前款规定的股东或者受前款规定的实际控制人支配的股东，不得参加前款规定事项的表决。该项表决由出席会议的其他股东所持表决权的过半数通过。

《全国法院民商事审判工作会议纪要》(2019年11月8日 法〔2019〕254号)

10.【人格混同】认定公司人格与股东人格是否存在混同，最根本的判断标准是公司是否具有独立意思和独立财产，最主要的表现是公司的财产与股东的财产是否混同且无法区分。在认定是否构成人格混同时，应当综合考虑以下因素：

(1)股东无偿使用公司资金或者财产，不作财务记载的；

(2)股东用公司的资金偿还股东的债务，或者将公司的资金供关联公司无偿使用，不作财务记载的；

(3)公司账簿与股东账簿不分，致使公司财产与股东财产无法区分的；

(4)股东自身收益与公司盈利不加区分，致使双方利益不清的；

(5)公司的财产记载于股东名下，由股东占有、使用的；

(6)人格混同的其他情形。

在出现人格混同的情况下，往往同时出现以下混同：公司业务和股东业务混同；公司员工与股东员工混同，特别是财务人员混同；公司住所与股东住所混同。人民法院在审理案件时，关键要审查是否构成人格混同，而不要求同时具备其他方面的混同，其他方面的混同往往只是人格混同的补强。

11.【过度支配与控制】公司控制股东对公司过度支配与控制，操纵公司的决策过程，使公司完全丧失独立性，沦为控制股东的工具或躯壳，严重损害公司债权人利益，应当否认公司人格，由滥用控制权的股东对公司债务承担连带责任。实践中常见的情形包括：

（1）母子公司之间或者子公司之间进行利益输送的；

（2）母子公司或者子公司之间进行交易，收益归一方，损失却由另一方承担的；

（3）先从原公司抽走资金，然后再成立经营目的相同或者类似的公司，逃避原公司债务的；

（4）先解散公司，再以原公司场所、设备、人员及相同或者相似的经营目的另设公司，逃避原公司债务的；

（5）过度支配与控制的其他情形。

控制股东或实际控制人控制多个子公司或者关联公司，滥用控制权使多个子公司或者关联公司财产边界不清、财务混同，利益相互输送，丧失人格独立性，沦为控制股东逃避债务、非法经营，甚至违法犯罪工具的，可以综合案件事实，否认子公司或者关联公司法人人格，判令承担连带责任。

12.【资本显著不足】资本显著不足指的是，公司设立后在经营过程中，股东实际投入公司的资本数额与公司经营所隐含的风险相比明显不匹配。股东利用较少资本从事力所不及的经营，表明其没有从事公司经营的诚意，实质是恶意利用公司独立人格和股东有限责任把投资风险转嫁给债权人。由于资本显著不足的判断标准有很大的模糊性，特别是要与公司采取“以小博大”的正常经营方式相区分，因此在适用时要十分谨慎，应当与其他因素结合起来综合判断。

第十一条　【公司的分支机构提供担保的效力】

公司的分支机构未经公司股东（大）会或者董事会决议以自己的名义对外提供担保，相对人请求公司或者其分支机构承担担保责任的，人民法院不予支持，但是相对人不知道且不应当知道分支机构对外提供担保未经公司决议程序的除外。

金融机构的分支机构在其营业执照记载的经营范围内开立保函，或者经有权从事担保业务的上级机构授权开立保函，金融机构或者其分支机构以违反公司法关于公司对外担保决议程序的规定为由主张不承担担保责任的，人民法院不予支持。金融机构的分支机构未经金融机构授权提供保函之外的担保，金融机构或者其分支机构主张不承担担保责任的，人民法院应予支持，但是相对人不知道且不应当知道分支机构对外提供担保未经金融机构授权的除外。

担保公司的分支机构未经担保公司授权对外提供担保，担保公司或者其分支机构主张不承担担保责任的，人民法院应予支持，但是相对人不知道且不应当知道分支机构对外提供担保未经担保公司授权的除外。

公司的分支机构对外提供担保，相对人非善意，请求公司承担赔偿责任的，参照本解释第十七条的有关规定处理。

【条文理解】

对于公司分支机构对外提供担保，本条相比《担保法》第 10 条的规定，做了比较大的改动。本条不再禁止公司的分支机构对外提供担保，但必须经过公司相关决议程序。对于相对人不知道且不应当知道分支机构未经相关决议程序的，出于保护相对人利益考虑，也予以认可担保的效力。同时，对于两种特殊情形本条作了特殊规定：第一，金融机构开立的保函只要属于其经营范围或经有权从事担保业务的上级机构授权，无论是否经过相关决议，金融机构或分支机构不得否认其效力；第二，担保公司的分支机构对外提供担保是否有效，与担保公司是否授权密切相关，不以通过相关决议为必须。

公司职能部门是否可以对外进行担保及相关条件，笔者认为，结合《担保法》及其司法解释的规定，公司的职能部门不享有分支机构所具备的一定的独立经营权和财产，其对外担保应属于禁止之列。

【适用指南】

本条虽然明确了相对人不知道且不应当知道分支机构对外提供担保未经公司决议程序的，相对人请求公司或者其分支机构承担担保责任的，人民法院应予支持，有利于债权人行使权利，但也增加了公司对外设立分支机构的管控责任与风险。对于公司内部管理而言，公司应当在章程中明确分公司对外提供担保的责任承担问题，虽然该规定不能对抗善意的相对人，但给公司事后的追偿留有一定的空间。同时本条规定相对人可以选择由公司、分支机构、公司与分支机构承担保证责任，这里的分支机构应当限缩解释为对外提供担保的分支机构。

在司法实践中，因金融机构的分支机构对外提供担保而产生的纠纷比较多，金融机构的分支机构对外提供担保有效的情形是：（1）在其营业执照记载的经营范围内开立保函；（2）经有权从事担保业务的上级机构授权开立保函；（3）提供保函之外的担保，应经金融机构授权。

在无论何种情形下，公司的职能部门均不得对外提供担保，其担保行为无效。公司的分支机构对外提供担保，应按照法律规定经过相关决议，而担保公司的分支机构对外提供担保，只需要获得担保公司的授权即可，无须经过相关决议。

相对人非善意，请求公司承担赔偿责任的，应根据具体情形进行判定责任划分。参照本解释第17条的规定，主合同有效而第三人提供的担保合同无效，人民法院应当区分不同情形确定担保人的赔偿责任：（1）债权人与担保人均有过错的，担保人承担的赔偿责任不应超过债务人不能清偿部分的1/2；（2）担保人有过错而债权人无过错的，担保人对债务人不能清偿的部分承担赔偿责任；（3）债权人有过错而担保人无过错的，担保人不承担赔偿责任。

主合同无效导致第三人提供的担保合同无效，担保人无过错的，不承担赔偿责任；担保人有过错的，其承担的赔偿责任不应超过债务人不能清偿部分的1/3。

【关联案例】

三门峡湖滨农村商业银行股份有限公司

磁钟支行与李来法保证合同纠纷案[①]

裁判要旨： 对于商业银行分支机构未按业务流程办理、单独与个别自然人签订保证合同等不符合交易习惯、相对人未支付合理对价或者提供可信反担保的担保，相对人应尽更高的义务，除非有证据证明商业银行总行规定此类业务无须特别授权、同一银行开展其他同类业务时均未特别授权或者有其他事实足以让相对人相信此类行为无须总行特别授权，原则上不应认定商业银行分支机构未经授权对外提供担保有效，而应当根据各方当事人的过错确定各自的民事责任。

【关联规范】

《最高人民法院关于适用〈中华人民共和国民法典〉有关担保制度的解释》（2020年12月31日　法释〔2020〕28号）

第十七条　主合同有效而第三人提供的担保合同无效，人民法院应当区分不同情形确定担保人的赔偿责任：

（一）债权人与担保人均有过错的，担保人承担的赔偿责任不应超过债务人不能清偿部分的二分之一；

（二）担保人有过错而债权人无过错的，担保人对债务人不能清偿的部分承担赔偿责任；

（三）债权人有过错而担保人无过错的，担保人不承担赔偿责任。

主合同无效导致第三人提供的担保合同无效，担保人无过错的，不承担赔偿责任；担保人有过错的，其承担的赔偿责任不应超过债务人不能清偿部

① 参见最高人民法院（2019）最高法民再3号民事裁定书。

分的三分之一。

第十二条 【债务加入准用担保的决议程序】

法定代表人依照民法典第五百五十二条的规定以公司名义加入债务的，人民法院在认定该行为的效力时，可以参照本解释关于公司为他人提供担保的有关规则处理。

【条文理解】

公司是债务加入纠纷中最重要的主体，但是《公司法》尚未就公司债务加入行为的效力予以规范。所谓债务加入，亦称并存的债务承担，是指原债务人并不脱离债的关系，而由第三人加入债的关系中与原债务人一起承担债务。第三人加入后，与债务人成立连带关系，对同一债务负连带责任。债权人可以请求债务人履行义务，也可以径直向第三人请求履行义务，可见债务加入并不等同于担保。《九民会议纪要》第 23 条对此作出规定，“法定代表人以公司名义与债务人约定加入债务并通知债权人或者向债权人表示愿意加入债务，该约定的效力问题，参照本纪要关于公司为他人提供担保的有关规则处理”。《民法典》第 552 条明确了债务加入制度，本条规定延续了《九民会议纪要》的规定，并与《民法典》匹配，完善了法定代表人以公司名义进行债务加入行为的准用担保规则。法定代表人以公司名义实施了债务加入行为的，对于该行为的效力，参照公司为他人提供担保的有关规则处理。本解释关于公司为他人提供担保的规则，主要集中在第 7 ~9 条、第 11 条。

作为市场经济客观存在的交易类型，债务加入经常出现在借贷纠纷、合同纠纷及金融纠纷中，但由于《合同法》对此的规定是空白的，导致债务加入纠纷一直欠缺明确的裁判依据。为此，《民法典》特设债务加入制度，《民事案件案由规定》（法〔2020〕346 号）专门在第二级案由“十、合同纠纷”项下，增加“82. 债务加入纠纷”。

实践中，经常出现对债务加入的认定难、是债务加入还是提供保证担保、如何判断法定代表人是不是越权行为等问题，需要根据具体案情进行具体分析。人民法院将参照公司为他人提供担保的规则，以债务加入未经公司机关决议，法定代表人或代理人属越权代表，债权人不构成善意为由判决公司债务加入的承诺或合同无效。

【适用指南】

本条直接指向的是公司的法定代表人，而非公司的股东、实际控制人或者其他第三人，只有公司的法定代表人决定以公司名义加入债务的行为才适用本条的规定。因此，债权人在审查公司加入债务行为的效力时，首先要审查该债务加入行为是否由法定代表人提出，其次审查以公司名义实行债务加入的行为是否符合本解释关于公司对外担保的相关规则。

【关联案例】

大理兰林阁置业有限责任公司昆明分公司、大理兰林阁置业有限责任公司、杨军杰及一审第三人苏家荣、杨跃文民间借贷纠纷案①

裁判要旨： 我国法律就债务加入未作明确规定，因相当于在债务人之外为债权人增加了一个新债务人，债务加入和保证一样具有担保债权实现的功能，故与债务加入在法律性质上最为接近并且有明确法律规定的应为连带责任保证法律关系。企业法人分支机构对外提供责任较轻的保证尚需企业法人授权，否则无效，根据举轻以明重的逻辑，则其对外加入债务更需得到企业法人授权，否则更应认定为无效。

【关联规范】

《中华人民共和国民法典》（2020 年 5 月 28 日）

第五百五十二条　第三人与债务人约定加入债务并通知债权人，或者第

① 参见最高人民法院（2019）最高法民再 236 号民事裁定书。

三人向债权人表示愿意加入债务，债权人未在合理期限内明确拒绝的，债权人可以请求第三人在其愿意承担的债务范围内和债务人承担连带债务。

《最高人民法院关于适用〈中华人民共和国民法典〉有关担保制度的解释》（2020年12月31日　法释〔2020〕28号）

第七条　公司的法定代表人违反公司法关于公司对外担保决议程序的规定，超越权限代表公司与相对人订立担保合同，人民法院应当依照民法典第六十一条和第五百零四条等规定处理：

（一）相对人善意的，担保合同对公司发生效力；相对人请求公司承担担保责任的，人民法院应予支持。

（二）相对人非善意的，担保合同对公司不发生效力；相对人请求公司承担赔偿责任的，参照适用本解释第十七条的有关规定。

法定代表人超越权限提供担保造成公司损失，公司请求法定代表人承担赔偿责任的，人民法院应予支持。

第一款所称善意，是指相对人在订立担保合同时不知道且不应当知道法定代表人超越权限。相对人有证据证明已对公司决议进行了合理审查，人民法院应当认定其构成善意，但是公司有证据证明相对人知道或者应当知道决议系伪造、变造的除外。

第八条　有下列情形之一，公司以其未依照公司法关于公司对外担保的规定作出决议为由主张不承担担保责任的，人民法院不予支持：

（一）金融机构开立保函或者担保公司提供担保；

（二）公司为其全资子公司开展经营活动提供担保；

（三）担保合同系由单独或者共同持有公司三分之二以上对担保事项有表决权的股东签字同意。

上市公司对外提供担保，不适用前款第二项、第三项的规定。

第九条　相对人根据上市公司公开披露的关于担保事项已经董事会或者股东大会决议通过的信息，与上市公司订立担保合同，相对人主张担保合同对上市公司发生效力，并由上市公司承担担保责任的，人民法院应予支持。

相对人未根据上市公司公开披露的关于担保事项已经董事会或者股东大

会决议通过的信息，与上市公司订立担保合同，上市公司主张担保合同对其不发生效力，且不承担担保责任或者赔偿责任的，人民法院应予支持。

相对人与上市公司已公开披露的控股子公司订立的担保合同，或者相对人与股票在国务院批准的其他全国性证券交易场所交易的公司订立的担保合同，适用前两款规定。

第十一条 公司的分支机构未经公司股东（大）会或者董事会决议以自己的名义对外提供担保，相对人请求公司或者其分支机构承担担保责任的，人民法院不予支持，但是相对人不知道且不应当知道分支机构对外提供担保未经公司决议程序的除外。

金融机构的分支机构在其营业执照记载的经营范围内开立保函，或者经有权从事担保业务的上级机构授权开立保函，金融机构或者其分支机构以违反公司法关于公司对外担保决议程序的规定为由主张不承担担保责任的，人民法院不予支持。金融机构的分支机构未经金融机构授权提供保函之外的担保，金融机构或者其分支机构主张不承担担保责任的，人民法院应予支持，但是相对人不知道且不应当知道分支机构对外提供担保未经金融机构授权的除外。

担保公司的分支机构未经担保公司授权对外提供担保，担保公司或者其分支机构主张不承担担保责任的，人民法院应予支持，但是相对人不知道且不应当知道分支机构对外提供担保未经担保公司授权的除外。

公司的分支机构对外提供担保，相对人非善意，请求公司承担赔偿责任的，参照本解释第十七条的有关规定处理。

《全国法院民商事审判工作会议纪要》（2019 年 11 月 8 日　法〔2019〕254 号）

23.【债务加入准用担保规则】法定代表人以公司名义与债务人约定加入债务并通知债权人或者向债权人表示愿意加入债务，该约定的效力问题，参照本纪要关于公司为他人提供担保的有关规则处理。

《中华人民共和国公司法》（2018 年 10 月 26 日修正）

第十六条 公司向其他企业投资或者为他人提供担保，依照公司章程的规定，由董事会或者股东会、股东大会决议；公司章程对投资或者担保的总额及单项投资或者担保的数额有限额规定的，不得超过规定的限额。

公司为公司股东或者实际控制人提供担保的，必须经股东会或者股东大会决议。

前款规定的股东或者受前款规定的实际控制人支配的股东，不得参加前款规定事项的表决。该项表决由出席会议的其他股东所持表决权的过半数通过。

第十三条　【共同担保】

同一债务有两个以上第三人提供担保，担保人之间约定相互追偿及分担份额，承担了担保责任的担保人请求其他担保人按照约定分担份额的，人民法院应予支持；担保人之间约定承担连带共同担保，或者约定相互追偿但是未约定分担份额的，各担保人按照比例分担向债务人不能追偿的部分。

同一债务有两个以上第三人提供担保，担保人之间未对相互追偿作出约定且未约定承担连带共同担保，但是各担保人在同一份合同书上签字、盖章或者按指印，承担了担保责任的担保人请求其他担保人按照比例分担向债务人不能追偿部分的，人民法院应予支持。

除前两款规定的情形外，承担了担保责任的担保人请求其他担保人分担向债务人不能追偿部分的，人民法院不予支持。

【条文理解】

所谓共同担保，是指对同一债权提供的两个以上的担保，其特点为：担保方式是多个，债权仅是一个，担保人为同一债权提供担保，均对债权人负责。实践中，债权人为了达到保障债权安全的目的，可以要求债务人为同一债权提供多个、多种担保。各担保人之间因对同一债权提供担保，形成共同担保关系。担保的方式可以是有多个保证人的共同保证，可以是有多个担保物权的共同抵押、共同质押，也可以是既有保证又有抵押、质押的混合共同担保。

但是，关于共同担保人之间是否互相享有追偿权，在理论界与实务界一直存在争议。

《担保法司法解释》明确了共同担保人之间的互相追偿权，该解释第38条第1款规定，同一债权既有保证又有第三人提供物的担保的，债权人可以请求保证人或者物的担保人承担担保责任。当事人对保证担保的范围或者物的担保的范围没有约定或者约定不明的，承担了担保责任的担保人，可以向债务人追偿，也可以要求其他担保人清偿其应当分担的份额。但是，《物权法》第176条却并未如此规定，该条中仅仅明确“提供担保的第三人承担担保责任后，有权向债务人追偿”，并未如《担保法司法解释》第38条第1款一样规定“也可以要求其他担保人清偿其应当分担的份额”，由此产生了理论界和实务界的巨大争议。

全国人大常委会法制工作委员会认为，《物权法》立法时，是有意不规定共同担保人之间的互相追偿权。其理由主要包括四个方面：（1）理论上讲不通。在各担保人之间没有共同担保意思的情况下，相互求偿缺乏法理依据，各担保人之间相互追偿，实质是在各担保人之间设定相互担保。这意味着，没有履行担保义务的担保人除了为债务人提供担保外，还必须为其他担保人提供担保，有违担保人为债务人提供担保的初衷。（2）从程序上讲费时费力、不经济。担保人为债务人偿债后取得追偿权，各担保人相互求偿后，还可以向最终的责任人即债务人求偿，程序上费时费力，不经济。（3）不能向其他担保人追偿是公平原则的体现。每个担保人在设定担保时，都应该明白自己面临的风险，即在承担了担保责任后只能向债务人追偿。如果债务人没有能力偿还，自己就会受到损失。（4）向其他担保人追偿可操作性很差。如果允许担保人之间相互求偿，份额如何确定是一个相当复杂的计算题，可操作性不强。[①]

---

① 胡康生：《中华人民共和国物权法释义》，法律出版社2007年版，第381～382页。

以郭明瑞教授[①]、高圣平教授[②]为代表的部分学者则认为，应当承认共同担保人之间的追偿权，一方面是由于传统德国法系的立法惯性，另一方面是公平原则的体现。如果不承认共同担保人之间的追偿权，则容易导致债权人可以任意转嫁债务危机的道德风险。湖北省高级人民法院民二庭 2016 年 11 月《当前商事审判疑难问题裁判指引》（指导意见）第 22 条规定：同一债权既有保证又有第三人提供物的担保的，债权人可以请求保证人或者物的担保人承担担保责任。当事人对保证担保的范围或者物的担保的范围没有约定或者约定不明的，承担了担保责任的担保人，可以向债务人追偿，也可以要求其他担保人清偿其应当分担的份额。

《九民会议纪要》第 56 条则明确否认了混合担保中担保人之间的追偿权："被担保的债权既有保证又有第三人提供的物的担保的，担保法司法解释第 38 条明确规定，承担了担保责任的担保人可以要求其他担保人清偿其应当分担的份额。但《物权法》第 176 条并未作出类似规定，根据《物权法》第 178 条关于'担保法与本法的规定不一致的，适用本法'的规定，承担了担保责任的担保人向其他担保人追偿的，人民法院不予支持，但担保人在担保合同中约定可以相互追偿的除外。"

但是，上述条文仅限定在"既有保证又有第三人提供的物的担保"这种混合担保情形，对于存在共同保证或者共同物保的情形中，共同担保人之间是否享有追偿权，是否可以作如上条文之解释，则显然存在争议。在《〈全国法院民商事审判工作会议纪要〉理解与适用》[③] 一书中，最高人民法院民二庭认为，该条的本意就是否认共同担保人，而不限于混合担保中的共同担保人之间的追偿权，"从物权法到民法典草案的相关规定看，不论是共同保证人之间、共同抵押人之间还是混合担保的各担保人之间，立法机关似乎都不认可担保人之间可以相互求偿"。

---

① 郭明瑞：《担保法》，法律出版社 2010 年版，第 65 ~ 66 页。

② 高圣平：《混合共同担保的法律规则：裁判分歧与制度完善》，载《清华法学》2017 年第 5 期。

③ 参见最高人民法院民事审判第二庭编著：《〈全国法院民商事审判工作会议纪要〉理解与适用》，人民法院出版社 2019 年版。

本解释则明确，除了两种例外情况，在共同担保之中，无论是共同保证、共同物保，抑或混合保证，担保人之间原则上不享有追偿权。

【适用指南】

（一）共同担保追偿权的要件

本解释原则上否认了共同担保人间的追偿权，但是以下两种情况例外：

（1）各担保人之间约定了相互追偿，或者约定承担连带共同担保的，可以认为各方之间具有共同担保、彼此追偿的意思，即要求担保人之间有意思联络，排除了无意思联络的分别担保的担保人的追偿权。该情形下又可分为两种：①各方之间还明确了彼此应当分担的份额，如此承担了担保责任的担保人可依约定请求其他担保人承担相应的份额；②各方之间没有约定分担份额，或者约定不清的，推定各方应当承担的份额比例按照各方向债权人承担的担保责任金额比例为准。例如，甲对乙有1000万元债权，丙向甲提供连带责任保证，丁以其价值800万元的房产为甲设立抵押权，如此丙和丁向债权人甲承担的担保责任金额比例为1000万元:800万元，丙和丁内部的责任分担比例应当为5:4。

（2）各担保人在同一份合同书上签字、盖章或者按指印，担保人之间也享有追偿权。本解释（征求意见稿）原将其作为连带共同担保的一种情形，正式规定中虽然删除了相应的性质认定规则，但是从法理上而言，这应当认定为属于连带共同担保意思的推定。如果有证据表明，各担保人虽共同签章，但是共同签章的内心真意并不是共同担保的意思，也不应当认可各担保人之间存在追偿权。

尽管本条仅规定了共同签章这一种推定情形，但是意思表示的作出方式包括明示和推定，如有其他证据足以推定各担保人之间存在共同担保的意思的，亦可援引《民法典》第140条第1款的规定，认可各担保人彼此之间存在追偿权。

需要注意的是，尽管根据本条的字面含义，共同担保人之间的互相追偿权在于彼此之间的意思联络，但是根据本解释第29条第2款的规定，“同一债务有两个以上保证人，保证人之间相互有追偿权，债权人未在保证期间内依法向部分保证人行使权利，导致其他保证人在承担保证责任后丧失追偿权，其他保证人主张在其不能追偿的范围内免除保证责任的，人民法院应予支持”。也就是说，共同担保人之间互相追偿权的另一前提是担保人仍对债权人负有担保责任。例如，存在本解释第 29 条规定的情形，债权人未在保证期间内主张保证责任，导致保证人免责的，其他担保人不能向保证人追偿，只能主张在其不能追偿的范围内免除保证责任。举轻明重，债权人放弃享有的担保债权的，其他担保人也不能向被放弃的担保人追偿，仅能就不能追偿的范围内免除担保责任。

担保人在向债权人承担担保责任之前，无权对债务人追偿，也就无法明确所谓“不能追偿的范围”是多少，如此形成程序上的循环，在程序上可能存在障碍。实践中具体如何处理，比如可以暂时提存担保人的清偿，仍有待进一步的司法实践。

（二）共同担保追偿权的责任范围

即便在上述情形下，我国立法中担保人对其他担保人的追偿权仍与传统民法不同。在传统民法中，承担担保责任的担保人享有原债权人的地位，除非其他担保人享有先诉抗辩权，担保人可以直接要求其他担保人承担其份额内的责任。史尚宽先生认为：“无须先对主债务人为求偿，而惟就其无资力之部分，对于他共同保证人为请求。保证人自始即得自由选择其中之一行使之。”而本条则明确，在没有约定分担份额的情况下，担保人的追偿权限于“向债务人不能追偿的部分”，也就是说，其他担保人承担的责任劣后于债务人的责任，是债务人责任的补充责任。

立法中并未明确何为“向债务人不能追偿的部分”，可参照此前立法中类似的表述，理解为已经对债务人采取了执行措施，并就债务人易于执行的财产已经执行，仍不能清偿担保人追偿权的部分。

（三）共同担保中放弃部分担保的法律后果

《担保法》第 28 条第 2 款规定，“债权人放弃物的担保的，保证人在债权人放弃权利的范围内免除保证责任”，其中未区分担保物权由债务人提供，还是由第三人提供。《物权法》第 194 条第 2 款规定，“债务人以自己的财产设定抵押，抵押权人放弃该抵押权……其他担保人在抵押权人丧失优先受偿权益的范围内免除担保责任……”第 218 条规定，“……债务人以自己的财产出质，质权人放弃该质权的，其他担保人在质权人丧失优先受偿权益的范围内免除担保责任”。这两条均明确规定仅当债权人放弃债务人提供的担保物权时，其他担保人，包括保证人，才在债权人放弃权利的范围内免除责任。也就是说，如果债权人放弃的是非债务人提供的担保物权的，其他担保人仍需要继续承担相应的责任。上述《物权法》的规定在《民法典》第 409 条第 2 款和第 435 条中得到维持。

尽管《民法典》没有规定债权人放弃部分保证人提供的担保，其他担保人是否免责，但是从上述规定来看，其他担保人也应当不免责。根据《中华人民共和国民法典物权编理解与适用（下）》[①] 一书中的解释，之所以进行上述规定，理由是债权人负有优先实现债务人提供的担保的不真正义务，债权人违背该义务的，应当丧失对应的利益。这也符合本解释本条的规定。实质上，依据本解释，债权人只需要向部分担保人主张担保责任，鉴于担保人之间原则上不享有追偿权，其他担保人事实上即可实现免责的效果。

但是，如前所述，在部分情况下，担保人之间存在互相的追偿权。此时，债权人放弃部分担保的，其他担保人是否相应免责呢？立法中对此并未明确回答。但是，本解释第 29 条第 2 款明确规定：“同一债务有两个以上保证人，保证人之间相互有追偿权，债权人未在保证期间内依法向部分保证人行使权利，导致其他保证人在承担保证责任后丧失追偿权，其他保证人主张在其不能追偿的范围内免除保证责任的，人民法院应予支持。”也就是说，如果债权人怠于向其他保证人主张权利，导致其他保证人无法进行追偿的，其他保证人在无法追偿的范围内相应免责。举轻明重，对于债权人放弃部分担保人担保的，其他担保人也应当在无法追偿的范围内相应免责。

---

① 参见最高人民法院民法典贯彻实施工作领导小组主编：《中华人民共和国民法典物权编理解与适用》，人民法院出版社 2020 年版。

（四）共同签章的理解

担保人共同签章容易在实践中产生风险。笔者认为，此处的“各担保人在同一份合同书上签字、盖章或者按指印”应当是指共同担保人同时签章，或者虽然不同时，但是具有共同签章的合意，如此才可以认定各方之间存在连带共同担保的合意。否则，对于在先签章的担保人，根本不知道后续签章的担保人情况，如认定彼此之间享有追偿权，显然不当。

因此，在实践中，当事人作为担保人签章的，如果想要避免“被享有”追偿权，最好能明确签章的日期乃至具体时间，甚至通过单独出具担保函的方式完成。

【关联案例】

淮安市华钢房地产开发有限公司、淮安市银信投资担保有限公司与江苏国强钢铁有限公司、江苏和润置业有限公司等追偿权纠纷、申请承认与执行法院判决、仲裁裁决案[①]

裁判要旨：《物权法》第176条仅规定物的担保和人的保证并存情况，并没有规定保证人与物的担保人共同分担责任问题以及担保人相互之间追偿权问题，担保人之间不享有追偿权。

林道金、何秋金、叶秋云与中国东方资产管理公司杭州办事处、上海舜日金属材料有限公司等金融借款合同纠纷案[②]

裁判要旨：“混合共同担保”中，在第三人提供物保的场合，我国采取“平等主义”模式，承认债权人的选择权、担保人对债务人的追偿权以及各担保人之间的相互追偿权。

---

① 参见江苏省高级人民法院（2015）苏执复字第00116号执行裁定书。

② 参见上海市第二中级人民法院（2016）沪02民终4886号民事判决书。

【关联规范】

《中华人民共和国民法典》（2020 年 5 月 28 日）

第一百四十条 行为人可以明示或者默示作出意思表示。

沉默只有在有法律规定、当事人约定或者符合当事人之间的交易习惯时，才可以视为意思表示。

第四百零九条 抵押权人可以放弃抵押权或者抵押权的顺位。抵押权人与抵押人可以协议变更抵押权顺位以及被担保的债权数额等内容。但是，抵押权的变更未经其他抵押权人书面同意的，不得对其他抵押权人产生不利影响。

债务人以自己的财产设定抵押，抵押权人放弃该抵押权、抵押权顺位或者变更抵押权的，其他担保人在抵押权人丧失优先受偿权益的范围内免除担保责任，但是其他担保人承诺仍然提供担保的除外。

第四百三十五条 质权人可以放弃质权。债务人以自己的财产出质，质权人放弃该质权的，其他担保人在质权人丧失优先受偿权益的范围内免除担保责任，但是其他担保人承诺仍然提供担保的除外。

第五百一十九条 连带债务人之间的份额难以确定的，视为份额相同。

实际承担债务超过自己份额的连带债务人，有权就超出部分在其他连带债务人未履行的份额范围内向其追偿，并相应地享有债权人的权利，但是不得损害债权人的利益。其他连带债务人对债权人的抗辩，可以向该债务人主张。

被追偿的连带债务人不能履行其应分担份额的，其他连带债务人应当在相应范围内按比例分担。

《全国法院民商事审判工作会议纪要》（2019 年 11 月 8 日 法〔2019〕254 号）

56.【混合担保中担保人之间的追偿问题】被担保的债权既有保证又有第三人提供的物的担保的，担保法司法解释第 38 条明确规定，承担了担保责任的担保人可以要求其他担保人清偿其应当分担的份额。但《物权法》第 176

条并未作出类似规定，根据《物权法》第178条关于“担保法与本法的规定不一致的，适用本法”的规定，承担了担保责任的担保人向其他担保人追偿的，人民法院不予支持，但担保人在担保合同中约定可以相互追偿的除外。

第十四条　【担保人受让债权】

同一债务有两个以上第三人提供担保，担保人受让债权的，人民法院应当认定该行为系承担担保责任。受让债权的担保人作为债权人请求其他担保人承担担保责任的，人民法院不予支持；该担保人请求其他担保人分担相应份额的，依照本解释第十三条的规定处理。

【条文理解】

本解释第13条原则上否认了共同担保人之间的追偿权，但是实践中存在债权人直接将主债权转让给担保人，担保人取得原主债权人的地位的情形。《民法典》第547条第1款规定，“债权人转让债权的，受让人取得与债权有关的从权利”，受让债权的担保人可以据此向主债务人及其他担保人主张债权，通过此种方式变相实现行使追偿权的后果。

在本解释通过之前，实践中对是否认可此种规避行为，观点并不一致。在“河南省中小企业投资担保股份有限公司与郑州市桃花源百货有限公司、申志晓债权转让合同纠纷二审案”[①] 中，河南省高级人民法院认为：“关于桃花源公司上诉称省中小担保公司违反《担保合同》的约定未对本案借款进行代偿，对本案的发生存在重大过错问题。因招商银行花园路支行将本案债权转让给省中小担保公司，未要求省中小担保公司承担保证责任，省中小担保公司受让债权的行为不构成违约。且省中小担保公司从招商银行花园路支行受让债权的行为与本案的发生无关，桃花源公司的该项主张缺乏事实和法律依据不能成立。”并据此认定，省中小担保公司有权依主债权合同向担保人主

① 参见河南省高级人民法院（2015）豫法民二终字第444号民事判决书。

张担保责任。该案也被最高人民法院（2016）最高法民申1471号再审申请裁定书予以维持。

而与之对应的是，在“郑林松、浙江联合中小企业金融服务有限公司合同纠纷案”[①]中，杭州市中级人民法院则认为：“案涉贷款实则为郑林松与联合金融服务公司管理的资金池共同承担保证责任，根据《担保法》第12条以及《担保法司法解释》第20条的相关规定，联合金融服务公司在对主债务人承担120万元还款责任后，仅能要求郑林松予以平均分摊，即支付60万元。联合金融服务公司及原审法院均认为主债权人联合银行向联合金融服务公司扣款并出具《告知函》的行为系债权转让的观点，与事实和法律不符”，并据此撤销了一审判决并改判。

对于上述争议，本条予以明确规定，否认了此种规避行为的效力。债权人直接将主债权转让给担保人的，实质上属于承担担保责任，效果与担保人承担担保责任相同。担保人对债务人追偿，以及是否可以对其他担保人追偿，均按照担保人承担担保责任的情形处理。

《担保部分司法解释》（征求意见稿）第14条的原措辞为“主张在担保人受让债权的范围内免除担保责任的，人民法院应予支持”，相比之下，正式规定更具有合理性。因为在共同担保中，各担保人之间虽然原则上不享有互相追偿权，但是在个别例外情况下，如构成连带共同担保的，彼此之间可以就超过自己责任份额的部分向其他担保人追偿。《担保部分司法解释》（征求意见稿）一律规定为“免除担保责任”，显然忽视了这类有追偿权的情况。因此，本条规定为“该担保人请求其他担保人分担相应份额的，依照本解释第十三条的规定处理”。

此外，本条还删除了《担保部分司法解释》（征求意见稿）第14条第2款和第3款。其中第2款规定的是担保人与债务人之间的关系，“债务人依照民法典第七百条之规定，以该行为性质上属于承担担保责任为由，主张仅在担保人受让债权的范围内承担责任的，人民法院应予支持”，但是该规定所述

① 参见浙江省杭州市中级人民法院（2017）浙01民终3284号民事判决书。

法律后果与一般的债权让与的法律效果并无二致。担保人受让债权的，也难以对债务人造成任何不利影响，故正式规定中将第 2 款予以删除。

值得注意的是，《担保部分司法解释》（征求意见稿）第 14 条第 3 款规定了担保人通过其关联主体受让债权的，视为担保人承担担保责任，但是正式规定中同样予以删除。这是否意味着担保人可以通过关联主体受让债权来规避共同担保追偿权的规定呢？笔者认为答案是否定的，正式规定删除第 3 款的内在考虑是，“担保人的控股股东、实际控制人及其直接或者间接控制的公司受让债权或者担保人的近亲属受让债权”并不一定是出于规避共同担保追偿权的规定，可能是出于正常的商业动机和交易目的，一概认定此种情形参照担保人受让债权的情形进行处理，有失妥当。但是如果能够证明担保人的关联主体受让债权，目的是帮助担保人规避共同担保追偿权的规定，根据脱法行为的原理，此种行为构成“名为债权让与，实为承担担保责任”，同样可以适用本解释第 13 条的规定。

事实上，不只是担保人的关联主体，任何主体出于帮助担保人规避共同担保追偿权的目的进行债权让与的，均应当认定为“名为债权让与，实为承担担保责任”，均应当适用本解释第 13 条的规定。这应当也是正式规定删除《担保部分司法解释》（征求意见稿）第 14 条第 3 款规定的内在考虑。

【适用指南】

如果债权受让人与一方主体之间存在一定关联关系，债权让与被认定为规避共同担保追偿权规定的可能性相对较大。因此，建议在受让债权时进行相关的尽职调查，并在相应的债权让与合同中对债权让与的商业动机进行充分的披露，以防止可能的争议。

除本条所规定的规避方式之外，实践中可能还有一种规避共同担保追偿权规定的方式。根据《民法典》第 524 条第 2 款的规定，第三人代为履行的，“债权人接受第三人履行后，其对债务人的债权转让给第三人，但是债务人和第三人另有约定的除外”。因此，物保的担保人代为履行后，是否可以实现债权的法定让与，并进而可向债务人及其他担保人追偿？结合本条解释的立法目的，笔者认为，此时仍然构成“名为第三人清偿，实为承担担保责任”的脱法行为，应当适用共同担保追偿权的一般规则。也就是说，除非本解释第13条所述的例外情形，进行第三人清偿的担保人仍无权向其他担保人追偿。

【关联案例】

河南省中小企业投资担保股份有限公司与郑州市桃花源百货有限公司、申志晓债权转让合同纠纷案[①]

裁判要旨：担保人受让债权的行为不构成违约，受让债权后即取得债权人地位，取得与债权有关的从权利，受让人有权依主债权合同向原担保人主张担保责任。

郑林松、浙江联合中小企业金融服务有限公司合同纠纷案[②]

裁判要旨：保证人受让债权，实则为承担保证责任，根据《担保法》第12条以及《担保法司法解释》第20条的相关规定，保证人仅能要求其他担保人分摊相应份额的责任。

【关联规范】

《中华人民共和国民法典》（2020年5月28日）

第五百二十四条 债务人不履行债务，第三人对履行该债务具有合法利益的，第三人有权向债权人代为履行；但是，根据债务性质、按照当事人约定或者依照法律规定只能由债务人履行的除外。

债权人接受第三人履行后，其对债务人的债权转让给第三人，但是债务人和第三人另有约定的除外。

第五百四十七条 债权人转让债权的，受让人取得与债权有关的从权利，

① 参见河南省高级人民法院（2015）豫法民二终字第444号民事判决书，最高人民法院（2016）最高法民申1471号再审申请裁定书。

② 参见浙江省杭州市中级人民法院（2017）浙01民终3284号民事判决书。

但是该从权利专属于债权人自身的除外。

受让人取得从权利不因该从权利未办理转移登记手续或者未转移占有而受到影响。

第十五条 【最高额担保】

最高额担保中的最高债权额，是指包括主债权及其利息、违约金、损害赔偿金、保管担保财产的费用、实现债权或者实现担保物权的费用等在内的全部债权，但是当事人另有约定的除外。

登记的最高债权额与当事人约定的最高债权额不一致的，人民法院应当依据登记的最高债权额确定债权人优先受偿的范围。

【条文理解】

所谓最高额担保，是指债权人与担保人之间约定，在最高债权额限度内由担保人对未来连续发生的债权提供担保。我国《民法典》规定的最高额担保形式主要为最高额抵押、最高额质押和最高额保证。留置权属于法定担保物权，其设立的方式决定了其不可能作为最高额担保。至于其他非典型担保，其往往是通过特定合同设立的，对应的主债权往往就是该特定合同的债权，也难以作为最高额担保。

担保虽然需要确定主债权，但是主债权本身并不是一成不变的。随着各方当事人履行情况的发展，主债权本身可能产生利息、违约金、损害赔偿金、维权费用等债权。最高额担保的最高债权额是必须要约定的，但是该最高债权额所涵盖的债权范围，并不是当事人必须约定的合同内容。如果当事人没有约定或者约定不明的，基于最大化保护债权人的立场，本条明确规定应当包括“主债权及其利息、违约金、损害赔偿金、保管担保财产的费用、实现债权或者实现担保物权的费用等在内的全部债权”。当事人另有约定的，则以当事人的约定为准。

但是，对于最高额抵押等担保物权，因为担保范围很可能影响债权人之外的其他第三人，如同一担保标的物上次顺位的担保物权人或者标的物买受人的利益，如果登记的担保范围和约定的担保范围不一致，应当如何处理？此前有案例[①]认定，法院基于保护真实意思的立场，支持了以双方当事人的约定为准。但该意见未必合理。尤其是对于以登记作为设立方式的担保物权，基于区分原则的理论，设立担保物权的行为也不是双方当事人之间的债权合同，而是双方当事人进行登记这一行为。因此，本解释规定，如果登记的最高债权额与当事人约定的最高债权额不一致的，应当以登记为准。

但是，对于并非以登记作为设立方式的担保物权，比如说特殊动产抵押权，其登记仅具有对抗效力，此时要求债权人仅就登记范围优先受偿，似乎未尽合理。对于其他物权，或者标的物的买受人而言，基于公示公信原则和善意取得的规则，担保物权人无法对抗其他物权人或者标的物的买受人；但是对于担保人本身，或者担保人的其他一般债权人，仍要求债权人只能就登记范围内优先受偿，显然有悖物权优先于债权的一般规则。

【适用指南】

（一）最高额动产抵押中的担保范围

对于最高额动产抵押等担保方式而言，本条第 2 款可能导致实践中的逻辑冲突。如果最高额动产抵押权不进行登记的，基于物权优先于债权的一般规则，抵押权人的债权优先于担保人的其他一般债权。如果进行了登记，就登记不符之处，抵押权人的债权反而不能享有优先效力。具体如何处理，还有待实践中的进一步观察。目前有观点认为，应当将本款限缩至不动产最高额抵押的情形。

（二）债权人的权利保护

登记的最高债权额与当事人约定的最高债权额不一致的，就债权人的权利保护，首先可以明确的是，当事人可以要求更正登记。如果说已经无法更正登记，或者损害已经现实发生，更正登记也无法消除的，对应的责任应当

① 参见湖北省高级人民法院（2017）鄂民终 54 号民事判决书。

根据登记不一致的原因进行审查。

如果是因为登记机关的过错导致的，根据本解释第 48 条的规定，“当事人申请办理抵押登记手续时，因登记机构的过错致使其不能办理抵押登记，当事人请求登记机构承担赔偿责任的，人民法院依法予以支持”。本条虽然限定在“不动产抵押登记”，但对于动产抵押及权利质押等需要登记的情形，也应当参照适用。

如果不是因为登记机关的过错，鉴于我国违约责任采用严格责任原则，除非因为不可抗力或者债权人自己的过错，均应当由担保人承担违约责任。就违约责任的具体内容，《九民会议纪要》第 60 条的规定可兹参照，“因抵押物灭失以及抵押物转让他人等原因不能办理抵押登记，债权人请求抵押人以抵押物的价值为限承担责任的，人民法院依法予以支持，但其范围不得超过抵押权有效设立时抵押人所应当承担的责任”，亦即在未能登记的范围内，由担保人承担相应的赔偿责任。根据《〈全国法院民商事审判工作会议纪要〉理解与适用》[1] 一书中的观点，该责任应当是有限的补充责任。

【关联案例】

中国银行股份有限公司武汉汉阳支行、武桥重工集团股份有限公司金融借款合同纠纷案[2]

裁判要旨：（1）关于最高限额具体数额。应当结合双方当事人的真实意思表示确定，而不能仅以他项权证中的最高债权为准。（2）关于最高额，是指抵押人与抵押权人协议，在最高债权额限度内，以抵押物对一定期间内连续发生的债权作担保。超出此限度则抵押人不再承担担保责任，并非仅指债权本金。

① 参见最高人民法院民事审判第二庭编著：《〈全国法院民商事审判工作会议纪要〉理解与适用》，人民法院出版社 2019 年版。

② 参见湖北省高级人民法院（2017）鄂民终 54 号民事判决书。

【关联规范】

《中华人民共和国民法典》（2020年5月28日）

第四百二十条 为担保债务的履行，债务人或者第三人对一定期间内将要连续发生的债权提供担保财产的，债务人不履行到期债务或者发生当事人约定的实现抵押权的情形，抵押权人有权在最高债权额限度内就该担保财产优先受偿。

最高额抵押权设立前已经存在的债权，经当事人同意，可以转入最高额抵押担保的债权范围。

第四百三十九条 出质人与质权人可以协议设立最高额质权。

最高额质权除适用本节有关规定外，参照适用本编第十七章第二节的有关规定。

第六百九十条 保证人与债权人可以协商订立最高额保证的合同，约定在最高债权额限度内就一定期间连续发生的债权提供保证。

最高额保证除适用本章规定外，参照适用本法第二编最高额抵押权的有关规定。

《最高人民法院关于适用〈中华人民共和国民法典〉有关担保制度的解释》（2020年12月31日 法释〔2020〕28号）

第四十八条 当事人申请办理抵押登记手续时，因登记机构的过错致使其不能办理抵押登记，当事人请求登记机构承担赔偿责任的，人民法院依法予以支持。

《全国法院民商事审判工作会议纪要》（2019年11月8日 法〔2019〕254号）

60.【未办理登记的不动产抵押合同的效力】不动产抵押合同依法成立，但未办理抵押登记手续，债权人请求抵押人办理抵押登记手续的，人民法院依法予以支持。因抵押物灭失以及抵押物转让他人等原因不能办理抵押登记，债权人请求抵押人以抵押物的价值为限承担责任的，人民法院依法予以支持，但其范围不得超过抵押权有效设立时抵押人所应当承担的责任。

第十六条 【借新还旧】

主合同当事人协议以新贷偿还旧贷，债权人请求旧贷的担保人承担担保责任的，人民法院不予支持；债权人请求新贷的担保人承担担保责任的，按照下列情形处理：

（一）新贷与旧贷的担保人相同的，人民法院应予支持；

（二）新贷与旧贷的担保人不同，或者旧贷无担保新贷有担保的，人民法院不予支持，但是债权人有证据证明新贷的担保人提供担保时对以新贷偿还旧贷的事实知道或者应当知道的除外。

主合同当事人协议以新贷偿还旧贷，旧贷的物的担保人在登记尚未注销的情形下同意继续为新贷提供担保，在订立新的贷款合同前又以该担保财产为其他债权人设立担保物权，其他债权人主张其担保物权顺位优先于新贷债权人的，人民法院不予支持。

【条文理解】

在司法实务中，常常有企业因为暂时经营困难而无法归还贷款，如果采取对贷款展期的方式处理，该笔款项最初的贷出时间仍然较早，能够直接表现出来其属于陈年贷款，故双方往往会采取协商借款人通过借新的贷款来偿还旧贷款方式，以此来满足双方的需要。但是，在这种借新还旧的情况下担保人的责任应当如何认定，则存在问题。

（一）借新还旧中新贷担保人责任的认定

《中国人民银行关于借款合同有关法律问题的复函》第 2 条规定：“借款人与贷款银行签订新的借款合同以贷还贷，原借款合同如有担保人的，应当取得原担保人的书面认可。新借款合同没有取得原担保人认可的，原担保人只在原借款合同规定的期限内承担担保责任。”《中国人民银行关于借新还旧贷款中保证人责任问题的复函》指出：“保证人与贷款人针对借新还旧的新借款合同签定了保证合同，若能证明保证人在作出保证时，对其所保证的主合同的内容是明确知悉的、并且其意思表示是真实的，保证人即应履行保证合同所确定的义务。”

对此，《担保法司法解释》第39条进行了较为系统的梳理，第39条规定，“主合同当事人双方协议以新贷偿还旧贷，除保证人知道或者应当知道的外，保证人不承担民事责任。新贷与旧贷系同一保证人的，不适用前款的规定”。根据该解释，在保证人不知道借新还旧的情况下，其对债务人履行能力的认知是有误的，基于公平原则，不宜由其承担保证责任。但是在新贷旧贷保证人同一的情况下，客观上没有加重保证人的责任，其应当继续承担保证责任。

本解释也延续了上述规定的精神，并将其扩展至全部担保领域。第16条第1款区分新贷与旧贷的担保人是否同一进行了规定：如果担保人同一，担保人应当继续承担担保责任；如果担保人不同一，或者旧贷无担保新贷有担保，除非担保人明知或应知债务人借新还旧，担保人不需要承担担保责任。此外，本解释更明确旧贷担保人，如果没有为新贷提供担保的，不需要承担责任。

本解释如此规定的内在逻辑是：担保人提供担保，是基于对债务人履行能力情况的信赖，如果债务人未披露借新还旧的情形，则担保人的信赖显然出现偏差，若担保人仍需要承担担保责任，对担保人显然不公。所以规定仅在担保人明知或应知以新贷偿还旧贷的情况下，为新贷承担担保责任。新贷旧贷担保人同一的，担保人对借新还旧的情况是充分了解的，且债务人借新还旧也使担保人免予承担旧贷的担保责任，故其仍然应就新贷承担担保责任。

在担保人是否明知或应知借新还旧这一事实真伪不明的情况下，根据此前的司法实践，应当推定为担保人不知且不应知借新还旧的事实。

（二）借新还旧中担保物权的顺位

与保证不同，物的担保存在需要重新设立以及与第三人利益相冲突的问题，故本条第2款对此进行了特别规定。

在当事人尚未进行重新登记的情况下，担保物权是否存在，债权人是否可以主张优先受偿权？对于以合同成立生效作为设立方式的担保物权而言，如动产的抵押权自合同生效时即设立，此时新的担保物权显然已经随着担保人愿意为新贷提供担保的意思表示而设立，债权人自然可以就担保标的物主张优先受偿。

但是，对于以登记作为设立方式的担保物权，如不动产抵押权，此时是否可以认定为抵押权已经有效设立？对此，《担保部分司法解释》（征求意见稿）第 16 条第 2 款规定为，“主合同当事人协议以新贷偿还旧贷，债权人以旧贷上的担保物权尚未进行注销登记为由，主张对新贷行使担保物权的，人民法院不予支持，但是当事人约定继续为新贷提供担保的除外”。也就是说，该征求意见稿认为，只要担保人愿意继续提供担保的，无须重新进行登记，新的担保物权已经产生。正式规定虽然将本款删除，也没有明确此种情况担保物权是否有效设立，但是在第 2 款中，其明确只要担保人愿意继续提供担保，即便未重新进行登记，新贷的担保物权沿用旧贷担保物权的顺位，优先于“订立新的贷款合同前又以该担保财产为其他债权人设立担保物权”，显然是认可此种情况下，无须重新登记，担保物权自然成立。此种立法虽然有违区分原则的理论，但确实是符合各方当事人进行借新还旧的初衷。

此外，除了上述两种情形外，还有通过交付方式设立的担保物权，如动产质权。本解释并未对此进行规定。笔者认为，动产质权以交付作为设立方式，通常情况下，标的物一直由债权人占有，即便在借新还旧的情况下，债权人通常也不会将质押物先归还担保人，再由担保人交付给债权人。也就是说，通常情况下，借新还旧的合同成立生效时，质押物已经由债权人占有，质权自然已经重新设立。如果债权人将质押物归还给担保人的，鉴于质权不能通过占有改定的方式设立，应当认定为新贷的质权并未设立。只有在担保人再次交付质押物时，质权才重新设立。

对于新贷的担保物权与其他担保物权的顺位问题，如果旧贷与新贷成立生效之间，并无其他担保物权设立的，则并不存在此种问题。在先的其他担保物权仍然顺位在先，在后的其他担保物权仍然顺位在后。有问题的是，在旧贷与新贷成立生效之间，就同一担保物设立了其他担保物权，新贷担保物权与其他担保物权之间的顺位应当如何处理？是严格按照区分原则的理论，以成立生效时间为准，还是说基于保护旧贷债权人的立场，让新贷的担保物权沿用旧贷的担保物权顺位？

本条第 2 款基于保护旧贷债权人的立场，认为“在订立新的贷款合同前又以该担保财产为其他债权人设立担保物权，其他债权人主张其担保物权顺位优先于新贷债权人的，人民法院不予支持”。从措辞来看，最高人民法院似乎甚至认为，新贷中甚至不需要重新进行担保的登记，可以直接沿用旧贷担保的登记，所以其措辞为“在订立新的贷款合同前”设立的其他担保物权，而非“重新登记”前设立的其他担保物权。也就是说，最高人民法院认为，在借新还旧中，以登记作为公示手段的担保物权，只要担保人愿意继续提供担保，担保合意达成的，新贷的担保物权可以当然成立并沿用旧贷担保物权的顺位。

对于以交付占有作为公示手段的担保物权的借新还旧，本解释并未进行规定。但是参照第 2 款的立法精神也可以认为，除非期间债权人将质押权归还给担保人，导致质押权消灭而需要重新设立，新贷质押权的顺位可以当然沿用旧贷质押权的顺位。

除了与后续设立的担保物权可能存在顺位争议，新贷的担保物权还可能与订立新的贷款合同前设立的用益物权、买卖合同的债权及租赁合同的债权等产生顺位上的争议。也就是说，此时的新贷担保物权是否可以参照本条第 2 款的规定，也优先于或者能够对抗担保物所有人就担保物设立的用益物权，或者出卖、出租而设立的债权？笔者认为，从立法的本意来看，应当可以参照适用。

【适用指南】

按照本条的立法精神，在借新还旧的情形下，债权人的最优解是不注销旧贷的担保登记，无论担保人是否已经同意继续进行担保。如果在担保人同意继续进行担保前注销登记的，担保物权需要重新登记，新贷担保物权无法沿用旧贷担保物权顺位。对此，本条也明确，沿用顺位的前提是“旧贷的物的担保人在登记尚未注销的情形下同意继续为新贷提供担保”。但即便担保人同意继续进行担保，为了避免无谓的争议，债权人也不需要注销旧贷的担保登记，甚至不需要重新进行新贷的担保登记，笔者认为，最高人民法院起草该条的本意是在担保人愿意提供担保时，新贷担保物权已经设立，并可沿用旧贷担保物权的顺位。

此外，如果新贷与旧贷担保的内容有所变更，如担保范围有所变化，或者由连带责任保证变为一般保证，应当如何适用本条？笔者认为，本条第1款立足于各方当事人之间的合意，因此，在新贷与旧贷担保人同一，或者新贷担保人明知或应知借新还旧的情况下，新贷担保人应当继续承担担保责任。无论新贷担保与旧贷担保之间有无变更，只要不是影响了新贷担保人对债务人资信情况的判断，新贷担保人应当根据新贷担保来承担自己的责任。

但是，本条第2款不仅立足于各方当事人之间的合意，还涉及外界第三人的利益。如果新贷担保对旧贷担保的内容有所变更，笔者认为，不能轻易地认为新贷担保有效设立并沿用旧贷担保的顺位，至少就不利于其他担保物权人、用益物权人、担保物买受人或者承租人的变更，不应当然地认可该变更的对抗效力。

【关联案例】

宁夏圣雪绒国际企业集团有限公司、宁夏圣雪绒房地产开发有限公司借款合同纠纷案[①]

裁判要旨：判断保证人是否知道或者应当知道借新还旧的事实，是债权人的举证责任。债权人不能提供证据证明的，不应当认定保证人知道或应当知道借新还旧的事实。

第十七条　【担保合同无效的法律后果】

主合同有效而第三人提供的担保合同无效，人民法院应当区分不同情形确定担保人的赔偿责任：

---

① 参见最高人民法院（2018）最高法民申6172号民事裁定书。

（一）债权人与担保人均有过错的，担保人承担的赔偿责任不应超过债务人不能清偿部分的二分之一；

（二）担保人有过错而债权人无过错的，担保人对债务人不能清偿的部分承担赔偿责任；

（三）债权人有过错而担保人无过错的，担保人不承担赔偿责任。

主合同无效导致第三人提供的担保合同无效，担保人无过错的，不承担赔偿责任；担保人有过错的，其承担的赔偿责任不应超过债务人不能清偿部分的三分之一。

【条文理解】

（一）担保人的责任份额

担保合同无效的原因多种多样，因为担保合同是从合同，所以主要可以分为两个方面：一是因为担保合同本身的瑕疵所导致的无效；二是因为主合同无效而导致担保合同无效。

《担保法司法解释》第7条规定，“主合同有效而担保合同无效，债权人无过错的，担保人与债务人对主合同债权人的经济损失，承担连带赔偿责任；债权人、担保人有过错的，担保人承担民事责任的部分，不应超过债务人不能清偿部分的二分之一”。第8条规定，“主合同无效而导致担保合同无效，担保人无过错的，担保人不承担民事责任；担保人有过错的，担保人承担民事责任的部分，不应超过债务人不能清偿部分的三分之一”。

也就是说，《担保法司法解释》区分了担保合同无效的原因而分别界定了担保责任：担保合同因为自身的瑕疵无效的，如果债权人没有过错，担保人与债务人承担连带赔偿责任。如果债权人、担保人均有过错的，则担保人承担的责任不超过债权人损失的1/2。在主合同无效导致担保合同无效的情况下，因为担保合同无效的原因在于主合同，所以如果担保人无过错，则不需要承担责任；担保人有过错的，承担的责任不超过债权人损失的1/3。

《担保制度司法解释》完善了《担保法司法解释》的规定，对主合同有效情形下担保合同无效的责任划分进一步完善。对于债权人与担保人均有过错的情形，本解释维系了《担保法司法解释》的观点，担保人所承担的责任不超过债权人损失的1/2。在担保人无过错，债权人有过错的情况下，由于缔约过失责任是过错归责原则，担保人无须承担任何责任。

此外，在债权人无过错，担保人有过错的情况下，本解释调整了《担保法司法解释》的规定。《担保法司法解释》第7条规定，主合同有效而担保合同无效，债权人无过错的，担保人应当与债务人承担连带责任，理由在于担保人的地位与债务人相等，均为债权人的连带债务人。这固然有利于保护债权人的利益，但是显然不符合缔约过失责任的性质，担保人的地位也并非与债务人相等。尤其在一般保证的情况下，反而会出现合同无效后担保人的责任强于合同无效前的责任这一情况。故本解释明确，在债权人没有过错，担保人有过错的情况下，担保人对债务人不能清偿的部分承担赔偿责任，也就是说，担保人承担的是补充的责任。

对主合同无效所导致的担保合同无效，本解释的规定同《担保法司法解释》第8条的规定一致，其第2款规定，担保人无过错的，不承担赔偿责任；担保人有过错的，担保人承担的赔偿责任不应超过债务人不能清偿部分的1/3。此处的担保人的过错不是指担保人在主合同无效上的过错。

需要注意的是，根据本解释第33条的规定，保证合同无效的，债权人主张保证人的缔约过失责任的，仍应当受到保证期间的限制。

（二）担保人的责任范围

除了担保人需要承担的责任份额之外，另一个需要说明的问题是担保人需要承担的责任范围。传统民法认为缔约过失责任对应的责任范围是信赖利益，即责任人应当赔偿权利人损失，使其恢复至尚未缔约的状态。此时缔约过失责任应当是承担“债务人不能清偿部分”，所谓“不能清偿部分”，按照《最高人民法院〈关于适用《中华人民共和国担保法》若干问题的解释〉理解与适用》的解释，是指“债务人在债务到期后清偿债权的剩余部分，与债务人是否还有清偿能力有关。债务人仍有能力清偿的，仍应先执行债务人的财产”。判断“不能清偿”，应以债务人方便执行的财产是否受执行为标准。方便执行的已经执行，债务剩余部分即为不能清偿部分。也就是说，担保人的责任范围实际上是一种补充责任。

还需要注意的是，就物保而言，担保人所应当承担的缔约过失责任不应当超过其所提供的担保物本身的价值以及所承诺的担保范围。就保证而言，担保人所应当承担的缔约过失责任不应当超过其承诺的担保范围。担保人不应因担保无效反而遭受比担保有效情况下更严厉的法律后果。立法中虽未明确，但是担保合同无效的，担保人所应承担的责任是“债务人不能清偿部分”、所承诺的担保范围与担保物价值中的取小值。

【适用指南】

（一）机关法人及以公益为目的的非营利法人、非法人组织提供担保的后果

《担保部分司法解释》（征求意见稿）原来还规定了第3款，“债权人与法律或者司法解释规定不得为保证人的人订立的保证合同被认定无效，债权人请求保证人承担赔偿责任的，人民法院不予支持”，此处所称的“法律或者司法解释规定不得为保证人的人”应当是指《民法典》第683条以及本解释第5条、第6条所规定的机关法人及以公益为目的的非营利法人、非法人组织等主体。

对此，《担保法司法解释》第3条规定：“国家机关和以公益为目的的事业单位、社会团体违反法律规定提供担保的，担保合同无效。因此给债权人造成损失的，应当根据担保法第5条第2款的规定处理。”也就是说，担保人仍应当根据其过错承担相应的缔约过失责任。

但是，对于此种处理方式，在实践中存在争议。有观点认为，此时担保人不应当承担任何责任，否则违背了其不得成为担保人的本意，真正贯彻担保法对国家机关和公益法人的禁止性规定，根本的途径是追究国家机关和公益法人直接责任人员的行政责任，不实行损害赔偿，债权人损失自负。理由是：法律已经明文禁止此类主体作担保人，相对人应当知道，在明知或应当知道的情况下还要与此类主体签订担保合同，所受损失理应自负。这样一来，债权人接受这样的担保不能获得任何益处，可以起到逐渐杜绝此类主体作担保人的作用，另外也可以避免将损失向国家机关、公益法人进行转嫁。对于此类主体违法提供担保的直接责任人员，追究其行政责任或个人承担的法律

责任，也从人的因素出发制止国家机关、公益法人乱担保的现象。

《担保部分司法解释》（征求意见稿）第 3 款的规定就是基于该逻辑的产物，但是在正式解释中，相关条文予以删除。从立法逻辑上而言，此种担保无效的情况下，担保人仍然要根据具体的过错承担相应的缔约过失责任。

（二）主合同或担保合同的其他瑕疵问题

《担保部分司法解释》（征求意见稿）并未限定于担保合同的无效情形，而是规定了担保合同不成立、无效、被撤销或者确定不发生效力的情形，并统一规定了此时担保人的缔约过失责任。但是相关规定在正式规定中予以删除，仅保留了“无效”一种情形。但笔者认为，担保合同存在上述情形的，仍应参照适用本条的规则。合同被撤销的后果本身就是合同无效，合同不成立的后果一直是参照合同无效的合同适用。所谓确定不发生效力，通常是指附停止条件的合同条件确定不成就，或者效力待定的合同确定无效，我国业内虽有观点将其作为一种独立的效力类型，但仍存在争议。传统民法中一直将确定不发生效力作为无效处理，只不过是将其与典型的无效进行原因的区分而已。

尽管《担保部分司法解释》（征求意见稿）以及正式规定中均未涉及主合同不成立、被撤销或者确定不发生效力导致担保合同瑕疵时的责任承担，但应当认定，如果是因为主合同不成立、被撤销或者确定不发生效力的，担保人仍应参照本条第 2 款的规定承担相应责任。

【关联案例】

中国银行重庆江北支行与中国农业银行襄樊市樊东支行、重庆市渝北区对外贸易公司信用证纠纷案①

裁判要旨：因主合同无效而导致担保合同无效，担保人无过错的，不承担民事责任；担保人有过错的，应当依法承担民事责任。所谓担保人的过错，是指担保人明知主合同无效仍为

① 参见最高人民法院（2005）民四终字第 21 号民事判决书，载《最高人民法院公报》2006 年第 3 期（总第 113 期）。

之提供担保，或者明知主合同无效仍促使主合同成立或为主合同的签订作中介等情形。

【关联规范】

《中华人民共和国民法典》（2020年5月28日）

第六百八十三条 机关法人不得为保证人，但是经国务院批准为使用外国政府或者国际经济组织贷款进行转贷的除外。

以公益为目的的非营利法人、非法人组织不得为保证人。

《最高人民法院关于适用〈中华人民共和国民法典〉有关担保制度的解释》（2020年12月31日 法释〔2020〕28号）

第五条 机关法人提供担保的，人民法院应当认定担保合同无效，但是经国务院批准为使用外国政府或者国际经济组织贷款进行转贷的除外。

居民委员会、村民委员会提供担保的，人民法院应当认定担保合同无效，但是依法代行村集体经济组织职能的村民委员会，依照村民委员会组织法规定的讨论决定程序对外提供担保的除外。

第六条 以公益为目的的非营利性学校、幼儿园、医疗机构、养老机构等提供担保的，人民法院应当认定担保合同无效，但是有下列情形之一的除外：

（一）在购入或者以融资租赁方式承租教育设施、医疗卫生设施、养老服务设施和其他公益设施时，出卖人、出租人为担保价款或者租金实现而在该公益设施上保留所有权；

（二）以教育设施、医疗卫生设施、养老服务设施和其他公益设施以外的不动产、动产或者财产权利设立担保物权。

登记为营利法人的学校、幼儿园、医疗机构、养老机构等提供担保，当事人以其不具有担保资格为由主张担保合同无效的，人民法院不予支持。

第三十三条 保证合同无效，债权人未在约定或者法定的保证期间内依法行使权利，保证人主张不承担赔偿责任的，人民法院应予支持。

第十八条　【对债务人的追偿权】

承担了担保责任或者赔偿责任的担保人，在其承担责任的范围内向债务人追偿的，人民法院应予支持。

同一债权既有债务人自己提供的物的担保，又有第三人提供的担保，承担了担保责任或者赔偿责任的第三人，主张行使债权人对债务人享有的担保物权的，人民法院应予支持。

【条文理解】

担保人承担担保责任之后，有权在其所承担的担保责任范围内向债务人进行追偿。如果债务人以自己的标的物设立了担保物权的，担保人有权就该担保物权主张优先受偿。这是担保制度的应有之义。

当然，上述法律效果是当事人之间在没有约定的情况下适用的一般规则。如果当事人有特殊约定的，如担保人是基于“赠与”的意思为债务人向债权人提供担保的，应当认为此时担保人无追偿权。传统民法上区分受债务人委托而为担保及未受债务人委托而为担保这两种情形适用不同的规定：对于前者，债务人与担保人之间的关系适用委托合同的规则；对于后者，则适用无因管理的规定。对于担保人受债务人委托而为担保，如果债务人与担保人之间有特殊约定的，自然以双方之间约定为准。对此，《民法典》第700条也规定：“保证人承担保证责任后，除当事人另有约定外，有权在其承担保证责任的范围内向债务人追偿，享有债权人对债务人的权利，但是不得损害债权人的利益。”

【适用指南】

（一）担保人行使追偿权的要件

担保人行使追偿权，应当具备以下要件：

（1）担保人须为清偿行为，债务因清偿行为而消灭。如果债务不是因为担保人清偿而消灭，如债权人放弃或免除债务的，担保人无从行使追偿权。

至于担保人清偿行为的形式，根据《民法典》的规定，主要为“履行债务或者承担责任”，也就是代债务人履行主合同，或者进行金钱赔偿。具体的方式可能包括代物清偿、提存、抵销等。如果担保人只就一部分的债务清偿的，其仅能就该部分债务向债务人追偿，也就是本条第1款所称的“在其承担责任的范围内向债务人追偿”。

（2）担保人的清偿行为应当无过失。如果说担保人怠于行使债务人享有的抗辩的，如诉讼时效之抗辩，债务人有权在该抗辩对应的免责范围内，免予承担追偿权责任。再如，担保人清偿之后，怠于通知债务人，导致债务人善意地向债权人清偿的，传统民法认为此时担保人丧失对于债务人的追偿权，保证人只能以不当得利为由要求债权人返还所受清偿。

对于担保人怠于承担担保责任，后续又承担担保责任，就债权人未获及时清偿的逾期损失，担保人是否可以向债务人追偿？例如，债权人甲与债务人乙之间存在民间借贷关系，逾期利率为月利率1%，保证人丙向甲提供连带责任保证。后续乙逾期，甲请求丙承担保证责任，但丙未能及时承担，而是逾期一个月后才向甲承担保证责任。此时，若丙向乙追偿的，乙是否可以抗辩：若丙及时承担保证责任，这一个月的逾期利息本不应产生，故丙无权就该笔利息向其追偿。

对此，理论与实践均不认可，丙仍有权就该笔利息向乙追偿。一方面，这一个月逾期利息的产生并非丙一方的原因所致；另一方面，基于担保人代位权理论，担保人清偿之后，有权取得原债权人的地位，担保人自然可以主张对应的逾期违约金。

（3）根据《民法典》第700条的规定，担保人行使追偿权时，不得损害债权人的利益（该规定虽然规定于保证合同中，但应适用于其他类型的担保）。此处的“不得损害债权人的利益”，《中华人民共和国民法典合同编理解与适用（二）》一书认为，应当理解为在债务人的资产不足以清偿剩余债务与担保人追偿权责任时，应当优先用于清偿剩余债务。举例言之，乙对甲负债100万元，乙仅有60万元财产，丙代乙清偿了50万元。就乙仅有的60万元财产，应当优先用于清偿仍未清偿完毕的主债务50万元，剩余10万元才用于清偿对丙的追偿权责任。

（二）担保人行使追偿权的范围

《担保法司法解释》第 43 条规定：“保证人自行履行保证责任时，其实际清偿额大于主债权范围的，保证人只能在主债权范围内对债务人行使追偿权。”依据这一规定，保证人行使追偿权的范围应当以主债权为限，只能在主债权的范围内主张追偿权，即使实际清偿额大于主债权，保证人也只能在主债权的范围内行使追偿权。该条规定在《民法典》生效后，被《民法典》第 700 条所调整，根据《中华人民共和国民法典合同编理解与适用（二)》一书的解读，担保人的追偿权不以主债权为限，只要保证人承担的是债务人本应履行的债务，其对债务人都应享有追偿权，包括主债权所产生的利息、违约金、损害赔偿金等责任。对此，本条第 1 款也明确，担保人有权“在其承担责任的范围内向债务人追偿”。

此外，担保人是否有权就其清偿所支出的必要费用向债务人追偿？如买卖合同项下的保证人代出卖人履行的，其所支出的货物运输费用是否可以向出卖人主张？我国立法中并未明确，传统民法中认可担保人就必要费用的追偿请求权。对此，笔者认为应当赞同。

首先，从公平原则的角度考虑，债务人自己履行主债务时，也会发生必要的费用。如果担保人仅能就主债务及对应的次生债务追偿，而不能就履行的必要费用追偿的，无异于将该费用转嫁给担保人。

其次，尽管我国民法中并未明确必要费用的追偿，但是如前所述，根据其发生的原因，担保可分为受债务人委托而为担保及未受债务人委托而为担保。前者适用委托合同的一般规则，后者适用无因管理的一般规则。根据《民法典》第 921 条及第 979 条第 1 款的规定，受托人或者无因管理人都有权要求相对方承担必要费用。需要注意的是，担保人并不能根据委托合同的规则，在其承担担保责任之前预付相应的费用。这与担保的目的不相符合，传统民法也均不认可。

另外，还值得注意的一个问题是，债务人逾期承担追偿权责任的，是否应当向担保人承担相应的责任？以上述甲乙丙为例，若乙方迟延向丙方承担追偿权责任，丙方是否可以要求乙方承担逾期利息？

该问题立法中并未进行明确的回应。对此，传统民法基于担保人代位权理论认可此时丙方享有逾期利息的追偿权。所谓担保人代位权，是指担保人清偿后，即取得原债权人的地位，可以行使债权人对债务人以及其他担保人的权利，也就是说此时构成法定的债权让与。如此，前例中的丙完全可以基于甲乙之间的民间借贷合同向乙主张逾期利息。

在《民法典》生效前，我国立法一直是否认担保人代位权的，《〈全国法院民商事审判工作会议纪要〉理解与适用》[①] 一书中明确表明，“承担了担保责任的担保人不能代替原债权人，享有原债权债务关系中原债权人的权利。因此，承担了担保责任的担保人基于原债权人与债务人之间的约定主张违约责任等相应权利的，人民法院不予支持”。

但是，《民法典》第700条明确规定了担保人代位权，即保证人在清偿后“享有债权人对债务人的权利”。如《中华人民共和国民法典合同编理解与适用（二）》[②] 所述，实质上是债权的法定让与。如此，担保人可以基于主债权合同继续向债务人主张相应的违约责任。需要注意的是，与传统民法不同，本解释第13条、第14条原则上否定了担保人之间的追偿权，因此，传统民法中承担责任的担保人可以基于代位权要求其他担保人向其承担担保责任的观点，在我国民法中不被承认。《民法典》第700条也规定保证人在清偿后仅享有债权人“对债务人”的权利。

【关联规范】

《中华人民共和国民法典》（2020年5月28日）

第七百条 保证人承担保证责任后，除当事人另有约定外，有权在其承担保证责任的范围内向债务人追偿，享有债权人对债务人的权利，但是不得

---

① 参见最高人民法院民事审判第二庭编著：《〈全国法院民商事审判工作会议纪要〉理解与适用》，人民法院出版社2019年版。

② 参见最高人民法院民法典贯彻实施工作领导小组主编：《中华人民共和国民法典合同编理解与适用（二）》，人民法院出版社2020年版。

损害债权人的利益。

《最高人民法院关于适用〈中华人民共和国民法典〉有关担保制度的解释》(2020年12月31日　法释〔2020〕28号)

第十三条　同一债务有两个以上第三人提供担保，担保人之间约定相互追偿及分担份额，承担了担保责任的担保人请求其他担保人按照约定分担份额的，人民法院应予支持；担保人之间约定承担连带共同担保，或者约定相互追偿但是未约定分担份额的，各担保人按照比例分担向债务人不能追偿的部分。

同一债务有两个以上第三人提供担保，担保人之间未对相互追偿作出约定且未约定承担连带共同担保，但是各担保人在同一份合同书上签字、盖章或者按指印，承担了担保责任的担保人请求其他担保人按照比例分担向债务人不能追偿部分的，人民法院应予支持。

除前两款规定的情形外，承担了担保责任的担保人请求其他担保人分担向债务人不能追偿部分的，人民法院不予支持。

第十四条　同一债务有两个以上第三人提供担保，担保人受让债权的，人民法院应当认定该行为系承担担保责任。受让债权的担保人作为债权人请求其他担保人承担担保责任的，人民法院不予支持；该担保人请求其他担保人分担相应份额的，依照本解释第十三条的规定处理。

第十九条　【反担保人的责任】

担保合同无效，承担了赔偿责任的担保人按照反担保合同的约定，在其承担赔偿责任的范围内请求反担保人承担担保责任的，人民法院应予支持。

反担保合同无效的，依照本解释第十七条的有关规定处理。当事人仅以担保合同无效为由主张反担保合同无效的，人民法院不予支持。

【条文理解】

反担保，也称求偿担保，是指替债务人提供担保的第三人，为了保证自己的追偿权得到实现，要求债务人或债务人以外的其他人为自己追偿权的实现提供担保。

反担保作为特殊形式的担保，具有担保的从属性。在反担保的情形中，担保合同是反担保合同的主合同，担保人是担保合同的主债务人，同时也是反担保合同中的债权人，通常反担保人承担的责任范围不应超过所担保债务的责任范围，即反担保人应当承担的责任范围为担保人实际履行的责任范围。同为担保，本担保和反担保最大的区别在于：本担保中担保的是主债权债务合同产生的主债权，是特定存在的；而反担保中担保的债权是不特定的，是担保人承担担保责任后针对债务人的追偿权。该追偿权是否产生以及范围如何均不确定。若债务人履行了债务，则无须担保人承担担保责任；若债务人履行了部分债务，担保人也不需要承担全部的担保责任。

担保合同作为反担保合同的主合同，如果担保合同无效，根据担保的从属性特征，反担保合同是否必然无效？担保人能否直接向反担保人主张责任？主张责任的范围是什么？

《担保法司法解释》第 9 条第 1 款规定："担保人因无效担保合同向债权人承担赔偿责任后，可以向债务人追偿，或者在承担赔偿责任的范围内，要求有过错的反担保人承担赔偿责任。"相较于《担保法司法解释》，在担保合同无效的情况下，本条第 1 款放宽了担保人向反担保人主张担保责任的限制，不再要求担保人向反担保人请求承担责任必须以反担保人具有过错为前提。本条第 2 款对反担保的从属性作了限制，即不得以担保合同的无效直接认定反担保合同无效。因此，在反担保中，作为主合同的担保合同无效，并不必然导致反担保合同无效，反担保合同的无效还应依据相关法律法规的规定以及反担保合同中的约定综合判断。如反担保合同无效，则依照本解释第 17 条的有关规定处理；如反担保合同有效，即使担保合同无效，担保人在承担担保责任后，也可以直接向反担保人请求赔偿。本条对担保人承担担保责任后的追偿权作了进一步的完善和保护，有利于担保人权利的实现，在某种程度上对于本担保的设立也有重要意义。

【适用指南】

（一）反担保的范围

《民法典》第 691 条规定："保证的范围包括主债权及其利息、违约金、损害赔偿金和实现债权的费用。当事人另有约定的，按照其约定。"司法实践中，主债权债务履行中，债权人向债务人主张的费用主要包括：主债权及其利息、违约金、损害赔偿金以及为实现债权发生的诸如诉讼费（仲裁费）、律师费、保全费等，该等费用构成了主债务的总和，担保人承担保证责任的范围不会超过上述主债务的总和。

本解释第 3 条规定："当事人对担保责任的承担约定专门的违约责任，或者约定的担保责任范围超出债务人应当承担的责任范围，担保人主张仅在债务人应当承担的责任范围内承担责任的，人民法院应予支持。担保人承担的责任超出债务人应当承担的责任范围，担保人向债务人追偿，债务人主张仅在其应当承担的责任范围内承担责任的，人民法院应予支持；担保人请求债权人返还超出部分的，人民法院依法予以支持。"因此，在反担保中，担保人向反担保人主张权利的前提是其履行了担保责任，其履行担保责任的范围不会超过主债务的范围，因此担保人仅能在其实际履行担保责任的范围内向反担保人求偿。

（二）反担保保证期间的认定

反担保作为一种担保形式，其保证期间的认定应根据《民法典》第 692 条第 2 款的规定进行判定。债权人与保证人可以约定保证期间，但是约定的保证期间早于主债务履行期限或者与主债务履行期限同时届满的，视为没有约定；没有约定或者约定不明确的，保证期间为主债务履行期限届满之日起 6 个月。司法实践中，反担保人为保障其债权的实现，在反担保合同约定"反担保合同在保证人完全实现担保权利之前持续有效"等类似的内容，根据本解释第 32 条的规定，保证合同约定保证人承担保证责任直至主债务本息还清时为止等类似内容的，视为约定不明，保证期间为主债务履行期限届满之日起 6 个月。本解释将约定不明情形下的保证期间由原来的 2 年修改为 6 个月，与没有约定保证期间的情形保持一致。

【关联案例】

宁夏思源高科智能工程有限公司、银川市中小企业信用担保中心合同纠纷案[①]

裁判要旨： 保证合同约定保证人承担保证责任直至主债务本息还清时为止等类似内容的，视为约定不明，保证期间为主债务履行期届满之日起2年。根据本案例，新旧司法解释中对于当事人约定保证人承担保证责任直至主债务本息还清时为止等类似内容的，视为约定不明的观点是一致的，区别在于将约定不明情况下的保证期间由原来的2年修改为6个月。

罗世斌、左东兰追偿权纠纷案[②]

裁判要旨： 反担保的责任范围以担保人的实际承担的担保责任为依据，担保人的担保范围以主债务的范围为依据。

【关联规范】

《中华人民共和国民法典》（2020年5月28日）

第三百八十七条第二款 第三人为债务人向债权人提供担保的，可以要求债务人提供反担保。反担保适用本法和其他法律的规定。

第六百九十一条 保证的范围包括主债权及其利息、违约金、损害赔偿金和实现债权的费用。当事人另有约定的，按照其约定。

第六百九十二条第二款 债权人与保证人可以约定保证期间，但是约定的保证期间早于主债务履行期限或者与主债务履行期限同时届满的，视为没有约定；没有约定或者约定不明确的，保证期间为主债务履行期限届满之日起六个月。

---

① 参见最高人民法院（2020）最高法民申5345号民事裁定书。

② 参见最高人民法院（2020）最高法民申4464号民事裁定书。

第二十条 【物的担保可以适用保证合同的规定】

人民法院在审理第三人提供的物的担保纠纷案件时，可以适用民法典第六百九十五条第一款、第六百九十六条第一款、第六百九十七条第二款、第六百九十九条、第七百条、第七百零一条、第七百零二条等关于保证合同的规定。

【条文理解】

本条的主旨在于明确物的担保同样适用关于保证合同的相关规定。《民法典》第388条规定："设立担保物权，应当依照本法和其他法律的规定订立担保合同。担保合同包括抵押合同、质押合同和其他具有担保功能的合同。担保合同是主债权债务合同的从合同。"出于条文布局考虑，《民法典》仅对保证合同作出详细规定，第三人提供物的担保与第三人的保证担保虽然形式上不同，但具有很多共通性，所以也可以适用保证合同的部分规定。

第三人提供物的担保，是指第三人通过向债权人提供具有一定价值的财产而担保债务人对债务的履行，第三人提供的保证，主要是指第三人通过其信用为债务人履行债务提供担保责任。第三人提供物的担保，其主要形式包括抵押担保、质押担保以及其他非典型担保中物的担保。根据本条的规定，第三人提供物的担保，在适用《民法典》物权编第四分编担保物权部分的相关规定的基础上，也可以适用第三人提供保证的相关规定。具体规则如下：

（一）主合同变更是否影响担保责任

《民法典》第695条第1款规定："债权人和债务人未经保证人书面同意，协商变更主债权债务合同内容，减轻债务的，保证人仍对变更后的债务承担保证责任；加重债务的，保证人对加重的部分不承担保证责任。"该规则适用于第三人提供物的担保。需要注意的是，《民法典》第695条规定完全颠覆了《担保法》中的规定，《担保法》第24条规定："债权人与债务人协议变更主合同的，应当取得保证人书面同意，未经保证人书面同意的，保证人不再承担保证责任。保证合同另有约定的，按照约定。"

《担保法》第24条的规定对协议变更情况不作任何区分，《民法典》第695条第1款对主债务协议变更的情况进行了区分，显然更为合理，原因在于：（1）市场情况千变万化，在主合同订立后，债务人确有可能变更主合同的内容。如果任何变更都不允许，从而导致担保人责任免除，则对债权人和债务人的合同自由作了不必要的限制。（2）一些合同的变更对于担保人而言可能是有利的。例如，如果当事人协商减少债务数额，可能会减轻担保人的担保责任。因此，在主合同当事人变更合同的情形下，将未经担保人书面同意一概认定担保人不再承担担保责任，显然是不妥当的。该规定没有考虑合同变更对担保责任的影响，或者说没有从合同变更对担保责任的影响这一出发点考虑问题，从而丧失了合理性。因此，对于主合同的变更，应当区分不同的情形。如果主合同变更减轻了债务人的债务，无论担保人是否同意，担保人仍应当承担担保责任，但只需对变更后的合同债务承担担保责任。如果主合同变更加重了债务人的债务，但此种变更得到担保人同意的，担保人应当对变更后的合同债务承担担保责任。如果合同仅是发生了部分转让，即使担保人未作出同意的表示，其仍应对未转让的部分债务承担担保责任。

（二）债权转让对担保责任的影响

《民法典》第696条第1款规定："债权人转让全部或者部分债权，未通知保证人的，该转让对保证人不发生效力。"本条是关于债权转让对保证人发生何种影响的规定。

在保证合同关系中，保证人是债务人，主合同关系中的债权人是保证合同的债权人。《民法典》第546条第1款规定："债权人转让债权，未通知债务人的，该转让对债务人不发生效力。"《民法典》第696条第1款的规定实际上是落实《民法典》第546条第1款的规定，即债权转让如果要对债务人发生效力，必须履行通知债务人的义务，而在担保法律关系中，担保人就是债务人，故债权发生转让后，应当通知担保人。

（三）债务加入对担保责任的影响

《民法典》第697条第2款规定："第三人加入债务的，保证人的保证责任不受影响。"这是关于债务加入（并存的债务承担）对保证构成何种影响的规定。

债务转移，又称债务承担，是指在不改变债务内容的情况下移转债务，由第三人承担原债务人的全部债务或者部分债务。传统民法理论认为，债务承担可以分为免责的债务承担和并存的债务承担。所谓免责的债务承担，是指第三人代替原债务人成为新债务人，即原债务人的全部债务转让给新债务人，原债务人免除其全部债务；所谓并存的债务承担，是指第三人成为连带责任人，与原债务人共同承担债务。并存的债务承担，又称第三人加入债务。由于第三人加入债务，原债务人仍然承担债务，因此，担保人的权益不仅没有受到任何损害，反而因第三人加入债务有可能增加债务人的履约财产，最终使担保人的责任减轻。即使加入的第三人没有任何财产，也不会给担保人带来不利影响。因此，《民法典》第 697 条第 2 款规定同样适用于物的担保。

（四）共同担保中担保人的责任

《民法典》第 699 条规定："同一债务有两个以上保证人的，保证人应当按照保证合同约定的保证份额，承担保证责任；没有约定保证份额的，债权人可以请求任何一个保证人在其保证范围内承担保证责任。"本条是关于共同保证中保证人的责任与债权人如何行使权利的规定。

共同保证，是指两个或两个以上的保证人为同一债权人的同一债权向债权人所提供的担保。共同保证的特征包括：第一，保证人的人数是两人以上；第二，两个以上的保证人必须是为同一债权人的同一债权提供保证；第三，共同保证人的责任形式有两种，即按份责任与连带责任。共同保证中区分一般保证与连带责任保证，依据《民法典》第 699 条的规定，如果各个保证人与债权人之间约定了保证份额，则为按份共同保证；如果各个保证人与债权人之间没有特别约定保证份额的，则应当推定该保证为连带共同保证。

所谓按份共同保证，是指保证人与债权人在保证合同中约定了各个保证人所承担的保证份额，债权人只能在约定的份额限度内向各个保证人请求承担保证责任的共同保证。依据《民法典》第 699 条的规定，如果各共同保证人与债权人之间已特别约定了保证的份额，则各共同保证人应依据约定的份额承担保证责任。

所谓连带共同保证，是指各共同保证人与债权人之间并未就保证责任的份额作出约定，各个保证人对全部债务代为履行或者承担连带清偿责任的共同保证。需要特别注意，连带共同保证中的“连带”，是指各个保证人之间的“连带”，而非保证人与债务人之间的“连带”。这与连带责任保证不同。连带责任保证是保证人与债务人之间“连带”，共同对债权人负连带保证责任；连带共同保证中“连带”的内容是保证人共同对债权人负连带保证责任。因此，债权人可以请求任何一个保证人在其保证范围内承担保证责任。很多人经常混淆连带共同保证与连带责任保证，对此应予特别留意。

当然，对于既有人的担保又有物的担保的混合担保，应当按照《民法典》第392条的规定予以清偿，在此不予赘述。

（五）担保人对债务人的追偿权

《民法典》第700条规定：“保证人承担保证责任后，除当事人另有约定外，有权在其承担保证责任的范围内向债务人追偿，享有债权人对债务人的权利，但是不得损害债权人的利益。”该条规定的是保证人承担保证责任后对债务人的追偿权，对担保物权人同样适用。

根据该条规定，保证人行使对债务人的追偿权需要具备一定的条件，包括：（1）保证人已向债权人承担了全部或者部分保证责任；（2）债务人因保证人承担保证责任而全部或者部分免责；（3）保证人未放弃追偿权；（4）保证人追偿权的范围只能在其承担保证责任的范围内；（5）保证人的履行行为无过错。

本条规定的是保证人可以向债务人追偿，那么在共同保证中，连带共同保证人对其他共同保证人是否享有追偿权？《民法典》第700条删除了《担保法》第12条关于共同保证人相互之间可以追偿的规定，可以理解为《民法典》对此持否定态度。本解释第13条对共同担保人之间的追偿进行了详细规定，在此不予赘述。

（六）担保人享有债务人对债权人的抗辩权

《民法典》第701条是关于保证人享有的债务人对债权人抗辩权的规定：“保证人可以主张债务人对债权人的抗辩。债务人放弃抗辩的，保证人仍有权向债权人主张抗辩。”本条规定的原理来自担保合同的从属性。

担保合同（包括抵押合同、质押合同、保证合同）是主合同的从合同，主合同的债务人是主合同债务的本位义务人，担保合同是在主债务人不履行义务或者发生约定的情形时，担保人才代替主债务人履行债务或者承担责任。因此，主债务人享有的对抗债权人的权利，担保人都应当享有。即使主债务人放弃对债权人的抗辩，担保人仍有权抗辩。这样规定，不会对债权人的债权产生任何损害，同时保护了担保人的应有权利，防止债权人和债务人恶意串通损害担保人的利益。

需要注意的是，本条规定债务人放弃抗辩的，担保人仍有权向债权人主张抗辩，那么该规定能否体现担保合同的从属性？债务人放弃对债权人抗辩的，根据担保合同的从属性原理，能否得出担保人就不得再行使对债权人的抗辩权这一结论？我们认为，债务人放弃对债权人抗辩的，这本身就是一种反常的行为，是对自己权利的漠视，更多的可能是与债权人恶意串通，损害担保人的权益。因为债务人本来可以进行抗辩，减少自己的债务，而自己却不抗辩，这显然不是一个正常人所应该做的。由于该放弃行为会损害担保人的权益，所以本条规定，债务人放弃抗辩的，担保人仍有权向债权人主张抗辩。这并不违背担保合同的从属性，而恰恰是从本质上贯彻了担保合同的从属性。因为债务人放弃抗辩的，表明其本来的债务是可以因抗辩而减少的，该减少的债务数额，根据担保合同的从属性，对于担保人而言就是减少了担保责任。为了达到这一效果，必须赋予担保人一种权利，就是即使债务人放弃对债权人抗辩的，担保人也享有该抗辩权。可见，这一规定表面上或者形式上看是违反了担保合同的从属性，而从内容或者实质看，恰恰贯彻了担保合同的从属性原理特征。还要看到，这些抗辩权既是主债务人享有的抗辩权，也是法律赋予担保人的抗辩权，主债务人放弃此类抗辩权不应该对担保人的抗辩权产生影响。同时，担保人只有通过行使债务人的抗辩权，才能依法保护自己的合法权益。[1]

---

① 参见最高人民法院民法典贯彻实施工作领导小组主编：《中华人民共和国民法典合同编理解与适用（二）》，人民法院出版社2020年版，第1398页。

（七）债务人对债权人享有抵销权或撤销权的，担保人可以相应拒绝承担责任

《民法典》第702条规定：“债务人对债权人享有抵销权或者撤销权的，保证人可以在相应范围内拒绝承担保证责任。”该条是本次《民法典》立法中新增的条款。

所谓抵销权，是指二人互负相同种类债务，各使双方债务在对等额内相互消灭的法律制度。《民法典》关于抵销有两个条文，分别为第568条和第569条。所谓撤销权，是指债务人以放弃其债权、放弃债权担保、无偿转让财产等方式无偿处分财产权益，或者恶意延长其到期债权的履行期限，或者以明显不合理的低价转让财产、以明显不合理的高价受让他人财产或者为他人的债务提供担保，影响债权人的债权实现，债权人可以请求人民法院撤销债务人的行为。《民法典》第538～542条对撤销权进行了详细规定。

根据本条的规定，债务人对债权人享有抵销权或者撤销权的，担保人可以在相应范围内拒绝承担担保责任。担保人只应对主债务人应当承担的主债务承担担保责任，这是由担保的从属性决定的。债务人对债权人享有抵销权的，无论是法定抵销权，还是约定抵销权，债务人的债务在抵销权范围内相应减少。债务人的主债务减少，担保人的担保责任当然应当随之减少。债务人享有的撤销权也是一样。[①] 担保人享有债务人对债权人的抗辩权，即使债务人放弃抗辩权，担保人仍然享有。

【适用指南】

（一）非典型担保中物的担保能否适用保证合同的规定

传统意义上典型的物的担保，主要是抵押、质押或者留置。但除了前述典型物的担保外，在非典型担保中，如让与担保、所有权保留买卖、融资租赁等非典型担保中均可能涉及物的担保。《担保制度司法解释》第1条中就规定：“所有权保留买卖、融资租赁、保理等涉及担保功能发生的纠纷，适用本

---

① 参见最高人民法院民法典贯彻实施工作领导小组主编：《中华人民共和国民法典合同编理解与适用（二）》，人民法院出版社2020年版。

解释的有关规定。”所以可以认为，非典型担保中物的担保，也应当适用本条中所指的保证合同的相关规定。

关于非典型担保，《九民会议纪要》第66条规定：“当事人订立的具有担保功能的合同，不存在法定无效情形的，应当认定有效。虽然合同约定的权利义务关系不属于物权法规定的典型担保类型，但是其担保功能应予肯定。”根据物权法定原则，非典型担保中物的担保，因没有法律的明文规定而不发生物权效力，但基于债权和物权区分原则，不发生物权效力，不影响债权的效力。只要合同不存在法定无效事由，担保合同即为有效，也可以适用《民法典》中关于保证合同的相关规定。

（二）担保物权随主债权转让后是否要办理登记

本条规定物的担保适用《民法典》第696条关于债权转让对保证人保证责任影响的规定，需要注意的是，担保物权与保证担保最大的区别在于前者需要根据物权公示原则办理相关公示登记手续。担保物权（如抵押权）随着主债权转让而一并转让，但转让后是否必须重新办理抵押登记，实践中有不同观点。

一种观点认为，担保物权（如抵押权）随主债权转移，需要办理抵押权转移登记，否则债权受让人不能取得抵押权。主要理由是，不动产抵押权的让与系以法律行为而产生的不动产物权变动，而依据《民法典》第209条第1款规定，不动产物权的设立、变更、转让和消灭，经依法登记，发生效力；未经登记，不发生效力，但是法律另有规定的除外。如果认为受让债权不需要办理抵押登记，而受让人依然取得抵押权背离了我国《民法典》的立法精神和物权变动公示公信的原则。另一种观点认为，抵押权随主债权一并转让，无须办理抵押权转移登记，债权受让人即取得抵押权。在最高人民法院发布的《九民会议纪要》中，采用了后一种观点。《九民会议纪要》第62条规定：“【抵押权随主债权转让】抵押权是从属于主合同的从权利，根据‘从随主’规则，债权转让的，除法律另有规定或者当事人另有约定外，担保该债权的抵押权一并转让。受让人向抵押人主张行使抵押权，抵押人以受让人不是抵押合同的当事人、未办理变更登记等为由提出抗辩的，人民法院不予支持。”

《〈全国法院民商事审判工作会议纪要〉理解与适用》一书中对《九民会议纪要》第62条的释义为：《物权法》第192条规定，“抵押权不得与债权分离而单独转让或者作为其他债权的担保。债权转让的，担保该债权的抵押权一并转让，但法律另有规定或者当事人另有约定的除外”。作为担保物权的一种，抵押权以其所担保的债权存在为前提，没有债权，就不可能有抵押权，抵押权失去了债权，也就失去了存在的意义。根据这一规定，抵押权的转让或者以抵押权为其他债权设定担保，应当与抵押权所担保的债权一同进行。抵押权人转让抵押权的，抵押权应当与其所担保的债权一同转让；抵押权人以抵押权向他人提供担保的，抵押权应当与其所担保的债权一同向他人提供担保。单独转让抵押权或者单独以抵押权作为其他债权担保的行为无效。[①] 所以，抵押权随主债权一并转让，债权受让人取得的抵押权系基于法律的明确规定，并非基于新的抵押合同重新设定抵押权，无须办理抵押权转移登记，债权受让人即取得抵押权。

【关联案例】

中国东方资产管理股份有限公司湖南省分公司、湖南亚华乳业有限公司金融借款合同纠纷案[②]

裁判要旨：涉案主合同明确记载涉案贷款用于偿还某项债务，保证人对此应当知晓，并不存在免责的情形。保证人承担保证责任后，有权向债务人追偿。根据《保证合同》的约定，保证人应对涉案贷款本息承担连带保证责任，并在承担保证责任后，有权向债务人追偿。

【关联规范】

《中华人民共和国民法典》（2020年5月28日）

第六百九十五条第一款 债权人和债务人未经保证人书面同意，协商变

① 最高人民法院民事审判第二庭：《〈全国法院民商事审判工作会议纪要〉理解与适用》，人民法院出版社2019年版，第370页。

② 参见最高人民法院（2020）最高法民终579号民事判决书。

更主债权债务合同内容，减轻债务的，保证人仍对变更后的债务承担保证责任；加重债务的，保证人对加重的部分不承担保证责任。

第六百九十六条第一款 债权人转让全部或者部分债权，未通知保证人的，该转让对保证人不发生效力。

第六百九十七条第二款 第三人加入债务的，保证人的保证责任不受影响。

第六百九十九条 同一债务有两个以上保证人的，保证人应当按照保证合同约定的保证份额，承担保证责任；没有约定保证份额的，债权人可以请求任何一个保证人在其保证范围内承担保证责任。

第七百条 保证人承担保证责任后，除当事人另有约定外，有权在其承担保证责任的范围内向债务人追偿，享有债权人对债务人的权利，但是不得损害债权人的利益。

第七百零一条 保证人可以主张债务人对债权人的抗辩。债务人放弃抗辩的，保证人仍有权向债权人主张抗辩。

第七百零二条 债务人对债权人享有抵销权或者撤销权的，保证人可以在相应范围内拒绝承担保证责任。

第二十一条 【争议解决方式与管辖法院的确定】

主合同或者担保合同约定了仲裁条款的，人民法院对约定仲裁条款的合同当事人之间的纠纷无管辖权。

债权人一并起诉债务人和担保人的，应当根据主合同确定管辖法院。

债权人依法可以单独起诉担保人且仅起诉担保人的，应当根据担保合同确定管辖法院。

【条文理解】

本条规定整体解决了司法实践中长期存在的主合同、担保合同对管辖约定不一致的情况，明确规定了在主合同或担保合同约定仲裁条款的情况下法院的管辖权问题。

本条第1款是《仲裁法》第5条的体现，《仲裁法》第5条规定："当事人达成仲裁协议，一方向人民法院起诉的，人民法院不予受理，但仲裁协议无效的除外。"即合法的仲裁协议可以排除司法管辖。根据该规定，如主合同或者担保合同约定仲裁条款的，则约定仲裁条款的合同当事人应向约定的仲裁机构申请仲裁，人民法院无管辖权。主合同或担保合同涉及仲裁约定时，主要有以下三种情形：（1）主合同约定仲裁，担保合同约定诉讼或者未约定争议解决方式；（2）担保合同约定仲裁，主合同约定诉讼或者未约定争议解决方式；（3）主合同和担保合同约定不同的仲裁机构进行仲裁。

按照现有规定，无论是主合同或是担保合同约定仲裁条款，均仅对该合同双方当事人有拘束力，不能约束合同当事人以外的其他第三方，即要满足合同的相对性原则。这种情况下，不能因担保合同是主合同的从合同，而按照主合同约定的争议解决方式处理担保合同，此时担保合同应具有一定的独立性，当事人应根据主合同和担保合同的约定分别确定管辖。

实践中持否定观点的人认为，这种做法一方面增加了债权人的诉讼成本和诉讼周期，另一方面不利于案件事实查明，担保人的抗辩权也会受到影响。但从该条款的规定来看，立法机关和司法机关遵循了仲裁的自愿性和独立性原则。

本条第2款延续了《担保法司法解释》第129条的规定，是担保合同从属性的体现。根据该规定，如主合同或担保合同中均未涉及仲裁条款，且债权人一并起诉债务人和担保人的，那么应根据主合同内容确定管辖法院。主合同约定管辖法院的，则按照约定确定管辖；主合同未约定管辖法院的，则应根据《民事诉讼法》及《民事诉讼法解释》的相关规定确定主合同的管辖法院。

本条第3款是担保合同相对独立性的体现，在不涉及主合同或债权人的情况下（比如连带责任担保中债权人直接起诉担保人的），依照担保合同确定管辖。根据该规定，债权人单独起诉担保人且仅起诉担保人的，应当根据担保合同的内容确定管辖法院，担保合同中有约定管辖法院的，则按照约定确定。

【适用指南】

针对主合同与担保合同的管辖问题，目前司法实践中的主要疑难点在于担保合同中未明确约定争议解决方式，或者笼统约定担保合同中未约定事项以主合同约定为准等表述，这种情况下如何确定管辖？笔者认为，根据主合同中约定的管辖方式的不同，应区别对待。

（一）主合同约定仲裁，担保合同是否可以直接适用仲裁约定？

《最高人民法院关于成都优邦文具有限公司、王国建申请撤销深圳仲裁委员会（2011）深仲裁字第601号仲裁裁决一案的请示的复函》（〔2013〕民四他字第9号）中，最高人民法院认为："案涉担保合同没有约定仲裁条款，仲裁庭关于主合同有仲裁条款，担保合同作为从合同应当受到主合同中仲裁条款约束的意见缺乏法律依据……"从该案例可以看出，若主合同约定仲裁条款而担保合同没有约定仲裁条款的，不能简单地推定担保人默示接受主合同中的仲裁条款，从而认定担保合同作为从合同应当受到主合同中仲裁条款约束。仲裁适用的前提条件为双方当事人之间达成了有效的仲裁条款，仲裁条款具有自愿性和独立性原则，只能及于合同相对方，不可扩大至第三方，在当事人未形成仲裁合意的情况下，无法适用仲裁条款。

司法实践中，还有担保合同中笼统约定："本合同未尽事宜，适用主合同的有关约定"，但并未明确表示是否适用主合同中关于"仲裁条款"的情形。针对该情形，通说观点认为，如担保合同中无明确约定适用主合同"仲裁条款"，仅凭该类模糊的概括性并入条款，很难认定双方就担保合同适用主合同仲裁条款的效力范围达成合意。因此，一般并不发生仲裁条款并入的效力。

在"张凯钧、山东中凯不锈钢有限公司、淄博中凯再生资源有限公司、山东中铭铜业有限公司、山东中普铜业有限公司、山东汇盈新材料科技有限公司与立盛有限公司保证合同纠纷案"［（2014）民四终字第27号］中，最高人民法院认为："本案系保证合同纠纷管辖权异议案件。争议焦点是案涉保证合同是否受主合同仲裁条款的约束，是否应当依照主合同管辖条款来确定管辖。首先，本案保证合同和主合同即《股权转让协议》系立盛公司与张凯钧等七上诉人、鹏溢公司之间分别签署的。张凯钧等七上诉人并不是主合同的当事人。根据仲裁协议意思自治原则，本案主合同约定的仲裁条款不能约束仲裁协议以外的当事人，也不能约束仲裁条款约定的仲裁事项以外的其他事项。”

（二）主合同约定为法院管辖，担保合同是否可以直接适用主合同约定的管辖法院？

一般情况下，如主合同约定为法院诉讼，担保合同中未约定争议解决方式或者笼统约定“本合同未尽事宜，适用主合同的有关约定”，针对上述情形，我们认为应区分以下情形确定管辖法院：

（1）如债权人同时起诉债务人和担保人的，则根据本条第 2 款的规定，根据主合同内容确定管辖法院。

（2）债权人单独起诉担保人的，如担保合同中未约定管辖的，则应以保证人住所地或者保证合同履行地作为管辖法院。如有多个担保人或者担保物权的，则应根据每份担保合同分别确定担保人住所地或者担保合同履行地，以此分别确定管辖法院。

（3）债权人单独起诉担保人，担保合同中未明确约定管辖，但约定担保合同未尽事宜，以主合同约定为准，在这种情况下，应以主合同约定确定管辖法院还是依据担保合同确定管辖法院？笔者认为，应根据主合同的约定确定管辖法院，主要有以下考量：一方面，担保合同是以实现主合同债权为目的签署的合约，是主合同的从合同，从发生、消灭、特定性和抗辩权均具有从属性，因此担保合同具有一定的附随性，那么如担保合同中约定“合同未尽事宜以主合同约定为准”，那么我们理解担保人认可主合同约定的包括管辖在内的相关条款，也愿意接受该等条款的约束。主合同约定的仲裁条款之所以不能以“合同未尽事宜以主合同约定为准”的笼统表述并入担保合同，主要是基于仲裁条款的意思自治原则，适用仲裁必须经双方当事人的明确意思表示。另一方面，如涉及多个担保合同且均未约定明确的管辖法院的，那么以主合同约定确定管辖法院更有利于提高案件效率，节约司法成本。

【关联案例】

张凯钧、山东中凯不锈钢有限公司、淄博中凯再生资源有限公司、山东中铭铜业有限公司、山东中普铜业有限公司、山东汇盈新材料科技有限公司与立盛有限公司保证合同纠纷案①

裁判要旨：债权人仅起诉保证人的，人民法院只列保证人为被告，保证合同可以是一个独立的诉，原告有权只依据保证合同对保证人提起诉讼，保证人主张应当根据主合同确定管辖的理由不能成立。

【关联规范】

《中华人民共和国仲裁法》（2017年9月1日修正）

第五条 当事人达成仲裁协议，一方向人民法院起诉的，人民法院不予受理，但仲裁协议无效的除外。

第二十二条 【破产程序中停止计息的效力及于担保债务】

人民法院受理债务人破产案件后，债权人请求担保人承担担保责任，担保人主张担保债务自人民法院受理破产申请之日起停止计息的，人民法院对担保人的主张应予支持。

【条文理解】

（一）破产申请受理后，主债权停止计息的效力及于担保债务

本条规定债务人进入破产程序后，主债权停止计息的同时，担保债务也可以一并停止计息。《企业破产法》第46条第2款规定："附利息的债权自破

① 参见最高人民法院（2014）民四终字第27号民事裁定书。

产申请受理时起停止计息。”但是，对于主债权停止计息的效力是否应当及于担保债务，此前相关法律并无明文规定，最高人民法院也未出台统一的裁判规则，在司法实践中存在较大争议，甚至存在泾渭分明的两种观点。该规定的出台消除了司法实践中的争议，有利于统一司法裁判尺度。

（二）司法实践中的两种观点

第一种观点认为，债务人进入破产程序后，主债务停止计息的效力不应及于担保债务。例如，《浙江省高级人民法院民事审判第五庭关于主债务人破产后担保人是否停止计息问题的解答》（浙高法民五〔2020〕1号）规定：“按照《企业破产法》第四十六条规定，针对债务人的破产申请被人民法院裁定受理时，破产程序中针对债务人申报的附利息的债权自破产申请受理时起停止计息，但该停止计息的效力不及于担保人。”《广东省高级人民法院执行局关于执行程序法律适用若干问题的参考意见》中也规定：“《中华人民共和国企业破产法》第四十六条第二款‘附利息的债权自破产申请受理时停止计息’的规定，仅适用于进入破产程序的主债务人，不适用于担保债权。担保责任范围应为基于担保合同产生的担保债权，不应仅限于破产程序中债权人申报的对主债务人的破产债权。”支持该观点的主要理由如下①：

（1）就法律关系而言，债权人与债务人之间形成的是普通债权债务法律关系，合同相对主体是债权人与债务人。债权人与担保人之间形成的是担保法律关系，合同相对主体是债权人与担保人。两种法律关系不同。《企业破产法》第46条第2款规定的“债权停止计息”是针对债务人进入破产程序后，债权利息如何止付所作的特别规定。基于法律关系及合同的相对性，该条规定确定了债务人与债权人之间的权利义务范围。由于担保人并未进入破产程序，故该条规定并非明确债权人与担保人的权利义务范围，担保人对债权人所承担的担保债务，在债务人进入破产程序后，缺乏停止计息的法律依据。

（2）就立法目的而言，以保证合同为例，《民法典》第681条规定：“保证合同是为保障债权的实现……保证人履行债务或者承担责任的合同。”保证

① 主要理由可参见最高人民法院（2018）最高法民申6063号民事裁定书及《广东省高级人民法院执行局关于执行程序法律适用若干问题的参考意见》。

合同的主要立法目的是保障债权的实现。而《企业破产法》的立法目的是公平地清理各方债权债务。其中，《企业破产法》第46条规定意在确认债权数额并推进破产程序的进行，而非侧重于债务人的经济承受能力及担保人利益的保护，故担保人不停止计息并不与《企业破产法》第46条规定相悖。破产程序对于破产债权的限制，不影响担保人固有责任的承担，担保人仍然应当依照担保合同的约定承担担保责任，以保障债权的实现。

（3）就风险承担而言，担保人承担担保责任本身就具有一定风险性，即担保就意味着担保人应承担债务人不能偿还债务时，债权人向其追偿担保债务的风险。担保人承担破产程序期间的主债务利息，未超出担保人应有的风险预判。且担保人不停止计息亦能督促担保人及时偿还债务，防止其有意拖延偿债而损害债权人利益。

（4）就主从关系而言，债权停止计息是对进入破产程序的主债务人所作的特别规定，而非对担保人所作的特别规定。担保人未进入破产程序，对于担保人而言，其担保债权债务虽从属于主债权债务，但担保债权债务并不是破产债权，而是在《企业破产法》之外的民商事一般债权。并且，破产债权在破产申请受理后停止计息的规定，是对破产债权数额的限制，并不能因此推导出破产受理之后的利息债权的消灭，该债权实质上仍然存在，只不过无法在破产程序中得到保护。

第二种观点认为，债务人进入破产程序后，主债权停止计息的效力应及于担保人。例如，最高人民法院在（2019）最高法民申6453号民事裁定书中认为："二审判决认定主债务人进入破产程序后，保证债务停止计息并不属于法律适用确有错误。"支持该观点的主要理由如下：

（1）担保债务具有从属性。担保人承担的担保责任范围不应当大于主债务是担保从属性的必然要求。《企业破产法》第46条第2款规定，人民法院裁定受理主债务人破产申请后，主债务停止计息。根据担保从属性的原则，担保人的担保责任应以主债务为限，故担保债务亦应停止计息。

（2）从担保制度体系来看，其不仅规定了担保人的代偿义务，保障债权人的合法权益，同时规定了担保人的追偿权，兼顾担保人的合法权益。破产案件受理后对主债权停止计息，债权人受损的仅是利息损失。如果对担保债务不停止计息，将影响担保人的追偿权，对担保人较为不公。①

（3）根据《企业破产法》第46条第2款的规定，实体上的主债权在债务人进入破产程序后已经被削减为破产债权，担保责任的从属性包括消灭的从属性（全部消灭或者部分消灭），所以，在不否认担保债务从属性的前提下，决然不能推出主债权停止计息而担保债权仍要计息的结论。②

显然，《担保制度司法解释》第22条采用了第二种观点，债务人进入破产程序后，主债权停止计息的效力应及于担保人，这也是对担保制度从属性的再一次强调，且有利于消弭司法实践中的争议。

【适用指南】

（一）司法裁判尺度的统一

在《担保制度司法解释》第22条出台之前，司法实践中各地法院对此类案件存在截然相反的裁判态度。有研究人员统计了2014年至2019年5月的公开裁判文书，支持主债务停止计息的效力及于担保人的判决有346例，作出相反裁判的案例为49例；另有3例法院认为应当对担保人暂停计息，待主债务人破产程序终结后，再计算债务人破产受理之日起至债务实际清偿之日止的利息，该部分利息由担保人承担担保责任。③

甚至于最高人民法院在同一年度内对该问题也存在截然相反的意见，如最高人民法院（2018）最高法民申6063号民事裁定书中认为："债务人进入破产程序后，主债务停止计息的效力不应及于担保人。"而在（2019）最高法民申6453号民事裁定书中又肯定了二审法院"主债务人进入破产程序后，担保债务停止计息"的观点。

该规定的出台有利于统一司法裁判尺度，消除实践中的争议。前述浙江

---

① 参见最高人民法院（2019）最高法民申6453号民事裁定书。

② 沈伟、吕启民：《破产止息规则下保证责任从属性之惑及疑解——兼议独立保证入典》，载《上海财经大学学报》2020年第1期。

③ 沈伟、吕启民：《破产止息规则下保证责任从属性之惑及疑解——兼议独立保证入典》，载《上海财经大学学报》2020年第1期。

省高级人民法院及广东省高级人民法院的指导意见因与最高人民法院的观点相抵触而应当予以修改。

（二）债权人未申报债权而担保人自行申报担保债权的，担保债权一并停止计息

《企业破产法》第51条第2款规定："债务人的保证人或者其他连带债务人尚未代替债务人清偿债务的，以其对债务人的将来求偿权申报债权。但是，债权人已经向管理人申报全部债权的除外。"即担保人有权在债权人未申报债权的情况下，自行单独向债务人申报担保债权。此时，即使债权人未申报债权，担保债权也应当于人民法院受理破产申请之日起停止计息。理由如下：

首先，《企业破产法》第46条第2款已明确规定免除了债务人对破产申请受理后所产生的利息的偿还责任。如果允许担保人就此向债务人追偿，实际上等于让债务人又变相承担了偿还责任，这与法律规定不一致。

其次，在债权人先行申报债权的情形下，破产债权额中不应计算此部分利息，担保人行使代位求偿权时当然也不包括此部分债权额。如允许担保人在自行申报债权的情况下有权就该部分利息向债务人追偿，则担保人所获得的偿还数额与前述代位求偿情形下获得的偿还数额则会出现不一致，同一笔债权因为债权人是否预先申报而规定不同的偿还数额，有违公平原则。

最后，担保债权停止计息也不存在对担保人不公平的问题。担保的风险就是在债务人不履行义务或者不能履行义务情形下产生的。债务人的破产，只是债务人不能履行义务的情形之一，与债务人其他不能履行的风险一样，都属于担保的风险范畴，是担保人提供担保时应当预见和应当考虑到的风险之一，不是担保人豁免或者部分豁免担保义务的法定理由。[①] 因此，既然主债权已经停止计息，担保债权停止计息也不存在对担保人不公平的问题。

---

① 朱李江：《破产程序中停止计息的效力范围》，载《人民司法》2020年第8期。

【关联案例】

中国光大银行股份有限公司嘉兴分行、上海华辰能源有限公司保证合同纠纷案①

裁判要旨：（1）主债务人进入破产程序后，担保债务停止计息。人民法院裁定受理主债务人破产申请后，主债务停止计息，根据担保从属性的原则，担保人的担保责任应以主债务为限，故担保债务亦应停止计息。（2）从担保制度体系来看，其不仅规定了保证人的代偿义务，保障债权人的合法权益，同时规定了保证人的追偿权，兼顾保证人的合法权益。破产案件受理后对主债权停止计息，债权人受损的仅是利息损失。如果对保证债务不停止计息，将影响保证人的追偿权，对保证人较为不公。

【关联规范】

《中华人民共和国企业破产法》（2006 年 8 月 27 日）

第四十六条第二款 附利息的债权自破产申请受理时起停止计息。

第五十一条第二款 债务人的保证人或者其他连带债务人尚未代替债务人清偿债务的，以其对债务人的将来求偿权申报债权。但是，债权人已经向管理人申报全部债权的除外。

《中华人民共和国民法典》（2020 年 5 月 28 日）

第六百八十一条 保证合同是为保障债权的实现，保证人和债权人约定，当债务人不履行到期债务或者发生当事人约定的情形时，保证人履行债务或者承担责任的合同。

① 参见最高人民法院（2019）最高法民申 6453 号民事裁定书。

第二十三条 【破产债权申报与担保责任相关法律程序的衔接】

人民法院受理债务人破产案件，债权人在破产程序中申报债权后又向人民法院提起诉讼，请求担保人承担担保责任的，人民法院依法予以支持。

担保人清偿债权人的全部债权后，可以代替债权人在破产程序中受偿；在债权人的债权未获全部清偿前，担保人不得代替债权人在破产程序中受偿，但是有权就债权人通过破产分配和实现担保债权等方式获得清偿总额中超出债权的部分，在其承担担保责任的范围内请求债权人返还。

债权人在债务人破产程序中未获全部清偿，请求担保人继续承担担保责任的，人民法院应予支持；担保人承担担保责任后，向和解协议或者重整计划执行完毕后的债务人追偿的，人民法院不予支持。

【条文理解】

（一）债权人申报债权不影响其向担保人主张担保责任

本条第 1 款规定，债权人可以同时参加破产程序与起诉担保人承担担保责任的程序。首先，债权人申报债权不影响其请求担保人承担担保责任。因为担保责任与主债务属不同的法律关系，且在破产程序中主债权未必会得到全额清偿。在此前的《担保法司法解释》第 44 条第 1 款同样规定："保证期间，人民法院受理债务人破产案件的，债权人既可以向人民法院申报债权，也可以向保证人主张权利。"

其次，一般保证保证人的先诉抗辩权受到限制。通常而言，在连带债务中，若某债务人不能履行义务，债权人可直接请求其他债务人履行清偿义务，但在补充债务中，若要对补充债务人主张权利，还须突破一些实体法上的限制。以一般保证债务为例，只有在债务人不能履行债务时，才由保证人承担保证责任，即在主合同纠纷未经审判或者仲裁，并就债务人财产依法强制执行仍不能履行债务前，保证人可以拒绝承担保证责任（先诉抗辩权）。在主债务人开始破产程序的情况下，由于其显然陷入不能履行债务的状态，债权人往往只能获得较少的清偿，如果此时仍然允许保证人援引先诉抗辩权，要求债权人等待破产程序结束后再向保证人求偿，可能会加重债权人的损失。因此，法律在一般保证上特设例外，规定此时一般保证人不能再主张先诉抗辩权。例如，《民法典》第687条第2款规定，“一般保证的保证人在主合同纠纷未经审判或者仲裁，并就债务人财产依法强制执行仍不能履行债务前，有权拒绝向债权人承担保证责任，但是有下列情形之一的除外：……（二）人民法院已经受理债务人破产案件……”

最后，需要关注担保人的期限利益。在破产受理后，根据《企业破产法》第46条的规定，未到期的债权可以视为到期，但是不应认为保证人的保证责任也随之提前到来，这也是保证人所应享有的期限利益使然。[①] 对于保证人而言，保证期间原则上并不起算，保证人无须履行清偿义务。实际上，保证人只要按期履行其义务，便不会损害债权人的权益。从法律解释的角度来看，保证人的期限利益与先诉抗辩权性质相同，既然对破产程序中取消先诉抗辩权有明文规定，取消期限利益也应以法律明文规定为依据，在没有明文规定的情况下，不应随意扩大解释。当然，在实践中，借款合同中常常约定若主债务人陷入不能履行债务的困境则借款合同提前到期，在这种情况下，应认为到期的原因并非基于程序法的特别规定，而是基于当事人在实体法上的约定（相当于约定了主债权的到期时间），若债权人的借款债权因债务人进入破产程序而提前到期，其自然可以据此约定直接要求保证人承担责任。

（二）担保人在破产程序中受偿的条件

对本条第2款的理解需要注意以下三方面的问题：

（1）关于担保债权在破产程序中的申报。担保债权是否能够在破产程序中申报，与是否能够获得担保债权受偿不同，即使担保人尚未代替债务人清偿债务的，也可以以其对债务人的将来求偿权申报债权，但债权人已经向管理人申报全部债权的除外。具体可见《企业破产法》第51条的规定：“债务

① 张凤翔：《企业破产案件中涉担保债权问题的处理》，载《人民司法》2013年第7期。

人的保证人或者其他连带债务人已经代替债务人清偿债务的，以其对债务人的求偿权申报债权。债务人的保证人或者其他连带债务人尚未代替债务人清偿债务的，以其对债务人的将来求偿权申报债权。但是，债权人已经向管理人申报全部债权的除外。”

（2）担保债权在破产程序中的受偿。在（广义的）连带债务中，债务人在对外承担全部责任后，有权请求其他债务人分担其应承担的份额。关于债务人这一权利的请求权基础，理论上有两种解释：一是追偿权，担保人有权在承担担保债务后，基于债务人之间的基础关系（如合伙、保证等）向其他债务人求偿；二是法定的债权让与，即在债务人向债权人清偿了全部债务后，便从债权人处受让了其对其他债务人的债权。[①] 无论何种解释，在债权的表象上是一致的，即担保人向债权人承担担保责任后有权向债务人主张清偿，但内部依据不一致。根据第一种解释，则担保人承担担保责任后有权基于担保关系向债务人追偿，如《民法典》第700条规定：“保证人承担保证责任后，除当事人另有约定外，有权在其承担保证责任的范围内向债务人追偿，享有债权人对债务人的权利，但是不得损害债权人的利益。”若根据第二种解释，则若担保人在破产程序中清偿了主债权人的债权，可直接受让主债权人的债权，基于债权让与，担保人也有权向债务人主张清偿，如《全国法院破产审判工作会议纪要》第31条规定，“破产程序终结前，已向债权人承担了保证责任的保证人，可以要求债务人向其转付已申报债权的债权人在破产程序中应得清偿部分”。但是无论如何，担保人要在破产程序中受偿，均存在前提条件，即其先行向债权人作出了清偿。本条第2款进一步明确了担保人只有在清偿债权人的全部债权后，方可在破产程序中获得受偿。

（3）担保人的不当得利返还请求权。债权人既可以从债务人处受偿，也可以向担保人主张权利，但其不能超额受偿。若债权人从多个债务人（含担保人）处获得的清偿超过了主债权金额，则担保人可以按照法律的规定对主债权人所获得的超额受偿的部分主张返还不当得利的请求权。举例说明，若

---

① 许德风：《破产中的连带债务》，载《法学》2016年第12期。

主债权额为1000万元，债权人可以全额申报债权，同时根据本条第1款的规定，债权人向担保人主张担保责任，获得清偿900万元，若破产清偿率为20%（可获得200万元的清偿），主债权人累计受偿1100万元，则担保人可于主债权人获全额清偿的逻辑上之“下一秒钟”依法受让主债权人的债权或取得对主债务人的追偿权，进而可以从主债务人处获得100万元的清偿。

（三）破产程序对主债务的减免不影响债权人对担保人的权利

因破产程序而产生的特殊安排并不应改变担保债务的担保属性，影响债权人对担保人的权利。对此，我国《企业破产法》也有相关规定，债权人对债务人的担保人和其他连带债务人所享有的权利，不受重整计划与和解协议的影响。《企业破产法》第92条第3款规定：“债权人对债务人的保证人和其他连带债务人所享有的权利，不受重整计划的影响。”第101条规定：“和解债权人对债务人的保证人和其他连带债务人所享有的权利，不受和解协议的影响。”

如果重整与和解的效力也可以免除连带债务人的清偿义务，则是人为地改变了当事人之间的实体权利义务关系，对于债权人过于不利，债权人通过担保来防范风险的目的也无法实现。此外，正如有学者所指出的，如果重整与和解的效力及于担保人等连带债务人，则可能迫使有担保的债权人出于对自身利益的考虑强烈反对重整与和解，使得重整与和解难以得到充分的支持。①

（四）担保人对债务人的追偿权应当受到限制

首先，破产债务的免除，是将债务人的债权债务关系最终了结的重要方式之一，其目的在于赋予诚实债务人（及其股东）重新开始的机会。《企业破产法》的重要意义在于通过破产程序充分挖掘破产财产，使债权人获得最大限度的清偿，同时令有关债权债务关系简单化，对无法清偿的债务作法律上的“了结”，使不可能实现的债权“归零”。若允许担保人继续追偿，则意味着无法清偿的债务未作法律上的“了结”。

---

① 贾林青、杨习真：《保证责任在破产程序中的特点研究与处置对策》，载《法学杂志》2007年第6期。

其次，如果债权人在破产程序中已经以债权总额申报债权并行使权利，而且以未受清偿的部分向担保人主张并获得清偿，担保人便不能再向债务人追偿，否则相当于同一个债权参与了两次破产分配。

再次，就风险承担角度而言，担保人承担担保责任本身就具有一定风险性，这是担保人本应合理预见的担保责任风险。王欣新教授曾举一经典案例说明："债权人有 1 万元债权，破产分配比例为 50%。债权人直接向保证人追偿，保证人代偿 1 万元后向破产债务人追偿，可得 5 千元，未受偿之 5 千元即为保证人的风险损失。如债权人先向破产人求偿，再将未获清偿的 5 千元向保证人求偿，保证人清偿后如无代位追偿权，其风险损失亦为 5 千元。反之，若允许保证人再以此 5 千元作为破产债权代位追偿，分配其 2500 元，则破产人对于这 1 万元债务的实际清偿额便成为 7500 元，超过该债权额应得的分配比例，多支付的 2500 元本应是保证人的损失，现却转由其他破产债权人分担。"①

最后，在破产之外，若债权人免除主债务人部分或者全部债务的，担保人相应的担保责任也同时免除，但在破产程序中，债务免除的效力不及于担保人。

【适用指南】

（一）人民法院如何判决担保人承担担保责任

本条第 1 款首先明确债权人申报了债权，同时又起诉担保人的担保纠纷案件，人民法院应当受理；其次进一步明确此时债权人要求担保人承担担保责任的诉请，人民法院应当予以支持，但是法院如何作出判决，该款并未规定。

实务中，有法院裁定中止审理，在破产程序终结后，恢复审理；也有法院判令保证人于破产程序终结后履行偿付义务；还有法院直接判令保证人在保证范围内承担责任。对此，《最高人民法院对关于担保期间债权人向担保人

---

① 王欣新：《试论破产案件中的保证责任问题》，载《法学家》1998 年第 2 期。

主张权利的方式及程序问题的请示的答复》（〔2002〕民二他字第32号）中给出了指引：“对于债权人申报了债权，同时又起诉担保人的担保纠纷案件，人民法院应当受理。在具体审理并认定担保人应承担担保责任的金额时，如需等待破产程序结束的，可依照《中华人民共和国民事诉讼法》第一百三十六条第一款第（五）项的规定，裁定中止诉讼。人民法院如径行判决担保人承担担保责任，应当在判决中明确应扣除债权人在债务人破产程序中可以分得的部分。”

（二）主债务未到期而保证人破产的处理

值得研究的问题是，在主债务尚未到期、债务人未破产而保证人破产时，债权人可否向担保人的破产管理人申报债权。对此，应注意以下问题。

（1）保证人破产后，债权人有权立即申报其对保证人的保证债权，一般保证保证人的先诉抗辩权受到限制。《破产法若干规定（三）》第4条规定，“主债务未到期的，保证债权在保证人破产申请受理时视为到期。一般保证的保证人主张行使先诉抗辩权的，人民法院不予支持”。

（2）在责任承担方面，需要区分连带担保与一般担保。当保证人承担的是连带保证责任时，债权人可以在保证人承担保证责任的范围内申报债权，按照普通债权的程序进行处理即可。当保证人承担的是一般保证责任时，一是保证人不再对主债权人享有先诉抗辩权；二是虽然丧失了先诉抗辩权，但是依然承担的是补充责任，应当将债权人在该破产程序中的分配额予以提存，待保证人应承担的保证责任确定后，再按照破产清偿比例予以分配。《破产法若干规定（三）》第4条规定，“一般保证的保证人主张行使先诉抗辩权的，人民法院不予支持，但债权人在一般保证人破产程序中的分配额应予提存，待一般保证人应承担的保证责任确定后再按照破产清偿比例予以分配”。

（3）关于追偿权。无论是连带保证人还是一般保证人，保证人被确定应当承担保证责任的，保证人的管理人可以就保证人实际承担的清偿额向主债务人或其他债务人行使求偿权。需要注意的是，根据《民法典》的规定，混合共同担保的多个保证人之间没有追偿权，其中一名保证人承担了保证责任后只能向债务人追偿，除非另有约定，不能向其他保证人追偿。

（三）债务人与担保人同时进入破产程序的处理

司法实践中还需要注意债务人与担保人同时进入破产程序的处理，这区分以下两种情形。

（1）债务人与担保人分别进入单个破产程序（非实质合并破产）。《破产法若干规定（三）》第5条规定："债务人、保证人均被裁定进入破产程序的，债权人有权向债务人、担保人分别申报债权。债权人向债务人、保证人均申报全部债权的，从一方破产程序中获得清偿后，其对另一方的债权额不作调整，但债权人的受偿额不得超出其债权总额。保证人履行担保责任后不再享有求偿权。"

理解上述条款，需要注意三方面的内容。首先，债务人与担保人同时进入破产程序的，债权人有权分别向债务人、担保人的破产管理人申报债权；其次，债权人从一方破产程序中获得清偿后，其对另一方的债权额不作调整，其主要规范在计算清偿率时债权金额的适用，如主债务是1000万元，债务人的清偿率是20%，则债权人可获200万元，担保人的清偿率是25%，债权人在担保人处的债权金额仍以1000万元计算，债权人可从担保人处获得250万元，当然，若两者相加金额大于1000万元，则债权人构成不当得利，清偿方有权要求返还；最后，因债务人已经进入破产程序，担保人履行担保责任后不再享有求偿权，这是《企业破产法》的应有之义，具体理由参见上文"担保人对债务人的追偿权应当受到限制"中的论述。

（2）债务人与担保人实质合并破产。所谓实质合并破产，《全国法院破产审判工作会议纪要》第32条规定，"当关联企业成员之间存在法人人格高度混同、区分各关联企业成员财产的成本过高、严重损害债权人公平清偿利益时，可例外适用关联企业实质合并破产方式进行审理"。司法实践中的担保，经常是关联企业之间进行的联保体，在进入破产程序时，常常会被认为构成法人人格高度混同，而适用实质合并破产程序。

在实质合并破产程序中，除了适用第一种情形中《破产法若干规定（三）》第5条的规定外，还需要注意，《全国法院破产审判工作会议纪要》第36条规定："实质合并审理的法律后果。人民法院裁定采用实质合并方式审理破产案件的，各关联企业成员之间的债权债务归于消灭，各成员的财产作为合并后统一的破产财产，由各成员的债权人在同一程序中按照法定顺序公平受偿。采用实质合并方式进行重整的，重整计划草案中应当制定统一的债权分类、债权调整和债权受偿方案。”根据该规定，我们初步认为，虽然债权人仍可以向债务人、担保人分别申报债权，但因“各关联企业成员之间的债权债务归于消灭，各成员的财产作为合并后统一的破产财产”，所以债权人仅能获得一份债权的受偿，而不能从债务人、担保人处分别受偿。

（四）禁止超额受偿原则

《企业破产法》的主要功能在于贯彻实体权利，禁止权利人获得本不应享有的利益，若债权人已从一个或数个债务人、担保人处（累计）获得了全部的清偿，则尽管债权人已在其他债务人处进行了申报或对担保人进行了追偿，也不能再要求获得额外清偿，此所谓“禁止超额受偿原则”。

该原则体现在司法解释的多处规定中，如《破产法若干规定（三）》第5条以及本条第2款，即在发生此种情形时，其他债务人的破产管理人、担保人有权拒绝清偿，债权人也有义务向其他债务人的破产管理人或担保人告知其已获全部清偿的事实。若债权人在其他债务人的破产管理人、担保人不知情的情况下接受清偿，则后者有权请求其返还不当得利并赔偿因此所遭受的损害。

（五）删除了债权人要求担保人承担担保责任的期限限制

《担保法司法解释》第44条第2款规定：“债权人申报债权后在破产程序中未受清偿的部分，保证人仍应当承担保证责任。债权人要求保证人承担保证责任的，应当在破产程序终结后六个月内提出。”此处“破产程序终结后六个月”，应是债权人向担保人主张权利的最晚期限。《担保法司法解释》现已被废止，本条并未规定上述6个月的期限，即债权人向担保人主张权利的期限，仍根据各方的约定以及担保期间的规定执行。

【关联案例】

许昌恒源发制品股份有限公司、赵见栓保证合同纠纷案①

裁判要旨：保证期间，人民法院受理债务人破产案件的，债权人既可以向人民法院申报债权，也可以向保证人主张权利，二者之间并不存在冲突，债务人破产不应当构成债权人向保证人主张权利的程序障碍。本案虽然债务人破产程序尚未终结，债权人申报了债权，又向连带责任保证人主张保证责任，并不违反法律规定。

【关联规范】

《中华人民共和国企业破产法》（2006 年 8 月 27 日）

第五十一条 债务人的保证人或者其他连带债务人已经代替债务人清偿债务的，以其对债务人的求偿权申报债权。

债务人的保证人或者其他连带债务人尚未代替债务人清偿债务的，以其对债务人的将来求偿权申报债权。但是，债权人已经向管理人申报全部债权的除外。

第九十二条第三款 债权人对债务人的保证人和其他连带债务人所享有的权利，不受重整计划的影响。

第九十四条 按照重整计划减免的债务，自重整计划执行完毕时起，债务人不再承担清偿责任。

第一百零六条 按照和解协议减免的债务，自和解协议执行完毕时起，债务人不再承担清偿责任。

第一百二十四条 破产人的保证人和其他连带债务人，在破产程序终结后，对债权人依照破产清算程序未受清偿的债权，依法继续承担清偿责任。

① 参见最高人民法院（2020）最高法民申 1676 号民事裁定书。

第二十四条　【破产程序中担保人担保责任的免除】

债权人知道或者应当知道债务人破产，既未申报债权也未通知担保人，致使担保人不能预先行使追偿权的，担保人就该债权在破产程序中可能受偿的范围内免除担保责任，但是担保人因自身过错未行使追偿权的除外。

【条文理解】

（一）担保人的预先追偿权

1. 预先追偿权的概念与意义

在债务人破产的情况下，债权人因有担保作保障，往往怠于或根本不参与破产程序申报债权。但担保人的责任并未因此而减免，债权人直接依据普通民事救济程序向担保人主张担保债权时，担保人仍应承担担保责任。从债权人主张担保债权的时间上看，法律赋予债权人可以在破产程序进行期间或破产程序中止后随时向担保人求偿之自由选择权，只要没超过法定的时效期限，担保人均应承担担保责任。如果仍然严格按照担保人承担了担保责任后才能向债务人追偿的一般法理，则可能因为债务人的破产财产已经分配完毕甚至破产程序已经终结，担保人根本无法向债务人追偿而遭受损失。这对担保人殊为不公。因此，在债务人进入破产程序的情况下，法律例外允许担保人在未实际向债权人清偿债务时，即可以凭借其对债务人的将来求偿权在破产程序中申报债权，预先对债务人进行追偿。《企业破产法》第 51 条第 2 款中规定："债务人的保证人或者其他连带债务人尚未代替债务人清偿债务的，以其对债务人的将来求偿权申报债权。"此即担保人的预先追偿权。

2. 预先追偿权获得受偿的前提

担保人行使预先追偿权后，若其尚未实际承担担保责任，则无立即以追偿额进行清偿的必要，因此担保人行使预先追偿权所获得的分配额应予提存。如果担保人嗣后承担了保证责任，则以该分配额冲抵其损失；如果债权人在法定时限内未向担保人主张担保责任或明确表示放弃担保债权，则担保人应将该提存额返还给破产管理人，由破产管理人按照破产财产分配方案另行分配。

3. 预先追偿权的范围

因担保债权从属于主债权，故担保人行使预先追偿权的范围不能超出债权人可以申报债权的范围。例如，北京市高级人民法院（2016）京民终45号民事判决书中载明："在债权人尚未申报债权时，保证人可以预先行使追偿权，而该追偿权的范围不能超出债权人可以申报债权的范围，否则将与《企业破产法》第四十六条第二款及第五十一条第二款的规定相悖，亦对其他在破产程序中申报债权的债权人不公。"

（二）债权人的通知义务及担保人担保责任的免除

本条承袭了《担保法司法解释》第45条的规定："债权人知道或者应当知道债务人破产，既未申报债权也未通知保证人，致使保证人不能预先行使追偿权的，保证人在该债权在破产程序中可能受偿的范围内免除保证责任。"

债权人在知道或者应当知道债务人破产时，对担保人负有通知义务，如果债权人既不参加破产程序，又不通知担保人加入破产程序，则可能使担保人延误债权申报并影响追偿权的行使，并且在破产重整或破产和解程序结束后，担保人无权向和解协议或者重整计划执行完毕后的债务人追偿。这种情况下，债权人无权就可能由破产程序获得清偿的部分再要求保证人履行担保责任。当然，担保人履行了担保责任后是否参加债务人的破产程序由其自己决定，一般与债权人无涉。

（三）担保人担保责任免除的例外

需要注意的是，《担保制度司法解释》在承袭《担保法司法解释》第45条的基础上，增加了部分规定，明确了担保人免除担保责任的例外情况，即当担保人系因自身过错未行使追偿权时，担保人的担保责任不能因此免除。例如，担保人怠于行使追偿权的，其担保责任不能免除。

【适用指南】

（一）保证人预先追偿权的追偿方式

保证人先行承担了保证责任代为清偿债务后，有权对债务人追偿。保证人追偿的方式，因债权人是否已经申报了债权而有所不同。具体为：

（1）债权人已就其债权先行进行了全部申报，则保证人不得再进行申报。此即不得重复申报原则。这一规则源于英国，英国大法官梅里希对该原则阐释为："此项规则的真意乃是，对于任何实质上源于同一债务的债权，在破产程序中只能被赋予一次分配机会，即便该债权可能分别存在于两个独立的合同中。"[①] 因此，在债权人和保证人均有权在破产程序中申报债权的情况下，债权人的申报权优先于保证人的申报权。此时，保证人虽然不能通过申报债权而直接向债务人主张受偿，但由于主债权已因保证人清偿而消灭，债权人无权再通过破产程序获得分配，保证人故此有权就债权人在破产程序中应获得的分配份额行使求偿权，以弥补其偿债损失。《全国法院破产审判工作会议纪要》即采此思路，第 31 条规定，"破产程序终结前，已向债权人承担了保证责任的保证人，可以要求债务人向其转付已申报债权的债权人在破产程序中应得清偿部分"。

（2）债权人未申报债权，则保证人可以其有权追偿的金额向管理人申报债权，按破产程序参与破产财产分配。债权人就其债权进行了部分申报，保证人仍可以在剩余未申报债权额限度内就其有权追偿的金额进行申报。

（二）担保人的追偿权是否属于代位求偿权

需要注意的是，担保人的追偿权性质上是否属于代位求偿权，或者说若主债务上设立了抵押担保，保证人承担保证责任后，能否代位取得债权人对债务人的原债权（包括抵押权），对此实践中有不同的理解。

赞同方认为，担保人承担了担保责任后，其追偿权性质上属于代位求偿权，即担保人代位取得债权人对债务人的原债权（包括抵押权），其向债务人追偿是源自原债权的效力，而非独立的新权利。例如，《民法典》第 700 条规定："保证人承担保证责任后，除当事人另有约定外，有权在其承担保证责任的范围内向债务人追偿，享有债权人对债务人的权利，但是不得损害债权人的利益。"所谓担保人"享有债权人对债务人的权利"，显然是指担保人同时

① 参见贺小荣主编：《最高人民法院第二巡回法庭法官会议纪要》（第 1 辑），人民法院出版社 2019 年版。

取得了债权人所享有的原债权权利（含原债权上的抵押权）。特别是，最高人民法院在其编纂的《中华人民共和国民法典合同编理解与适用》一书中对《民法典》第700条进行解释时，在“四、如何理解本条规定的‘享有债权人对债务人的权利’”中，明确提出“保证人承担保证责任后，对债务人享有追偿权……其实质是债权的法定转移……这些权利包括但不限于债权人对债务人享有的抵押权、支付本息请求权、支付违约金请求权”。[①]

反对方认为，保证人对债权人承担保证责任后，享有的追偿权并非代位权，该两种权利具有明确的届分和不同的行使规则，不可混为一谈。所谓代位系债权人代债务人之位，在债务人怠于行使其到期债权时，直接由债权人代位行使债务人对次债务人享有的债权。在保证关系中，保证人承担保证责任后，其基于追偿权成为债务人的债权人，此时，其行使的系对债务人的直接债权，不存在代“谁”位的空间。但如果是债权人转让债权，债权受让人可以继受取得为该债权担保的担保物权。最高人民法院（2020）最高法民申343号民事裁定书中，针对本案件焦点“开元公司依据《保证合同》履行代为清偿义务后，就丰友公司向国家开发银行提供的抵押财产是否享有优先受偿权”，经详细论证后认为追偿权并非代位权，保证人在承担保证责任后，其取得的对借款人的追偿权是普通债权，保证人承担保证责任后，在行使追偿权时，对抵押财产无优先受偿权。

【关联案例】

四川省开元集团有限公司、宁夏丰友化工股份有限公司破产债权确认纠纷案[②]

裁判要旨：保证人承担保证责任后，有权向债务人追偿。该条仅确立了

---

① 最高人民法院民法典贯彻实施工作领导小组主编：《中华人民共和国民法典合同编理解与适用（二）》，人民法院出版社2020年版，第1391页。

② 参见最高人民法院（2020）最高法民申343号民事裁定书。该裁定书中的观点与《中华人民共和国民法典合同编理解与适用》中的观点不同，其对担保人追偿权的性质有详细论证，详见该裁定书原文。

保证人承担保证责任后向债务人的追偿权。追偿权并非代位权，保证人因代偿债务而取得债权人对债务人的抵押权的主张，缺乏法律和合同依据。

【关联规范】

《中华人民共和国民法典》（2020年5月28日）

第七百条 保证人承担保证责任后，除当事人另有约定外，有权在其承担保证责任的范围内向债务人追偿，享有债权人对债务人的权利，但是不得损害债权人的利益。

《中华人民共和国企业破产法》（2006年8月27日）

第五十一条第二款 债务人的保证人或者其他连带债务人尚未代替债务人清偿债务的，以其对债务人的将来求偿权申报债权。但是，债权人已经向管理人申报全部债权的除外。

二、关于保证合同

第二十五条　【一般保证与连带责任保证的区分】

当事人在保证合同中约定了保证人在债务人不能履行债务或者无力偿还债务时才承担保证责任等类似内容，具有债务人应当先承担责任的意思表示的，人民法院应当将其认定为一般保证。

当事人在保证合同中约定了保证人在债务人不履行债务或者未偿还债务时即承担保证责任、无条件承担保证责任等类似内容，不具有债务人应当先承担责任的意思表示的，人民法院应当将其认定为连带责任保证。

【条文理解】

本条是规范保证合同中约定的内容不是非常明确，但通过内容可以得出是否有债务人应当先承担责任的意思表示时，保证人应当承担的责任类型的注意性规定。

本条意在提示司法人员应当注意，不能忽略某些重要事实或重要事项。不能忽略的主要是《民法典》第686条对于约定不明时按照一般保证承担责任的规定以及一般保证和连带责任保证的区分核心要素。由于《民法典》第686条规定的是约定不明时按照一般保证承担责任。在实际生活中，尤其是在一般的民间借贷纠纷中，债权人、债务人、保证人签订借款合同或者保证合同时，其约定往往有所欠缺。可能只会写“债务人还不上钱时，我担保”（例1）或者“债务人不还钱时，我担保”（例2）等。由于当事人的法律知识不够全面，其签订协议时的约定表述可能比较杂乱，如果一律以约定不明按照一般保证处理，不利于法律的施行。于是，本条特别要求司法人员应当注意，当事人之间的意思表示是否具有债务人应当先承担责任的内容。如果有，即为一般保证。如果没有，即为连带责任保证。不仅需要通过表述的字面意思认定保证的类型，而且需要通过表述是否能够得出当事人之间的真实意思。当然，如果通过字面意思确实无法得出当事人约定的究竟是一般责任保证还是连带责任保证时，仍应当按照《民法典》第686条的规定认定保证人承担一般保证责任。

由于一般保证中，债权人需要先向债务人主张债权，在无法实现债权后，才有权利向保证人主张权利。当债权人向一般保证人主张债权时，保证人以债权人尚未向债务人主张债权，不能向自己主张债权的抗辩权即可称为先诉抗辩权。保证人是否具有先诉抗辩权是判断保证人是承担一般保证责任还是连带责任保证责任的核心要素。本条强调了这一理念，表述中采用了“具有债务人应当先承担责任的意思表示”和“不具有债务人应当先承担责任的意思表示”的方式。

前文所举的例1和例2表述字面意思非常接近。但是事实上，根据本条的规定，我们完全可以得出例1的保证人需承担的是一般保证责任，而例2的保证人需承担的是连带责任保证责任。因为一般保证需要债务人先承担责任，在债务人无法承担责任时，保证人才承担责任。在合同约定中，往往表述为“不能履行债务”“无力偿还债务”。连带责任保证不以债务人先承担责任为前提，在“债务人不履行债务”“未偿还债务”时，保证人即需要连带地清偿债务。然而，在实践中绝大多数债务人不会直接欠钱不还，往往以“资金周转困难”“实在是没钱”等各种理由推脱。因本处侧重于实务中的行为，我们将在适用指南部分加以分析。

因此，在条文理解方面，把握住是否具有债务人应当先承担责任的意思表示这一核心，理解就不会产生大的偏差。但是，在实务中，仍然需要多加注意；否则，既有可能不利于当事人合法权益的保护，也有可能不利于案件纠纷的处理。

【适用指南】

第一，各方当事人在签订协议时务必将真实意思表示表达清楚、明确。尤其是保证人务必明确约定自己欲承担的保证责任的方式和种类究竟是连带责任保证还是一般保证。如果仅仅以“债务人还不上钱时，我担保”的表述进行约定，在债权人向债务人主张债权时，债务人又以“实在没钱”等看似确实“还不上钱”的表述拖延债务的情况下，债权人实际上完全有可能向保证人主张连带责任。保证人自然可以援引本条第 1 款进行抗辩，但是增加了诉讼的风险和不确定性。为此，保证人务必明确约定自己为债务人进行的是一般保证还是连带责任保证。从债权人、债务人角度而言，也应加以明确，以防保证人利用此条文或有关规定，不当侵害债权人和债务人的合法权益。

第二，律师在工作时应对此加以注意。律师在承接案件或者代理诉讼时，应着重对当事人的真实意思表示进行区分和明确。如系起草、修改相关文书，寄送律师函等时，应注意尽可能地将约定明确，或将事实加以明确。如系代理案件，在对案件进行分析和研判时，也应明确代理的当事人在债权债务关系中的主体地位，如保证人系提供一般保证则应注意搜集、整理相关证据。如系提供连带责任保证则应注意搜集、整理无条件承担责任等的相关证据。还需注意两种不同的保证方式带来的诉讼时效等的不同之处。

在诉讼方案和诉讼策略选择上，倘若因当事人间的约定导致向保证人主张连带责任存在较大诉讼风险时，必要时可以先对债务人提起诉讼，并尽快进入强制执行程序，如果通过强制执行程序确实无法执行债务人财产，再及时对保证人提起诉讼。

第三，人民法院在审理和裁判案件时，需要着重研判是否有“先承担责任的意思表示”。尽管本条规定的是合同约定，但是人民法院在审理和裁判案件时，从来就没有也不会只看当时的某一份合同的约定。如果能够通过合同约定和其他证据，得出当事人之间并没有债务人先承担责任的意思表示，则应裁决保证人承担连带责任保证责任。如果能够通过合同约定和其他证据，得出当事人间具有债务人应当先承担责任的意思表示，则应裁决保证人承担一般保证责任。

需要注意的是，某方当事人可能会依据本条规定的“保证合同中约定”，将本条适用领域限制在仅适用于书面约定中。人民法院应探求当事人的真实意思表示，而非某方当事人的片面主张，因为本条的核心在于真实意思表示而非具体合同约定。

【关联案例】

周新政、鹤壁市金农投资管理有限公司民间借贷纠纷案[①]

裁判要旨：区别一般保证还是连带责任保证的核心要素依据是保证人是否享有先诉抗辩权。当事人之间的合意是不能按期偿还款项，而非无力偿还款项时才履行保证责任的，应认定为连带责任保证。

【关联规范】

《中华人民共和国民法典》（2020 年 5 月 28 日）

第六百八十六条 保证的方式包括一般保证和连带责任保证。

当事人在保证合同中对保证方式没有约定或者约定不明确的，按照一般保证承担保证责任。

第六百八十七条第一款 当事人在保证合同中约定，债务人不能履行债务时，由保证人承担保证责任的，为一般保证。

第二十六条 【一般保证的当事人】

一般保证中，债权人以债务人为被告提起诉讼的，人民法院应予受理。债权人未就主合同纠纷提起诉讼或者申请仲裁，仅起诉一般保证人的，人民法院应当驳回起诉。

① 最高人民法院（2017）最高法民申 2406 号民事裁定书。

一般保证中，债权人一并起诉债务人和保证人的，人民法院可以受理，但是在作出判决时，除有民法典第六百八十七条第二款但书规定的情形外，应当在判决书主文中明确，保证人仅对债务人财产依法强制执行后仍不能履行的部分承担保证责任。

债权人未对债务人的财产申请保全，或者保全的债务人的财产足以清偿债务，债权人申请对一般保证人的财产进行保全的，人民法院不予准许。

【条文理解】

本条承接本解释第25条，在民事诉讼过程中对于主体选择、法院裁判和保全措施三个方面进一步延伸了一般保证的先诉抗辩权的法律后果。第1款第一句话系指在一般保证的纠纷中，当债权人以债务人作为被告提起诉讼，人民法院受理案件的注意性规定。在一般保证中，没有必要将保证人一并列为被告。所以在一般保证的前提下，债权人仅起诉保证人的一般应不予受理，受理的也应驳回起诉。但是，如果债权人就主合同纠纷提起了诉讼或者向仲裁机构申请仲裁的，因主合同纠纷另一方当事人即为债务人，债务人就一定是被告或者被申请人，债权人起诉一般保证人的诉请也可能获得支持。所以第1款第二句意在不可单独起诉一般保证人，这也是担保合同从属性的体现。

第2款承接第1款的规定，回应了如果债权人对主合同纠纷提起了诉讼或者仲裁时，人民法院应当如何裁判。从“人民法院可以受理”的表述可以得出，债权人可以就主合同纠纷一并起诉债务人和保证人。人民法院受理案件以后，需要审查是否存在《民法典》第687条第2款规定的一些情形。如果没有，人民法院应当在判决书的主文中对于保证人需要对债务人经过了强制执行后仍然不能履行的部分承担保证责任加以明确。第2款虽未明确，但是如果有《民法典》第687条第2款规定的一些情形，则人民法院可以直接判决保证人承担相应的保证责任。

第3款规定得更加细致具体。为了防止在诉讼过程中债务人或者保证人转移或者隐匿财产，可能导致生效判决难以执行的情况，当事人可以在诉讼中申请财产保全。然而，在一般保证的前提下，并不当然地可以对一般保证人的财产申请保全。只有在符合第 3 款的规定下，才可以对一般保证人的财产进行保全。首先，债权人应当对债务人的财产已经申请保全；其次，债权人保全的债务人的财产不足以清偿债务。只有符合上述两个条件时，债权人才可以对一般保证人的财产申请保全，采取保全措施。否则，人民法院应当不予准许债权人的保全请求。

【适用指南】

第一，应着重厘清当事人间的保证关系。本条规定的适用前提是当事人之间为一般保证。如果当事人间系连带责任保证，则不适用本条。当事人在提起诉讼或者对抗诉讼以及律师代理案件、人民法院审理案件时，应当首先厘清保证关系是否为一般保证。如是系一般保证，则应根据本条规定选择是仅起诉债务人还是将保证人一并起诉，从被告角度而言则可以依据是一般保证等情况进行抗辩，进而推动人民法院作出正确的裁决。如不是一般保证则应根据其他规定制定诉讼策略或作出裁判。

第二，应当注意是否发生《民法典》第 687 条第 2 款规定的情形。在已经确定为一般保证的前提下，《民法典》第 687 条第 2 款主要规定的是一般保证人在四种情况下不能以主合同纠纷尚未裁决且没有经过强制执行的程序时拒绝承担保证责任。这四种情况分别是：（1）债务人下落不明，且无财产可供执行；（2）人民法院已经受理债务人破产案件；（3）债权人有证据证明债务人的财产不足以履行全部债务或者丧失履行债务能力；（4）保证人书面表示放弃这项权利。其实，第一、第二、第四种较为少见，最为常见的是第三种。债权人想要直接要求一般保证人承担责任，最简单的方式就是举证证明债务人已经被列为失信被执行人或者名下有终本案件，这就已经足以证明债务人丧失了偿债能力。对于一般保证人而言，如果想对抗债权人依据此条规定产生的诉讼请求，则需要审查其证据的真实性、合法性，以及与案件是否有关。防止债权人为实现债权不当地进行举证，从而要求一般保证人承担责任。

第三，注意保全措施是否恰当。一般而言，在诉讼中采取查封、冻结、扣押等保全措施的，如果查封、冻结、扣押了足额财产，日后的债权就可以比较容易地实现。结合本条的规定，在诉讼中，如果前期评估认为债务人极有可能无法偿还债务，那么应当及时先对债务人进行财产保全，并且及时了解查封、冻结、扣押的保全结果，如果已经足额保全财产，就按照既有的诉讼程序进行。如果尚未足额保全财产，那么应当及时对保证人的财产进行查封和保全。从保证人角度而言，假若遭受到了债权人的不当保全措施，而且自己是一般保证人的，当然可以援引该条规定，提起复议。必要时还可针对债权人的不当保全措施，要求债权人对造成的损失予以赔偿。

【关联案例】

青海金泰融资担保有限公司与上海金桥工程建设发展有限公司、青海三工置业有限公司执行复议案[①]

裁判要旨：在案件审理期间保证人为被执行人提供保证，承诺在被执行人无财产可供执行或者财产不足清偿债务时承担保证责任的，执行法院对保证人应当适用一般保证的执行规则。在被执行人虽有财产但严重不方便执行时，可以执行保证人在保证责任范围内的财产。

【关联规范】

《中华人民共和国民法典》（2020年5月28日）

第六百八十七条　当事人在保证合同中约定，债务人不能履行债务时，由保证人承担保证责任的，为一般保证。

一般保证的保证人在主合同纠纷未经审判或者仲裁，并就债务人财产依法强制执行仍不能履行债务前，有权拒绝向债权人承担保证责任，但是有下列情形之一的除外：

---

① 最高人民法院（2017）最高法执复38号执行裁定书，最高人民法院指导案例120号。

（一）债务人下落不明，且无财产可供执行；

（二）人民法院已经受理债务人破产案件；

（三）债权人有证据证明债务人的财产不足以履行全部债务或者丧失履行债务能力；

（四）保证人书面表示放弃本款规定的权利。

第二十七条 【一般保证责任】

一般保证的债权人取得对债务人赋予强制执行效力的公证债权文书后，在保证期间内向人民法院申请强制执行，保证人以债权人未在保证期间内对债务人提起诉讼或者申请仲裁为由主张不承担保证责任的，人民法院不予支持。

【条文理解】

本条规定的“不承担保证责任”包含拒绝承担保证责任和不再承担保证责任两种情况。《民法典》第 687 条第 2 款规定的是一般保证人特有的先诉抗辩权，使用的“拒绝……承担保证责任”是指原本应该承担只是尚未达到一定条件，即在债务人向债权人通过强制执行程序仍不能清偿其债务以前，一般保证人有权拒绝向债权人承担保证责任；第 693 条第 1 款使用的“不再承担保证责任”是指原本应该承担但是已经无须承担，即债权人未在保证期间向债务人起诉或仲裁的，一般保证人的保证责任归于消灭。因此，在本条规定的情形下，一般保证人既不能通过行使先诉抗辩权而迟延履行保证责任，也不能因为债权人没有在保证期间内向债务人起诉或仲裁而主张保证责任灭失。

先诉抗辩权是一般保证人特有的一项权利，最早是由 1994 年 4 月 15 日发布的《最高人民法院关于审理经济合同纠纷案件有关保证的若干问题的规定》（已废止）第 7 条规定，当被保证人不履行合同时，债权人应当首先请求被保证人清偿债务。强制执行被保证人的财产仍不足以清偿其债务的，由保证人承担赔偿责任。1995 年 6 月 30 日通过的《担保法》吸收了该司法解释内容，

第17条第2款规定，“一般保证的保证人在主合同纠纷未经审判或者仲裁，并就债务人财产依法强制执行仍不能履行债务前，对债权人可以拒绝承担保证责任”。《民法典》合同编在《合同法》的基础上增设保证合同，承继了前述规定的先诉抗辩权。

关于先诉抗辩权的行使阶段是否仅限于诉讼阶段，一直存在争议。本解释对此进行了明确规定。从第26条的规定看，先诉抗辩权的意义体现在诉讼、执行和财产保全三个方面：（1）诉讼阶段，债权人不能单独起诉一般保证人。因此，未就主合同纠纷提起诉讼或者申请仲裁，仅起诉一般保证人的，人民法院应当驳回起诉。与《民事诉讼法解释》第66条规定“保证合同约定为一般保证，债权人仅起诉保证人的，人民法院应当通知被保证人作为共同被告参加诉讼”相比，法院的处理结果发生了变化。（2）执行阶段，一般保证人仅对债务人不能清偿部分承担保证责任。在一般保证人与债务人作为共同被告的情况下，除有《民法典》第687条第2款但书规定的情形外，判决书应在主文中明确保证人仅对债务人财产依法强制执行后仍不能履行的部分承担保证责任。（3）在财产保全中，债权人未对债务人的财产申请保全，或者保全的债务人的财产足以清偿债务，债权人申请对一般保证人的财产进行保全的，人民法院不予准许。

从《民法典》第687条第2款的规定来看，在一般保证中，债权人必须在保证期间内向债务人提起诉讼或者申请仲裁，并就债务人财产依法强制执行仍不能清偿的，才能向保证人主张保证责任。很显然，向债务人提起诉讼或者申请仲裁的目的就是得到生效法律文书，并据此强制执行债务人财产。但是，申请人民法院对债务人强制执行，除了可以通过提起诉讼或者申请仲裁外，还可以通过取得对债务人赋予强制执行效力的公证债权文书这种非诉讼方式进行。

对公证机关依法赋予强制执行效力的债权文书，债权人向有管辖权的人民法院申请执行，受理法院应当执行。《公证法》第37条第1款规定，对经公证的以给付为内容并载明债务人愿意接受强制执行承诺的债权文书，债务人不履行或者履行不适当的，债权人可以依法向有管辖权的人民法院申请执行。《最高人民法院关于公证债权文书执行若干问题的规定》第1条规定："本规定所称公证债权文书，是指根据公证法第三十七条第一款规定经公证赋予强制执行效力的债权文书。"《民事诉讼法》第238条第1款规定，对公证机关依法赋予强制执行效力的债权文书，一方当事人不履行的，对方当事人可以向有管辖权的人民法院申请执行，受申请的人民法院应当执行。通过取得对债务人赋予强制执行效力的公证债权文书申请强执行，不仅能够跳过程序保障较为严密的诉讼或者仲裁环节，还能避免诉讼或者仲裁过程中的风险，在实践中被银行、小额贷款公司、融资担保公司等单位大量使用。

从《民法典》第698条对一般保证的规定和实务中对一般保证的设置目的来看，在债权人通过这种非诉讼方式对债务人财产申请强制执行，仍不能清偿的部分，债权人有权向一般保证人主张保证责任。在向一般保证人主张保证责任时，债权人既可以通过诉讼方式向保证人主张，也可以通过非诉讼方式对保证人财产申请强制执行。

【适用指南】

公证机构赋予强制执行效力的债权文书应当同时满足：（1）债权文书具有给付内容；（2）债权债务关系明确；（3）债务人承诺自愿接受强制执行。2000年9月1日发布的《最高人民法院、司法部关于公证机关赋予强制执行效力的债权文书执行有关问题的联合通知》规定，债权文书的范围主要表现为借款合同，借用合同，无财产担保的租赁合同，赊欠货物的债权文书，各种借据、欠单，还款（物）协议，以及以给付赡养费、扶养费、抚育费、学费、赔（补）偿金为内容的协议。2017年7月13日发布的《最高人民法院、司法部、中国银监会关于充分发挥公证书的强制执行效力服务银行金融债权风险防控的通知》将可以赋予强制执行效力的债务文书进行明确，并进一步扩大至融资租赁、保理合同、担保合同和保函等。

需要注意的是，2017年8月14日发布的《司法部关于公证执业"五不准"的通知》中，明确规定，"二、不准办理非金融机构融资合同公证。在有关管理办法出台之前，公证机构不得办理自然人、法人、其他组织之间及其相互之间（经人民银行、银监会、证监会、保监会，商务主管部门、地方人民政府金融管理部门批准设立的从事资金融通业务的机构及其分支机构除外）的融资合同公证及赋予强制执行效力公证”。因此，对于实务中大量存在的民间借贷、其他非金融机构融资类的案件，因不能办理赋予强制执行效力的公证，将难以适用本条的规定。

实务中，对债权文书赋予强制执行效力的公证通常是在债权文书履行之前进行。如果未经公证，但在履行过程中，债权人向公证机构申请赋予强制执行效力公证的，公证机关在征求债务人同意后，也可以进行。

通过赋予强制执行效力的公证债权文书申请强制执行，人民法院在受理后，发现存在《最高人民法院关于公证债权文书执行若干问题的规定》第5条规定情形而裁定驳回执行申请的，或者依据债务人申请而被裁定不予执行的，因对债务人的强制执行程序尚未启动，债权人在此种情况下向保证人主张保证责任的，我们认为不属于本条适用的情形。

【关联案例】

青海金泰融资担保有限公司与上海金桥工程建设发展有限公司、青海三工置业有限公司执行复议案[①]

裁判要旨：在案件审理期间，保证人为被执行人提供保证，承诺在被执行人无财产可供执行或者财产不足清偿债务时承担保证责任的，执行法院对保证人应当适用一般保证的执行规则。在被执行人虽有财产但严重不方便执行时，可以执行保证人在保证责任范围内的财产。

【关联规范】

《中华人民共和国民法典》（2020年5月28日）

第六百八十七条　当事人在保证合同中约定，债务人不能履行债务时，

---

① 最高人民法院（2017）最高法执复38号执行裁定书，最高人民法院指导案例120号。

由保证人承担保证责任的，为一般保证。

一般保证的保证人在主合同纠纷未经审判或者仲裁，并就债务人财产依法强制执行仍不能履行债务前，有权拒绝向债权人承担保证责任，但是有下列情形之一的除外：

（一）债务人下落不明，且无财产可供执行；

（二）人民法院已经受理债务人破产案件；

（三）债权人有证据证明债务人的财产不足以履行全部债务或者丧失履行债务能力；

（四）保证人书面表示放弃本款规定的权利。

第六百九十三条 一般保证的债权人未在保证期间对债务人提起诉讼或者申请仲裁的，保证人不再承担保证责任。

连带责任保证的债权人未在保证期间请求保证人承担保证责任的，保证人不再承担保证责任。

第六百九十八条 一般保证的保证人在主债务履行期限届满后，向债权人提供债务人可供执行财产的真实情况，债权人放弃或者怠于行使权利致使该财产不能被执行的，保证人在其提供可供执行财产的价值范围内不再承担保证责任。

《最高人民法院关于适用〈中华人民共和国民法典〉有关担保制度的解释》（2020年12月31日 法释〔2020〕28号）

第二十六条 一般保证中，债权人以债务人为被告提起诉讼的，人民法院应予受理。债权人未就主合同纠纷提起诉讼或者申请仲裁，仅起诉一般保证人的，人民法院应当驳回起诉。

一般保证中，债权人一并起诉债务人和保证人的，人民法院可以受理，但是在作出判决时，除有民法典第六百八十七条第二款但书规定的情形外，应当在判决书主文中明确，保证人仅对债务人财产依法强制执行后仍不能履行的部分承担保证责任。

债权人未对债务人的财产申请保全，或者保全的债务人的财产足以清偿债务，债权人申请对一般保证人的财产进行保全的，人民法院不予准许。

《最高人民法院关于适用〈中华人民共和国民事诉讼法〉的解释》（2020年12月29日修正　法释〔2020〕20号）

第六十六条　因保证合同纠纷提起的诉讼，债权人向保证人和被保证人一并主张权利的，人民法院应当将保证人和被保证人列为共同被告。保证合同约定为一般保证，债权人仅起诉保证人的，人民法院应当通知被保证人作为共同被告参加诉讼；债权人仅起诉被保证人的，可以只列被保证人为被告。

《中华人民共和国公证法》（2017年9月1日修正）

第三十七条　对经公证的以给付为内容并载明债务人愿意接受强制执行承诺的债权文书，债务人不履行或者履行不适当的，债权人可以依法向有管辖权的人民法院申请执行。

前款规定的债权文书确有错误的，人民法院裁定不予执行，并将裁定书送达双方当事人和公证机构。

《中华人民共和国民事诉讼法》（2017年6月27日修正）

第二百三十八条　对公证机关依法赋予强制执行效力的债权文书，一方当事人不履行的，对方当事人可以向有管辖权的人民法院申请执行，受申请的人民法院应当执行。

公证债权文书确有错误的，人民法院裁定不予执行，并将裁定书送达双方当事人和公证机关。

《最高人民法院关于公证债权文书执行若干问题的规定》（2018年9月30日　法释〔2018〕18号）

第一条　本规定所称公证债权文书，是指根据公证法第三十七条第一款规定经公证赋予强制执行效力的债权文书。

第五条　债权人申请执行公证债权文书，有下列情形之一的，人民法院应当裁定不予受理；已经受理的，裁定驳回执行申请：

（一）债权文书属于不得经公证赋予强制执行效力的文书；

（二）公证债权文书未载明债务人接受强制执行的承诺；

（三）公证证词载明的权利义务主体或者给付内容不明确；

（四）债权人未提交执行证书；

（五）其他不符合受理条件的情形。

《最高人民法院、司法部、中国银监会关于充分发挥公证书的强制执行效力服务银行金融债权风险防控的通知》（2017年7月13日　司发通〔2017〕76号）

一、公证机构可以对银行业金融机构运营中所签署的符合《公证法》第37条规定的以下债权文书赋予强制执行效力：

（一）各类融资合同，包括各类授信合同，借款合同、委托贷款合同、信托贷款合同等各类贷款合同，票据承兑协议等各类票据融资合同，融资租赁合同，保理合同，开立信用证合同，信用卡融资合同（包括信用卡合约及各类分期付款合同）等；

（二）债务重组合同、还款合同、还款承诺等；

（三）各类担保合同、保函；

（四）符合本通知第二条规定条件的其他债权文书。

《司法部关于公证执业"五不准"的通知》（2017年8月14日　司发通〔2017〕83号）

二、不准办理非金融机构融资合同公证。在有关管理办法出台之前，公证机构不得办理自然人、法人、其他组织之间及其相互之间（经人民银行、银监会、证监会、保监会，商务主管部门、地方人民政府金融管理部门批准设立的从事资金融通业务的机构及其分支机构除外）的融资合同公证及赋予强制执行效力公证。

第二十八条　【一般保证债务诉讼时效的起算】

一般保证中，债权人依据生效法律文书对债务人的财产依法申请强制执行，保证债务诉讼时效的起算时间按照下列规则确定：

（一）人民法院作出终结本次执行程序裁定，或者依照民事诉讼法第二百五十七条第三项、第五项的规定作出终结执行裁定的，自裁定送达债权人之日起开始计算；

（二）人民法院自收到申请执行书之日起一年内未作出前项裁定的，自人民法院收到申请执行书满一年之日起开始计算，但是保证人有证据证明债务人仍有财产可供执行的除外。

一般保证的债权人在保证期间届满前对债务人提起诉讼或者申请仲裁，债权人举证证明存在民法典第六百八十七条第二款但书规定情形的，保证债务的诉讼时效自债权人知道或者应当知道该情形之日起开始计算。

【条文理解】

诉讼时效是权利人能够主张权利并取得法院保护的期间。权利人在法定期间内不行使权利，义务人就有权以法定期限已届满从而拒绝履行义务为理由进行抗辩。因而，诉讼时效又是一种消灭时效。义务人以诉讼时效进行抗辩是从实体权利上的抗辩，不会影响到权利人诉权的行使，但是会造成阻碍权利人要求义务人履行义务的实体后果，也就是通常所说的消灭胜诉权。诉讼时效的设置目的在于敦促权利人及时行使权利，稳定市场秩序。

学理上通说认为，诉讼时效适用于债权请求权。债权请求权，是指权利人请求义务人为或者不为一定行为的权利。权利人基于保证合同对保证人的请求权属于典型的债权请求权，应适用诉讼时效制度的相关规定。保证合同诉讼时效的设立，使保证人享有两种期限利益：一是保证期间利益；二是时效利益。如果债权人未在保证期间内向债务人主张权利，保证人因此免责；如果债权人在保证期间内主张了权利，但直至此后的诉讼时效期间届满仍未向保证人要求承担保证责任的，则诉讼时效届满之日起，保证人也可以行使保证合同时效抗辩权而无须承担保证责任。[①] 结合《民法典》第 693 条第 1 款、第 687 条第 2 款、第 694 条第 2 款的规定，一般保证的诉讼时效，在债权人于保证期间届满前向债务人提起诉讼或者申请仲裁后，保证人拒绝承担保证责任的权利消灭之日起开始计算。

---

① 石宏主编：《〈中华人民共和国民法典〉释解与适用·合同编》（上册），人民法院出版社 2020 年版，第 430 页。

在《民法典》颁行之前，《担保法司法解释》第 34 条第 1 款规定："一般保证的债权人在保证期间届满前对债务人提起诉讼或者申请仲裁的，从判决或者仲裁裁决生效之日起，开始计算保证合同的诉讼时效。"相比较而言，《民法典》就一般保证中保证债务诉讼时效的起算时间由原来的客观标准"从判决或者仲裁裁决生效之日起"变更为主观标准"从保证人拒绝承担保证责任的权利消灭之日起"。变更原因在于：（1）变更前仅对判决或者仲裁的情况作出了规定，遗漏了实务中大量存在的以调解书结案的情况；（2）在客观标准下，债务人是否有足够的责任财产可供执行尚处于不确定状态，若此时赋予了债权人对一般保证人行使权利的便利，实质上是将一般保证债务的诉讼时效起算点提前了，这就使债权人丧失了部分时效利益；[①]（3）本次修改将一般保证中保证债务诉讼时效起算点延后，也是为了修正《担保法司法解释》第 36 条"一般保证中，主债务诉讼时效中断，保证债务诉讼时效中断……"规定中的逻辑错误。因为主债务诉讼时效中断的时候，保证债务的诉讼时效尚未开始计算，中断就更无从谈起了。[②]

本条规定是一般保证债务诉讼时效的起算时间在《民法典》中变更为主观标准后的具体细化，以便于在实务操作过程中进行把握和遵循。根据《民法典》关于先诉抗辩权的行使及除外情况的规定，本条将一般保证债务诉讼时效的起算点分为三种情况：（1）债权人已就债务人申请强制执行并取得终结执行或终结本次执行程序裁定的；（2）债权人已就债务人申请强制执行但未取得终结执行或终结本次执行程序裁定的；（3）法定情形下，一般保证人不享有先诉抗辩权的。

在第（1）种情况中，对于可以裁定终结执行的情形，《民事诉讼法》第 257 条作了规定；对于终结本次执行程序的裁定，是在司法实践中摸索而来的，对于已经进入执行程序的案件，因未能借此实现债权人权利，又不能按

---

① 最高人民法院民法典贯彻实施工作领导小组主编：《中华人民共和国民法典合同编理解与适用（二）》，人民法院出版社 2020 年版，第 1358 页。

② 石宏主编：《〈中华人民共和国民法典〉释解与适用·合同编》（上册），人民法院出版社 2020 年版，第 431 页。

照终结执行处理的情况而创设的。2014 年 12 月 17 日发布的《最高人民法院关于执行案件立案、结案若干问题的意见》创设了终结本次执行程序，将其作为一种结案方式。《民事诉讼法解释》在第 519 条规定了裁定终结本次执行程序的情形和程序，即经过财产调查未发现可供执行的财产，在申请执行人签字确认或者执行法院组成合议庭审查核实并经院长批准后，可以裁定终结本次执行程序。终结执行后，申请执行人发现被执行人有可供执行财产的，可以再次申请执行。再次申请不受申请执行时效期间的限制。

在第（2）种情况中，对于自人民法院收到债权人的申请执行书之日起届满一年仍未取得终结执行或终结本次执行程序裁定的案件，将届满一年之日推定作为保证人拒绝承担保证责任的权利消灭之日，保证债务的诉讼时效自此起算。

在第（3）种情况中，债权人在保证期间对债务人提起诉讼或者仲裁，在 4 种法定的特殊情形下，一般保证人的先诉抗辩权灭失，一般保证债务的诉讼时效自债权人知道或者应当知道该情形之日开始计算。

【适用指南】

本条第 1 款所指的“生效法律文书”不仅包括通过诉讼或者仲裁程序取得的判决书和裁决书，还应包括通过调解结案的调解书以及通过公证取得的赋予强制执行效力的公证债权文书，在实务中表现为公证机关出具的执行证书。

需要注意的是，即使在一般保证任享有先诉抗辩权的情形下，一般保证债务诉讼时效开始起算，并不意味者债务人就已经完全丧失了清偿债务的能力，因为在对债务人的执行程序既可能是尚未终结本次执行的程序，也可能是债权人自行申请或债务人的财产尚不具备处置的客观条件等原因而裁定终结本次执行程序。实务中，执行法院基于强制执行时限等方面的原因，以裁定终结本次执行程序进行结案的情况大量存在。此时，虽然一般保证债务的诉讼时效开始计算，但是债务人并不是完全丧失了清偿能力。在人民法院出具终结本次执行程序裁定后，如果情况发生了变化，债务人财产又具备了执行条件而债权人并没有申请恢复强制执行，债权人却又执意向保证人主张保证责任的，保证人能否继续主张先诉抗辩权，并以承担保证责任后无法向债务人追偿的损失主张免责？

《民法典》第698条规定："一般保证的保证人在主债务履行期限届满后，向债权人提供债务人可供执行财产的真实情况，债权人放弃或者怠于行使权利致使该财产不能被执行的，保证人在其提供可供执行财产的价值范围内不再承担保证责任。"据此，我们认为，在前述问题情形下一般保证人继续主张先诉抗辩权的，不应该得到支持。因为如果一般保证人可以继续行使先诉抗辩权，则《民法典》该规定在此时将无法适用。所以，如果一般保证人向债权人提供了可供继续执行的债务人财产，债权人仍然执意向一般保证人主张保证责任的，一般保证人可以在提供的可供执行的债务人财产范围内免责；如果债权人执意向一般保证人主张保证责任，而一般保证人又并未向债权人提出可供执行的债务人财产的，一般保证人不可以免责。

对于债权人未在保证期间内向债务人提起诉讼或者仲裁，但是在保证期间内向一般保证人主张权利的，一般保证人在能够行使先诉抗辩权的情况下，可以主张先诉抗辩权；在出现《民法典》第687条第2款规定的4种情形之一时，一般保证人的先诉抗辩权灭失，但其保证责任仍然存在，一般保证债务的诉讼时效按本条第2款规定自债权人知道或者应当知道该法定情形之日开始计算。

【关联案例】

陆国相、金华市绿春苗木专业合作社借款合同纠纷案[①]

裁判要旨：一般保证的债权人在保证期间内未通过诉讼或仲裁方式向债务人主张权利，此时债权人无权直接向保证人主张保证责任，即保证期间届满保证人不再承担保证责任，一般保证债务不存在适用诉讼时效制度的问题。

① 浙江省高级人民法院（2018）浙民再149号民事判决书。

【关联规范】

《中华人民共和国民法典》（2020 年 5 月 28 日）

第一百八十八条 向人民法院请求保护民事权利的诉讼时效期间为三年。法律另有规定的，依照其规定。

诉讼时效期间自权利人知道或者应当知道权利受到损害以及义务人之日起计算。法律另有规定的，依照其规定。但是，自权利受到损害之日起超过二十年的，人民法院不予保护，有特殊情况的，人民法院可以根据权利人的申请决定延长。

第六百八十七条 当事人在保证合同中约定，债务人不能履行债务时，由保证人承担保证责任的，为一般保证。

一般保证的保证人在主合同纠纷未经审判或者仲裁，并就债务人财产依法强制执行仍不能履行债务前，有权拒绝向债权人承担保证责任，但是有下列情形之一的除外：

（一）债务人下落不明，且无财产可供执行；

（二）人民法院已经受理债务人破产案件；

（三）债权人有证据证明债务人的财产不足以履行全部债务或者丧失履行债务能力；

（四）保证人书面表示放弃本款规定的权利。

第六百九十三条 一般保证的债权人未在保证期间对债务人提起诉讼或者申请仲裁的，保证人不再承担保证责任。

连带责任保证的债权人未在保证期间请求保证人承担保证责任的，保证人不再承担保证责任。

第六百九十四条 一般保证的债权人在保证期间届满前对债务人提起诉讼或者申请仲裁的，从保证人拒绝承担保证责任的权利消灭之日起，开始计算保证债务的诉讼时效。

连带责任保证的债权人在保证期间届满前请求保证人承担保证责任的，从债权人请求保证人承担保证责任之日起，开始计算保证债务的诉讼时效。

第六百九十八条 一般保证的保证人在主债务履行期限届满后，向债权人提供债务人可供执行财产的真实情况，债权人放弃或者怠于行使权利致使该财产不能被执行的，保证人在其提供可供执行财产的价值范围内不再承担保证责任。

《中华人民共和国民事诉讼法》（2017年6月27日修正）

第二百五十七条 有下列情形之一的，人民法院裁定终结执行：

（一）申请人撤销申请的；

（二）据以执行的法律文书被撤销的；

（三）作为被执行人的公民死亡，无遗产可供执行，又无义务承担人的；

（四）追索赡养费、扶养费、抚育费案件的权利人死亡的；

（五）作为被执行人的公民因生活困难无力偿还借款，无收入来源，又丧失劳动能力的；

（六）人民法院认为应当终结执行的其他情形。

《最高人民法院关于执行案件立案、结案若干问题的意见》（2014年12月17日　法发〔2014〕26号）

第十四条 除执行财产保全裁定、恢复执行的案件外，其他执行实施类案件的结案方式包括：

（一）执行完毕；

（二）终结本次执行程序；

（三）终结执行；

（四）销案；

（五）不予执行；

（六）驳回申请。

《最高人民法院关于适用〈中华人民共和国民事诉讼法〉的解释》（2020年12月29日修正　法释〔2020〕20号）

第五百一十九条 经过财产调查未发现可供执行的财产，在申请执行人签字确认或者执行法院组成合议庭审查核实并经院长批准后，可以裁定终结本次执行程序。

依照前款规定终结执行后，申请执行人发现被执行人有可供执行财产的，可以再次申请执行。再次申请不受申请执行时效期间的限制。

第二十九条　【共同保证人的免责】

同一债务有两个以上保证人，债权人以其已经在保证期间内依法向部分保证人行使权利为由，主张已经在保证期间内向其他保证人行使权利的，人民法院不予支持。

同一债务有两个以上保证人，保证人之间相互有追偿权，债权人未在保证期间内依法向部分保证人行使权利，导致其他保证人在承担保证责任后丧失追偿权，其他保证人主张在其不能追偿的范围内免除保证责任的，人民法院应予支持。

【条文理解】

担保的目的在于保障债权的实现。同一个债权上设立的担保越多，这种保障就体现得越充分。当同一个债权上存在两个或以上的保证担保时，就构成共同保证。共同保证是两个或以上的保证人就同一债权设立的保证，其成立形式既可以是各保证人与同一债权人签订同一份保证合同，也可以是各保证人分别与同一债权人签订数份保证合同。至于各保证人与债权人建立保证合同关系的时间先后顺序，以及各保证人之间就建立保证合同关系前是否需要意思联络或者有没有进行意思联络，乃至各保证人对债权人承担保证责任的性质是否同为一般保证或者连带责任保证等，均不会影响对共同保证的认定。

与一人保证相比，共同保证的法律关系更复杂，除了涉及一人保证中存在的保证人、债务人、债权人三方关系外，还涉及各保证人之间保证责任划分及追偿等方面的法律关系。

《担保法》第 12 条对共同保证作了规定，《民法典》关于共同保证的规定是在《担保法》第 12 条的基础上修改而来的。《民法典》第 699 条规定：“同一债务有两个以上保证人的，保证人应当按照保证合同约定的保证份额，承担保证责任；没有约定保证份额的，债权人可以请求任何一个保证人在其保证范围内承担保证责任。”据此，以各保证人是否按照份额承担保证责任作为标准，共同保证可划分为按份共同保证和连带共同保证。按份共同保证是各保证人各自按照约定的保证份额分别向债权人承担保证责任。按份共同保证之外的，推定为广义上的连带共同保证，包括真正的连带共同保证和不真正的共同连带保证。真正的共同连带保证是各保证人之间明确约定互相具有追偿权的连带共同保证，是狭义上的连带共同保证；不真正的共同连带保证是各保证人之间没有约定追偿权的连带共同保证。

此外，《民法典》第 693 条按照保证人承担保证责任的性质不同，将保证划分为一般保证和连带责任保证。一般保证的保证人只对债务人不履行的债务向债权人承担补充责任，享有先诉抗辩权；连带责任保证的保证人承担与债务人同等的责任。《民法典》第 699 条与第 693 条的不同之处在于，第 699 条规定的共同保证中的按份关系或者连带关系，指向的是各共同保证人之间的内部关系；而第 693 条规定一般保证关系或连带责任保证关系，指向的是各保证人自己与债权人之间的外部关系。

基于前述两种不同的划分标准，共同保证可以组合形成四种责任承担方式：（1）按份共同一般保证，即一般保证下的按份共同保证，各保证人之间是按份共同保证，各保证人整体对债务人不履行的债务承担补充责任；（2）连带共同一般保证，即一般保证下的连带共同保证，各保证人之间为连带共同保证，各保证人整体对债务人不履行的债务承担补充责任；（3）按份共同连带保证，即连带责任保证下的按份共同保证，各保证人之间是按份共同保证，各保证人整体承担与债务人同等的责任；（4）连带共同连带保证，即连带责任保证下的连带共同保证，各保证人之间为连带共同保证，各保证人整体承担与债务人同等的责任。

本条规定的实质是共同保证人的免责情形。第 1 款是从债权人角度进行的规定；从保证人角度看，就是其对保证期间内未被债权人主张责任的部分保证人在保证期间届满后可以免责。在按份共同保证和不真正连带共同保证情形下，各保证人只就保证合同约定的份额对债权人各自承担保证责任，保证人之间并无意思联络。因此，债权人对部分保证人主张权利并不及于其他保证人，其他保证人在保证期间届满后，当然应该免责。对真正连带共同保证而言，虽然之前的法律和司法解释都无明文规定，但在司法实践中，普遍认定在连带共同保证情形下债权人向部分保证人主张权利的效力及于其他共同保证人。主要的依据是《最高人民法院关于已承担保证责任的保证人向其他保证人行使追偿权问题的批复》，规定承担连带责任保证的保证人一人或者数人承担保证责任后，有权要求其他保证人清偿应当承担的份额，不受债权人是否在保证期间内向未承担保证责任的保证人主张过保证责任的影响。《民法典》生效后，该批复被废止，之前的司法观点失去了依据。本条旗帜鲜明地否定了此种情形下对其他保证人的追及效力，不论按份共同保证还是连带共同保证。

第 2 款规定，在保证人互有追偿权时，不论是按份共同保证还是连带共同保证，保证人在丧失追偿权的范围内可以主张免除一定的保证责任。其有三层意思：（1）免责的范围并非保证人的全部保证责任范围，受限于保证人约定的保证责任范围和实际承担的保证责任范围；（2）免责的前提是共同保证人之间相互有追偿权；（3）免责的原因是债权人怠于向其他共同保证人主张保证责任，致使承担了保证责任的共同保证人丧失追偿权。

因第 1 款规定了债权人怠于在保证期间向共同保证人主张权利时，该共同保证人的保证责任归于消灭。那么，原本处于平等地位的保证人会因为债权人主张保证责任的随意性而变得不平等。为化解这个问题，第 2 款对第 1 款内容进行了呼应，规定互有追偿权的共同保证人在债权人原因导致其丧失向其他共同保证人追偿而产生的不利后果，由债权人以其自身过错而承担。

【适用指南】

关于共同保证人之间能否追偿的争议一直较大，《民法典》对此并未作出规定。从《担保法》第 12 条以及《担保法司法解释》第 20 条、第 38 条、第 75 条的规定来看，共同保证人之间可以相互追偿。但是，2007 年《物权法》并未采纳该观点。主要理由如下：（1）逻辑不通。在各担保人之间并未作出承担连带担保责任时，其相互之间并没有任何法律关系，如果规定了可以互相追偿，实际是为各担保人设定了互保，增加了各担保人的担保责任，违背担保人的初衷；（2）各担保人之间连环追偿后，最终仍需向债务人追偿，循环追偿耗费成本，不够经济；（3）在没有特别约定情形下，担保人设立担保时对担保责任的正常风险已有基本预期，规定互相追偿之后将这种风险转嫁给其他担保人有违公平原则；（4）在混合担保情况下，担保人之间的份额不易确定，实践可操作性差。[①] 因此，最高人民法院在 2019 年 11 月 8 日发布的《九民会议纪要》在第 56 条按照《物权法》的立法精神对之前的《担保法司法解释》的内容进行了修正。但是，《民法典》第 699 条规定共同保证时对此问题却未置可否。

与《担保法》第 12 条相比，《民法典》第 699 条规定似乎有些语焉不详。根据全国人大常委会法工委对本条的释义来看，按份共同保证之外的共同保证中，除非共同保证人明确约定为连带共同保证，可以适用《民法典》第 519 条进行互相追偿外，其余的都视为共同保证人之间没有意思联络的不真正连带共同保证。《民法典》第 699 条规定的连带共同保证，就是一种不真正连带共同保证，债权人可以请求任何一个保证人承担全部保证责任，保证人承担保证责任之后可以找债务人追偿，但是保证人之间没有相互追偿权。[②] 也就是说，共同保证人之间是否能够相互追偿，应遵循当事人之间的约定。共同保证人之间具有意思联络形成合意的，可以相互追偿，否则不能相互追偿。

按照前述的立法精神，本解释第 13 条对共同担保人之间的追偿也进行了呼应，以不同意为原则，同意为例外。按照第 13 条的规定，共同保证人在三种情形下可以行使互相追偿权：（1）按份共同保证人之间约定了相互追偿的；（2）按份共同保证人之间未约定相互追偿，但各保证人均在同一份合同中签字、盖章或者按指印的；（3）约定为连带共同保证，此处的连带共同保证应为狭义上的连带共同保证。

---

① 胡康生主编：《中华人民共和国物权法释义》，法律出版社 2007 年版，第 381～382 页。

② 石宏主编：《〈中华人民共和国民法典〉释解与适用·合同编》（上册），人民法院出版社 2020 年版，第 440 页。

虽然“本解释”第13条内容规定了共同保证人互相追偿的情形、互相追偿的份额或比例，但是对于互相追偿前是否需要先向债务人追偿？是否只能就未能向债务人追偿的部分向其他共同保证人追偿？这些仍值得进一步探讨。但是从节约司法资源、提高司法效率的角度看，优先向债务人追偿，可以避免陷入循环追偿的死局。当然，不论共同保证为按份共同保证还是连带共同保证，在进行诉讼追偿时，都可以将互有追偿权的其他共同保证人与债务人列为共同被告一并起诉。

【关联案例】

长葛市浩龙铝材有限公司、中原银行股份有限公司许昌分行金融借款合同纠纷案[①]

裁判要旨：在连带共同保证中，债务人未在约定期限内偿还借款的，债权人既可以要求债务人履行债务，也可以要求保证人承担保证责任。债权人提起诉讼时，仅将债务人列为被告，未起诉保证人的，人民法院可以不追加保证人为共同被告。

周开顺诉温州久联房地产开发有限公司、杨家料等民间借贷纠纷案[②]

裁判要旨：连带共同保证中，债权人免除部分保证人的保证责任，其他保证人承担责任后无权向该部分保证人追偿。相应地，其他保证人应在该部分保证人内部应承担保证份额的范围内免除保证责任。

【关联规范】

《中华人民共和国民法典》（2020年5月28日）

第五百一十九条 连带债务人之间的份额难以确定的，视为份额相同。

---

① 最高人民法院（2016）最高法民申64号民事裁定书。

② 浙江省温州市中级人民法院（2016）浙03民终2086号民事判决书，载《人民法院案例选》（2017年第2辑，总第108辑）。

实际承担债务超过自己份额的连带债务人，有权就超出部分在其他连带债务人未履行的份额范围内向其追偿，并相应地享有债权人的权利，但是不得损害债权人的利益。其他连带债务人对债权人的抗辩，可以向该债务人主张。

被追偿的连带债务人不能履行其应分担份额的，其他连带债务人应当在相应范围内按比例分担。

第六百九十三条 一般保证的债权人未在保证期间对债务人提起诉讼或者申请仲裁的，保证人不再承担保证责任。

连带责任保证的债权人未在保证期间请求保证人承担保证责任的，保证人不再承担保证责任。

第六百九十九条 同一债务有两个以上保证人的，保证人应当按照保证合同约定的保证份额，承担保证责任；没有约定保证份额的，债权人可以请求任何一个保证人在其保证范围内承担保证责任。

第七百条 保证人承担保证责任后，除当事人另有约定外，有权在其承担保证责任的范围内向债务人追偿，享有债权人对债务人的权利，但是不得损害债权人的利益。

《全国法院民商事审判工作会议纪要》（2019年11月8日 法〔2019〕254号）

56.【混合担保中担保人之间的追偿问题】被担保的债权既有保证又有第三人提供的物的担保的，担保法司法解释第38条明确规定，承担了担保责任的担保人可以要求其他担保人清偿其应当分担的份额。但《物权法》第176条并未作出类似规定，根据《物权法》第178条关于“担保法与本法的规定不一致的，适用本法”的规定，承担了担保责任的担保人向其他担保人追偿的，人民法院不予支持，但担保人在担保合同中约定可以相互追偿的除外。

《最高人民法院关于适用〈中华人民共和国民法典〉有关担保制度的解释》（2020年12月31日 法释〔2020〕28号）

第十三条 同一债务有两个以上第三人提供担保，担保人之间约定相互追偿及分担份额，承担了担保责任的担保人请求其他担保人按照约定分担份额的，人民法院应予支持；担保人之间约定承担连带共同担保，或者约定相互追偿但是未约定分担份额的，各担保人按照比例分担向债务人不能追偿的部分。

同一债务有两个以上第三人提供担保，担保人之间未对相互追偿作出约定且未约定承担连带共同担保，但是各担保人在同一份合同书上签字、盖章或者按指印，承担了担保责任的担保人请求其他担保人按照比例分担向债务人不能追偿部分的，人民法院应予支持。

除前两款规定的情形外，承担了担保责任的担保人请求其他担保人分担向债务人不能追偿部分的，人民法院不予支持。

第三十条　【最高额保证保证期间的起算】

最高额保证合同对保证期间的计算方式、起算时间等有约定的，按照其约定。

最高额保证合同对保证期间的计算方式、起算时间等没有约定或者约定不明，被担保债权的履行期限均已届满的，保证期间自债权确定之日起开始计算；被担保债权的履行期限尚未届满的，保证期间自最后到期债权的履行期限届满之日起开始计算。

前款所称债权确定之日，依照民法典第四百二十三条的规定认定。

【条文理解】

最高额保证，是指保证人对债务人在一定期间连续发生的数个不特定债权，在最高限额内承担保证责任的一种保证方式。在最高额保证合同约定的期限届满之前，只要债权人与债务人在约定限额内进行交易，保证人都应承担保证责任。最高额保证制度最早由《担保法》确立，第 14 条规定："保证人与债权人可以就单个主合同分别订立保证合同，也可以协议在最高债权额限度内就一定期间连续发生的借款合同或者某项商品交易合同订立一个保证合同。"《担保法司法解释》对其进一步明确。《民法典》将其规定在"合同编""保证合同"章中，并明确参照《民法典》关于最高额抵押权的规定适用。最高额保证因其便捷和高效，生活中被广泛采用，尤其在银行信贷业务中。

与普通保证相比，最高额保证约定有担保债务的发生期间，对应的是期间内的多个债权，其在设立时担保债权的具体额度尚处于不确定状态。因此，最高额保证比普通保证多了确定债权具体数额的环节。在约定的最高债权限额内，最高额保证人就确定的债权余额向债权人承担保证责任。跟普通保证一样，最高额保证分为最高额一般保证和最高额连带责任保证。《民法典》第690条第2款规定“最高额保证除适用本章规定外，参照适用本法第二编最高额抵押权的有关规定”，因此，最高额保证可直接适用《民法典》合同编关于保证合同的规定。

保证期间是《民法典》在保证合同规定中的一个至关重要的期间。《民法典》第692条第1款规定“保证期间是确定保证人承担保证责任的期间”，并在第693条规定，债权人未在保证期间实施特定行为的，保证人不再承担保证责任。换言之，保证人承担保证责任，须有债权人在保证期间实施特定行为。这个特定行为，在一般保证中是向债务人提起诉讼或者申请仲裁，在连带责任保证中是对保证人主张保证责任。

保证期间是一个不变期间，不发生中止、中断和延长。保证期间根据来源不同，分为法定的保证期间和约定的保证期间。保证合同对保证期间进行明确约定的，适用约定的保证期间；没有约定或约定不明时，适用6个月的法定保证期间。《民法典》第692条第2款规定，债权人与保证人可以约定保证期间，但是约定的保证期间早于主债务履行期限或者与主债务履行期限同时届满的，视为没有约定；没有约定或者约定不明确的，保证期间为主债务履行期限届满之日起6个月。由此，普通保证中，对于法定的保证期间自主债务履行期限届满之日起计算。对于约定的保证期间，结合《民法典》第681条的规定，应自债务人不履行到期债务或者约定情形发生时起算。

要理解和把握好最高额保证中保证期间的起算问题，不仅要参照普通保证中保证期间起算的一般规定，还要结合最高额保证的特殊之处。实务中，绝大多数情况下，当事人对最高额保证的保证期间作了约定，根据意思自治的原则，对保证期间起算方式有约定的，遵从约定，约定优先。

在没有约定或者约定不明时，最高额保证的保证期间如何起算，存在三种观点：第一种观点认为，最高额保证中的债权人在保证期间内可以随时主张每笔债权，保证期间逐笔单独计算。第二种观点认为，最高额保证的保证期间应在债权确定之日统一计算。第三种观点认为，最高额保证的保证责任的起算不应一概而论，对于债权确定之日前，债权履行期限均已届满的，从债权确定之日起算；对于债权确定日之后，债权履行期限才全部届满的，以最后一笔债权的履行期限届满之日起算。由于第一种观点无法体现最高额保证的特点，第二种观点忽略了有些被担保的债权履行期限尚未届满而无法起算保证期间的问题。对于截止债权确定之日，还存在履行期限尚未届满的债权的，如果仍以债权确定之日起计算保证期间，那么保证期间的起算时间就先于全部债权履行届满之日，也就是说，保证人的保证责任已经开始，而债务人的责任却还未开始。这明显与保证制度的基本原理不符。本条规定采用了第三种观点。

【适用指南】

由于最高额保证设立时担保的债权不具有确定性，但是保证人在承担保证责任要求保证债务必须处于特定化状态，因此，最高额保证中需要通过担保债权履行期、债权确定期将最高额保证债务特定化，从而满足保证责任的适用条件。担保债权履行期是最高额保证所指向的每一笔债权的履行期限。由于最高额保证是对连续发生的一系列债权提供担保，因此，最高额保证中会产生多个债权和多个债务履行期。而且最高额保证只要求担保债权在债权确定期内产生，因此债权履行期既可能发生在债权确定期内，也可能发生在债权确定期届满之后。债权确定期，又称决算期，是对最高额保证的债权范围进行确定的期限。一般情况下，决算期由债权人与保证人在保证合同中以一个具体的时间段或某项交易的始末等方式作出约定。最高额保证中，不论债权履行期有几个，债权确定期只有一个。

在对最高额保证期间没有约定或者约定不明，但是对担保债权履行期、债权确定期已有明确约定时，最高额保证期间的起算方式按照本条规定进行。需要探讨的是，实务中也可能存在的，最高额保证担保的全部或者部分债权没有约定履行期限或者约定履行期限不明时，最高额保证期间的计算方式、起算时间如何确定？由于保证人履行保证责任，需要有确定的被担保债权余额以及债权履行期，并由债权人据此在保证期间内实施特定行为。因此，该问题实际上可以分解为两个问题：一是如何确定债权余额？二是如何确定债权履行期限？

对于最高额保证担保的债权没有约定履行期限，或者约定不明时，如何确定最高额保证所担保的债权余额？《民法典》没有直接作出规定，而只是在第690条第2款规定可以参照最高额抵押权的有关规定。《民法典》第423条规定，没有约定债权确定期间或者约定不明确，抵押权人或者抵押人自最高额抵押权设立之日起满2年后请求确定债权的，抵押权人的债权确定。这样设定的原因是为了避免抵押权人或者抵押人随时要求确定最高额抵押担保的债权额而使设立最高额抵押的目的落空，同时又能使最高额抵押的地位因为法定期间的存在而安稳。由此，我们认为，此种情形下，最高额保证担保的债权为保证合同生效之日起届满2年的债权余额。这个债权确定时间，是一个固定期间，不存在中止、中断或者延长的问题。①

对于如何确定债权履行期限？《民法典》第692条第3款规定："债权人与债务人对主债务履行期限没有约定或者约定不明确的，保证期间自债权人请求债务人履行债务的宽限期届满之日起计算。"《民法典》第511条第4项规定，当事人就履行期限约定不明确，不能达成补充协议，也不能按照合同有关条款、合同性质、合同目的或者交易习惯确定的，"债务人可以随时履行，债权人也可以随时请求履行，但是应当给对方必要的准备时间"。该"必要的准备时间"即为《民法典》第692条第3款所称的"宽限期"。债权人通过要求债务人履行并提出合理的宽限期，使本来不明确的主债务履行期限得以确定，从而也使保证期间的起算点得以确定，即该宽限期届满之日开始

---

① 石宏主编：《〈中华人民共和国民法典〉释解与适用·物权编》，人民法院出版社2020年版，第433页。

计算保证期间。由此可见，此种情形之下，债权人可以随时要求债务人履行债务，但应当给对方设定一个“宽限期”，宽限期届满之日即为债务履行期限，也是保证期间的起算日。

值得注意的是，债权人对债务人履行债务的时间给予一定的宽限期，并不属于《民法典》第695条所规定的债权人和债务人协商变更主债权债务合同内容，因此不必经保证人书面同意。如果债权人与债务人依据《民法典》第510条通过补充协议对债务履行期限作出约定，应当适用《民法典》第692条第2款确定保证期间起算点，而非适用《民法典》第692条第3款。①

【关联案例】

温州银行股份有限公司宁波分行诉浙江创菱电器有限公司等金融借款合同纠纷案②

裁判要旨：在有数份最高额担保合同情形下，具体贷款合同中选择性列明部分最高额担保合同，如果债务发生在最高额担保合同约定的决算期内，且债权人未明示放弃担保权利，未列明的最高额担保合同的担保人也应当在最高债权限额内承担担保责任。

风神轮胎股份有限公司与中信银行股份有限公司天津分行、河北宝硕股份有限公司借款担保合同纠纷案③

裁判要旨：最高额保证范围为发生的债权余额，是指最高额保证期间已经发生的债权和偿还债务的差额，而非指最高额保证期间已到期的债权余额。即使债权履行期限届满之日超过最高额保证期间，其仍应属最高额保证人应当承担保证责任的范围。

---

① 高圣平：《民法典上保证期间的效力及计算》，载《甘肃政法大学学报》2020年第5期。

② 浙江省宁波市中级人民法院（2014）浙甬商终字第369号民事判决书，最高人民法院指导案例57号。

③ 最高人民法院（2007）民二终字第36号民事判决书，载《最高人民法院公报》2008年第2期（总第136期）。

【关联规范】

《中华人民共和国民法典》(2020年5月28日)

第四百二十三条 有下列情形之一的，抵押权人的债权确定：

（一）约定的债权确定期间届满；

（二）没有约定债权确定期间或者约定不明确，抵押权人或者抵押人自最高额抵押权设立之日起满二年后请求确定债权；

（三）新的债权不可能发生；

（四）抵押权人知道或者应当知道抵押财产被查封、扣押；

（五）债务人、抵押人被宣告破产或者解散；

（六）法律规定债权确定的其他情形。

第五百一十一条 当事人就有关合同内容约定不明确，依据前条规定仍不能确定的，适用下列规定：

（一）质量要求不明确的，按照强制性国家标准履行；没有强制性国家标准的，按照推荐性国家标准履行；没有推荐性国家标准的，按照行业标准履行；没有国家标准、行业标准的，按照通常标准或者符合合同目的的特定标准履行。

（二）价款或者报酬不明确的，按照订立合同时履行地的市场价格履行；依法应当执行政府定价或者政府指导价的，依照规定履行。

（三）履行地点不明确，给付货币的，在接受货币一方所在地履行；交付不动产的，在不动产所在地履行；其他标的，在履行义务一方所在地履行。

（四）履行期限不明确的，债务人可以随时履行，债权人也可以随时请求履行，但是应当给对方必要的准备时间。

（五）履行方式不明确的，按照有利于实现合同目的的方式履行。

（六）履行费用的负担不明确的，由履行义务一方负担；因债权人原因增加的履行费用，由债权人负担。

第六百八十一条 保证合同是为保障债权的实现，保证人和债权人约定，当债务人不履行到期债务或者发生当事人约定的情形时，保证人履行债务或者承担责任的合同。

第六百九十条 保证人与债权人可以协商订立最高额保证的合同，约定在最高债权额限度内就一定期间连续发生的债权提供保证。

最高额保证除适用本章规定外，参照适用本法第二编最高额抵押权的有关规定。

第六百九十二条 保证期间是确定保证人承担保证责任的期间，不发生中止、中断和延长。

债权人与保证人可以约定保证期间，但是约定的保证期间早于主债务履行期限或者与主债务履行期限同时届满的，视为没有约定；没有约定或者约定不明确的，保证期间为主债务履行期限届满之日起六个月。

债权人与债务人对主债务履行期限没有约定或者约定不明确的，保证期间自债权人请求债务人履行债务的宽限期届满之日起计算。

第六百九十三条 一般保证的债权人未在保证期间对债务人提起诉讼或者申请仲裁的，保证人不再承担保证责任。

连带责任保证的债权人未在保证期间请求保证人承担保证责任的，保证人不再承担保证责任。

第三十一条 【撤诉对保证期间的影响】

一般保证的债权人在保证期间内对债务人提起诉讼或者申请仲裁后，又撤回起诉或者仲裁申请，债权人在保证期间届满前未再行提起诉讼或者申请仲裁，保证人主张不再承担保证责任的，人民法院应予支持。

连带责任保证的债权人在保证期间内对保证人提起诉讼或者申请仲裁后，又撤回起诉或者仲裁申请，起诉状副本或者仲裁申请书副本已经送达保证人的，人民法院应当认定债权人已经在保证期间内向保证人行使了权利。

【条文理解】

根据本条规定，在实务过程中，债权人撤诉对于不同的保证方式产生不同的法律后果。

首先，债权人在实现一般保证债权的过程中，撤诉后未能在保证期间再行提起诉讼的，视为债权人未曾在保证期间向一般保证人主张保证债权，不能产生保证期间转变为保证债务诉讼时效的法律后果。

一般保证与连带责任保证的主要区别在于是否具有债务人应当先承担责任的意思表示。债权人主张保证债权，必须依法行使自己的权利。一般保证的保证债权的实现需要以债务人先行承担债务为前提，在债务人承担后仍不能偿还债务的，或债务人不能承担债务的，再由一般保证人承担保证责任。保证期间系不可变期间，不因任何事由中止或中断。因此如何将保证期间转换为保证债务诉讼时效，对于债权人而言尤为重要。因保证期间不可能超过主债务的诉讼时效。债权人在法定或约定的保证期间行使自己的权利，要求债务人承担债务的，原则上应当视为债权人在保证期间及时行使了自己的权利，但其在诉讼中撤诉，如认定债权人系在保证期间内依法行使了权利，则对于保证人而言可能会承担无限期的保证责任。因债权人向债务人提起诉讼或仲裁，直接导致主债权债务的诉讼时效中断，但诉讼时效中断不能导致保证期间中断，同时不能直接产生保证期间转变为保证债务诉讼时效的法律后果，否则系在债务人未履行债务之前，加重了保证人的保证责任，如一般保证人还需继续承担保证责任，则有违公平原则，也违背了一般保证人承担保证责任的基本前提。基于此，债权人在保证期间向一般保证人主张权利后再撤诉，而后又未在原有的保证期间内要求一般保证人承担保证责任的，视为债权人未在保证期间内依法要求债务人行使权利，保证期间经过，一般保证人免除保证责任。

其次，债权人在实现连带责任保证债权的过程中，保证人收到起诉状副本或者仲裁申请书副本的，视为债权人已经向保证人主张了保证责任。

连带责任保证与一般保证不同，连带责任保证不以债务人承担债务为前提，因此，在实务中，债权人在保证期间内既可以要求债务人承担债务，也可以要求保证人承担连带责任保证，因保证期间不可能长于主债务的诉讼时效。债权人在保证期间内向保证人主张保证债权，会致使保证期间不再适用，而转为适用诉讼时效，即保证债权的诉讼时效，因此如何界定债权人在保证期间向连带责任保证人主张了权利则尤为重要。本条第 2 款中则对此予以了明确，即连带责任保证的债权人在保证期间向保证人主张权利，提起诉讼或仲裁的，只要保证人收到了起诉状副本或者仲裁申请书副本，就视为债权人已经在保证期间内依法向保证人主张了权利，保证期间不再适用，转变为诉讼时效，债权人可以在保证债权诉讼时效期间随时向保证人主张保证债权，并会产生诉讼时效中止、中断等法律后果。

【适用指南】

在一般保证中，债权人需要在保证期间及时向债务人主张债权，这里强调的是向债务人主张债权，而非直接向一般保证人主张保证责任。一般保证以债务人承担债务为前提，只有在债务人不能履行或者不能完全履行的情形下，债权人才能向保证人主张保证债权。但债权人需要在保证期间内对债务人主张权利，否则保证期间经过，一般保证人的保证责任消灭。实务中，债权人在向债务人主张权利时要明白保证人的保证方式，否则债权人在保证期间提起诉讼或者仲裁，而后撤诉，又未能在保证期间届满前再次向债务人主张权利的，保证期间经过，一般保证人不再承担保证责任。

在连带责任保证中，债权人需要在保证期间及时向保证人主张保证债权，这里强调的是向保证人主张权利。因连带责任保证不以债务人承担债务为前提，债权人可以在保证期间内随时向保证人主张保证债权，如债权人在保证期间向债务人主张权利，并不能等同于债权人在保证期间向连带责任保证人主张了权利，因此导致保证期间经过，则保证人不再承担保证责任。诉讼或仲裁是法定主张权利的方式，在保证人收到债权人的起诉书副本或者仲裁申请书副本后，债权人已经在保证期间内依法向保证人主张了权利，保证期间不再适用，并开始适用保证债权的诉讼时效。

【关联案例】

吴晶灵与福建顺合经贸有限公司民间借贷纠纷案①

裁判要旨：法院认为被上诉人起诉顺合公司后又撤回起诉，且该案件的相关材料未送达顺合公司，故不发生保证合同诉讼时效重新计算的法律效果。

陈昭海、陈骏民间借贷纠纷案②

裁判要旨：在连带责任保证中，债权人通过提起诉讼，申请仲裁，直接、委托或公告送达清收通知书等方式向保证人主张权利，或者保证人自行认诺愿意承担保证责任的，都可以产生解除保证期间、开始计算诉讼时效的法律效果。公告送达需要以当事人下落不明为前提，且公告的媒体应当是国家级或者在下落不明人所在地具有省级影响力的媒体。

【关联规范】

《中华人民共和国民法典》（2020 年 5 月 28 日）

第六百八十六条 保证的方式包括一般保证和连带责任保证。

当事人在保证合同中对保证方式没有约定或者约定不明确的，按照一般保证承担保证责任。

第六百八十七条 当事人在保证合同中约定，债务人不能履行债务时，由保证人承担保证责任的，为一般保证。

一般保证的保证人在主合同纠纷未经审判或者仲裁，并就债务人财产依法强制执行仍不能履行债务前，有权拒绝向债权人承担保证责任，但是有下列情形之一的除外：

（一）债务人下落不明，且无财产可供执行；

（二）人民法院已经受理债务人破产案件；

（三）债权人有证据证明债务人的财产不足以履行全部债务或者丧失履行

① 参见福建省高级人民法院（2015）闽民终字第 114 号民事判决书。

② 参见最高人民法院（2017）最高法民再 178 号民事判决书。

债务能力；

（四）保证人书面表示放弃本款规定的权利。

第六百八十八条 当事人在保证合同中约定保证人和债务人对债务承担连带责任的，为连带责任保证。

连带责任保证的债务人不履行到期债务或者发生当事人约定的情形时，债权人可以请求债务人履行债务，也可以请求保证人在其保证范围内承担保证责任。

第六百九十二条 保证期间是确定保证人承担保证责任的期间，不发生中止、中断和延长。

债权人与保证人可以约定保证期间，但是约定的保证期间早于主债务履行期限或者与主债务履行期限同时届满的，视为没有约定；没有约定或者约定不明确的，保证期间为主债务履行期限届满之日起六个月。

债权人与债务人对主债务履行期限没有约定或者约定不明确的，保证期间自债权人请求债务人履行债务的宽限期届满之日起计算。

第六百九十四条 一般保证的债权人在保证期间届满前对债务人提起诉讼或者申请仲裁的，从保证人拒绝承担保证责任的权利消灭之日起，开始计算保证债务的诉讼时效。

连带责任保证的债权人在保证期间届满前请求保证人承担保证责任的，从债权人请求保证人承担保证责任之日起，开始计算保证债务的诉讼时效。

第三十二条 【保证期间约定不明】

保证合同约定保证人承担保证责任直至主债务本息还清时为止等类似内容的，视为约定不明，保证期间为主债务履行期限届满之日起六个月。

【条文理解】

根据本条规定，保证合同中约定保证人承担保证责任直至主债务本息还清时为止等类似内容的，视为保证期间约定不明确。在此种情形下，适用法定的保证期间，即自主债务履行期限届满之日起6个月。

保证期间是确定保证人承担保证责任的期间，债权人只能在此期间行使保证请求权。该期间既可以约定，也可以法定。根据《民法典》第692条第2款的规定，保证合同中约定的保证期间早于主债务履行期限或者与主债务履行期限同时届满的，视为没有约定，因此保证期间应当晚于主债务履行期限。

首先，关于主债务本息还清时为止的约定并非确定的履行期限。本息还付本是债务人的基本义务，如债权人与债务人约定履行期间系本息还清时为止，则无法确定诉讼时效自何时开始起算，该期间过于模糊，应当视为双方并未就合同履行的期限进行明确约定。

其次，如认定还本付息系确定的期限，对于债权人及保证人而言均显失公平。债权人与债务人约定履行期间为还清本息时止，如认定该期限为明确约定的履行期限，一方面会导致债权人无法在约定的履行期限内行使诉权，因双方约定了明确的履行期限；另一方面无法确定诉讼时效的起算点，债务人对于债务履行期间具有期待利益，如不将该类约定视为没有约定履行期限，则债务人履行期间被无限制扩大，对于债权人而言明显显失公平。同时，如保证合同约定保证期间为主债务还清本息时止，一方面，该约定会导致主债权债务履行的期限与保证合同约定的保证期间同时届满，符合《民法典》第692条的规定，属于视为没有约定的情形，保证期间为主债务履行期限届满之日起6个月。另一方面，主债权债务合同约定债务履行的期限为固定期限，而保证合同约定保证期间为本息还清时止，则可能使保证人无限制承担保证责任，既不利于保障债权人的利益，同时对保证人显失公平。因主债务履行期限不能确定，则保证期间一直处于不确定的状态，致使保证期间无法计算，不论对于债权人还是保证人均不利，同时无法达到想要达到的社会效果。

最后，约定不明时，适用的法定保证期间为6个月。《担保法司法解释》第32条规定："保证合同约定的保证期间早于或者等于主债务履行期限的，视为没有约定，保证期间为主债务履行期届满之日起六个月。保证合同约定保证人承担保证责任直至主债务本息还清时为止等类似内容的，视为约定不明，保证期间为主债务履行期届满之日起二年。”可见，新的司法解释将保证期间由原有的 2 年改为了 6 个月。法律对于期限的这一设置一方面便于实践操作，另一方面有利于督促权利人及时行使自己的权利。保证期间不同于诉讼时效，保证期间经过会导致债权人保证请求权的实体权利丧失，保证期间经过直接免除了保证人的责任，面对执行难的司法现状，保证人的增加更有利于保证债权的最终实现，有效减少社会矛盾，激发市场的活跃性，如债权人未能在保证期间内行使法定权利，则债权人胜诉后可能会面临巨大的执行风险。

【适用指南】

保证合同对于保证期间的约定应当具体、明确。对于约定保证期间早于主债务履行期限、同主债务履行期限同时届满、保证责任直至主债务本息还清时为止等类似约定的，视为约定不明，债权人在审查保证合同时应当着重对于保证期间及保证方式进行审查，避免因约定不明致使适用法定期间，而又未能在法定期间主张保证债权的不利后果。

约定不明的，保证期间为自主债务履行期限届满之日起 6 个月。《民法典》将所有的法定保证期间统一改为了自主债务履行期限届满之日起 6 个月，尤其对于约定保证责任直至主债务本息还清时为止等类似约定不明情形，适用的保证期间，与之前《担保法司法解释》规定的 2 年的保证期间相比，有较大缩短。保证期间经过，对于债权人而言，则降低了一次执行到位的概率。

【关联案例】

洪肇设与黄培德、伊加喜等民间借贷纠纷案[①]

裁判要旨：当事人约定的保证期间至保证债务还清为止的，视为约定不明，保证期间为主债务履行期限届满之日起 2 年。

① 参见最高人民法院（2015）民申字第 3076 号民事裁定书。

【关联规范】

《中华人民共和国民法典》（2020 年 5 月 28 日）

第六百九十二条 保证期间是确定保证人承担保证责任的期间，不发生中止、中断和延长。

债权人与保证人可以约定保证期间，但是约定的保证期间早于主债务履行期限或者与主债务履行期限同时届满的，视为没有约定；没有约定或者约定不明确的，保证期间为主债务履行期限届满之日起六个月。

债权人与债务人对主债务履行期限没有约定或者约定不明确的，保证期间自债权人请求债务人履行债务的宽限期届满之日起计算。

第三十三条 【保证合同无效时的保证期间】

保证合同无效，债权人未在约定或者法定的保证期间内依法行使权利，保证人主张不承担赔偿责任的，人民法院应予支持。

【条文理解】

本条规定了保证合同无效时，保证人可以因保证期间的原因而不承担赔偿责任的情形，具体包括两种情形：债权人未在保证合同约定的保证期间内依法行使权利；债权人在保证合同未约定保证期间的情形下，又未依照法定的保证期间依法行使权利。

首先，保证人存在过错是适用本条的前提。

从属性是担保的基本属性，保证作为担保的一种形式，亦具备从属性。对本条的理解应当结合《民法典》第 682 条规定。该条规定："保证合同是主债权债务合同的从合同。主债权债务合同无效的，保证合同无效，但是法律另有规定的除外。保证合同被确认无效后，债务人、保证人、债权人有过错的，应当根据其过错各自承担相应的民事责任。"本条中规定的保证合同无效主要是指保证合同基于主债权债务合同而无效的情形，不包括非法合同等其他合同无效情形。具体到本条，如主债权债务合同无效，在保证人存在过错的情况下，债权人有权在保证期间内主张权利，因此保证人是否存在过错是适用本条的前提。

其次，本条明确保证期间不因保证合同的无效而无效。

根据《民法典》第155条的规定，无效的或者被撤销的民事法律行为自始没有法律约束力。一般情况下，主合同无效，保证合同作为从合同也随之无效，其中关于保证期间的约定也当然无效。但保证合同无效并不意味着保证人无须承担保证责任，本条规定即将保证期间作为债权人追究保证人责任的期间，也即本条规定实际上确定了保证期间不因保证合同的无效而无效。该期间的性质依然类似于保证期间。因保证期间为不可变期间，如在保证合同有效的前提下，债权人基于保证期间要求保证人承担保证责任，该期间不可能超过保证合同约定的期间或者法定期间，如在保证合同无效的情形下，债权人基于保证人过错而要求保证人承担赔偿责任，适用诉讼时效，则有违公平原则。保证期间既不属于除斥期间，又不属于诉讼时效，是独立于除斥期间与诉讼时效的或有期间。根据《民法典》第692条第1款的规定，保证期间是确定保证人承担保证责任的期间，不发生中止、中断和延长。这一点和诉讼时效是有根本性区别的，和除斥期间也有所不同，保证期间虽然与除斥期间一样都属于不可变期间，但除斥期间基于的是形成权，而本条中债权人的主张是基于债权请求权，即保证债权。且保证期间可以约定，但除斥期间仅能法定。本条规定明确了保证期间不因保证合同的无效而无效，债权人应当在约定或法定的保证期间内提起赔偿责任。

最后，本条同时明确了债权人在保证合同无效的情形下依法享有要求有过错的保证人赔偿的权利。

本条中债权人主张的是赔偿责任，而非保证责任。保证合同无效致使债权人丧失要求保证人承担保证债权的基础，债权人仅能就保证人的过错要求保证人承担赔偿责任，只是该赔偿责任要求的期间参照适用约定或法定的保证期间。

【适用指南】

（一）保证人存在过错是适用本条款的前提，也即债权人仅在有证据证明保证人存在过错的前提下方可要求保证人承担赔偿责任

根据“谁主张，谁举证”原则及《最高人民法院关于民事诉讼证据的若干规定》第1条的规定，原告向人民法院起诉或者被告提出反诉，应当提供符合起诉条件的相应的证据。从本条内容来看，是债权人基于保证人的过错，在原约定的保证期间或法定的保证期间内要求保证人承担赔偿责任，因此债权人作为权利的主张者，首先负有证明保证人存在过错的责任。因此，债权人与债务人达成主债权债务形成的协议时，应当注意主债权债务协议的效力问题，同时将协议的背景及其他可能影响合同效力的内容在协议中体现，以便证明保证人在作出保证的意思表示时的明知性。对于担保人归责，多数法院以保证人有过错为原则，无过错为例外。多数判决甚至认为只要担保人知道合同无效，仍提供担保，就认定有错。其理由是保证人在审查主合同内容、债务人意图方面，应当负一定义务。这种处理方式有一定道理，担保人提供担保，一般是与主债务人存在某种利益往来或关联关系或者收费提供担保。具有利益关系，可以认为担保人明知主债务人意图，而收费担保，确实负有尽调义务。①

（二）债权人须在约定的保证期间或法定期间内依法行使权利

保证方式分为一般保证和连带责任保证，连带责任保证的方式必须要在保证方式中予以明确方能适用。实践中，很多当事人往往忽略对于保证期间的约定。根据《民法典》第692条第2款、第3款的规定，债权人与保证人可以约定保证期间，但是约定的保证期间早于主债务履行期限或者与主债务履行期限同时届满的，视为没有约定；没有约定或者约定不明确的，保证期间为主债务履行期限届满之日起6个月。债权人与债务人对主债务履行期限没有约定或者约定不明确的，保证期间自债权人请求债务人履行债务的宽限

---

① 敬玲：《主合同无效后担保责任的承担》，载微信公众号“高杉LEGAL”2016年11月4日，https：//mp. weixin. qq. com/s/o2fmE9DkzHTnDG6Q7apkBA。

期届满之日起计算。鉴于保证期间的不可变性，以及保证期间经过后的法律后果，债权人对于保证期间一定要重视，法官作为裁量者依职权也需要查明是否经过保证期间，并据此作出裁判。

【关联案例】

甘肃思潮家居有限公司、但杨奎民间借贷纠纷案①

裁判要旨： 保证合同无效，合同约定的保证期间仍对当事人有约束力，债权人在保证期间内没有向保证人主张权利的，保证人不再承担无效保证的赔偿责任。

【关联规范】

《中华人民共和国民法典》（2020 年 5 月 28 日）

第六百八十二条 保证合同是主债权债务合同的从合同。主债权债务合同无效的，保证合同无效，但是法律另有规定的除外。

保证合同被确认无效后，债务人、保证人、债权人有过错的，应当根据其过错各自承担相应的民事责任。

第六百八十六条 保证的方式包括一般保证和连带责任保证。

当事人在保证合同中对保证方式没有约定或者约定不明确的，按照一般保证承担保证责任。

第三十四条 【保证期间的主动审查和保证期间经过的法律后果】

人民法院在审理保证合同纠纷案件时，应当将保证期间是否届满、债权人是否在保证期间内依法行使权利等事实作为案件基本事实予以查明。

债权人在保证期间内未依法行使权利的，保证责任消灭。保证责任

① 参见最高人民法院（2017）最高法民申 3769 号民事裁定书。

消灭后，债权人书面通知保证人要求承担保证责任，保证人在通知书上签字、盖章或者按指印，债权人请求保证人继续承担保证责任的，人民法院不予支持，但是债权人有证据证明成立了新的保证合同的除外。

【条文理解】

人民法院在审理保证合同纠纷时，无论保证人是否对保证期间的经过提出抗辩，法院都应当就保证期间是否届满、债权人是否在保证期间内依法行使权利等事实进行查明。经查明债权人权利的行使未在保证期间内的，保证人的保证责任消灭，债权人丧失保证债权请求权这一实体权利。即使保证人在保证责任消灭后，又在债权人要求承担保证责任的通知书上签字、盖章或者按指印，保证人也无须承担保证责任，除非债权人有证据证明保证人与债权人之间就已经经过保证期间的债权债务达成了新的保证合同，否则人民法院不予支持。

本条规定将保证期间定为案件的基本事实，即法院在审理保证合同纠纷时，需要查明保证期间是否届满的事实。

保证期间届满消灭的是保证债权实体权利，因此在保证期间届满后，法院有义务让债权人请求保证人承担保证责任的实体权利消灭。人民法院在审理案件过程中，应当客观全面地查明案件事实，这是法官在审理具体案件时的基本职责和依据。

保证责任不同于一般民事责任，保证人是为了他人而承担责任，在债权人、保证人与债务人三者的关系中，保证人通常承担的是单务、无偿的法律责任，并不享有要求对方对待给付的请求权。因此，法律有必要设定一段特殊的不变期间加以限制，以预防仅适用诉讼时效可能出现的问题，防止保证人无限期地承担保证责任。①

---

① 参见沈丹丹：《对保证期间是否经过的案件事实，人民法院应依职权主动审查》，载杜万华主编，最高人民法院民事审判第一庭编：《民事审判指导与参考》2015 年第 3 辑（总第 63 辑），人民法院出版社 2016 年版。

保证期间不属于诉讼时效，因此不存在时效抗辩的问题。保证期间的抗辩是针对事实的抗辩，是针对实体权利的抗辩。保证期间是不同于诉讼时效，但又具有除斥期间性质的一种特殊期间，而除斥期间是需要法院主动审查的，因此保证期间应当作为案件基础事实的一部分，由人民法院主动审查。

债权人依法要求保证人承担保证责任是否在保证期间内也是法院应当查明的基本事实。

《民法典》第693条规定："一般保证的债权人未在保证期间对债务人提起诉讼或者申请仲裁的，保证人不再承担保证责任。连带责任保证的债权人未在保证期间请求保证人承担保证责任的，保证人不再承担保证责任。"

债权人应当依法行使自己的权利，债权人要求保证人承担保证责任的方式必须是合法的，如在一般保证中，债权人只有在法定或者约定的保证期间内通过向债务人提起诉讼或者仲裁的方式，才能使保证期间失去对债权人的约束力，使保证人的保证债务继续存在。而保证期间又是不可变期间，为了避免保证人无期限地承担保证责任，本解释第31条第1款规定：一般保证的债权人在保证期间内对债务人提起诉讼或者申请仲裁后，又撤回起诉或者仲裁申请，债权人在保证期间届满前未再行提起诉讼或者申请仲裁，保证人主张不再承担保证责任的，人民法院应予支持。而连带责任保证与一般保证又有所不同，一般保证中的债权人必须在保证期间内向保证人主张权利，才能使保证期间直接转化为诉讼时效，连带责任保证则并未要求债权人必须提起诉讼或仲裁。

债权人未在保证期间依法行使权利的，保证责任消灭。保证责任的消灭，是指保证人法律上无再向债权人承担保证责任的义务，债权人也丧失要求保证人承担保证责任的权利。

任何权利的存在都有一定的期限，债权人对保证人的权利是特定的请求权，在保证有效期间内存在。在保证期限内债权人如不主张权利，保证期限届满，保证债务归于消灭，保证人不再承担责任。同时，本条还特别强调了即使保证人对于经过保证期间的债权债务进行了确认，也不足以证明保证人自愿继续承担保证责任的意思表示，法院不能基于保证人的确认认可保证人承担保证责任，但是如保证人承诺愿意继续承担保证责任，则可以认定为成立了新的担保合同，这里也不是保证期间的延续。

【适用指南】

鉴于本条已经确定了保证期间是否届满以及债权人是否在保证期间依法行使权利为案件的基本事实，法院在审理时应当查明这些事项。本条已经明确该抗辩不属于时效的抗辩，而是事实的抗辩，是债权人实体权利已经消灭的抗辩。债权人在面临保证合同纠纷时，应当根据保证方式的不同采取不同的处理方式：

对于一般保证，《民法典》第 693 条第 1 款规定：“一般保证的债权人未在保证期间对债务人提起诉讼或者申请仲裁的，保证人不再承担保证责任。”《民法典》第 694 条第 1 款规定：“一般保证的债权人在保证期间届满前对债务人提起诉讼或者申请仲裁的，从保证人拒绝承担保证责任的权利消灭之日起，开始计算保证债务的诉讼时效。”因此，对于采取一般保证方式的保证合同纠纷，债权人要求保证人承担保证责任的方式具有特定性，即诉讼或申请仲裁。在面对一般保证的保证合同纠纷时，债权人务必在主债务期间届满后法定或约定的保证期间内提起诉讼或申请仲裁，且因保证期间的特殊性，撤诉后未能在保证期间届满前再次提起诉讼或者申请仲裁的，保证人的保证责任消灭，债权人丧失保证债权请求权这一实体权利。

对于连带责任保证，《民法典》第 693 条第 2 款规定：“连带责任保证的债权人未在保证期间请求保证人承担保证责任的，保证人不再承担保证责任。”《民法典》第 694 条第 2 款规定：“连带责任保证的债权人在保证期间届满前请求保证人承担保证责任的，从债权人请求保证人承担保证责任之日起，开始计算保证债务的诉讼时效。”上述两个条文仅强调在连带责任保证合同纠纷中，债权人须在保证期间请求保证人承担保证责任，但并未规定债权人必须采取提起诉讼或者申请仲裁的方式，因此债权人可以采取口头通知、书面通知、诉讼或申请仲裁等多种方式向保证人主张保证债权，一经主张，保证期间即消灭，从消灭之日起开始计算诉讼时效。

如债权人在保证期间经过后要求保证人承担保证责任，且保证人同意，则需要另行达成新的保证合同，或者保证人书面承诺自愿继续履行保证合同的义务，自愿继续承担保证责任。因债权人要求保证人承担保证责任，而保证期间是否届满以及债权人是否在保证期间内依法行使权利已经被明确规定为法院需要查明的基本事实，根据“谁主张，谁举证”原则，债权人负有举证证明保证期间未经过或债权人在保证期间内已经依法行使权利。而对于保证期间经过的保证合同纠纷，债权人作为主张者，也需要对达成了新的保证合同这一事实承担举证责任，单纯的确认行为不足以证明保证人有继续自愿履行保证责任的意思表示。

【关联案例】

保证期间是否经过的事实，法院应依职权主动审查[①]

裁判要旨：对保证期间是否经过的案件事实，人民法院应依职权主动审查。不应仅因保证人未主动提出保证期间经过的抗辩，而对保证期间是否经过的事实不予审查，并直接认定保证人应当就已超过保证期间的债务承担保证责任。

【关联规范】

《中华人民共和国民法典》（2020 年 5 月 28 日）

第六百九十二条　保证期间是确定保证人承担保证责任的期间，不发生中止、中断和延长。

债权人与保证人可以约定保证期间，但是约定的保证期间早于主债务履行期限或者与主债务履行期限同时届满的，视为没有约定；没有约定或者约定不明确的，保证期间为主债务履行期限届满之日起六个月。

债权人与债务人对主债务履行期限没有约定或者约定不明确的，保证期

---

① 沈丹丹：《对保证期间是否经过的案件事实，人民法院应依职权主动审查》，载杜万华主编，最高人民法院民事审判第一庭编：《民事审判指导与参考》2015 年第 3 辑（总第 63 辑），人民法院出版社 2016 年版。

间自债权人请求债务人履行债务的宽限期届满之日起计算。

第六百九十三条 一般保证的债权人未在保证期间对债务人提起诉讼或者申请仲裁的，保证人不再承担保证责任。

连带责任保证的债权人未在保证期间请求保证人承担保证责任的，保证人不再承担保证责任。

第三十五条 【超过诉讼时效后承担保证责任的法律后果】

保证人知道或者应当知道主债权诉讼时效期间届满仍然提供保证或者承担保证责任，又以诉讼时效期间届满为由拒绝承担保证责任或者请求返还财产的，人民法院不予支持；保证人承担保证责任后向债务人追偿的，人民法院不予支持，但是债务人放弃诉讼时效抗辩的除外。

【条文理解】

根据本条规定，保证人明知诉讼时效已经届满仍然自愿提供保证，或者保证人在明知诉讼时效已经届满的情况下，仍然承担保证责任的，保证人丧失关于债务人对债权人的诉讼时效的抗辩权。而保证人在向债务人追偿时，债务人除非放弃了诉讼时效的抗辩，否则可以援引时效抗辩对抗保证人的追偿权。

《担保部分司法解释》（征求意见稿）第 33 条（对超过诉讼时效的债务提供保证）的内容为："保证人在主债务诉讼时效届满后自愿承担保证责任，事后又以诉讼时效届满为由主张不承担保证责任的，人民法院不予支持；保证人对诉讼时效已经届满的债务承担保证责任后，向债务人追偿的，人民法院不予支持。主债务诉讼时效届满后，另行提供保证的保证人请求撤销保证合同或者确认保证合同无效的，人民法院不予支持，但是其能够举证证明保证合同存在可撤销或者无效事由的除外。"

本条相对于《担保部分司法解释》（征求意见稿）明确了保证人在知道

或者应当知道主债权债务诉讼时效已经经过的前提下，又继续提供保证或者承担保证责任的法律后果。如保证人有证据证明，其是在对主债权债务的诉讼时效已经经过并不知情的前提下，又继续提供担保或者承担保证责任，则可以适用有关撤销权或者无效事由的规定。

对于保证人在知道或者应当知道主债权债务的诉讼时效已经经过的情况下，未提出诉讼时效的抗辩，自愿继续提供保证或者承担保证责任，而后又以诉讼时效期间届满为由拒绝承担保证责任或者请求返还财产的，人民法院不予支持；保证人在诉讼时效已经届满的情形下自愿承担了保证责任，而后向债务人进行追偿的，法院原则上不予支持，但是债务人放弃了诉讼时效的抗辩的除外。

狭义上的抗辩权指专门对抗请求权的权利，即权利人行使其请求权时，义务人享有的拒绝其请求的权利。狭义抗辩权包括：诉讼时效期间届满的抗辩权、一般保证人的先诉抗辩权、同时履行抗辩权、不安抗辩权和顺序履行抗辩权。抗辩权不同于抗辩，在诉讼中抗辩权需要由当事人主动提起，法院不能主动援引。本条主要针对的是诉讼时效期间经过的抗辩权。

《民法典》第 192 规定：“诉讼时效期间届满的，义务人可以提出不履行义务的抗辩。诉讼时效期间届满后，义务人同意履行的，不得以诉讼时效期间届满为由抗辩；义务人已经自愿履行的，不得请求返还。”第 193 条规定：“人民法院不得主动适用诉讼时效的规定。”可见，对于诉讼时效期间届满的，义务人有权拒绝继续履行义务，且法院在审理时不得主动释明或者援引，这与保证期间完全不同。

结合本条而言，主债权诉讼时效期间经过的，债务人享有诉讼时效经过的抗辩权，如债务人主动提出该抗辩权，则债权人丧失胜诉权。在债权人已经丧失胜诉权的前提下，保证人继续提供保证或者承担保证责任的，债务人也可以主债权债务诉讼时效期间已经经过为由对抗保证人的追偿权。

同时本条规定了保证人在明知主债权债务诉讼时效期间已经届满的情况下，提供了保证或者履行了保证责任后，又提出诉讼时效抗辩的，法院不予支持。这里的规定与《民法典》中关于诉讼时效届满后，义务人自愿履行的法律后果的规定是一致的。保证人明确提供保证或者继续履行保证责任的，保证人与债权人相当于订立了新的保证合同。因保证期间不可能晚于诉讼时效的期间，在主债权债务诉讼时效已经经过的前提下，唯有达成新的保证合同，保证人才有义务继续履行保证责任，债权人也才享有保证债权，否则债权人的保证债权早已消灭或者根本不存在保证债权。

主债权债务诉讼时效期间届满的情形下，债务人享有诉讼时效期间的抗辩，如债务人提出该抗辩权，则债权人丧失胜诉的权利。对于保证人在明知主债权债务诉讼时效期间届满的情形下，依然主动自愿承担保证责任，而后再向债务人进行追偿的行为，如法院予以支持，则变相剥夺了债务人关于诉讼时效的抗辩权，使法律规定的诉讼时效期间届满的法律后果失去其本质意义。基于此，该条又规定了除外条款，即在债务人自愿放弃诉讼时效期间届满的抗辩权的情形下，债务人不能再以诉讼时效期间经过为由对抗已经履行保证责任的保证人。此时，保证人依然享有对债务人的追偿权，但不影响保证人以主债权债务诉讼时效已经经过为由进行抗辩。

【适用指南】

保证人在提供保证时应当审查主债权债务诉讼时效是否已经经过的事实。根据本条规定，在保证人知道或者应当知道主债权诉讼时效期间届满的情形下才适用本条规定，则保证人在提供保证时对时效进行审查尤为重要。如债权人与债务人恶意串通或欺诈，则保证人依法对该保证合同享有撤销权或保证合同无效。基于此，保证人更应当注意对主债权债务进行审查，且应当让债权人及债务人出具主债权债务不存在诉讼时效期间届满的情形的承诺书，以便在承担保证责任后行使自己的追偿权。

在主债权债务诉讼时效期间已经届满的情况下，债权人要求债务人承担保证责任的，债务人须以明示的方式提出诉讼时效已经经过的抗辩权。在一般保证的保证合同纠纷中，一般保证人履行保证责任的前提是债务人已经陷入履行不能的情形或者其履行的内容不足以弥补债权人的损失。因此，债务人已经以明示的方式提出诉讼时效的抗辩的，保证人此时也应当根据主债权债务的履行期间届满的时间、债权人依法行使自己权利的时间等内容，综合判断诉讼时效期间是否已经经过，或者可以直接向债权人、债务人进行问询，留取书面证据等，否则法院在审理时可能会以保证人应当知道为由，认定保证人丧失追偿的胜诉权。对于连带责任保证的保证合同而言，因债权人既可以向债务人主张债权，也可以单独要求保证人承担保证责任，此时如债权人直接要求保证人承担保证责任，保证人也应当结合主债权债务的履行期间届满的时间等内容明确提出诉讼时效期间届满的抗辩。否则，保证人未提出，又无相关证据证明保证人在承担保证责任时该债权债务仍在诉讼时效期间内的，会被推定为应当知道。此时保证人行使追偿权，债务人明确提出主债权债务诉讼时效期间经过的抗辩的，保证人丧失追偿权的胜诉权。

【关联案例】

中国信达资产管理公司西安办事处与西安市冶金工业公司等单位借款担保合同纠纷案①

裁判要旨：对于已经经过诉讼时效的债权，在债务人重新确认后，需要由保证人对债务人重新确认的债务进行担保，否则保证人对债务人重新确认的债务不承担保证责任。

中国东方资产管理公司大连办事处诉辽宁华曦集团公司等借款担保纠纷案②

裁判要旨：主债权经过，担保人依法取得了主债务人享有的主债权诉讼时效届满产生的抗辩权。债务人放弃诉讼时效届满的抗辩权的，担保人仍然可以行使该抗辩权。

李德元与何东有追偿权纠纷案③

裁判要旨：保证人在主债务诉讼时效期间届满后，未主张诉讼时效抗辩

① 参见最高人民法院（2005）民二终字第50号民事判决书。
② 参见最高人民法院（2003）民二终字第93号民事判决书。
③ 参见甘肃省定西市中级人民法院（2016）甘11民终169号民事判决书。

权，其承担保证责任后向主债务人行使追偿权无法律依据。

【关联规范】

《中华人民共和国民法典》（2020年5月28日）

第六百九十五条 债权人和债务人未经保证人书面同意，协商变更主债权债务合同内容，减轻债务的，保证人仍对变更后的债务承担保证责任；加重债务的，保证人对加重的部分不承担保证责任。

债权人和债务人变更主债权债务合同的履行期限，未经保证人书面同意的，保证期间不受影响。

第七百条 保证人承担保证责任后，除当事人另有约定外，有权在其承担保证责任的范围内向债务人追偿，享有债权人对债务人的权利，但是不得损害债权人的利益。

第七百零一条 保证人可以主张债务人对债权人的抗辩。债务人放弃抗辩的，保证人仍有权向债权人主张抗辩。

《最高人民法院关于审理民事案件适用诉讼时效制度若干问题的规定》（2020年12月29日修正　法释〔2020〕17号）

第十五条 对于连带债权人中的一人发生诉讼时效中断效力的事由，应当认定对其他连带债权人也发生诉讼时效中断的效力。

对于连带债务人中的一人发生诉讼时效中断效力的事由，应当认定对其他连带债务人也发生诉讼时效中断的效力。

第十八条 主债务诉讼时效期间届满，保证人享有主债务人的诉讼时效抗辩权。

保证人未主张前述诉讼时效抗辩权，承担保证责任后向主债务人行使追偿权的，人民法院不予支持，但主债务人同意给付的情形除外。

第十九条 诉讼时效期间届满，当事人一方向对方当事人作出同意履行义务的意思表示或者自愿履行义务后，又以诉讼时效期间届满为由进行抗辩的，人民法院不予支持。

当事人双方就原债务达成新的协议，债权人主张义务人放弃诉讼时效抗辩权的，人民法院应予支持。

超过诉讼时效期间，贷款人向借款人发出催收到期贷款通知单，债务人在通知单上签字或者盖章，能够认定借款人同意履行诉讼时效期间已经届满的义务的，对于贷款人关于借款人放弃诉讼时效抗辩权的主张，人民法院应予支持。

第三十六条　【担保类型的识别】

第三人向债权人提供差额补足、流动性支持等类似承诺文件作为增信措施，具有提供担保的意思表示，债权人请求第三人承担保证责任的，人民法院应当依照保证的有关规定处理。

第三人向债权人提供的承诺文件，具有加入债务或者与债务人共同承担债务等意思表示的，人民法院应当认定为民法典第五百五十二条规定的债务加入。

前两款中第三人提供的承诺文件难以确定是保证还是债务加入的，人民法院应当将其认定为保证。

第三人向债权人提供的承诺文件不符合前三款规定的情形，债权人请求第三人承担保证责任或者连带责任的，人民法院不予支持，但是不影响其依据承诺文件请求第三人履行约定的义务或者承担相应的民事责任。

【条文理解】

本条系针对出具增信文件这些“新型保证”在司法实践中应如何认定和处理的规定。随着经济社会的发展，社会实践中产生了形态多样的交易方式，以增加债权得以实现的可能性。差额补足以及流动性支持即为最典型的两种形态。理论界对差额补足或者流动性支持等交易形态的法律性质有较多争议。我们仅就本条透露出的最高人民法院对于这两种交易方式的法律性质认定进行分析。

差额补足，多存在投资领域。如某甲进行投资（或者对赌交易），但担心到期后无法收回投资（或者无法实现对赌交易的目的），某乙为提升某甲信心也为增加投资（或对赌）本身的信用，进而促成投资，向某甲表示，如果到期不能收回投资（或者到期无法实现对赌交易的目的），差额部分由某乙进行补足的一种交易安排。在上述差额补足的一般形态中，某甲可以被称为差额补足权利人，某乙可以被称为差额补足义务人，如有确定的到期返还投资的主体，这一主体可以被称为债务人，如没有到期履行义务的明确主体，则一般以原权利义务关系中的称谓进行称呼。差额补足在现实生活中常见于股东分红收益的差额补足、对赌协议的差额补足等。

流动性支持，则多存在于金融机构为自身的授信用户在发行债券或者采取其他融资方式时，是为了增进市场对于授信用户的信心而采取的一种措施。例如，某公司欲发行公司债券，为了提升市场对该公司债券到期还本付息的信心，遂与某银行签订了相关协议，约定由该银行在公司资金紧张时由银行短期垫付部分本息，额度为该银行对该公司剩余授信额度的40%。各市场主体了解到该公司由该银行提供了上述支持措施，提升了对公司债券的信心，公司债券得以顺利发行。此即为流动性支持。

从差额补足和流动性支持的情况我们可以发现，这两种交易方式与保证的相同之处在于，均是为了提升实现债权的可能性，也完全足以在一定程度上保障债权的实现。但是，其与保证的不同之处则在于：（1）主体的明确程度有所区别。保证的主体明确，就是债权人、债务人、保证人三方主体。差额补足、流动性支持要么在一定情况下可以没有明确的债务人存在，要么在一定情况下又面向社会公众且大多在提供差额补足承诺、流动性支持函的时刻，债权的数额存在较大的不确定性。（2）义务大小有所区别。一般认为，差额补足和流动性支持的义务人义务较小，在流动性支持的情况下，义务人仅仅是为了缓解一时的资金紧张的局面；保证人的义务则较大，在债务人到期无法偿还时，就需要承担相应的责任。（3）追偿权的行使存在差别。一般认为差额补足的义务人和提供流动性支持的主体在履行了义务后，只有在特定条件下，可以向债务人进行追偿；而非类似于保证，可以行使保证人的追偿权。（4）形式上有所区别。保证的形式一般为保证合同或者主合同中的保证条款。而差额补足或流动性支持的形式一般表现为义务人作出的函件、承诺文件等，这些文件一般被称为增信文件。

社会实践的发展产生的两种交易形态，必须有相应的规定予以规制。本条规定就从当事人的真实意思表示的角度对性质判断和后续处理两个方面进行了规定。

简言之，无论当事人之间约定的表述是差额补足还是流动性支持抑或其他类似交易形态，只需要对其真实意思表示作出探求和评判。如果当事人间的真实意思表示是相应主体为债权的实现提供保证，那么就按照保证的相关规定予以处理。如果当事人间的真实意思表示是相应主体在债权无法实现时加入债务中，那么就按照债务加入的相关规定予以处理。当人民法院通过承诺文件无法判定到底是保证还是债务加入时，按照保证进行处理。当承诺文件既不属于保证又不属于债务加入的情况时，当事人依据承诺文件针对作出承诺文件的主体主张保证责任或者连带责任时，将不会获得支持。从公平正义的角度出发，本条又规定了但书条款：不影响当事人依据承诺文件向作出承诺文件的主体主张权利。

【适用指南】

实务中，适用本条时，应当注意以下几点：

第一，着重审查相关增信文件是否为作出主体的真实意思表示。

首先，增信文件在形式上是否有瑕疵。增信文件作为一种函件，函件上加盖的公章存在伪造的可能性。事实上，只要是加盖公章的书面文件，均应着重审查公章的真实性。但是对增信文件而言，审查公章的真实性显得尤为重要。因为部分市场主体伪造印章发布函件以谋取不正当的利益，在实践中并不鲜见。另外在发生纠纷产生诉讼时，很多作出函件的主体也往往会以公章系伪造、偷盖等理由进行抗辩，所以审查增信文件形式上是否有瑕疵极为重要。

其次，审查作出增信文件是否符合法定程序或要件。在一般主体作出的增信文件中，需要审查是否经过了单位内部的议事、决策程序。当增信文件被认定为保证或者是债务加入时，部分公司在对外担保或者加入债务有比较严格的内部规定，尽管相对人可以以善意进行对抗，但为了避免不必要的麻烦，在接受增信文件时仍应进行审查，要求对方提供承诺文件或者相关议事决议等资料。而在金融、债券领域的增信文件中，由于金融、证券领域系牵涉国家经济发展的重点领域，国家对这些领域的交易制定了较为全面的特别法以及相应的行政法规，有时可能会因为增信文件违反了特别法以及相应的行政法规的效力性禁止性规定，而被认定为无效，损害债权人利益。

第二，注意区分各种形式和内容的增信文件的实质性差异。

本条实际上是将增信文件的法律性质分成三种：保证、债务加入和其他。同样的增信文件可能会被认定为不同的法律关系。通过增信文件的书面意思，结合其他证据，探求增信文件作出时的真实意思表示是重中之重。一般而言，保证具有从属性、补充性，且均为债务人之利益而设定。债务加入自身具有独立性，加入债务的主体并非为了其他债务人之利益，而是自身直接的、实际的利益。关于增信文件的其他法律性质，则需结合不同情况综合加以评判。

【关联案例】

江苏省国际信托有限责任公司、中国农业银行股份有限公司昆明分行合同纠纷案①

裁判要旨：对于合同性质的认定有争议的，不仅要基于合同条款字面含义，揭示真实意思，而且还需按照商业考量、经济逻辑，反映商事合同与民事合同的不同之处，进而依据当事人之间的真实意思表示作出裁判。保证担保具有从属性、补充性。一些增信文件虽在一定程度上具有担保作用，但因其独立性，不应认定

① 最高人民法院（2017）最高法民终478号民事判决书。

为保证担保行为。

对于当事人讼争合同性质的认定，要基于合同条款的字面含义，从合同约定的具体权利义务关系出发，揭示当事人的真实意思，依照法律规定予以综合判断。在对本案诉争的《转让协议》这类商事合同进行解释时，更应观照蕴含于当事人缔约目的之中的商业考量与经济逻辑，反映商事合同不同于民事消费合同的风险分担和治理机制等特点，以维护交易秩序，促进商业活动发展。

《转让协议》约定由农行昆明分行承担的是特定资产收益权回购到期日之前的差额补充义务。上述义务属于农行昆明分行作出的支付承诺，相对于被补充之债权具有独立性，农行昆明分行届期即应如数支付相应款项。此与通常具有从属性、补充性的保证担保不同，并不是在绿园置业公司不履行其回购义务时才由农行昆明分行向江苏信托公司依约履行债务或者承担责任。故其虽然具有增信担保的作用，但并非担保法意义上的保证担保行为。农行昆明分行上诉理由中主张《转让协议》“名为转让实为担保”，理据不足，没有获得法院支持。

【关联规范】

《中华人民共和国民法典》（2020 年 5 月 28 日）

第五百五十二条　第三人与债务人约定加入债务并通知债权人，或者第三人向债权人表示愿意加入债务，债权人未在合理期限内明确拒绝的，债权人可以请求第三人在其愿意承担的债务范围内和债务人承担连带债务。

第七百条　保证人承担保证责任后，除当事人另有约定外，有权在其承担保证责任的范围内向债务人追偿，享有债权人对债务人的权利，但是不得损害债权人的利益。

《全国法院民商事审判工作会议纪要》（2019 年 11 月 8 日　法〔2019〕254 号）

91.【增信文件的性质】信托合同之外的当事人提供第三方差额补足、代为履行到期回购义务、流动性支持等类似承诺文件作为增信措施，其内容符合法律关于保证的规定的，人民法院应当认定当事人之间成立保证合同关系。其内容不符合法律关于保证的规定的，依据承诺文件的具体内容确定相应的权利义务关系，并根据案件事实情况确定相应的民事责任。

三、关于担保物权

（一）担保合同与担保物权的效力

第三十七条　【所有权、使用权有瑕疵的抵押财产处理】

当事人以所有权、使用权不明或者有争议的财产抵押，经审查构成无权处分的，人民法院应当依照民法典第三百一十一条的规定处理。

当事人以依法被查封或者扣押的财产抵押，抵押权人请求行使抵押权，经审查查封或者扣押措施已经解除的，人民法院应予支持。抵押人以抵押权设立时财产被查封或者扣押为由主张抵押合同无效的，人民法院不予支持。

以依法被监管的财产抵押的，适用前款规定。

【条文理解】

本条旨在回应当事人以自身不一定享有完全权利的财产设立抵押权时应当如何处理。

本条第1款回答了当事人以标的物的所有权、使用权归属不明确，或者尚未确定归属的财产进行抵押时，如果确实构成了无权处分，那么引用《民法典》第311条关于善意取得的各项制度予以处理。构成善意取得，则抵押权生效；不构成善意取得，则抵押权未生效。如果不构成无权处分，当事人自然有权以其财产设立抵押权，故而抵押权依法设立，后续处理应按照抵押权依法设立时的各项法律后果进行处理。

本条第 2 款、第 3 款则回答了当事人对标的物的权利在事实上是确定的，但是财产是被查封、扣押或者被监管时，应当如何办理。根据条文表述可以推出，在相关的抵押合同签订时，财产的状态实际上已经被查封、扣押、监管了。之后发生了抵押权人欲行使抵押权的事实时，此两款规定了分别从抵押权人和抵押人两个角度进行区别处理。从抵押权人的角度来讲，应当分两种情况：一是这些措施已经解除，标的物上已经没有这些状态，那么抵押权人应优先受偿是适当且合理的，自然应当得到支持；二是这些措施尚未解除，那么由于标的物上仍然保留了这些状态，抵押权人也无法行使优先受偿的权利。从抵押人角度来说，此时若抵押人以援引《民法典》禁止抵押的条款表示抵押合同无效的，不会获得法院的支持。意即，虽然签订抵押合同时财产系被查封、扣押或者监管时，抵押合同仍然合法有效。

通过上述对第 2 款的分析可以看到，最高人民法院对于被查封、扣押、监管的财产设立抵押时的态度是，抵押合同有效，主要影响在于后续财产的处理。一般情况下，抵押财产的多为不动产或者车辆、船舶、航空器等特殊动产。对于房屋、土地等不动产的抵押，没有经过合法登记，抵押权并不生效。对于特殊动产，没有经过合法登记，抵押权虽生效但对善意的第三人并不产生效力。对这些财产进行登记时，如果财产上已有查封、扣押等措施，没有办法进行登记，本身其实并无影响。

但是，对于一般动产，如原材料、半成品、机器设备等进行抵押时，就会产生问题。因为根据《民法典》的规定，动产抵押时，抵押权在抵押合同生效时即已设立。如果此类动产被查封，而当事人之间仍就标的物签订抵押合同，由于合同生效，抵押权随之生效。

然而，无论是以往的《担保法》还是现行的《民法典》，均禁止在已经被查封、扣押、监管的财产上设立抵押权。依据本条第 2 款的规定却能够推论得出被查封、扣押、监管的动产财产，在某些情况下，仍可以设立抵押权。本条第 2 款似与《民法典》的有关规定存在冲突。

在实际操作中，应尽量采取更加有效的措施，以防止自身的合法权益遭受损害。动产上抵押权的优先受偿效力比查封还要更高，可能导致先进行查封的当事人的权利反而小于后签订抵押合同的当事人。在实务中，我们应当针对上述情况有所注意。值得一提的是，虽然当财产被扣押或监管时，由于当事人不占有标的物，缺乏自己享有全部权利的外观，一般抵押权人考虑到财产已经出现问题，不会与之签订抵押合同，不会产生上述问题。但仍不能排除，债务人（抵押人）与其他当事人合谋签订抵押合同，债权人（抵押权人）如无法举证恶意串通的情况，可能导致自身权利受到损失的情况。

【适用指南】

在日常实践中，应当从以下几个方面保持审慎的态度：

第一，从债务人（抵押人）角度而言。即使某些财产的权属存在争议或者财产被查封、扣押、监管，仍可以与债权人（抵押权人）签订抵押合同，以上述财产为自己的融资事项提供担保，以解融资困局。但应秉持诚实信用之原则，务必将财产上的权利状态事先说明，将情况披露至债权人，以维持诚实信用之基本原则。

第二，从债权人（抵押权人）角度而言。一是，当债务人或第三人为债务以财产提供抵押担保的，务必对财产的权属情况，是否存在查封、扣押、监管等情况进行调查。如通过各种调查途径，发现财产权利或状态存有不利影响时，应及时实现债权或者要求提供其他担保。如通过调查并未发现财产权利或状态有不利影响，仍可以要求债务人或抵押人提供关于财产权利或状态的相应书面承诺，以最大化的契合善意取得的相关要件避免未来可能因为不构成善意取得致使抵押权落空。二是，无论是对动产还是对不动产设立抵押，均应及时办理登记。三是，如事后才发现签订合同时财产已经被查封、扣押或者监管，也应结合基础债权债务法律关系，及时实现抵押权，以维护自身合法权益。

第三，从其他当事人角度而言。一是，当债务人或第三人想要以财产提供抵押担保时，应当如上文提及的债权人（抵押权人）第一、第二点进行审查和登记。二是，如系查封、扣押财产的权利人，应密切关注查封、扣押的财产的状态，及时续封，避免财产尚未处置就已解除查封、冻结，从而导致可能存在的抵押权人行使抵押权，致使自己的债权无法实现。三是，如果自己采取查封、扣押的财产后，有抵押权人主张行使抵押权，需要先关注抵押合同或抵押权的生效时间是否在查封、扣押以后。如果不在以后，则只能由抵押权人行使抵押权。如果在以后，一方面，注意搜集抵押人与抵押权人是否存在恶意串通以侵害自身合法权益的证据；另一方面，仍可援引《民法典》第399条之规定，要求确认合同无效。因为本条第2款的直接意思是抵押人主张合同无效，法院不予支持。但确实未明确表示当其他当事人主张合同无效时，法院是否应当支持。本条之所以这样规定，可能是出于维护抵押人与抵押权人间的诚实信用之基本要求。抵押人不可能不知道自己财产的状态，如果以财产抵押，签订抵押合同，基于诚实信用，自然不能自我主张无效。但当抵押人不得主张合同无效时，不应对其他权利人产生不利影响，亦应当是公平公正之所在。

【关联案例】

三亚香山金玉观音文化艺术有限公司、海南金南华实业有限公司案外人执行异议之诉案①

裁判要旨：对于善意的判断应当综合当时的交易环境和交易背景，综合考量相关主体在其他案件或者纠纷处理不同阶段的意思表示以及价款是否合理，对基本事实是否知道或者应当知道。

【关联规范】

《中华人民共和国民法典》（2020年5月28日）

第三百一十一条　无处分权人将不动产或者动产转让给受让人的，所有权人有权追回；除法律另有规定外，符合下列情形的，受让人取得该不动产或者动产的所有权：

（一）受让人受让该不动产或者动产时是善意；

① 最高人民法院（2017）最高法民再101号民事判决书。

（二）以合理的价格转让；

（三）转让的不动产或者动产依照法律规定应当登记的已经登记，不需要登记的已经交付给受让人。

受让人依据前款规定取得不动产或者动产的所有权的，原所有权人有权向无处分权人请求损害赔偿。

当事人善意取得其他物权的，参照适用前两款规定。

第三百九十九条 下列财产不得抵押：

（一）土地所有权；

（二）宅基地、自留地、自留山等集体所有土地的使用权，但是法律规定可以抵押的除外；

（三）学校、幼儿园、医疗机构等为公益目的成立的非营利法人的教育设施、医疗卫生设施和其他公益设施；

（四）所有权、使用权不明或者有争议的财产；

（五）依法被查封、扣押、监管的财产；

（六）法律、行政法规规定不得抵押的其他财产。

第四百零三条 以动产抵押的，抵押权自抵押合同生效时设立；未经登记，不得对抗善意第三人。

第四百一十四条 同一财产向两个以上债权人抵押的，拍卖、变卖抵押财产所得的价款依照下列规定清偿：

（一）抵押权已经登记的，按照登记的时间先后确定清偿顺序；

（二）抵押权已经登记的先于未登记的受偿；

（三）抵押权未登记的，按照债权比例清偿。

其他可以登记的担保物权，清偿顺序参照适用前款规定。

第三十八条 【担保财产的不可分性】

主债权未受全部清偿，担保物权人主张就担保财产的全部行使担保物权的，人民法院应予支持，但是留置权人行使留置权的，应当依

照民法典第四百五十条的规定处理。

担保财产被分割或者部分转让，担保物权人主张就分割或者转让后的担保财产行使担保物权的，人民法院应予支持，但是法律或者司法解释另有规定的除外。

【条文理解】

本条与本解释第39条一般被称为“担保物权的不可分性”。本条内容在我国《物权法》（已废止）中没有规定，近似的内容是规定在《担保法司法解释》（已废止）第71条。《民法典》对担保物权的不可分性的规定较为粗略，仅规定了担保财产在转让时，抵押权不受影响。本条规定涵摄了全部担保物权，同时规定了当留置权存在时的留置权人权利范围。

“担保物权的不可分性”，可以将其简单地概括为“抵押物的全部担保债权的各部，抵押物的各部担保债权的全部”。简言之，若一项债权有担保物进行担保，无论债权是否全部受清偿，债权人都可以对所有的担保物行使担保物权。在我们的一般理解中，如果债权人的债权全部没有受到清偿，自然可以主张对于所有的担保物行使担保物权；但是当债权部分受到清偿时，对于未受到清偿的部分，债权人似乎应该只能对部分担保物行使担保物权。然而，考虑到如果作出这样的规定，一是可能会使担保物不能得到很好地利用，二是可能会使担保人借此阻碍担保物权的实现，三是可能使法律关系过于复杂。所以，各国一般都有担保物权不可分的相关制度。

例如，甲向乙借款500万元，甲以名下的两套分别价值200万元和300万元的房屋提供抵押。债权到期后，甲仅偿还100万元债务，剩余400万元无法按期偿还。乙的债权仅实现了100万元，此时乙可以起诉甲，要求对其名下的两套房屋行使抵押权，优先受偿。假若甲到期偿还了400万元债务，乙的债权仅剩100万元未能实现，但是乙仍然可以根据本条的规定起诉甲，要求对甲名下的两套房屋行使抵押权。

但是，这种不可分性并非没有例外，本条就规定了例外的情形：在担保物上存有留置权的时候，留置权人较其他担保物权人优先受偿，当然留置权人优先受偿的范围是以债务金额为限的。

例如，甲将名下价值20万元的货车及所装载货物抵押给乙，担保自己拖欠的10万元款项。其后，仅偿还了6万元债务。除此之外，甲将车辆送至修理厂维修，花费1万元。但甲也未能及时支付维修款，修理厂将车辆留置。此时，根据担保物权的不可分性，乙有权就全车及装载货物行使抵押权。但是由于修理厂留置了该车辆及装载货物，修理厂更加优先受偿。又因为车辆和装载货物之间是可分物，所以修理厂可以对车辆上装载的价值1万元的货物优先受偿，其余货物及全车则由乙行使抵押权。

本条第1款规定的是担保物没有被分割或者转让，担保物仍然是一个整体或者仍由原主体所有时的情形。但当担保物自身已经被分割或者转让时，债权人是否仍然对于全部担保物有权优先受偿呢？本条第2款给出的答案是肯定的。也就是说，只要担保物担保的债权未受全部清偿，无论担保物是整体还是被分割，无论是由原权利人享有权利还是已经被转让，担保物权人都有权对担保物的全部行使担保物权。当然，其他一些法律制度也对担保物权予以调整，如善意取得、《民法典》第404条等，所以本条第2款也作出了如果法律或者司法解释另有规定时的例外情形。

【适用指南】

在实务中，我们仍然从不同角度，对各方当事人建议如下：

第一，对于担保人（债务人）。在现实生活的借贷、买卖等法律关系中，债务人在举债或被要求实现债权时往往处于相对较为弱势的地位。在对债务提供物的担保时，应当考虑到物的价值和债务的平衡，尽量不要超过债务数额过多，以避免担保物权人对全部担保物行使担保物权，造成担保物无法充分发挥使用价值，对自己产生不利影响。

第二，担保物权人（债权人）。本条规定实际上极大地保护了债权人的权益。无论债权人的债务受到了何种比例的清偿，只要未受全部清偿，只要有担保物，债权人就可以主张剩余债权的优先受偿权及于全部担保物。对于担保物权人（债权人）而言，当现实生活中债务人无法履行全部债务时，应及时通过合法途径，要求对全部的担保物实现债权并且优先受偿。

第三，注意例外规定的影响。本条规定的第 1 款、第 2 款均有例外规定。

第 1 款规定明确了留置权人留置财产的范围，留置权人的权利效力仍然最高。从留置权人角度看，当留置权人的债务人未能清偿债务，不论该物担保了多少债权，留置权人都有权留置，并且在相应的范围内优先受偿。只是当物为可分物时，其只能留置自己债权范围内的而已。从其他担保物权人角度看，考虑到留置权人的权利效力较高，假若自己享有担保物权的物被留置，应当注意区分该物是否为可分物，如果是可分物，要注意留置权人留置的部分是否已经超过了其债权部分。当留置物为不可分物时，为了能够尽早地、更好地实现担保物权，则可以考虑代债务人进行清偿，以能够对担保物整体行使担保物权。

第 2 款的例外规定主要是可能存在的善意取得制度或未来存在其他制度。从保护债权人的角度来看，这些制度可能会对债权人产生较为不利的影响。为了应对这些影响，债权人不能因自己已经享有担保物权就高枕无忧，仍然需要对担保物的状态有所关注，防止债务人有意或无意地将担保物分割、转让。从其他权利人角度来看，在接受转让时，其也需要对物的状态进行调查了解，避免产生未来以后不必要的麻烦。

【关联案例】

周宝强与王传海、安徽定远县大鹏科技发展有限公司等民间借贷纠纷案①

裁判要旨：受让土地的主体没有代抵押人清偿债务，抵押权并不消灭。抵押物即使被转让，抵押权人仍然可以对转让后的全部抵押物行使抵押权，在约定的范围内优先受偿。

① 江苏省无锡市中级人民法院（2015）锡民终字第 1149 号民事判决书。

【关联规范】

《中华人民共和国民法典》(2020年5月28日)

第四百零四条 以动产抵押的，不得对抗正常经营活动中已经支付合理价款并取得抵押财产的买受人。

第四百零六条 抵押期间，抵押人可以转让抵押财产。当事人另有约定的，按照其约定。抵押财产转让的，抵押权不受影响。

抵押人转让抵押财产的，应当及时通知抵押权人。抵押权人能够证明抵押财产转让可能损害抵押权的，可以请求抵押人将转让所得的价款向抵押权人提前清偿债务或者提存。转让的价款超过债权数额的部分归抵押人所有，不足部分由债务人清偿。

第四百五十条 留置财产为可分物的，留置财产的价值应当相当于债务的金额。

第四百五十六条 同一动产上已经设立抵押权或者质权，该动产又被留置的，留置权人优先受偿。

第三十九条 【主债权的不可分性】

主债权被分割或者部分转让，各债权人主张就其享有的债权份额行使担保物权的，人民法院应予支持，但是法律另有规定或者当事人另有约定的除外。

主债务被分割或者部分转移，债务人自己提供物的担保，债权人请求以该担保财产担保全部债务履行的，人民法院应予支持；第三人提供物的担保，主张对未经其书面同意转移的债务不再承担担保责任的，人民法院应予支持。

【条文理解】

本解释第38条侧重于对担保物进行规定，而本条则侧重于担保物担保的债权和被担保的债务。这两条共同构筑了我国关于担保物权的不可分性的法律制度。

《民法典》第407条对担保物权的不可分性有所规定，但其对这一制度的规定仍然存在不够具体、可操作性不足的问题。

本条第1款规定，当主债权被分割或者部分转让时，接受了分割或者转让的债权人有权行使担保物权。需要厘清的问题是，条文中表述为“就其享有的债权份额行使担保物权”，指的不是各个债权人对担保物的份额享有担保物权，而是各个债权人仍然可以对全部的担保物行使担保物权。简言之，这里的债权份额所限制的是，将全部担保物拍卖、变卖等所得的价款，而不是只能将担保物的部分份额拍卖、变卖再优先受偿。如果债权被全部转让的，接受了债权转让的债权人是否可以行使担保物权？当然可以。举轻以明重，各个份额的债权人都有权行使担保物权，整体债权人自然有权行使。而且接受了全部债权的债权人实际份额即为百分之百，对于所有的担保物行使担保物权，也符合本条的规定。担保物权与债权不可分。

第1款同样规定了例外情形。相较于司法解释，法律效力层级更高，如果法律作出了不同规定，自然应当按照法律规定处理。同时，司法解释允许当事人意思自治，只要当事人约定排除该条适用，则可以不适用该条规定。我们认为，此处的当事人应当是包含债务人、担保人、原债权人、接受债权转让的各个债权人等在内的，涉及原债权债务关系、担保法律关系、债权转让法律关系等各个法律关系在内的全部当事人。因为如果并非全部当事人共同知晓并作出排除适用的意思表示，一方面可能将使担保物权的不可分性的基本性质被轻易地排除，另一方面则会侵害到不愿排除适用的当事人的权利。例如，甲欠乙10万元债务未能偿还，甲以其名下小汽车提供抵押。同时作出约定，若乙将债权转让，转让的债权对小汽车不再享有抵押权。事后，乙转让6万元债权至丙处，但未告知丙关于转让的债权不享有抵押权的情况。事后丙依据本条第1款的规定主张在6万元的限额内行使抵押权，人民法院应予支持。因为丙并未作出排除适用的意思表示。如果甲、乙二人之间的约定即可排除该条适用，则对丙的权益侵害极大。

本条第2款规定的内容侧重于债务转移的情形，此时需要分两种情况进行讨论和分析。一是，担保物由债务人自己所有时，担保权人仍可以对全部担保物行使担保物权，仍然具有不可分性。二是，当担保物是第三人所有的，由第三人提供物的担保时，一般情况下是可分的，例外情况时是不可分的。即，如果没有明确约定，推定第三人此时不再承担担保责任。只有在第三人明确地以书面的形式表示同意继续提供物的担保时，担保权人才可以继续行使担保物权。之所以有此规定，是因为第三人为债务人提供物的担保时，第三人与债务人一般均会有较强的人身关系或者财产关系。当债务人将债务转移，次债务人与第三人之间的人身关系或者财产关系并不当然十分紧密，且次债务人的偿债能力也并不当然较高。第三人极有可能需要为毫无关系之次债务人承担担保责任。所以当债务转移，且由第三人提供物的担保时，须经第三人书面同意。需要指出的是，如果仅转移了部分债务，第三人对其中的一部分书面表示同意继续提供物的保证时，第三人仅需要对其同意提供物的担保的部分承担担保责任。又因为债权及于全部担保物，债权人可以对全部担保物行使担保物权，只是已经转移的债务不再有权优先受偿。

例如，甲拖欠乙 100 万元债务，丙自愿以其名下的房屋提供抵押。后甲经乙同意，将 30 万元债务转移给丁，将 20 万元债务转让给戊，其余 50 万元仍由甲自己负担。丙书面表示同意继续对转让给丁的 30 万元债务提供抵押担保。到期后，甲、丁、戊均未能到期还款，乙欲对丙名下房屋行使抵押权。乙可以将整套房屋拍卖、变卖，但对所得价款，乙仅有权对甲负担的 50 万元债务、丁负担的 30 万元债务，合计 80 万元债务优先受偿。

【适用指南】

各方当事人主要需要关注本条的例外规定，以防止不必要的风险。

第一，可以约定排除适用的例外规定。接受债权转让的债权人应确保原债权人、债务人之间不存在排除适用的约定。尽管通过上文的分析，我们认为应当由各方当事人间共同约定排除适用，才能发生排除该条适用的效力。但是，考虑到本条第 1 款之规定，又确实仅表述为“当事人”，未明指“全体当事人”，司法机关作为最终的裁判机关，是否也认为需要全体当事人一致约定方可排除，我们不能妄下结论。所以当我们接受债权转让，且债权有担保物权时，不能忽视例外规定，导致行使担保物权时原债权人或债务人以双方协议，援引本条第 1 款的例外规定，侵害接受债权人的权益。具体而言，接受债权人可以通过要求原债权人、债务人提供书面承诺，或者共同签署债权转让协议等方式，将原债权人、债务人之间并无排除适用的特别约定予以明确。

第二，第三人提供物的担保时的例外规定。本条第 2 款规定的后半段的出发点是保护第三人的权益，所以制度设计上附加给第三人的义务较低。只要第三人没有书面同意继续提供物的担保时，视为其不同意继续提供物的担保。但是，在实际生活中，债务转移有时会在一定程度上存在认定上的困难。如果不宜从第三人是否书面同意入手处理案件，可以考虑从是否构成债务转移入手处理案件，后文所引案例较好地体现了此点内容。从债权人角度看，当自己的债权有第三人提供物的担保时，为最大化自己的利益，可明确要求如果第三人不提供书面同意继续提供物的担保的，则不同意债务转移。当债务人或者第三人提供了书面同意的材料时，亦不能掉以轻心，债权人仍然要对书面材料的真实性，公章、签名等的可信性加以考察。

【关联案例】

锦湖（中国）轮胎销售有限公司与巴中科伦医药贸易有限公司抵押合同纠纷案[①]

裁判要旨：区别债务转移或者债的加入需要综合考虑债务人是否退出了债权债务关系，原债务人需承担的责任是否有变化，债权债务主体是否发生了变更等情况。如果构成债的转移，需经过第三人的书面同意，才可以要求第三人承担担保责任。

① 四川省高级人民法院（2013）川民提字第 476 号民事判决书。

【关联规范】

《中华人民共和国民法典》（2020 年 5 月 28 日）

第三百九十一条 第三人提供担保，未经其书面同意，债权人允许债务人转移全部或者部分债务的，担保人不再承担相应的担保责任。

第四百零七条 抵押权不得与债权分离而单独转让或者作为其他债权的担保。债权转让的，担保该债权的抵押权一并转让，但是法律另有规定或者当事人另有约定的除外。

第四十条 【从物的抵押权】

从物产生于抵押权依法设立前，抵押权人主张抵押权的效力及于从物的，人民法院应予支持，但是当事人另有约定的除外。

从物产生于抵押权依法设立后，抵押权人主张抵押权的效力及于从物的，人民法院不予支持，但是在抵押权实现时可以一并处分。

【条文理解】

当抵押物有主从物的区分时，抵押权人主张行使抵押权时，人民法院应当对从物产生的时间点加以认定，时间点不同，产生的法律后果不同。理解和适用本条的疑难点主要在于主从物之区分。

对比《担保法司法解释》，本条的进步之处正是在于对从物产生之后的抵押权效力之所及进行了规定。《担保法司法解释》仅规定，从物产生于抵押权设立前时，可以优先受偿；对从物产生于抵押权之后的则没有规定。

本条第 1 款和第 2 款分别针对不同情况进行了区分。第一种情况是，如果从物产生的时间在抵押权设立前，那么抵押权的效力涵盖从物。另外，本解释又允许当事人通过约定的方式，排除该款的适用。第二种情况是，如果从物产生的时间在抵押权设立后，那么抵押权的效力不能涵盖从物。同时，本解释考虑到主从物的密切联系，在对主物行使抵押权时，可以对主从物一起采取拍卖、变卖等措施进行处分。当然由于抵押权的效力不能及于从物，抵押权人优先受偿的范围仅在主物的价值范围内，如表1所示。

表1 抵押权设立对从物的影响

从物产生时间	抵押权设立前	抵押权设立后
效力是否及于从物	是	否
例外情形	可以约定排除	可以一并处分

为了更好地理解和适用本条内容，我们还必须注意以下两个问题：

1. 主从物概念的区分。这是根据物之间的相关关系进行的一种区分，是物分类的一种标准。一般而言，非主物的成分是助主物的效用而同属于一人者，为从物。为从物所辅助的物为主物。[①] 最为典型的例子是电视机与遥控器。单独来看，遥控器几乎毫无应有的功用价值，它的遥控功能必须辅助相应的电视机才能发挥作用。而电视机则被遥控器进行辅助，借由遥控器的作用，更好地发挥全部功用价值。再如，表和表带、手机与充电线、洗衣机与进水管等，前者均为主物，后者均为从物。

在对主从物进行界分时，还需注意以下三点：

第一，主从物实则均为单独的物，从物不是主物的组成部分。如一物为另一物的组成部分，则不构成主从物的概念。如小汽车与安装上的4个轮胎以及后备厢的备胎之间，4个轮胎是小汽车的组成部分，不是从物。备胎则是从物。

第二，从物是辅助主物发挥作用的，有更为独立的价值的物不是从物。这是因为，主从物的分类就是从物之间是否有效用上的密切联系进行的一种区分。如物与物之间的效用不存在密切的联系，则不构成主从物之区分。例如，房屋里的挂钟、字画等装饰品。这些挂钟、字画等装饰品实则无须在房屋中也可发挥其作为挂钟、字画等装饰品的作用。这些挂钟、字画等装饰品显然有其独立于房屋的效用，所以挂钟、字画等装饰品不是房屋的从物。

第三，从物并不仅限于动产。在前文所举之例中，从物大多均为动产，

---

① 梁慧星、陈华彬：《物权法》，法律出版社2020年版，第44页。

主物则既有动产又有不动产。因为日常生活中这些主从物的区分非常常见，便于理解。但是往往可能会使人产生一种误区，即从物仅可能为动产，不动产无法构成从物。事实上这种误区并不鲜见，瑞士、德国等国的立法规定中，确实规定了只有动产方能构成从物。但是大多数国家的法律制度均认可不动产也可构成从物。虽然我国的法律制度未予明文规定不动产到底可否构成从物，但是根据一般认识和学界通说以及大多数国家的立法例，我国的法律制度实则是肯定不动产可以构成从物的。例如，甲兴建一套房屋供自己和家人居住，在房屋外兴建了一个厕所供自己和家人使用。厕所的确系单独的物，但又并非房屋的一个组成部分，而且厕所的效用需要和房屋的效用相结合，方能发挥效用。厕所理所应当地成为房屋的从物。但是，假如甲在其兴建的房屋内部兴建了卫生间，卫生间因在房屋的内部，与房屋并不具有相对独立性，是房屋的组成部分，则不是从物。

主从物概念的区分对于涉及两物的交易或其他法律制度有着重要的意义，判断是否构成主从物最简单的方法就是：我们以普通人的角度审视，当我们购买两物或多物中功能和效用更大的物时，另一物是否均必须随之交易。必须随之交易的，即为从物；不必须随之交易的，即不为从物。例如，我们购买电视机当然要配送遥控器。购买房屋则不当然将房屋内的挂钟一并交易。至于小汽车和 4 个轮胎，因二者并非两物，自然不涉及主从物的概念。

我们在本条的解读中，介绍主从物的概念和界分的意义在于无论是哪方当事人，乃至法院，当面临有可能涉及主从物的担保物权时应当如何处理。我们需要在事实上厘清是否构成主从物，再寻找相应的法律适用。假若抵押权人享有一辆小汽车的抵押权，抵押权的效力自然及于 4 个轮胎，因 4 个轮胎并非独立之物，乃是小汽车的组成部分；抵押权是否及于备胎，需要看备胎是否形成于抵押权设立之前；抵押权不及于小汽车内部的挂件、摆件，因挂机、摆件并非小汽车的从物。

2. 由于主从物具有的密切联系的性质，往往不能够单独处分其中的主物或者从物，否则就会使物的效用降低。所以本条由从物产生的时间对抵押权效力之所及进行划分的规定是全面、合理的。但是，第 2 款规定的“一并处分”在实践中适用时可能存在的疑难点是：抵押权人不能就主从物一并优先受偿，当然只能对主物的价款优先受偿。但是主从物一并处分时，所得的价款必然是包含主从物的全部价值在内的。如何确定从物价款？如何在价款中进行区分？如果通过评估、鉴定难以得到具体数额，应如何处理？这些问题仍有待实践检验。

【适用指南】

适用本条应注意以下问题：

第一，先正确厘清物物之间关系，后加以适用。前文的解读中已经提到，区分主从物就是为了避免在实务的适用中出现性质认定的偏差。从抵押权人角度来说，对抵押权人最为有利的方式是无论主从物，一并主张抵押权。尤其是在欲行使抵押权的某一物产生于原抵押权合法设立后。此时，抵押人或者其他权利人，则应从是否构成主从物的角度出发，从两物之间不构成主从物的角度进行抗辩。从抵押人或者其他权利人角度出发，需要在设立抵押权时，即对已有的另一物或者未来可能产生的另一物的性质予以明确和规范，防止抵押权人行使权利将本不应系从物的另一物行使抵押权或者一并处分。从人民法院角度说，任何一方当事人均天然地提出有利于己方的事实和观点，人民法院更应该对主从物的界分予以重视，避免裁判结果有失公平。

第二，一并处分时需注意防范风险并及时解决。考虑到第 2 款在实务操作中可能出现的矛盾及该矛盾带来的风险，在已经确认物物间系主从物之关系，且从物确产生于主物被设定抵押权之后的，抵押权人与抵押人可以另行在从物上设立抵押权。第 2 款虽未规定当事人可以约定排除该款适用，但是当从物产生后，抵押权人与抵押人可以针对从物另行设立抵押权。因本条“抵押权的效力及于”中的“抵押权”指的是对主物的抵押权，我们仍然可以在从物上另行设立抵押权。如果已设立新的抵押权，因新抵押权有其自身独立性，不受本条规定的限制。如果未另行设立新的抵押权，在一并处分主从物时，应尽可能地、科学合理地商定从物价值，必要时可以通过估价、鉴定等方式进行确定。当从物价值已经较为明晰，各方当事人可以通过协商的方式，由抵押权人对抵押人或者其他权利人进行适当的补偿或者代为清偿等，以充分发挥物的整体效用。

第三，注意例外规定。前文已将从物产生于抵押权设立后的“一并处分”的例外规定进行了介绍。当从物产生于抵押权设立前时，一方面，此处的当事人仍应系牵涉权利的全部当事人；另一方面，如果当事人不想将抵押权的效力及于全部主从物，可以通过约定排除，也只能通过约定排除。

【关联案例】

中国金融租赁有限公司与兴业国际信托有限公司等案外人执行异议案[①]

裁判要旨：在抵押物上有其他物时，应先厘清物物关系，判定系添附物还是主从物。主从物的区分亦非单纯地以物理上是否能够分离，还应当考虑到从物与主物在功能、效用上的联系，以充分发挥从物的效用。

【关联规范】

《中华人民共和国民法典》（2020年5月28日）

第三百二十条 主物转让的，从物随主物转让，但是当事人另有约定的除外。

第四十一条 【添附物的抵押权】

抵押权依法设立后，抵押财产被添附，添附物归第三人所有，抵押权人主张抵押权效力及于补偿金的，人民法院应予支持。

抵押权依法设立后，抵押财产被添附，抵押人对添附物享有所有权，抵押权人主张抵押权的效力及于添附物的，人民法院应予支持，但是添附导致抵押财产价值增加的，抵押权的效力不及于增加的价值

① 浙江省高级人民法院（2016）浙民终9号民事判决书。

部分。

抵押权依法设立后，抵押人与第三人因添附成为添附物的共有人，抵押权人主张抵押权的效力及于抵押人对共有物享有的份额的，人民法院应予支持。

本条所称添附，包括附合、混合与加工。

【条文理解】

本条内容规定了抵押权设立后，抵押财产被添附时，抵押权效力之所及，但理解和适用的疑难点在于如何确定是否构成添附，以及构成添附后的所有权归属。本条内容的实质性规定与《担保法司法解释》第62条的规定改动不大，继续遵循了以添附后不同财产的归属之区分，确定抵押权效力范围之所及的内涵。但是本条在语言文字的表述上更加精准，同时考虑到了一些例外情况。为了方便理解，我们绘制了表2：

表2　抵押权被设立后抵押财产被添附的不同情形

	新物归属情况	抵押权所及情况
抵押权依法设立后抵押财产被添附	第三人所有	补偿金
	抵押人所有	添附物，但不及于价值增加的部分
	共有	抵押人所有的份额

在理解本条时，需要注意下列问题：

（一）添附的概念及意义

《物权法》及相应司法解释中没有明确关于添附概念的界定。《民法典》和相应司法解释中也没有明确概念的界定。本条虽列举表示添附包括附和、混合与加工，但对于何为附和、混合与加工仍然没有说明。这就可能造成对添附这一概念的理解产生误差。当我们需要适用涉及添附的有关法律制度的规定时，必须清楚明确地掌握添附的内涵和外延。

1. 附合

所有人不同的两个或两个以上的有形物结合，而社会交易上认为系一物的，称为附合，其涵括动产与不动产的附合以及动产与动产的附合。[①] 简言之，对于两个或者以上的有形物，当所有权分属不同主体时，某主体以某种方式将该数物相结合，产生了新物。新物对于原数物而言不能分离或者分离需要的代价非常大时，就构成了附合。（1）动产与不动产附合，如甲、乙系邻居。甲将自己所有的砖块堆放于院子边。乙聘请填补漏洞的工匠因不知情，误拿甲所有的砖块将乙院墙漏洞填补。（2）动产与动产附合，如将同事的胶水用于粘贴自己物品。

2. 混合

不同所有人的动产，互相混合，成为一物，不能识别或识别需要的费用过大时而发生的所有权变动的法律事实，称为混合。[②] 例如，甲将乙所有的茅台酒兑入自己所有的纯净水中。此系不能识别之例。再如，甲将乙所有的50斤国产大米，与自己所有的50斤泰国大米混在一起，并充分拌匀。此系识别费用过大。

3. 加工

加工指就他人的动产施以工作（如加以制作或改造），使之变成新物或使其价值巨额增加而发生物权变动的法律事实。[③] 例如，甲将乙放置于门口的木料拿回家中，并将之雕刻成为木雕。

添附是分别由不同主体享有所有权的物因主体之附合、混合行为合成为一物，或因主体的加工行为产生了新物。由此可见，添附实质上是一方主体对于他方主体物权之侵犯，但该侵犯产生的新物因无法分离或分离需要巨大成本，为了发挥新物的效用，原物权人不能或者不宜行使返还原物、恢复原状请求权的情况。此时，如原物权人仅能享有赔偿损失请求权则显然不公，不利于社会关系的稳定，故应对添附后新物归属存有特别规定。所以，添附

① 梁慧星、陈华彬：《物权法》，法律出版社2020年版，第259页。

② 梁慧星、陈华彬：《物权法》，法律出版社2020年版，第261~262页。

③ 梁慧星、陈华彬：《物权法》，法律出版社2020年版，第262页。

必将导致原物所有权或者原物价值产生变动。对抵押权而言，抵押物被添附后，抵押物所有权或者抵押物价值可能有所变动。原抵押人如果继续所有抵押物，需要考量抵押权效力是否应及于全部新物。原抵押人如果不继续所有抵押物，则需要考量抵押权人的权益如何保障。这就要求必须规定相应的抵押权变动规则，否则既可能妨碍某一主体权利的行使，又可能丧失物的价值。

（二）添附后新物所有权归属的确定

虽然传统民法添附制度中大多认为对添附后新物（以下简称新物）的所有权归属应当以法律强行规定，[①] 但是由于我国《民法典》第 322 条没有采用强行规定的方式，而采取了分层次的归属确定方式，我们仅就《民法典》的规定加以介绍。

第一，新物所有权由当事人约定。《民法典》允许当事人通过自己协商、约定的方式确定新物所有权的归属。例如，甲将自己所有的车辆出借给乙使用，乙在使用车辆过程中，对车辆的内饰进行了大规模重新装潢。按照此条的规定，如果甲乙双方能达成对于新物权利归属的约定，则按照双方约定处理。[②] 允许协商的优势在于，充分尊重了当事人的意思自治，当事人能够自由安排新物归属，有利于发挥物的效用和社会关系的稳定。劣势则在于，原物的所有权人可能更多的是无可奈何的妥协，而非自由意志的彰显。

第二，无约定或约定不明按法律规定。《民法典》第 322 条紧接着规定，如果双方没有约定或者约定不明时，按照法律的规定确定新物所有权归属。因我国暂无关于新物权利归属的立法规定，此处的法定更多的是为以后的立法留出空间。

第三，无法定需考量物尽其用和保护无过错方。在当事人无法达成一致意见且目前尚无法律规定时，《民法典》第 322 条要求在确定新物所有权归属时，既需要发挥物的效用，又需要注意保护无过错的当事人。以前文乙将甲的车辆重新装潢为例，车辆的效用主要是运输或者载客，甲系无过错方，原

① 梁慧星、陈华彬：《物权法》，法律出版社 2020 年版，第 259 页。

② 依传统民法理论及上文分析，当事人事先就已达成了数物结合或者对一物加工而产生的新物所有权的利归属问题的共识，必因双方当事人间存在委托或者承揽等合同关系，并非此处添附的概念。

则上车辆由甲所有。如果乙的装潢行为较高，甚至超出车辆本身的价值，可以确定甲乙共有该车辆。但在甲将乙之木料雕刻成为木雕的案例中，将所有权确定给甲更适宜。

（三）添附后的处理

《民法典》第 322 条明确规定，因为当事人的过错或者所有权归属确定而对另一方当事人产生损害的，另一方当事人应当进行赔偿或者补偿。

【适用指南】

在适用时，需要注意以下几点：

第一，区分是否构成添附。添附在实践中并不鲜见，但是有时又容易和主物与从物等法律概念相互混淆。无论是作为抵押权人还是作为抵押人以及其他当事人乃至人民法院，均应先考量新物是否构成添附，进而通过不同的所有权归属，确定是否适用以及如何适用本条，并由此提出诉请、答辩乃至裁决。例如，甲以其名下价值 10 万元的车辆向乙提供抵押，之后花费 1000 元为车辆购置了备胎。接着，甲将车辆出借给丙使用。丙使用车辆期间，自行对车辆进行装潢，使车辆价值升值了 5 万元。后甲未能按约还款，乙主张行使抵押权。此时，应先确定车辆所有权归属，根据前文所述，车辆宜归甲所有。此时适用本条，但抵押权效力只能及于车辆原价值的 10 万元，对于升值了的 5 万元部分，甲无权优先受偿。并且，因备胎不构成添附，但系车辆从物，且产生于抵押权设立之后，又再适用本解释第 40 条的规定，一并处分。

第二，关注原物状态和新物归属。由于我国没有采用强行规定的方式确定新物归属，整体上看，并不利于保护抵押权人的利益。因添附的双方当事人极有可能利用新物归属允许约定以及新物归属的确定方式，结合本条的规定，不当地损害抵押权人的利益。从原物状态上讲，考虑到抵押权效力不及于升值部分，原物因添附升值与抵押权人并不相关，抵押权人应及时关注抵押物的状态，保持原物状态，尽力避免原物被添附。从新物归属角度上讲，如因添附导致抵押人丧失所有权，或者与另一方当事人共有新物时，一方面，抵押权人应关注新物权利归属是否存在不当之处，必要时可申请确认相关协议无效；另一方面，也可援引《民法典》第406条的规定，维护自身权益。

【关联案例】

中钢集团广东有限公司、江阴市彰轲贸易有限公司与靖江市友谊广场发展有限公司、天下科技有限公司合同纠纷执行异议案①

裁判要旨： 抵押财产被抵押后，又发生添附的，抵押权人的抵押权的效力及于抵押人对添附物享有的份额。抵押权人要求对全部抵押物行使抵押权的，人民法院不应支持。

【关联规范】

《中华人民共和国民法典》（2020年5月28日）

第三百二十二条 因加工、附合、混合而产生的物的归属，有约定的，按照约定；没有约定或者约定不明确的，依照法律规定；法律没有规定的，按照充分发挥物的效用以及保护无过错当事人的原则确定。因一方当事人的过错或者确定物的归属造成另一方当事人损害的，应当给予赔偿或者补偿。

第四百零六条 抵押期间，抵押人可以转让抵押财产。当事人另有约定的，按照其约定。抵押财产转让的，抵押权不受影响。

抵押人转让抵押财产的，应当及时通知抵押权人。抵押权人能够证明抵押财产转让可能损害抵押权的，可以请求抵押人将转让所得的价款向抵押权人提前清偿债务或者提存。转让的价款超过债权数额的部分归抵押人所有，不足部分由债务人清偿。

---

① 江苏省高级人民法院（2017）苏执监503号裁定书。

第四十二条　【抵押权的物上代位性】

抵押权依法设立后，抵押财产毁损、灭失或者被征收等，抵押权人请求按照原抵押权的顺位就保险金、赔偿金或者补偿金等优先受偿的，人民法院应予支持。

给付义务人已经向抵押人给付了保险金、赔偿金或者补偿金，抵押权人请求给付义务人向其给付保险金、赔偿金或者补偿金的，人民法院不予支持，但是给付义务人接到抵押权人要求向其给付的通知后仍然向抵押人给付的除外。

抵押权人请求给付义务人向其给付保险金、赔偿金或者补偿金的，人民法院可以通知抵押人作为第三人参加诉讼。

【条文理解】

本条是关于担保物权人的物上代位权的规定，且仅涉及抵押权人的物上代位权，而不涉及质权人、留置权人的物上代位权。

（一）法条变化

我们先从物上代位权在我国立法的历史沿革来看其变化。1995 年颁布实施的《担保法》确定了物上代位权概念的法律地位，其第 58 条明确抵押权人享有物上代位权，第 73 条明确质权人享有物上代位权。本条规定代位物的范围仅及于“赔偿金”。最高人民法院在 2000 年通过的《担保法司法解释》第 80 条将代位物对象从单一的“赔偿金”扩展到了“赔偿金、保险金、补偿金”的范围，并在第 114 条中将物上代位权适用范围进一步扩展至留置权。

前述内容，最终以更加集约的方式统一规定在 2007 年《物权法》第 174 条中，并延续到了《民法典》第 390 条。《担保制度司法解释》则细化了权利人如何行使该项权利的操作流程，增强了担保物权的物上代位性的可操作性，预想到了实务当中可能存在的一些问题，规定了实际诉讼中的情况，应当说是比较全面和细致的。

由此可见，我国的物上代位权制度，无论从适用范围来看，还是从代位物对象范围来看，都经历了一个适用情形逐渐拓展和完善的发展阶段。具体如表3所示：

表3　物上代位权制度的发展

时间	法律文件	条文	适用范围	代位物范围
1995年	《担保法》	第58条、第73条	抵押权 质权	赔偿金
2000年	《担保法司法解释》	第80条、 第114条	抵押权 质权 留置权	“该抵押物的”赔偿金、保险金、补偿金
2007年	《物权法》	第174条	担保物权	“获得的”保险金、赔偿金、补偿金
2021年	《民法典》	第390条	担保物权	“获得的”保险金、赔偿金、补偿金

（二）我国物上代位权

何谓担保物权人的物上代位权？单从中国法律现状来思考，“我国法上担保物权人的物上代位权是指，担保期间，担保财产损害、灭失或被征收的，担保物权的效力及于该担保财产的变形物或替代物（如保险金、赔偿金与补偿金），担保物权人对这些代位物依然享有优先受偿权。”[①] 也就是说，担保物权人的权利从原来的担保物上延伸到了其变形后的新物之上。

遵从这一理解，也产生了新的疑问。即如果担保物变形之后的新物尚未给付至担保人名下，债权人是否可以向给付人请求直接支付？如果可以，其主张的法律或权利依据是什么？如果不可以，等到担保人事先获得变形物之后再允许债权人请求行使优先清偿权，是否能够真正实现担保物权的功能和价值？

1. 抵押权人代位权的履行顺序

本条第1款主要针对保险金、赔偿金或者补偿金，一般发生于该款项已经实际支付给抵押人之后向抵押人主张优先受偿，并且强调了抵押权人在行使物上代位权时要按照原抵押权的顺位依次履行。关于抵押权顺位问题，主

① 程啸：《担保物权人物上代位权实现程序的建构》，载《比较法研究》2015年第2期。

要依据《民法典》第414条、第415条内容，在此不予赘述。

在我国现行的征收补偿制度下，在担保物被征收，尤其是房产作为抵押物被征收时，不仅有货币补偿有时还会有产权置换，有时货币补偿和产权置换互相结合。《民法典》和司法解释的相关规定一般虽仅表述为“补偿金”，但是对于产权置换的其他房屋也应系担保物权的物上代位性的效力所及范围。

2. 抵押权人代位权的操作程序

这是本条规定的核心内容。担保权人行使代位权的操作程序，一直以来是我国立法上留下的不足，也给司法实践争议的解决造成困扰，不同的司法机关、审判人员有着各自的理解，出现了裁判结果的差异现象。本条第2款从一定程度上对担保权人行使代位权的程序进行了统一。

本条主要对抵押权人增设给付通知义务。在给付人向抵押人履行给付义务之前，如果抵押权人提前介入，直接告知给付人不能再向抵押人履行给付而应当向抵押权人给付，此时给付义务人应当按照抵押权人的通知内容行事。如果抵押权人未提前告知给付义务人前述内容，给付义务人基于其与抵押人之间的法律关系履行了给付内容，不应当就该行为向抵押权人承担任何责任。

也就是说，抵押权人如果要以物上代位权的方式实现自己的担保利益，必须高度关注抵押财产的状态，并在发生毁损、灭失或征收等情形且给付人履行债务之前，第一时间向给付人提出请求或提前告知。当然，即使给付义务人直接向抵押人履行了给付义务，抵押权人仍然可以向抵押人就该给付内容享有优先清偿权，但是因为该给付内容很有可能是货币形式的给付，其直接与担保人的其他货币财产发生混同，抵押权人主张优先清偿在实践层面会有困难。因此，抵押权人最宜在给付发生之前就采取相应措施，提前介入可以更加有效保障自身的担保权人的权益。

本条对抵押权人在保险金、赔偿金或者补偿金等代位物范围之外，赋予了抵押权人直接向义务给付人行使债权请求权的救济途径，解决了抵押权人虽享有代位权但往往欠缺权利有效实现路径的空缺。

3. 抵押人的诉讼地位

本条第3款针对抵押权人直接向第三方行使物上代位权的诉讼程序中当事人地位问题。当给付义务人对于抵押双方之间的法律关系、相关事实提出异议的，而原告又未将抵押人列为第三人时，人民法院为查清相关法律关系及事实，可以依职权追加抵押人为第三人。

【适用指南】

物上代位权诉讼涉及三方之间三重法律关系，即担保物权人与担保人之间的法律关系、担保人与给付义务人之间的法律关系、担保物权人与给付义务人之间的法律关系。当担保物权人提起物上代位权诉讼时，所涉及的法律关系也更为立体和复杂，因此需要我们对诉讼标的、当事人地位、诉讼请求有一个宏观、全面的把握，否则很容易产生不必要的诉累及司法资源的浪费。

（一）抵押权人的提前通知义务

在给付人尚未向抵押人给付款项时，抵押财产对应价值的款项尚未与抵押人的其他货币发生混同，具有特定性。这是抵押权人提前介入行使权利的好时机，有利于提高实现担保的概率。

当抵押物发生损害、灭失或被征收情形的，抵押权人需要做的第一步，是向潜在的、可能的给付义务人履行通知义务。实践中通知义务的履行，笔者建议从以下三个角度考虑该通知行为的全面性和科学性：

1. 通知的对象

给付义务人有可能是确定的，也有可能是模糊的，但基于诉讼证据角度的考虑，该通知范围应当尽量覆盖全部的潜在给付人，避免遗漏通知导致后期的被动。

2. 通知的方式

虽然口头和书面形式的通知都是有效的、被法律所认可的，但出于诉讼证据的便利性、效力性，建议以书面形式作出相关通知。

3. 通知的内容

应当向给付义务人全面告知其不能再向抵押人履行给付义务的事实背景、

法律依据、相关法律后果等事项，并提出明确的向抵押权人（通知人）履行义务的请求，附上具体的、确定的履行方式等信息。避免义务人以该通知内容不清晰、不明确无法向抵押权人履行为由，导致只能继续向抵押人履行，这样不仅赋予了给付义务人抗辩的正当性，也导致抵押权人的目的落空。

在相关通知义务落实完毕之后，抵押权人才获得了向给付义务人起诉要求履行债务的正当诉权。在旧法框架下的司法实践中，抵押权人往往不享有这样便捷高效的诉讼路径，人民法院会以抵押权人对给付义务人之间没有诉的利益而驳回抵押权人的起诉。但根据本条规定，抵押权人直接起诉给付义务人的诉讼路径将具备明确的条文依据，抵押权人可列给付义务人为被告，要求其直接向作为原告的抵押权人履行给付，降低了抵押权人实现权利在程序中的不确定性。

（二）给付义务人自行给付的过错区分

若给付义务人已经将赔偿金、保险金或补偿款支付给抵押人的，需要针对抵押权人是否已经提前向给付义务人履行了通知义务加以判断，由此区分给付人是否善意，其给付行为是否存在过错。本条第 2 款以抵押权人是否履行了对给付义务人的通知义务为标准，对抵押权人给予了不同程度的司法保护。

1. 若抵押权人已经提前通知给付义务人，要求其停止对抵押人继续履行，但给付义务人仍然向抵押人履行的，则视为给付义务人存在过错。在有过错的情况下，抵押权人则具备了选择权，其既可以向抵押人主张，要求其就已经收取的特定赔偿金、保险金或补偿金优先向抵押权人履行，也可以选择向给付义务人请求向其给付赔偿金、保险金或补偿金。在第二种情形下，给付义务人因其在先的过错给付行为承担了两次给付责任，其可另行向抵押人要求返还已经收取的赔偿金、保险金或补偿金。

2. 若抵押权人未向给付义务人履行通知义务，给付义务人直接对抵押人履行给付义务的，抵押权人因其欠缺在先的通知行为而丧失了对给付义务人的请求权。需要注意的是，此处并未要求给付义务人对于抵押财产有查询是否存在抵押权人的责任，更未要求给付义务人在得知抵押权人存在后向其提示或告知的义务。也就是说，即使给付义务人主观上知道存在抵押权人，知道其可能享有物上代位权，但只要抵押权人没有通知给付义务人，则给付义务人不因其知情而负有暂缓、中止或终止向抵押人履行义务的负担。

人民法院在考虑加重给付义务人的查询义务还是加重担保物权人的通知义务之间，选择了后者，以此提高权利人对自身权益的关注义务。

（三）本条规定是否仅适用于抵押权

《民法典》的规定和理论都认为担保物权均具有物上代位性，本条规定采取的表述只写明抵押权，《担保法司法解释》第80条在规定担保物权的物上代位性时，虽亦采用抵押权的表述，但是在其后的第96条和第114条分别规定了第80条适用于动产质押和留置。目前并没有本条适用于动产质押、留置的相关规定，由此可见，最高人民法院似有缩小解释之意。但是笔者认为，由于《民法典》直接规定了担保物权的物上代位性，且担保物权均具有物上代位性是获得广泛认可的，司法解释的缩小解释并不妥当。在实务中，对于质权、留置权等担保物权，如标的物在发生了毁损、灭失、征收等情况时，仍应具有物上代位性，且可参照适用本条规定。

【关联案例】

中国投融资担保股份有限公司上海分公司与上海市虹口区住房保障和房屋管理局等其他物权保护纠纷案①

裁判要旨：房屋拆迁中的征收人作为补偿款的给付义务人，应当对征收的房屋标的尽到必要的注意和审查义务，因未主动查明房屋存在抵押登记的情况而直接将征收补偿款发放给抵押人，存在过错，须向抵押权人承担补充赔偿责任。

河南省新宇有色金属有限公司、交通银行股份有限公司洛阳分行金融借款合同纠纷案②

裁判要旨：抵押权依法设立后，发生抵押物毁损的保险事故后，抵押权

① 参见上海市虹口区人民法院（2018）沪0109民初21286号民事判决书。

② 参见河南省洛阳市中级人民法院（2020）豫03民终6174号民事判决书。

人对于保险公司理赔的保险金有权优先受偿。

【关联规范】

《中华人民共和国民法典》（2020 年 5 月 28 日）

第三百九十条 担保期间，担保财产毁损、灭失或者被征收等，担保物权人可以就获得的保险金、赔偿金或者补偿金等优先受偿。被担保债权的履行期限未届满的，也可以提存该保险金、赔偿金或者补偿金等。

第四十三条 【抵押财产违约转让的法律后果】

当事人约定禁止或者限制转让抵押财产但是未将约定登记，抵押人违反约定转让抵押财产，抵押权人请求确认转让合同无效的，人民法院不予支持；抵押财产已经交付或者登记，抵押权人请求确认转让不发生物权效力的，人民法院不予支持，但是抵押权人有证据证明受让人知道的除外；抵押权人请求抵押人承担违约责任的，人民法院依法予以支持。

当事人约定禁止或者限制转让抵押财产且已经将约定登记，抵押人违反约定转让抵押财产，抵押权人请求确认转让合同无效的，人民法院不予支持；抵押财产已经交付或者登记，抵押权人主张转让不发生物权效力的，人民法院应予支持，但是因受让人代替债务人清偿债务导致抵押权消灭的除外。

【条文理解】

（一）抵押财产可转让的一般原则之确立

本条的法律基础源自《民法典》第 406 条第 1 款的规定：“抵押期间，抵押人可以转让抵押财产。当事人另有约定的，按照其约定。抵押财产转让的，抵押权不受影响。”这是我国法律对于发挥抵押财产交换价值的进一步突破，充分承认抵押权具有追及力，在抵押权不受影响的条件下，抵押人作为物权人仍然可以自由处分其财产。

关于抵押财产是否可以转让的问题，本次立法经历了一轮法律观念的变化。《民法通则》《担保法》《物权法》均要求抵押财产的转让必须经抵押权人同意，否则该等转让行为无效；即使抵押权人允许转让，抵押财产所得款项只能用于清偿抵押权人或提存，也限制了抵押人对该转让所得的使用价值。对于抵押财产的流转，上述法律秉持的是一种“原则上禁止，例外上突破”的立法态度。

但《民法典》采取了与之相反的处理思路，直接将“可以转让抵押财产”作为一般性的默认情形，限制或禁止转让的才需要当事人另行作出特殊约定。对于抵押财产的流转，《民法典》秉持的是一种“原则上许可，例外上禁止”的新立法态度。在新的原则之下，本条主要针对的情形是：当事人作了禁止或者限制转让的特殊约定后仍然发生了转让行为，应当如何处理抵押双方、买卖双方之间的关系。这里面主要涉及两个层面的效力问题：一是抵押财产转让合同双方之间的合同效力问题；二是该转让本身是否发生物权效力的问题。

（二）特殊约定下的登记义务

在抵押财产原则上可以自由转让的背景之下，如果当事人之间对抵押财产作出了禁止性或限制性的约定，但是又不为第三人所知悉，这种约定轻易就会被支配抵押财产的抵押人所打破，即抵押人会隐瞒该等特殊约定而单方对外转让抵押财产。那么这种当事人之间的特殊约定就只能停留在纸面上而难以被法律所保护。因此，为了强化特殊约定对抵押财产的限制效力，法律要求当事人将该约定予以登记并公示，方能产生公示对抗效力。

（三）未经登记的转让行为效力

在旧法框架之下，未经抵押权人同意的转让行为被认定为无效。但在新法中，对于抵押人违反禁止性转让约定的转让行为，应当从签署转让合同的债权行为和抵押财产所有权转移的物权行为两个层面予以评价。

首先看债权行为，抵押人与买受人签署的抵押财产转让协议应当被认定为有效。判断合同效力应当按照《民法典》第1编第6章第3节关于“民事法律行为的效力”的有关规定判断，当事人之间通过意思自治的方式约定不得对抵押财产进行转让，任何一方违反该约定对外转让抵押财产，并不构成“违反法律、行政法规的强制性规定”，也不构成违反“公序良俗”；抵押人违反约定擅自转让抵押财产构成无权处分，根据《民法典》第597条的规定，买受人可以解除合同并请求出卖人承担违约责任，并不构成合同无效。因此，只能从一般违约的角度来评价抵押人签署转让协议的行为。

其次看物权变动，抵押人将抵押财产交付或登记给善意买受人的行为，发生所有权转移的物权效力。也就是说，善意买受人无从知晓该抵押财产被设定了禁止转让的条件，因此受善意第三人制度保护可合法取得抵押物的所有权。抵押权人因没有敦促将特殊约定进行登记公示，存在一定的过错，应当承受买受人取得抵押物所有权的后果。但因为抵押人与抵押权人之间有特殊约定在先且该约定是有效的，抵押人存在违约故意，抵押权人可依原合同约定向抵押人主张违约责任。

如果当事人未就特殊约定进行登记公示，但有其他证据证明买受人对该特殊的禁止性约定有所了解，则买受人不构成法律上善意的第三人，不受善意第三人制度保护。比如，虽未登记，但是抵押权人在得知相关交易后第一时间就采取措施向买受人披露了该特殊约定，以弥补其未登记公示的漏洞，则仍然可以对抵押权人予以保护，买受人无法取得抵押财产物权。

（四）业经登记的转让行为效力

将抵押人与抵押权人之间有关禁止性转让的特殊约定进行登记公示，目的是使这一私密的条款内容通过公开渠道为第三人所知，打破买受第三人的善意。在此种情形之下，买受人自然无权直接取得抵押财产的所有权，不发生物权效力变动。但这并不影响抵押人和买受人之间就抵押财产转让达成的合同效力，在抵押权人主张不发生物权效力以后，买受人无法取得抵押财产所有权，无法实现合同目的，双方应当在各自过错程度之内对合同进行清算。

（五）买受人对抵押权的涤除

所谓涤除权，是指发生抵押物转让的情况时，抵押物的受让人向抵押权人支付一定的代价以消灭抵押权，在抵押权人接受受让人的给付后，抵押权消灭。[①] 这一制度的设计，有利于促进物的流转。在抵押人、买受人都存在一定过错的情况下，没有必要直接阻断该抵押财产的交易和流转，允许买受人通过代偿的方式继续取得抵押财产的所有权，并不对抵押权人造成损害。

在抵押双方将禁止性转让的特殊约定进行登记公示的情形下，原则上应当按照前述观点处理，抵押权人可以请求对买受人不发生物权效力。但是存在一种例外情形，即买受人可以单方对抵押权人进行清偿以涤除其抵押权，排除物权效力的阻却。这是对本条第 2 款的理解，这一内容保留了《物权法》第 191 条第 2 款的精神，允许买受人行使涤除权。

【适用指南】

本条是关于存在禁止或限制转让约定的规定，是一种对抵押权人利益更优的条款设置，因为该类“除外约定”将抵押财产的许可权保留给了抵押权人。这样的约定，有助于抵押权人监测抵押财产的状态，无论其是否真的需要行使否决交易的权利。即使抵押权人对于抵押财产是否真的发生转让并不关心，通过该同意权的保留，也可以掌握交易关系中的主动权。

从第三方买受人的角度来说，为了确保交易的安全性，应当做好抵押财产交易前的尽职调查。其既可以对出卖人提出更为严谨、全面的信息披露要求以及更为严苛的违约责任，也可以自行主动前往相关的登记机关查询最新的登记信息，全面核查交易标的的权属状态、负担或限制。尽管从法律的角度来说，抵押人违反约定转让抵押财产需要承担违约责任，可以在一定程度上弥补买受人的损失，但是这并不能满足买受人获得物权的交易目的；如果提前掌握更全面的真实信息，买受人就能获得交易决策的主动权。

还有一种情形，即抵押双方当事人并未将该限制性的特殊约定进行登记，当抵押人拟对抵押财产进行交易时，抵押权人应当在获知该信息后第一时间向潜在的买受人进行告知，告知内容为抵押财产的转让存在限制或禁止性约定。虽然未经登记，但是可以通过在个别交易中向具体的相对人进行告知，

---

① ［日］近江幸治：《担保物权法》，祝娅等译，法律出版社 2000 年版，第 174 页。

以弥补登记的功能；此后，买受人的善意性不复存在，其难以依善意第三人保护制度获得抵押财产的物权。

【关联案例】

东莞市利成电子实业有限公司、河源市源城区宝源房地产发展有限公司与东莞市晶隆实业发展有限公司、东莞市大岭山镇房地产开发公司、东莞市大岭山镇颜屋村村民委员会及麦赞新、蔡月红项目转让合同纠纷案①

裁判要旨：依据《物权法》第 191 条第 2 款的规定，抵押财产未经抵押权人同意只是不能办理转让登记，而并非针对抵押财产转让合同的效力性强制性规定，因此涉及抵押财产转让的相关协议依法应认定为有效。

孙久东与魏向远等房屋买卖合同纠纷案②

裁判要旨：标的房屋上设定的抵押权负担尚未涤除，且买受人对于该权利负担的存在是知情的，其要求继续履行买卖合同、办理房屋过户登记的诉讼请求不能得到法院支持。

【关联规范】

《中华人民共和国民法典》（2020 年 5 月 28 日）

第四百零六条　抵押期间，抵押人可以转让抵押财产。当事人另有约定的，按照其约定。抵押财产转让的，抵押权不受影响。

抵押人转让抵押财产的，应当及时通知抵押权人。抵押权人能够证明抵押财产转让可能损害抵押权的，可以请求抵押人将转让所得的价款向抵押权人提前清偿债务或者提存。转让的价款超过债权数额的部分归抵押人所有，不足部分由债务人清偿。

---

① 参见最高人民法院（2012）民提字第 122 号民事判决书。

② 参见北京市第三中级人民法院（2020）京 03 民终 4577 号民事判决书。

第四十四条　【担保物权的行使期间】

主债权诉讼时效期间届满后，抵押权人主张行使抵押权的，人民法院不予支持；抵押人以主债权诉讼时效期间届满为由，主张不承担担保责任的，人民法院应予支持。主债权诉讼时效期间届满前，债权人仅对债务人提起诉讼，经人民法院判决或者调解后未在民事诉讼法规定的申请执行时效期间内对债务人申请强制执行，其向抵押人主张行使抵押权的，人民法院不予支持。

主债权诉讼时效期间届满后，财产被留置的债务人或者对留置财产享有所有权的第三人请求债权人返还留置财产的，人民法院不予支持；债务人或者第三人请求拍卖、变卖留置财产并以所得价款清偿债务的，人民法院应予支持。

主债权诉讼时效期间届满的法律后果，以登记作为公示方式的权利质权，参照适用第一款的规定；动产质权、以交付权利凭证作为公示方式的权利质权，参照适用第二款的规定。

【条文理解】

（一）对抵押权行使期间的理解

本条规定了主债权诉讼时效与担保物权行使期间两者如何衔接的问题。需要明确的是，对于“担保物权”不适用诉讼时效制度，因为诉讼时效是一个针对债权请求权的法律制度，而担保物权并不在此列。对于担保物权，法律上采纳的是“行使期间”的表述。“行使期间”在本质上到底是一种什么样的法律制度，目前尚未形成统一的理论。在司法实践中也存在不同的观点。《物权法》第202条对于该问题的表述较为隐晦：“抵押权人应当在主债权诉讼时效期间行使抵押权；未行使的，人民法院不予保护。”“不予保护”是一种偏向于“司法解释”的实务措辞，并未对该情形下抵押权状态及抵押权人在诉讼中具有何种权利进行直接的评价，如是抵押权消灭还是赋予抵押权人一种抗辩权。《民法典》沿用了《物权法》第202条的表述。《民法典》第

419条规定："抵押权人应当在主债权诉讼时效期间行使抵押权；未行使的，人民法院不予保护。"本条以《民法典》第419条为基础对担保物权的行使期间进行了更加细致的规制，"抵押人以主债权诉讼时效期间届满为由，主张不承担担保责任的，人民法院应予支持"。

（二）抵押权行使期间的中断、中止

抵押权行使期间与主债权诉讼时效的期间是完全重合的，这一观点在《民法典》及本解释中得到了确立。

在旧法框架下，司法实践中因人民法院分别援引《担保法司法解释》第12条和《物权法》第202条的不同规定，导致对抵押权行使期间所给予的保护程度不一，前者为主债权诉讼时效届满后2年，后者与主债权诉讼时效同步。这样的审判差异不仅不利于当事人对自身权益的行使和维护，也有损司法的权威。

虽然抵押权行使期间不是诉讼时效，但因其与主债权诉讼时效节奏保持一致，也应当参照主债权诉讼时效的中断、中止而变化。最高人民法院在"赵继胜、本溪实华新世界物业管理有限公司抵押权纠纷案"中论述了"关于抵押权是否适用诉讼时效制度的问题"，法院认为，"抵押权是担保物权，并不适用诉讼时效制度，否则有违传统民法理论。抵押权只存在行使期间的问题，只是依据物权法第二百零二条的规定，该行使期间与主债权诉讼时效期间相同，随着主债权诉讼时效中断、中止而变化"。[①]

（三）抵押权的行使期间与司法债权强制执行期限的关系

本条第1款补充和完善了抵押权行使期间适用的另一种实践情形。当债权人仅对债务人单方提起诉讼后，其对债务人享有的是经司法程序确认的生效债权，而非一般的债权请求权，此时则不再适用"主债权诉讼时效"的制度，转而适用《民事诉讼法》第239条关于"申请执行期间"的规定，尽管申请执行期间仍然适用诉讼时效的计算方法。

债权取得司法确认后，债权人仍然有可能怠于对债务人申请强制执行，

① 参见最高人民法院（2020）最高法民再110号民事判决书。

如果超过了申请执行的期间，则债务人因此获得了执行期间的抗辩权，人民法院可裁定不予执行。因债权人怠于主张权益而无法执行的，不应当由抵押权人承担该不利后果，抵押权人可以主张债务人对债权人的同等抗辩。

（四）占有型担保的情形下的特殊规定

该内容区别于本条第1款中对抵押权行使期间的规定，给予了占有型担保物权人更充分的司法保护。在主债权诉讼时效届满的情况下，债权人并不必然丧失对留置财产的担保利益，留置财产的债务人或其他权利人不得因此要求取回该财产，而仅能要求进行拍卖、变卖并清偿债务。这一规定为债权人的担保利益提供了保障。

在过去的司法实践中，关于抵押权的行使期间规定是否同步适用于留置权、质权，有不同的观点，主要分为“适用说”和“不适用说”。相关的理论争辩在此不作延展，但经本条明文规定后，可以看出我国在两种学说观点之间采取了一种较为平衡的做法。

本条第3款以相关担保物权的公示方式为判断标准，对以登记为公示方式的权利质权和以交付为公示方式的动产质押、权利凭证质押规定了不同参照，前者的行使期间和方式参照抵押权，后者的行使期间和方式参照留置权。

【适用指南】

权利人应当在法律规定的有效期间内积极行使权利、主张诉求，这已经逐渐为大众所认识，但仍应注意不同的期间规定、计算方法，避免因期间问题无法得到法律的保护。关于以主张的方式中止、中断诉讼时效，抵押权行使期间等内容，在此不再赘述。

未能在抵押权行使期间内主张行使抵押权的，其后果如何？无论是《民法典》第419条中的“不予保护”，还是本条中的“不予支持”，均未对抵押权本身的状态作明确的交代。是消灭了？还是未消灭但可以提出抗辩？如果人民法院不予支持，抵押人对于设定在财产上的抵押负担应当如何处置？

《九民会议纪要》第59条第1款规定：“抵押权人应当在主债权的诉讼时效期间内行使抵押权。抵押权人在主债权诉讼时效届满前未行使抵押权，抵押人在主债权诉讼时效届满后请求涂销抵押权登记的，人民法院依法予以支持。”虽然法律并未明确交代抵押权的状态，但是人民法院给出了一个实操的路径，即抵押人可以将抵押权登记予以涤除。

由此引出另一个问题，抵押权人起诉要求行使抵押权，而抵押人以抵押期间已过为由提出抗辩的，抵押人能否在同一个诉中提出反诉要求涂销抵押登记？笔者认为是可以的。无论是行使抵押权还是涂销抵押登记，都是基于双方当事人同一的抵押法律关系和法律事实，若抵押人的抗辩理由得到支持，则其有权要求进行涂销登记，以反诉的形式合并审理能够节约司法资源、提高诉讼效率。

【关联案例】

赵继胜、本溪实华新世界物业管理有限公司抵押权纠纷案[①]

裁判要旨：《物权法》与《担保法司法解释》关于抵押权行使期间的规定并不一致。根据《物权法》第 178 条关于“担保法与本法的规定不一致的，适用本法”的规定以及《立法法》规定的上位法优于下位法、新法优于旧法的法律适用原则，《物权法》作为上位法，且颁布实施时间在后，应当优先适用，故关于抵押权行使期间问题应当适用《物权法》第 202 条的规定。

平安银行股份有限公司南京分行与徐惠菊抵押权纠纷案[②]

裁判要旨：债权人若在法律文书生效后怠于行使自身权利，超过法律规定的 2 年申请执行期限的，其主债权已不受人民法院保护，基于主债权而设立的抵押权无法再请求公权力的保护（而非抵押权消灭），故对抵押人要求抵押权人协助涤除案涉房产抵押权的诉讼请求应当予以支持。

---

① 参见最高人民法院（2020）最高法民再 110 号民事判决书。

② 参见江苏省南京市中级人民法院（2020）苏 01 民终 6934 号民事判决书。

【关联规范】

《中华人民共和国民法典》（2020 年 5 月 28 日）

第四百一十九条 抵押权人应当在主债权诉讼时效期间行使抵押权；未行使的，人民法院不予保护。

《中华人民共和国民事诉讼法》（2017 年 6 月 27 日修正）

第二百三十九条 申请执行的期间为二年。申请执行时效的中止、中断，适用法律有关诉讼时效中止、中断的规定。

前款规定的期间，从法律文书规定履行期间的最后一日起计算；法律文书规定分期履行的，从规定的每次履行期间的最后一日起计算；法律文书未规定履行期间的，从法律文书生效之日起计算。

《最高人民法院关于适用〈中华人民共和国民事诉讼法〉的解释》（2020 年 12 月 29 日修正 法释〔2020〕20 号）

第四百八十三条 申请执行人超过申请执行时效期间向人民法院申请强制执行的，人民法院应予受理。被执行人对申请执行时效期间提出异议，人民法院经审查异议成立的，裁定不予执行。

被执行人履行全部或者部分义务后，又以不知道申请执行时效期间届满为由请求执行回转的，人民法院不予支持。

《全国法院民商事审判工作会议纪要》（2019 年 11 月 8 日 法〔2019〕254 号）

59.【主债权诉讼时效届满的法律后果】抵押权人应当在主债权的诉讼时效期间内行使抵押权。抵押权人在主债权诉讼时效届满前未行使抵押权，抵押人在主债权诉讼时效届满后请求涂销抵押权登记的，人民法院依法予以支持。

以登记作为公示方法的权利质权，参照适用前款规定。

第四十五条　【实现担保物权方式的自主约定】

当事人约定当债务人不履行到期债务或者发生当事人约定的实现担保物权的情形，担保物权人有权将担保财产自行拍卖、变卖并就所得的价款优先受偿的，该约定有效。因担保人的原因导致担保物权人无法自行对担保财产进行拍卖、变卖，担保物权人请求担保人承担因此增加的费用的，人民法院应予支持。

当事人依照民事诉讼法有关“实现担保物权案件”的规定，申请拍卖、变卖担保财产，被申请人以担保合同约定仲裁条款为由主张驳回申请的，人民法院经审查后，应当按照以下情形分别处理：

（一）当事人对担保物权无实质性争议且实现担保物权条件已经成就的，应当裁定准许拍卖、变卖担保财产；

（二）当事人对实现担保物权有部分实质性争议的，可以就无争议的部分裁定准许拍卖、变卖担保财产，并告知可以就有争议的部分申请仲裁；

（三）当事人对实现担保物权有实质性争议的，裁定驳回申请，并告知可以向仲裁机构申请仲裁。

债权人以诉讼方式行使担保物权的，应当以债务人和担保人作为共同被告。

【条文理解】

本条关于实现担保物权的规定，涉及三方面内容：一是承认“自行拍卖、变卖”可以作为约定的实现担保物权方式；二是实现担保物权特别程序与仲裁约定条款的衔接；三是在诉讼方式下实现担保物权的当事人主体问题。

（一）担保物权人的自主拍卖、变卖行为

本条允许在法院特别程序、法院诉讼程序的公权力救济渠道之外，由当事人自行实施救济直接实现担保物权。该内容是针对担保物权实现方式或救济途径的一种补充性说明。

从《物权法》第195条第2款可以看出，若要实现抵押权只能通过两种方式：一是抵押权人与抵押人通过协议的方式达成一致；二是通过人民法院启动实现担保物权的特别程序。通过对比该规定与本条可知，前者没有提及这样一种可能性，即双方提前约定抵押权人可以在满足条件时单方拍卖、变卖抵押财产，而无须临时再与抵押人达成一致，或进入更耗费资源的法院程序。

（二）与仲裁管辖约定条款的关系

在《民事诉讼法》及《民事诉讼法解释》针对“实现担保物权特别程序”的规定中，没有提及担保合同中约定仲裁条款的情形，导致在司法实践中人民法院适用法律存在偏差。

《重庆市高级人民法院关于办理实现担保物权案件若干问题的解答》（渝高法〔2015〕164号）认为，约定仲裁管辖的条款与通过人民法院实现担保物权的程序是相排斥的，只能择其一。其原文表述如下：“当事人约定发生争议后由仲裁机构裁决的，该约定排斥了人民法院对案件的主管。当事人向人民法院申请实现担保物权的，人民法院不予受理，已经受理的，应当裁定驳回申请。”

在司法实践中，主流的审判观点也倾向于在有仲裁约定的案件中排除法院对实现担保物权特别程序的主管。比如，在“贵州贵安新区黔众小额贷款股份有限公司、叶家德申请拍卖扣押船舶特别程序案”的民事裁定书中，法院认为：“故本案不宜规避主合同和担保合同约定的仲裁条款，而在申请实现担保物权程序中由人民法院径行对主合同、担保合同进行审查认定。双方当事人对争议解决方式的约定排斥了人民法院对案件的管辖，本案不属于人民法院的受案范围，申请人的申请应予驳回。”①

但从本条来看，人民法院并不认为担保合同中的仲裁条款约定可以排除人民法院对案件的管辖，而认为应当参照适用《民事诉讼法解释》第372条的处理方式，根据实现担保物权有无实质性争议的不同情形，进行区分和处

① 参见贵州省盘州市人民法院（2019）黔0222民特2号民事裁定书。

理。实现担保物权的特别程序并非一个诉讼程序，其本身并不解决当事人之间的权益争议问题；一旦在审查过程中发现有争议，则从非诉程序转向实质性审查的程序，后者既可以是诉讼程序，也可以是仲裁程序。实现担保物权的特别程序与商事仲裁程序并无冲突，用后者排除前者的适用，实际上缩小了前者的适用范围，违反了立法的本意。本条明晰地解决了这一争议问题。

（三）债权人的诉讼相对人范围

本条第 3 款是关于诉讼程序中诉讼主体的规定，强调了在通过诉讼程序实现担保物权的情形中，不能够仅以担保物人作为单独的被告，而必须以债务人作为共同被告。由此可知，在当事人没有主动列共同被告的情形下，人民法院应当依职权追加。

【适用指南】

根据本条的规定，当事人之间就实现担保方式作出的提前约定有效。有鉴于此，在拟制相关的合同文件时，双方当事人或其律师可站在各自的立场就实现担保的方式作出约定，尤其对抵押权人而言，相关特殊约定的内容可以提高实现担保物权的效率。

未能以自行拍卖、变卖方式实现担保物权的，还可以转向司法方式实现担保物权。但在不同程序下的相对人问题上，需要注意以下两点内容：一是在非诉讼的特别程序中，并不要求将债务人和担保人作为共同的被申请人，因为该程序并不做实质性的审查。在《浙江省高级人民法院关于审理实现担保物权案件若干问题的解答》中，浙江省高级人民法院就表示："在主债务人未以自有财产提供担保的情况下，主债务人不是担保物权法律关系中的直接义务人或直接权利人，故不列为实现担保物权案件的被申请人。"二是在诉讼程序中，债权人仅起诉债务人的，不以担保人作为必要的共同被告。债权人未选择同时起诉担保人的，人民法院不得依职权追加共同被告。

【关联案例】

高雅茹与龙学武等确认合同无效纠纷案[①]

裁判要旨：抵押权实现的路径包括抵押权人与抵押人协商一致，直接向法院申请拍卖、变卖以及向法院提起诉讼等三种方式。当事人在抵押合同订立之时就约定抵押权人指定的人可以自行出卖抵押财产、行使抵押权人优先受偿权的，实际上是由抵押权人自行决定出卖价格，剥夺了抵押人议定抵押财产价格的权利，不能得到法院的支持。

【关联规范】

《中华人民共和国民法典》（2020 年 5 月 28 日）

第四百一十条 债务人不履行到期债务或者发生当事人约定的实现抵押权的情形，抵押权人可以与抵押人协议以抵押财产折价或者以拍卖、变卖该抵押财产所得的价款优先受偿。协议损害其他债权人利益的，其他债权人可以请求人民法院撤销该协议。

抵押权人与抵押人未就抵押权实现方式达成协议的，抵押权人可以请求人民法院拍卖、变卖抵押财产。

抵押财产折价或者变卖的，应当参照市场价格。

（二）不动产抵押

第四十六条 【未办理不动产抵押登记的处理】

不动产抵押合同生效后未办理抵押登记手续，债权人请求抵押人办理抵押登记手续的，人民法院应予支持。

抵押财产因不可归责于抵押人自身的原因灭失或者被征收等导致

---

① 参见北京市朝阳区人民法院（2016）京 0105 民初 68861 号民事判决书。

不能办理抵押登记，债权人请求抵押人在约定的担保范围内承担责任的，人民法院不予支持；但是抵押人已经获得保险金、赔偿金或者补偿金等，债权人请求抵押人在其所获金额范围内承担赔偿责任的，人民法院依法予以支持。

因抵押人转让抵押财产或者其他可归责于抵押人自身的原因导致不能办理抵押登记，债权人请求抵押人在约定的担保范围内承担责任的，人民法院依法予以支持，但是不得超过抵押权能够设立时抵押人应当承担的责任范围。

【条文理解】

本条规定了在抵押登记不能的情形下，如何救济债权人的权利。一方面，对于可以登记而未登记的，从继续履行抵押合同的角度规定了救济；另一方面，对于客观上无法登记的，从违反抵押合同的角度规定了抵押人的责任类型及范围。

（一）债权人的登记请求权

根据《担保法》的规定，抵押合同自登记之日起生效，即登记行为可以同时实现抵押合同生效的债权效力、抵押权设立的物权效力。但在《物权法》颁布实施后，法律明确了“未办理物权登记不影响合同效力”的物债区分原则，且该区分原则已经得到广泛认同，并被延续到《民法典》框架之下。

基于《民法典》的相关规定，未办理抵押登记的，抵押合同自成立时生效（暂不讨论当事人另行特殊约定的其他可能情形，下同）。办理抵押登记是不动产抵押合同实现设立抵押权目的的必要前提，因此属于合同义务性条款。虽然说办理抵押登记的行为需要债权人、抵押人双方配合共同完成，但因为抵押权人是登记行为的受益人，因此怠于履行登记行为的，往往是由于抵押人的消极履行。债权人作为合同当事人，有权依据合法、有效的抵押合同向合同义务人（抵押人）提出登记的请求，人民法院应当支持。在司法实践中，在客观上具备办理抵押登记的条件，而抵押人一方怠于配合相关义务的，债权人在通过诉讼方式获得具备强制执行力的法律文书后，可单方到不动产登记部门办理登记手续。这一做法已经较为常见。

需要关注的另一个问题是债权人之外其他主体的登记请求权。本条仅规定债权人享有该请求权，系因债权人基于合同当事人地位享有合同权利。但实践中，抵押人不登记、债权人又不急于请求登记时，其他利益相关的主体也会对自己的抵押权登记请求权产生期待，以控制自身的风险，如债务人、为同一债务提供担保的其他担保人、在按揭购房交易中为购房者就按揭款项向贷款银行提供阶段性保证的开发商等。本条是否排除了债权人以外的其他主体的登记请求权？或因为本条只处理抵押合同双方当事人之间的法律问题，对于前述可能发生的情形另有规定呢？在司法实践中，对于债权人之外的主体起诉请求办理抵押登记的，既有认为原告不具备诉讼主体资格、驳回起诉的，也有认为原告具有诉的利益而予以支持的。具体裁判理由详见本条“关联案例”部分内容。

（二）无法办理抵押登记时的救济路径

本条第 2 款、第 3 款规定了客观上无法办理抵押登记时，抵押人是否承担责任、抵押权人如何进行救济的问题。如前所述，即使抵押未登记、抵押权未设立，抵押合同仍然是有效的。合同有效却无法办理抵押登记，属于一种合同义务的履行不能，本条确定了以抵押人过错归责的原则来确定抵押人所承担的责任。

1. 不可归责于抵押人的情形

首先应明确，若“抵押财产因不可归责于抵押人自身的原因灭失或者被征收”，原则上免除抵押人的责任。从合同履行的角度来理解，若抵押财产灭失或被征收，则出现了合同目的已然无法实现的结果，此时抵押作为抵押登记的义务人并不存在任何主观过错或过失，原则上不应当对该情形导致的结果承担民事责任。抵押人也必须自行承担因该类不可归责于合同相对方的情形而导致的利益丧失的结果。

但有一个例外情形，即抵押财产有代位物的，抵押权人可在该等保险金、赔偿金或者补偿金的范围之内主张赔偿责任。此处参照了本解释第 42 条有关抵押权代位权的救济方式的规定（参见本书关于第 42 条的论述），但因抵押权尚未设立，并不直接适用抵押权的代位权，而仅仅在其代位物的价值范围之内依抵押合同主张合同下的赔偿责任。

2. 可归责于抵押人的情形

若“抵押人转让抵押财产或者其他可归责于抵押人自身的原因”导致无法办理抵押登记，则可以视为因抵押人的过错行为导致抵押合同目的无法实现，抵押人应当就其过错承担合同责任，且该合同责任的范围以抵押人的履行利益为限，不得超过抵押权能够设立时抵押人应承担的责任范围。

3. 司法观点的变化及统一

在旧的司法观点及实践中，对于未设立抵押登记的情形，人民法院的观点及裁判方式并不统一。最高人民法院对同一问题的处理也先后出现了不同观点。

2015 年，最高人民法院在判例中采取了“法律行为的转化”这一民法理论，将抵押人的抵押担保责任转化为抵押人的连带担保责任，判令抵押人向债权人承担连带清偿责任。例如，在“侯向阳与商都县众邦亿兴能源材料有限责任公司、韩福全等民间借贷纠纷案”中，最高人民法院认为：“原审认为抵押合同成立，抵押权并未设立，侯向阳可以主张众邦公司在土地使用权范围内对债务承担连带清偿责任，但不能就土地使用权主张优先受偿，适用法律并无不当。”[①] 在“刘峻瑞、新疆石河子农村合作银行借款合同纠纷案”中，最高人民法院同样将案件中的抵押担保合同转换为连带责任保证合同。[②]

2017 年，最高人民法院则在新的案例中认定由抵押人直接承担抵押合同下的损害赔偿责任，并根据抵押人、债权人之间的过错比例划分责任份额。在“营口元亨曦地置业有限公司、青岛天一集团樱珠山房地产开发有限公司企业借贷纠纷案”中，最高人民法院认为，抵押权未登记、未设立的，可根据双方的过错程度，判决抵押人在抵押物价值的 1/2 范围内对债务人不能清偿的部分承担赔偿责任。[③]

---

① 参见最高人民法院（2015）民申字第 3299 号民事裁定书。

② 参见最高人民法院（2015）民申字第 2354 号民事裁定书。

③ 参见最高人民法院（2017）最高法民申 2340 号民事裁定书。

最高人民法院于2019年11月发布《九民会议纪要》，再次就该问题提出司法观点。其中第60条规定："……因抵押物灭失以及抵押物转让他人等原因不能办理抵押登记，债权人请求抵押人以抵押物的价值为限承担责任的，人民法院依法予以支持，但其范围不得超过抵押权有效设立时抵押人所应当承担的责任。"该条原文并未明确抵押人承担的到底为何种性质的责任，但最高人民法院民事审判第二庭在《〈全国法院民商事审判工作会议纪要〉理解与适用》一书中，将该条中的"责任"理解为基于抵押合同的损害赔偿责任。[①]

从本条的表述来看，最高人民法院不仅延续了上述《九民会议纪要》的观点，更进一步地，还以是否存在可归责于抵押人自身的原因为标准，对相关的责任承担方式作了进一步完善。

【适用指南】

具备办理抵押登记条件而抵押人明显不予配合，意味着抵押人承担抵押担保责任的意愿产生了明显的异动，也意味着抵押权人获得抵押权的风险大大提升。此时抵押权人应当积极采取相关措施，防范事态从抵押人"主观上不配合"办理抵押登记转化为"客观上不能"办理抵押登记。抵押权人若通过诉讼方式请求办理抵押登记，可以通过司法保全措施消解过渡阶段的抵押财产被转移的风险。

当客观上已经无法办理抵押登记时，抵押权人的物权利益则转化为基于抵押合同的债权利益，无法再享有物权的优先性。为了能最终落实合同违约责任，抵押权人应当充分履行注意义务。笔者建议抵押权人在第一时间查明抵押财产的状态、导致该状态的原因，并了解是否存在潜在的义务给付人（如保险人、侵权人、房屋拆迁人等），为确定抵押人的责任性质、责任范围以及启动司法救济程序做好前期准备。

---

① 最高人民法院民事审判第二庭编著：《〈全国法院民商事审判工作会议纪要〉理解与适用》，人民法院出版社2019年版，第364页。

【关联案例】

黄石万达广场投资有限公司、周璇房屋买卖合同纠纷案[①]

裁判要旨：当涉案房屋具备办理不动产权证的条件后，抵押人怠于办理涉案房屋不动产权证，故意不促成合同约定的涉案房屋办理正式抵押登记，使履行合同的善意相对人房屋出卖方无法按约定的条款解除阶段性融资担保，并持续处于权利负担之中，其行为是不诚信、不友善全面履行合同义务的行为。房屋出卖方因承担了抵押人行为的不利后果，具有提起办理抵押权登记之诉的诉讼主体资格。

【关联规范】

《中华人民共和国民法典》（2020 年 5 月 28 日）

第四百零二条 以本法第三百九十五条第一款第一项至第三项规定的财产或者第五项规定的正在建造的建筑物抵押的，应当办理抵押登记。抵押权自登记时设立。

《全国法院民商事审判工作会议纪要》（2019 年 11 月 8 日 法〔2019〕254 号）

60.【未办理登记的不动产抵押合同的效力】不动产抵押合同依法成立，但未办理抵押登记手续，债权人请求抵押人办理抵押登记手续的，人民法院依法予以支持。因抵押物灭失以及抵押物转让他人等原因不能办理抵押登记，债权人请求抵押人以抵押物的价值为限承担责任的，人民法院依法予以支持，但其范围不得超过抵押权有效设立时抵押人所应当承担的责任。

---

① 参见湖北省黄石市中级人民法院（2020）鄂 02 民终 258 号民事判决书。

第四十七条 【抵押合同与不动产登记簿不一致时的处理方法】

不动产登记簿就抵押财产、被担保的债权范围等所作的记载与抵押合同约定不一致的，人民法院应当根据登记簿的记载确定抵押财产、被担保的债权范围等事项。

【条文理解】

（一）我国不动产抵押权以登记生效要件主义为主

依据登记对于法律行为产生的不动产物权变动效力的影响，国外立法上有登记生效要件主义与登记对抗要件主义之别。前一种，以登记作为不动产物权变动的生效要件，非经登记，不发生物权变动效力。后一种，不以登记为不动产物权变动的生效要件，当事人就不动产物权达成合意之时，即发生效力，但非经登记不得对抗第三人。《民法典》对于抵押权登记原则上采取登记生效要件主义，例外情况下采取登记对抗要件主义。

《民法典》第217条规定："不动产权属证书是权利人享有该不动产物权的证明。不动产权属证书记载的事项，应当与不动产登记簿一致；记载不一致的，除有证据证明不动产登记簿确有错误外，以不动产登记簿为准。"根据该规定，我国不动产抵押权和以某些动产物权设定的抵押权采取登记生效要件主义。所谓"抵押权自登记时设立"，是指只有在办理登记之后，才产生当事人通过订立抵押合同所要达到的法律效果，即产生抵押权。没有登记，则不产生抵押权。但未办理抵押权登记，不影响当事人之间订立的抵押合同本身的效力。

（二）不动产登记簿具有推定效力与公信效力

根据不动产物权登记生效原则，不动产物权登记于登记簿的权利人应当推定为不动产物权的权利人，不动产登记簿所记载的物权内容应当是物权人所享有的物权内容。不动产登记簿具有确认物权归属的效力，即具有公信力。

不动产登记簿的公信力，是指不动产登记簿所记载的事项具有推定效力，而非绝对、终极的效力，即在没有相反证据的情况下，合法登记的权利人被推定为正确的物权人。一旦利害关系人提出强有力的相反证据要求对不动产权属进行重新确认，并最终证实原不动产权属登记与事实不符，则利害关系人可以通过有权机关确认为真实的物权人。

【适用指南】

不动产登记簿的记载与抵押合同的约定不一致的情形有哪些?《民法典》第400条规定:“设立抵押权，当事人应当采用书面形式订立抵押合同。抵押合同一般包括下列条款:(一)被担保债权的种类和数额;(二)债务人履行债务的期限;(三)抵押财产的名称、数量等情况;(四)担保的范围。”因此，所谓不动产登记簿“记载与抵押合同约定不一致”，应当包括被担保债权的种类和数额，债务人履行债务的期限，抵押财产的名称、数量等情况，担保的范围这四项内容。

但在《不动产登记暂行条例》施行之前，我国各地对不动产权登记的要求不一，所需要登记的内容也并不相同。该文件施行后，我国逐步建立起包括不动产抵押登记在内的不动产统一登记制度。国土资源部作为不动产统一登记的主管部门制定了统一的登记规则和登记簿样式。不动产登记簿有关抵押权的登记内容体现在《国土资源部关于启用不动产登记簿证样式(试行)的通知》的附件《不动产登记簿样式及使用填写说明》中的“抵押权登记信息”部分，该部分需填写以下内容:抵押不动产类型、抵押权人、抵押人、抵押方式、登记类型、登记原因、在建建筑物坐落、在建建筑物抵押范围、被担保主债权数额(最高债权数额)、债务履行期限(债权确定期间)、最高债权确定事实和数额。值得注意的是，登记栏目中包括“被担保主债权数额”，并要求在该栏目填写“被担保的主债权金额”，未见“抵押担保范围”登记栏目。此外，虽然统一了登记规则和登记簿样式，但是由于各种原因，经常出现登记簿与不动产权属证书登记不一致的情形，一旦出现此情形，则应当以不动产登记簿为准。

【关联案例】

安徽汇通典当有限公司、任军执行分配方案异议之诉案①

裁判要旨：案涉《抵押合同》与他项权利证书记载的内容不一致时，应当以他项权证的记载作为认定抵押权范围的依据。

【关联规范】

《中华人民共和国民法典》（2020年5月28日）

第二百一十四条 不动产物权的设立、变更、转让和消灭，依照法律规定应当登记的，自记载于不动产登记簿时发生效力。

第二百一十五条 当事人之间订立有关设立、变更、转让和消灭不动产物权的合同，除法律另有规定或者当事人另有约定外，自合同成立时生效；未办理物权登记的，不影响合同效力。

第二百一十六条 不动产登记簿是物权归属和内容的根据。

不动产登记簿由登记机构管理。

第二百一十七条 不动产权属证书是权利人享有该不动产物权的证明。不动产权属证书记载的事项，应当与不动产登记簿一致；记载不一致的，除有证据证明不动产登记簿确有错误外，以不动产登记簿为准。

第二百一十八条 权利人、利害关系人可以申请查询、复制不动产登记资料，登记机构应当提供。

第二百一十九条 利害关系人不得公开、非法使用权利人的不动产登记资料。

---

① 参见最高人民法院（2018）最高法民申3313号民事裁定书。

第四十八条　【因登记部门原因不能办理登记的后果】

当事人申请办理抵押登记手续时，因登记机构的过错致使其不能办理抵押登记，当事人请求登记机构承担赔偿责任的，人民法院依法予以支持。

【条文理解】

本条规定登记机构因在办理抵押登记时存在过错导致抵押登记不能办理的赔偿责任，以及办理抵押登记时登记机构的法定职责。因登记机构过错不能办理抵押登记的，登记机构理应承担赔偿责任。

本条规定是以前所没有的，之前类似的条款是针对不动产登记机构错误登记所引发的赔偿责任，如《物权法》第21条第2款和《民法典》第222条第2款。本条针对不办理登记导致当事人损失的要求登记机构承担赔偿责任，第一次实质性地扩大了不动产登记的赔偿范围，将错误不予受理的损失纳入法律规制。这一规定凸显了我国现阶段对于登记制度以及登记效力的重视，有利于引起登记机构的重视，并有助于推动我国不动产登记制度的进一步发展和完善。

【适用指南】

关于本条所称的“赔偿责任”的性质，是属于国家赔偿责任或民事赔偿责任，还是二者兼有，学术界争论不休。笔者认为，不动产登记错误的赔偿责任应为国家赔偿责任。不动产登记的工作人员进行不动产物权登记的行为，是其作为国家机关工作人员行使行政职权的体现，也是其履行行政职责的体现，其代表国家为该行政行为，该行政行为之后果应由国家承担。所以，当不动产物权登记发生错误时，应由国家承担赔偿责任，再对造成不动产登记错误的该行政登记行为的责任人员进行追偿。既然如此，登记机关因过错而未能办理抵押登记的，更应当承担赔偿责任。

关于不动产登记错误的归责原则，有过错责任原则、无过错责任原则、过错推定责任原则三种说法。学界有人认为，《物权法》第 21 条确定的是无过错赔偿责任。也就是说，只要登记行为给他人造成损害，无论造成损害的原因是当事人提供虚假的申请材料，还是登记机构自身没有尽到相应的审查职责，登记机构均应当承担因登记错误而发生的赔偿责任。如果财产损害确实是由申请人的原因所致，那么，登记机构赔偿后再向造成损害发生的人追偿。虽然，采取无过错责任原则有利于最大限度地保护受损害人的合法权益，但是，这必然会加重登记机构的负担。而且，随着不动产交易市场的活跃，不动产所涉经济价值较大，实行无过错责任甚至会使登记机构陷入诉累，从而影响机构的正常工作。同时，采用无过错责任原则与登记机构需负担的审查职责亦不相称。因此，笔者认为，不动产登记造成损害的责任承担应适用过错责任原则。如果登记机关履行了法律规定的职责，不存在过错，则不需要承担责任。

关于不动产登记错误的赔偿范围与赔偿标准。由于我国采取抚慰性赔偿标准，不动产登记损害的赔偿范围仅限于直接经济损失而不包括间接经济损失，而且该直接损失要与登记机构的颁证行为有直接的因果关系，不涉及精神赔偿问题，并以损害发生时的价值确定予以赔偿的数额。但是，我国法律并没有确切规定，哪些损害可划入直接损失范畴，哪些损失可界定为间接损失，容易造成司法裁判中赔偿标准不统一。对此，河南省新乡市中级人民法院在“雒续林与新乡市不动产登记与交易中心行政赔偿案”[①] 中作了较为完整详细的论述，具有一定的参考性。

关于不动产登记错误的赔偿金额。《物权法》第 22 条仅规定了不动产物权登记机构可以收取登记费用，而对收费标准未作说明。如何在登记机构低廉的收费与巨大的赔偿责任之间寻求平衡，成为实践中的一个难题。我国台湾地区对不动产登记错误的赔偿金作了专门的规定：地方政府将不动产登记费的 10% 进行提存，以此作为不动产登记储备基金，作为不动产登记错误的赔偿基金，专款专用；不动产登记损害赔偿的额度，不得超过因不动产登记

① 参见河南省新乡市中级人民法院（2016）豫 07 行赔终 14 号行政赔偿判决书。

错误给受害人造成损失时该实际损害的价值，在地方政府拒绝以此对受害人进行赔偿时，受害人可向司法机关提起诉讼请求。对此，我国可以参照上述不动产登记损害赔偿金的规定，设立赔偿基金制度，费用源于提取的固定比例的登记费、查询费，对有过错的登记人员的追偿费，以及国家财政拨付的专门经费。这不但能够减轻因赔偿费用过高给不动产登记的专门机关带来的经济负担，保证其正常履职，发挥其在维护不动产交易安全上的应有功能，而且可以使不动产申请人之间风险共担，降低不动产权利人及利害关系人因不动产登记错误可能带来的风险，维护不动产权利人及利害关系人的利益，使其损失及时得到有效的补偿。同时，还应对不动产登记错误损害赔偿的请求权的时效作出相应的规定，这有利于不动产申请人及其利害关系人及时行使权利，不动产登记错误的损害赔偿机关及时对相对人采取相应的赔偿措施。

【关联案例】

王鑫等诉建德市住房和城乡建设局房屋登记行政赔偿案①

裁判要旨： 申请人故意隐瞒真实情况，申请所有权变更登记，登记机构在履行了合理审慎的审查职责之后，仍然无法查明真相，主观上并无过错，因此不承担由此造成的损害赔偿责任。

雒续林与新乡市不动产登记和交易中心行政赔偿案②

裁判要旨： 本案争议焦点为，对申请人赔偿请求中的哪些部分应予支持。首先，申请人基于对房产管理局登记行为的信赖而购得案涉房屋，现生效判决已确认案涉房屋登记行为违法，申请人的房屋所有权证被注销收回，因此申请人的行政信赖利益应予保护。其次，计算赔偿数额的时间点应限定在登

---

① 参见浙江省杭州市中级人民法院（2013）浙杭行赔终字第4号行政赔偿判决书。

② 参见河南省新乡市中级人民法院（2016）豫07行赔终14号行政赔偿判决书。

记行为被生效裁判确定为违法之日。最后，关于可赔偿的具体内容，住房登记费、档案利用费、住房转让手续费、测绘费、缴纳的税金、支付的代理费、复印费及诉讼费用损失部分，系申请人的实际支出的金额，且属于行政信赖利益损失范围，对此不动产中心应予赔偿。申请人诉请赔偿的房屋租赁损失费、误工费、利息、名誉费、精神损害抚慰金，不属于法定的直接损失范围，且申请人并未提供有效证据证明，对此应不予支持。

【关联规范】

《中华人民共和国民法典》（2020 年 5 月 28 日）

第二十一条 当事人提供虚假材料申请登记，给他人造成损害的，应当承担赔偿责任。

因登记错误，给他人造成损害的，登记机构应当承担赔偿责任。登记机构赔偿后，可以向造成登记错误的人追偿。

《中华人民共和国国家赔偿法》（2012 年 10 月 26 日修正）

第二条 国家机关和国家机关工作人员行使职权，有本法规定的侵犯公民、法人和其他组织合法权益的情形，造成损害的，受害人有依照本法取得国家赔偿的权利。

本法规定的赔偿义务机关，应当依照本法及时履行赔偿义务。

《最高人民法院关于审理房屋登记案件若干问题的规定》（2010 年 11 月 5 日 法释〔2010〕15 号）

第十二条 申请人提供虚假材料办理房屋登记，给原告造成损害，房屋登记机构未尽合理审慎职责的，应当根据其过错程度及其在损害发生中所起作用承担相应的赔偿责任。

第十三条 房屋登记机构工作人员与第三人恶意串通违法登记，侵犯原告合法权益的，房屋登记机构与第三人承担连带赔偿责任。

第四十九条 【违法建筑物抵押】

以违法的建筑物抵押的，抵押合同无效，但是一审法庭辩论终结前已经办理合法手续的除外。抵押合同无效的法律后果，依照本解释第十七条的有关规定处理。

当事人以建设用地使用权依法设立抵押，抵押人以土地上存在违法的建筑物为由主张抵押合同无效的，人民法院不予支持。

【条文理解】

本条第1款的规定，一方面依循旧规，因违法建筑物属于禁止转让的标的物（无流通性和交换价值），故以违法的建筑物抵押的，抵押合同原则上因内容不合法而无效。另一方面提供了事后补正的空间，即在一审法庭辩论终结前已办理合法手续的，抵押合同效力可得到补正。同时，本款明确了抵押合同无效的法律后果，即债权人无法享有对违法建筑物的优先抵押权，并根据担保人是否存在过错判断当事人的缔约过失责任。

由本条第2款可知，违法建筑物的存在不影响建设用地使用权抵押合同的效力，只要建设用地使用权自身合法，那么建设用地使用权抵押合同即可有效，抵押人不得以土地上存在违法的建筑物为由主张建设用地使用权抵押合同无效。

所谓违法建筑，是指在城乡规划区内，未取得建设工程规划许可证、乡村建设规划许可证、临时建设工程规划许可证或者未按照规划许可证的规定建造的建筑物以及超过批准期限未自行拆除的临时建筑物。《民法典》第399条所列举的不得抵押的财产，未包括违法建筑，但违法建筑禁止流通，所有人不得转让违法建筑物是一个基本原则，而且违法建筑是一个比较宽泛的概念，是否属于违法建筑需要行政管理部门认定。

从区分程序法和实体法的角度来看，违法建筑可以分为“程序违建”和“实质违建”两种。所谓程序违建，是指并未违反城市规划，只是没有办理合法的审批手续的违建，故程序违建一般可以通过补办手续成为合法建筑。而实质违建是指实质性违背了城市规划和土地管理的规定，无法通过补办手续的方式来纠正其违法性。划分程序违建与实质违建而予以区别对待的法理依据在于行政法上“侵害最小”的比例原则和人民财产权应受保障之意旨。根据《城乡规划法》第 64 条的规定，能够改正之违法建筑即为程序违法建筑，不能改正之违法建筑即为实质违法建筑，二者的处罚标准不同。

与《德国民法典》一致，目前我国法律体系对物权行为与债权行为实行两分法：债权行为有效与物权行为无效并存，两者并不冲突。《民法典》第 215 条承继了这一原则，对于违法建筑物的抵押效力，同样适用这一原则。在物权变动关系上，对于没有合法建造手续，许可证不齐全的违法建筑，因其本身无法通过原始取得方式取得物权，抵押权当然不能设立，更无法实现。但实践中，抵押合同无效的认定基本都是与主债务违约纠纷相伴随的，因此，一旦法院认定违法建筑的抵押合同无效，尤其在债务人与抵押人重合的情形下，债务人既无力清偿主债务也无力承担抵押合同无效的过错责任，这对债权人来说极为不利。特别是当债权人因信赖不动产登记簿记载的信息而签订了抵押合同，也在行政机关办理了不动产抵押登记后，法院再一律认定抵押合同无效，实际是让善意的债权人承担了更多的损失，有失公平。

在行政法上，依据《城乡规划法》第 64 条等法律法规，对于违法建筑主要采取以下几种处理方法：其一，针对正在建设中的违法建筑，责令停止建设。其二，对于已经建造完毕的违法建筑，如果尚可采取改正措施消除对规划实施的影响，限期改正并处罚款；如果无法采取改正措施来消除影响限期拆除的，没收实物或者违法收入，并处罚款。

由此可见，违法建筑是可以通过一定方式转化为合法建筑的。当抵押的违法建筑由抵押人或者抵押权人转化为合法建筑时，抵押合同就不能再认定为无效，抵押权人也就可以实现抵押权。例如，抵押物建筑被抵押人违法改造后，虽被行政机关认定为违法建筑，但恢复为合法建筑的成本不高，此时法院可以判令抵押人将抵押物恢复原状，恢复原状后，抵押权人即可行使抵押权；如果抵押人没有能力恢复原状，抵押权人愿意的，也可以代为恢复，相关费用在拍卖、变卖抵押物的范围内优先支付。抵押物有瑕疵，抵押权自然不可设立，但并不因此永久地失去抵押权的效力，此观点在本解释第 37 条以及本条中，均有不同程度的反映。基于充分发挥物的效力的考虑，即便在当事人签订抵押合同时抵押物存在权属争议，也给予当事人补正机会，“查封或者扣押措施已经解除”（本解释第 37 条）、“一审法庭辩论终结前已经办理合法手续”（本解释第49 条）的相关规定，其立法目的是尽量促成抵押权有效设立。

因此，在诉讼中，人民法院一方面应当征询行政管理部门意见，将抵押物建筑是否系违法建筑作为事实查明；另一方面为保障判决的可执行性，应明确以违法建筑抵押的，抵押合同无效，但是在一审庭审终结前已经办理合法手续或经行政管理部门出具可以办理合法手续的意见的，应认定有效。

【适用指南】

由于违法建筑的普遍性与隐秘性，违法建筑所涉及的租赁、买卖等纠纷层出不穷，很多违法建筑主动或被动地作为被执行财产被纳入司法拍卖程序，违法建筑能否被强制执行拍卖成为实践中的焦点之一。

对此，司法实务普遍认为，违法建筑是适格的拍卖标的，在强制执行程序中对违法建筑可以进行强制拍卖，其依据为《最高人民法院关于转发住房和城乡建设部〈关于无证房产依据协助执行文书办理产权登记有关问题的函〉的通知》。该通知指出：“一、各级人民法院在执行程序中，既要依法履行强制执行职责，又要尊重房屋登记机构依法享有的行政权力；既要保证执行工作的顺利开展，也要防止‘违法建筑’等不符合法律、行政法规规定的房屋通过协助执行行为合法化。二、执行程序中处置未办理初始登记的房屋时……不具备初始登记条件的，原则上进行‘现状处置’，即处置前披露房屋不具备初始登记条件的现状，买受人或承受人按照房屋的权利现状取得房屋，后续的产权登记事项由买受人或承受人自行负责……”由以上表述可以看出，最高人民法院以及住房和城乡建设部对于通过协助执行而可能带来的违法建筑“合法化”问题，早已有所充分认识，但即便如此，最高人民法院也没有否定违法建筑的可拍卖性，而是创造性地提出了违法建筑拍卖的“现状处置”

原则。依“现状处置”原则，拍卖标的是违法建筑的，拍定人取得的仍然是违法建筑，违法建筑不会因强制拍卖而变成合法建筑，对此后果，买受人须“自行负责”。

违法建筑作为被执行财产还需满足适当评估的要求，在司法判例中，部分法院认为司法执行财产中存在违法建筑的，对于需拆除的违法建筑无须进行评估，否则将损害司法拍卖竞买人的合法权益，这与资产评估工作要求不动产具备合法的所有权也是一致的。如在“湖北海江东盛置业有限公司、湖北省宏泰国有资本投资运营集团有限公司金融借款合同纠纷执行审查案”中，湖北省武汉市中级人民法院认为，“海江东盛公司获得案涉土地使用权后，该地上建筑物因不符合新的规划用途应当予以拆除。故武昌区法院在拍卖案涉土地使用权之时，无需对依法应当予以拆除的建筑物进行评估，否则将损害司法拍卖潜在竞买人的合法权益”。[①] 在“中国工商银行股份有限公司扬州邗江支行与谈兵、刘秀梅执行异议纠纷案”中，江苏省扬州市中级人民法院认为，“涉案房地产若不能一并进行处置，因存在打通共用等情形，无证房产的存在对有证房产的使用将会产生诸多负面影响，故邗江法院将另外三处无证房产与抵押的有证房产一并拍卖，并未违反法律规定”。[②]

根据《城乡规划法》的相关规定及实践操作，主管部门对违法建筑的处理方式有多种，这就留给被执行人一定的空间来处理违法建筑使其合法化，也给予未来受让违法建筑的权利人以补救的可能。从操作角度而言，由于实践中经常出现的是在具备合法施工手续的建筑内、毗邻处等加盖违法建筑部分的情况，在司法拍卖等执行程序中较难将该部分加盖违法建筑剥离。在拍卖程序中已对竞买人进行充分提示的，在司法拍卖成交后，买受人应自行承担补充建设规划手续并合法化违法建筑部分的可行性风险，因此在评估时也不宜将该部分违法建筑按照正常房屋计入整体不动产价值。这种处理方式符合法律法规并兼顾了各方利益，具有可操作性与合理性。

就司法拍卖程序中的违法建筑处理，一方面，对于竞买人明确知晓司法

---

① 参见湖北省武汉市中级人民法院（2017）鄂01执复126号执行裁定书。

② 参见江苏省扬州市中级人民法院（2017）苏10执复110号执行裁定书。

拍卖财产为违法建筑的情况，争议在于以什么样的起拍价竞买该拍卖财产，以及如该违法建筑后续被政府强制拆除则竞买人是否有寻求补偿或赔偿的权利。另一方面，对于竞买人并不知晓司法拍卖财产为违法建筑的情况，争议在于如果后续违法建筑被政府强制拆除，竞买人应如何获得救济。另外，值得注意的是，基于司法拍卖由法院主导的特性，竞买人对于法院公信力的过分依赖也可能导致竞买人在主观上忽略拍卖财产的瑕疵，后期一旦违法建筑被政府拆除，可能酿成竞买人与法院之间的纠纷，如何从程序规定上保障竞买人与法院双方的权益也是一个需要重点关注的问题。

因此，违法建筑强制拍卖中拍定人权益保护的关键在于“知情同意”。上文中提及的《最高人民法院关于转发住房和城乡建设部〈关于无证房产依据协助执行文书办理产权登记有关问题的函〉的通知》，在提出“现状处置”原则时，实际上已经就保障竞买人的“知情同意权”作出了规定：“……不具备初始登记条件的，原则上进行‘现状处置’，即处置前披露房屋不具备初始登记条件的现状，买受人或承受人按照房屋的权利现状取得房屋，后续的产权登记事项由买受人或承受人自行负责。”但该规定中有关“知情同意”的指引尚过于原则和笼统，对此可借鉴我国台湾地区的做法加以修正。在我国台湾地区，违法建筑拍卖时，一般情况下，法院的拍卖公告会明确作出如下注记：本标内暂编号之建筑物，系未办理建筑物所有权第一次登记之不动产，拍定后拍定人不能持权利移转证书办理所有权移转登记，亦不得以面积不符，请求减少价金，或撤销拍定；且若该建筑物经建筑主管机关认定为违法建筑，拍定人应自行承担受拆除之风险。

虽然我国并未对司法拍卖竞买人是否具有瑕疵担保请求权作出明确规定，但无论是在理论界还是司法实践中，主流观点均认为竞买人不享有瑕疵担保请求权。其原因主要为，在拍卖程序中有展示拍卖财产的环节，竞买人可在此环节对标的物是否具有瑕疵进行鉴别，并且拍卖程序本身即具有风险，法律没有必要为其提供特殊的照顾与保护。不过，在以物抵债的司法执行判例中，有法院引用《民事诉讼法解释》第 494 条的规定，认为如果被执行物为特定物且无法执行，经双方当事人同意可折价赔偿或由申请执行人另行起诉。

笔者认为，该观点实际是认可在执行程序中以物抵债的债权人具有瑕疵责任担保请求权，可向债务人提出主张。不过，该类观点目前并未在司法拍卖领域予以广泛适用。普遍来讲，实务中一般仍认为拍卖财产竞得人对于司法拍卖财产并无瑕疵担保请求权，但如出现物的瑕疵（如违法建筑问题），则需要一事一议，并可能需由竞买人与债务人/拍卖财产原权利人解决。

【关联案例】

孙碧明诉温州市瓯海区人民政府景山街道办事处错误执行行政赔偿案[①]

裁判要旨：对于违法建筑，应由有权机关根据建设行为发生时是否属于规划区、是否违反规划许可制度等事实，结合具体规划条件等内容，审查判断是否属于可采取改正措施消除影响的情形，即应区分程序违法和实质违法，并作出相应的处理决定。如属可采取改正措施消除影响的程序违建，可通过罚款等行政处罚予以制裁，同时责令补办许可手续从而转化为合法建筑；对于无法采取改正措施消除影响的实质违建，则作出限期拆除的决定。

【关联规范】

《中华人民共和国民法典》（2020年5月28日）

第二百三十一条 因合法建造、拆除房屋等事实行为设立或者消灭物权的，自事实行为成就时发生效力。

第三百九十九条 下列财产不得抵押：

（一）土地所有权；

（二）宅基地、自留地、自留山等集体所有土地的使用权，但是法律规定可以抵押的除外；

（三）学校、幼儿园、医疗机构等为公益目的成立的非营利法人的教育设施、医疗卫生设施和其他公益设施；

① 参见浙江省温州市中级人民法院（2020）浙03行赔终25号行政赔偿判决书。

（四）所有权、使用权不明或者有争议的财产；

（五）依法被查封、扣押、监管的财产；

（六）法律、行政法规规定不得抵押的其他财产。

《中华人民共和国城乡规划法》（2019 年 4 月 23 日修正）

第六十四条 未取得建设工程规划许可证或者未按照建设工程规划许可证的规定进行建设的，由县级以上地方人民政府城乡规划主管部门责令停止建设；尚可采取改正措施消除对规划实施的影响的，限期改正，处建设工程造价百分之五以上百分之十以下的罚款；无法采取改正措施消除影响的，限期拆除，不能拆除的，没收实物或者违法收入，可以并处建设工程造价百分之十以下的罚款。

第六十五条 在乡、村庄规划区内未依法取得乡村建设规划许可证或者未按照乡村建设规划许可证的规定进行建设的，由乡、镇人民政府责令停止建设、限期改正；逾期不改正的，可以拆除。

第五十条 【划拨建设用地上建筑物以及划拨建设用地使用权抵押】

抵押人以划拨建设用地上的建筑物抵押，当事人以该建设用地使用权不能抵押或者未办理批准手续为由主张抵押合同无效或者不生效的，人民法院不予支持。抵押权依法实现时，拍卖、变卖建筑物所得的价款，应当优先用于补缴建设用地使用权出让金。

当事人以划拨方式取得的建设用地使用权抵押，抵押人以未办理批准手续为由主张抵押合同无效或者不生效的，人民法院不予支持。已经依法办理抵押登记，抵押权人主张行使抵押权的，人民法院应予支持。抵押权依法实现时所得的价款，参照前款有关规定处理。

【条文理解】

划拨用地是我国特有的项目建设用地取得方式之一。由本条可知，虽然通过划拨方式取得建设用地使用权受到严格的限制，在通过划拨方式取得建设用地使用权后，其流通也受到严格的限制，但是这种限制不会影响划拨建设用地上建筑物以及划拨建设用地使用权抵押合同的效力和抵押权的设立。通过划拨方式取得建设用地使用权后，只要办理了抵押登记，即抵押成立，无须具有审批权限的土地行政管理部门批准。

以划拨建设用地上建筑物以及划拨建设用地使用权抵押的，抵押权的设立采取债权形式主义之登记要件主义；在抵押权依法设立后，依法实现抵押权所得的价款，必须优先用于补缴建设用地使用权出让金，然后再由抵押权人优先受偿。

根据《城市房地产管理法》第23条、第24条以及《土地管理法》第54条的规定，仅国家机关用地和军事用地，城市基础设施用地和公益事业用地，国家重点扶持的能源、交通、水利等项目用地，法律、行政法规规定的其他用地，经县级以上人民政府依法批准，才可以通过划拨方式取得建设用地土地使用权，其他建设用地的土地使用权都应该以出让等有偿使用方式取得。由此可见，划拨土地使用权主要有以下特点：（1）划拨土地使用权的取得形式包括土地使用者缴纳拆迁安置、补偿费用后的取得（如城市的存量土地或集体土地）和无偿取得（如国有荒山、荒地等）两种。（2）划拨土地使用权的取得受范围限制，即并非所有的土地使用者都可以成为划拨土地使用权人，而是有一定条件的。（3）划拨土地使用权一般没有明确的期限。

从法律演进来看，我国划拨土地市场化的过程分为以下三个阶段：

第一阶段自1995年10月1日《担保法》（已废止）实施之日起至2003年4月17日。该阶段不区分划拨与出让这两种方式，土地抵押只需要到核发土地使用权证书的相关土地管理部门进行抵押登记即可成立。根据《担保法》第34条第2款的规定，抵押人可以对有处分权的国有土地使用权进行抵押。根据该法第56条的规定，在依法缴纳土地使用权出让金后，抵押权人可以优先取得拍卖划拨的国有土地使用权所得的款项。2001年4月30日公布的《国务院关于加强国有土地资产管理的通知》也仅仅要求抵押土地使用权应当进行相关登记，但是并没有对事先审批进行规定。

第二阶段自2003年4月18日《最高人民法院关于破产企业国有划拨土

地使用权应否列入破产财产等问题的批复》（已于 2020 年 12 月 29 日修正）实施之日起至 2004 年 1 月 14 日。该批复第 2 条中规定："企业对其以划拨方式取得的国有土地使用权无处分权，以该土地使用权为标的物设定抵押，除依法办理抵押登记手续外，还应经具有审批权限的人民政府或土地行政管理部门批准。否则，应认定抵押无效。如果企业对以划拨方式取得的国有土地使用权设定抵押时，履行了法定的审批手续，并依法办理了抵押登记，应认定抵押有效。"即在此阶段法律对划拨土地和出让土地的抵押规定了不同的操作规程以及有效条件，并且明文规定了相关抵押不仅需要登记也需要批准，即以国有划拨土地进行抵押的，除应当到土地管理部门办理相关的抵押登记外，还应当经过相关有审批权限的部门批准。如果只进行了抵押登记，却没有获得批准，那么该抵押无效。

第三阶段自 2004 年 1 月 15 日《国土资源部关于国有划拨土地使用权抵押登记有关问题的通知》（已废止）实施之日起至今。该阶段法律对土地抵押的操作规程重新进行了规定。上述通知规定："以国有划拨土地使用权为标的物设定抵押，土地行政管理部门依法办理抵押登记手续，即视同已经具有审批权限的土地行政管理部门批准，不必再另行办理土地使用权抵押的审批手续。"即以划拨土地进行抵押的，只要到土地行政管理部门办理了抵押登记，即视同已经过具有审批权限的土地行政管理部门批准，不必再另行办理土地使用权抵押的审批手续，即"以抵押登记代替抵押审批"。虽然上述通知已于 2016 年废止，但其核心仍保留至今。

简言之，我国的划拨土地抵押政策经历了从"办理抵押登记"到"抵押登记 + 有关部门审批"再到"办理抵押登记即视为审批"的演变。其立法精神经历了一个从严格到宽松的变化过程，这个变化过程反映出随着市场经济的发展，对划拨土地使用权抵押的相关限制也越来越宽松，这种变化可以充分发挥划拨土地的市场效益，使土地得到充分利用。本条实质上是延续了第三阶段相关规定的核心内容。

【适用指南】

从司法实践上，人民法院认定划拨土地抵押权是否有效的标准，是相关抵押是否办理了抵押登记。《最高人民法院关于转发国土资源部〈关于国有划拨土地使用权抵押登记有关问题的通知〉的通知》中规定："……在《通知》发布之日起，人民法院尚未审结的涉及国有划拨土地使用权抵押经过有审批权限的土地行政管理部门依法办理抵押登记手续的案件，不以国有划拨土地使用权抵押未经批准而认定抵押无效。"在"中国轻骑集团有限公司与中国长城资产管理公司济南办事处合同纠纷执行案"中，最高人民法院认为对划拨土地使用权进行拍卖无须事先经政府审批同意。①

关于划拨土地使用权抵押补缴土地出让金。根据《城镇国有土地使用权出让和转让暂行条例》第45条的规定，补缴土地使用权出让金是划拨土地使用权抵押的前提条件之一。除直接补缴外，还可以抵押所获收益抵交土地使用权出让金。在实践中，将土地使用权进行抵押往往是因为生产经营存在资金缺口、需要进行融资借贷，在抵押前直接补缴土地出让金通常情况下是无法实现的。故根据《城市房地产管理法》第51条的规定，以划拨土地使用权进行抵押的，无须在设定抵押前即补缴土地出让金，而是可以在设定抵押后、实现抵押权并依法拍卖房地产时，以拍卖所得价款补缴土地出让金。剩余款项才可供抵押权人优先受偿。2019年7月6日发布的《国务院办公厅关于完善建设用地使用权转让、出租、抵押二级市场的指导意见》再次重申了上述程序，规定："以划拨方式取得的建设用地使用权可以依法依规设定抵押权，划拨土地抵押权实现时应优先缴纳土地出让收入。"但应当注意的是，对于抵押权人而言，相较于其他抵押财产，以划拨土地使用权进行抵押并不能以其全部价值实现抵押权，须先对应补缴的土地出让金进行扣减后，才能对剩余款项优先受偿。对此，应在设置相应抵押权前，根据债权金额和划拨土地使用权价值、当地出让用地价格情况进行充分评估，避免在实现抵押权时不能完全清偿债权。

关于对依法抵押的划拨土地使用权进行拍卖是否需要政府同意。从全国各级人民法院的执行情况来看，主流观点认为，债权人申请执行被执行人名

① 参见最高人民法院（2011）执复字第1号执行裁定书。

下划拨土地使用权的，人民法院可依法拍卖。被执行人以划拨土地使用权不应作为执行标的物为由，请求终止拍卖的，人民法院不予支持。但是如果在执行过程中当地土地管理部门不同意转让划拨土地使用权，则人民法院不能进行处置。由于划拨土地使用权的转让比出让土地使用权的转让涉及的问题更为复杂，虽然其处置并不当然需要取得政府的同意，但建议在处置前与相关政府部门进行充分协商，避免在处置过程中遇到实际障碍，使处置工作难以推进。

从实操角度来讲，在处理划拨土地抵押问题时，应当注意以下四点：第一，划拨土地上没有产权明确的建筑物，仅以该土地抵押的，不可以抵押。划拨土地抵押需先办理土地使用权出让手续才能办理抵押登记。这实质上意味着划拨土地只有变更为出让土地才能办理抵押，变更前是不准许抵押的。第二，以划拨土地上产权明确的建筑物抵押的，可以办理抵押登记。根据房地一体原则，建筑物办理抵押的，其占用的划拨土地也一并抵押。划拨土地可以先办理抵押登记，在实现抵押权时（如执行阶段）补正瑕疵并补缴土地使用权出让金。第三，对于办理了划拨土地抵押登记手续的，人民法院应认定抵押权有效。人民法院审理时，不应审查人民政府对划拨土地抵押的批准手续是否履行或完备，只应审查当事人是否办理了抵押登记手续。办理抵押登记的，应认定抵押权人享有抵押权，有权对抵押的建筑物和占用的划拨土地主张优先受偿权。第四，对于划拨土地及地上建筑物的执行，人民法院需与相关部门沟通协商，依法推动执行程序。

【关联案例】

中国轻骑集团有限公司与中国长城资产管理公司济南办事处合同纠纷执行案[①]

裁判要旨：划拨土地使用权的强制执行无须经过政府批准。《城市房地产管理法》第 40 条及《城镇国有土地使用权出让和转让暂行条例》第 44 条、

① 参见最高人民法院（2011）执复字第 1 号执行裁定书。

第45条关于国有划拨土地使用权的转让需经有批准权的人民政府审批的规定，是对企业自主转让划拨土地使用权的限制，并未限制人民法院依法强制执行。《最高人民法院关于能否将国有土地使用权折价抵偿给抵押权人问题的批复》中亦明确，在依法以国有土地使用权作抵押的担保纠纷案件中，可以通过拍卖的方式将土地使用权变现。故主张处置划拨土地使用权必须事先经政府审批同意的理由不能成立。

陕西省农牧良种场、宝鸡市云尚工贸有限公司金融借款合同纠纷案①

裁判要旨：本案当事人签订合同约定仅以自有房产设定抵押并办理房屋抵押登记，并未涉及土地使用权一并抵押的情形。划拨土地使用权之上的房产抵押，法律并无禁止性规定，国有土地使用权未抵押，不影响房屋抵押的效力。

【关联规范】

《中华人民共和国城市房地产管理法》（2019年8月26日修正）

第二十三条 土地使用权划拨，是指县级以上人民政府依法批准，在土地使用者缴纳补偿、安置等费用后将该幅土地交付其使用，或者将土地使用权无偿交付给土地使用者使用的行为。

依照本法规定以划拨方式取得土地使用权的，除法律、行政法规另有规定外，没有使用期限的限制。

第四十条 以划拨方式取得土地使用权的，转让房地产时，应当按照国务院规定，报有批准权的人民政府审批。有批准权的人民政府准予转让的，应当由受让方办理土地使用权出让手续，并依照国家有关规定缴纳土地使用权出让金。

以划拨方式取得土地使用权的，转让房地产报批时，有批准权的人民政府按照国务院规定决定可以不办理土地使用权出让手续的，转让方应当按照

① 参见最高人民法院（2019）最高法民申5925号民事裁定书。

国务院规定将转让房地产所获收益中的土地收益上缴国家或者作其他处理。

第五十一条 设定房地产抵押权的土地使用权是以划拨方式取得的，依法拍卖该房地产后，应当从拍卖所得的价款中缴纳相当于应缴纳的土地使用权出让金的款额后，抵押权人方可优先受偿。

《最高人民法院关于破产企业国有划拨土地使用权应否列入破产财产等问题的批复》（2020 年 12 月 29 日修正　法释〔2020〕18 号）

二、企业对其以划拨方式取得的国有土地使用权无处分权，以该土地使用权设定抵押，未经有审批权限的人民政府或土地行政管理部门批准的，不影响抵押合同效力；履行了法定的审批手续，并依法办理抵押登记的，抵押权自登记时设立。根据《中华人民共和国城市房地产管理法》第五十一条的规定，抵押权人只有在以抵押标的物折价或拍卖、变卖所得价款缴纳相当于土地使用权出让金的款项后，对剩余部分方可享有优先受偿权。但纳入国家兼并破产计划的国有企业，其用以划拨方式取得的国有土地使用权设定抵押的，应依据国务院有关文件规定办理。

《中华人民共和国城镇国有土地使用权出让和转让暂行条例》（2020 年 11 月 29 日修订）

第四十四条 划拨土地使用权，除本条例第四十五条规定的情况外，不得转让、出租、抵押。

第四十五条 符合下列条件的，经市、县人民政府土地管理部门和房产管理部门批准，其划拨土地使用权和地上建筑物，其他附着物所有权可以转让、出租、抵押：

（一）土地使用者为公司、企业、其他经济组织和个人；

（二）领有国有土地使用证；

（三）具有地上建筑物、其他附着物合法的产权证明；

（四）依照本条例第二章的规定签订土地使用权出让合同，向当地市、县人民政府补交土地使用权出让金或者以转让、出租、抵押所获收益抵交土地使用权出让金。转让、出租、抵押前款划拨土地使用权的，分别依照本条例第三章、第四章和第五章的规定办理。

第五十一条　【房地一体原则的适用范围及清偿顺序】

当事人仅以建设用地使用权抵押，债权人主张抵押权的效力及于土地上已有的建筑物以及正在建造的建筑物已完成部分的，人民法院应予支持。债权人主张抵押权的效力及于正在建造的建筑物的续建部分以及新增建筑物的，人民法院不予支持。

当事人以正在建造的建筑物抵押，抵押权的效力范围限于已办理抵押登记的部分。当事人按照担保合同的约定，主张抵押权的效力及于续建部分、新增建筑物以及规划中尚未建造的建筑物的，人民法院不予支持。

抵押人将建设用地使用权、土地上的建筑物或者正在建造的建筑物分别抵押给不同债权人的，人民法院应当根据抵押登记的时间先后确定清偿顺序。

【条文理解】

设立抵押时土地上已有建筑物的，权利人将土地使用权和建筑物一并抵押给债权人，并一并办理抵押登记。在此模式下，债权人对土地使用权及地上建筑物均享有可对抗第三人的优先受偿权，这一点不存在争议。争议较多的是其他非标准的房地抵押模式，例如：（1）先抵押地，地上建造建筑物后，再抵押房；（2）房地分开抵押给不同的债权人，先地后房，或先房后地。面对现实中普遍存在的房地分别抵押问题，我国通过立法确认了房地一体原则。房地一体原则，是指当权利人转让、抵押房屋等建筑物时，该建筑物占用范围内的土地使用权也一并转让、抵押；当权利人转让、抵押土地使用权时，其地上的房屋等建筑物也一并转让、抵押，俗称“房随地走、地随房走”。

关于房地一体原则的法律规定由来已久。1984 年 8 月 30 日公布的《最高人民法院关于贯彻执行民事政策法律若干问题的意见》（已废止）第 64 条首次对房地一体原则作了规范。根据该规定，公民在城镇依法买卖房屋时，该房屋宅基地的使用权应随房屋所有权一起转归新房主使用。但这一条仅仅从正面规定了房地一体的原则，而没有对房地分离的情况该如何处理这一问题作出明确的规定。此后，无论是《城市房地产管理法》第21条，还是《担保法》第36条，抑或《物权法》第182条、第183条，都体现了“房随地走、地随房走”双向统一的房地一体原则。其中，《物权法》第182条更是明确规定了在房地分别抵押时的解决办法：“以建筑物抵押的，该建筑物占用范围内的建设用地使用权一并抵押。以建设用地使用权抵押的，该土地上的建筑物一并抵押。抵押人未依照前款规定一并抵押的，未抵押的财产视为一并抵押。”

在实践中，房地一体的原则也已经得到越来越广泛的应用与体现。在“中国银行股份有限公司海口龙珠支行与海南国托科技有限公司、海南美源房地产开发有限公司等金融借款合同纠纷案”中，最高人民法院认为，只要土地使用权或地上建筑物之一项办理抵押登记，即使另外一项没有办理抵押登记，亦依法推定为两者一并抵押。[①]《九民会议纪要》第61条中亦明确规定：“根据《物权法》第182条之规定，仅以建筑物设定抵押的，抵押权的效力及于占用范围内的土地；仅以建设用地使用权抵押的，抵押权的效力亦及于其上的建筑物。”《民法典》第397条更是对这一原则予以明确规定：“以建筑物抵押的，该建筑物占用范围内的建设用地使用权一并抵押。以建设用地使用权抵押的，该土地上的建筑物一并抵押。抵押人未依据前款规定一并抵押的，未抵押的财产视为一并抵押。”本条其实是在《民法典》第397条的基础上，对于房地一体原则的进一步细化与完善。

本条第1款规定：“当事人仅以建设用地使用权抵押，债权人主张抵押权的效力及于土地上已有的建筑物以及正在建造的建筑物已完成部分的，人民法院应予支持。债权人主张抵押权的效力及于正在建造的建筑物的续建部分以及新增建筑物的，人民法院不予支持。”《民法典》第397条仅对房地一体抵押作出了较为原则性的规定，仅说明以建设用地使用权抵押的，该土地上

① 参见最高人民法院（2015）民二终字第269号民事判决书。

的建筑物一并抵押，而并没有对“该土地上的建筑物”的内涵及范围作出明确规定。而本条第1款则是对于房地一体抵押的效力范围的规定。

房地一体的前提是建筑物及其占用范围内的建设用地同时存在。若权利人先抵押地，地上建造建筑物后，再抵押房，则抵押权的效力仅及于土地上已有的建筑物以及正在建造的建筑物已完成部分，对于正在建造的建筑物的续建部分和新增的建筑物，债权人没有优先权。在设立抵押权时，建筑物与其占用范围内的建设用地使用权应当一并抵押。抵押权人仅以建设用地使用权设定抵押的，建设用地上已有的建筑物以及正在建造的建筑物已完成部分视为一并抵押。因此，当抵押人只将建设用地使用权抵押给债权人时，视为建设用地使用权和其上已有的建筑物以及正在建造的建筑物已完成部分同时抵押。对于正在建造的建筑物的续建部分以及新增建筑物，债权人没有优先受偿权。

本条第2款规定：“当事人以正在建造的建筑物抵押，抵押权的效力范围限于已办理抵押登记的部分。当事人按照担保合同的约定，主张抵押权的效力及于续建部分、新增建筑物以及规划中尚未建造的建筑物的，人民法院不予支持。”对于正在建造的建筑物，债权人的抵押权效力也仅及于已办理了抵押登记的部分。即使债权人与债务人双方签订的担保合同明确约定了抵押权的效力及于续建部分、新增建筑物以及规划中尚未建造的建筑物，债权人也无法仅依照担保合同主张抵押权。

本条第2款其实是与《民法典》的相关规定相匹配的。《民法典》第402条规定：“以本法第三百九十五条第一款第一项至第三项规定的财产或者第五项规定的正在建造的建筑物抵押的，应当办理抵押登记。抵押权自登记时设立。”我国的抵押权是自登记时设立的，对于正在建造的建筑物的续建部分以及新增建筑物，如果没有办理抵押登记，债权人无法仅依据担保合同主张抵押权。

本条第3款规定：“抵押人将建设用地使用权、土地上的建筑物或者正在建造的建筑物分别抵押给不同债权人的，人民法院应当根据抵押登记的时间先后确定清偿顺序。”本款是关于建筑物分别抵押给不同债权人时的清偿顺序的规定。在实践中经常会发生建设用地使用权和建筑物产权分别抵押给不同债权人的情形，并且建筑物抵押与其占用范围内的建设用地使用权抵押都经过了合法登记手续，由此便产生了房地分别抵押的冲突。因此，当房地分别抵押，即建设用地使用权抵押给一个债权人，而其上的建筑物又抵押给另一个人，且两个抵押权冲突的时候，抵押登记在先的先清偿。

【适用指南】

第一，权利人先把建设用地使用权抵押给债权人甲，地上建造新建建筑物后，再将新建建筑物抵押给债权人乙，此时如何确定债权人甲及债权人乙的抵押权效力范围？

根据《民法典》以及本条的规定，如果权利人先将建设用地使用权抵押给债权人甲，再在地上建造新的建筑物，后再将该新建建筑物抵押给债权人乙。在这种情况下，对于债权人甲，因为在其获得建设用地使用权的抵押权时，该土地上并无新建建筑物，债权人甲对于新建建筑物并无优先权。也就是说，债权人甲的抵押权效力仅及于土地。而对于债权人乙，则基于房地一体的原则，其对于建设用地使用权以及建筑物均有抵押权。

第二，权利人先把建筑物抵押给债权人甲，并仅对建筑物办理了抵押登记，再把相应的建设用地使用权抵押给债权人乙，并仅对建设用地使用权办理了抵押登记，此时如何确定债权人甲及债权人乙的抵押权效力范围及优先顺序？

基于房地一体原则，债权人甲和债权人乙均对建筑物及土地使用权享有抵押权。在这种情况下，二者权利孰先孰后？《民法典》第414条规定："同一财产向两个以上债权人抵押的，拍卖、变卖抵押财产所得的价款依照下列规定清偿：（一）抵押权已经登记的，按照登记的时间先后确定清偿顺序；（二）抵押权已经登记的先于未登记的受偿；（三）抵押权未登记的，按照债权比例清偿。其他可以登记的担保物权，清偿顺序参照适用前款规定。"笔者认为，根据该规定，债权人乙对建筑物享有的抵押权，应当优先于债权人甲对建筑物享有的抵押权。同理，债权人甲对土地使用权享有的抵押权，应当优先于债权人乙对土地使用权享有的抵押权。

第三，视为一并抵押的建设用地使用权或建筑物已被查封时该如何处理？

在实践中，若债权人仅对建设用地使用权或者仅对建筑物办理了抵押登记，可以视为一并抵押，但如果未办理抵押登记的建设用地使用权或者建筑物在办理抵押登记之前已被先行查封，该如何处理？对于该种情况，《民法典》及相关司法解释尚未作出明确的规定，我们可以参考相关案例进行分析。在“江苏汇银典当有限公司与江苏国宇高科通信技术有限公司典当纠纷案”中，江苏省泰州市中级人民法院认为，法院先行查封了建筑物，抵押权人后对建筑物占用范围内的土地使用权设立抵押权，抵押权不能及于已被法院查封的地上建筑物。[①] 在“交通银行股份有限公司吴江盛泽支行与吴江市商杰经贸有限公司、江苏省桃源钢材现货交易市场有限公司等金融借款合同纠纷案”中，江苏省苏州市吴江区人民法院认为：“本案中，由于双方约定抵押的土地使用权未办理抵押登记手续，且该土地使用权已被其他法院在抵押房产办理抵押登记手续之前先行查封，因此虽然原告对上述抵押房产享有抵押权，但对该房产占用范围内的土地使用权并不享有抵押权。”[②] 由此可见，目前司法实践中主要的观点认为，虽然债权人仅对建设用地使用权或者仅对建筑物办理了抵押登记，可以视为一并抵押，但如果未办理抵押登记的建设用地使用权或者建筑物在办理抵押登记之前已被先行查封，则债权人对于已被查封的土地不享有抵押权。

第四，房地一体抵押原则的例外。

对于房地一体抵押原则的例外，《民法典》和相关司法解释中没有较为明确的规定，笔者通过梳理相关司法解释以及司法实践中的情况，将其总结为以下三种情形：当事人另有约定；该建筑物为违法建筑物；建设用地使用权属于划拨土地使用权。鉴于后两种情形在前文中已经有所论述，下文主要展开讨论当事人另有约定的情形。

司法实践中的主流观点认为，“房随地走、地随房走”是倡导性的规定，

---

① 参见江苏省泰州市中级人民法院（2017）苏12民终1398号民事判决书。

② 参见江苏省苏州市吴江区人民法院（2015）吴江商初字第0155号民事判决书。

当事人另有特别约定的，遵照其约定。如当事人特别约定，抵押人仅以地上建筑物提供抵押，建筑物所占用的土地使用权不包括在抵押财产范围内，则抵押权人仅能就地上建筑物的处置价款主张优先受偿权。笔者认为，“视为一并抵押”的立法目的在于保障抵押财产物权最终归属的一致性，如当事人仅对房或地办理抵押登记，应基于其意思自治不视为一并抵押。

但是，在实现抵押权时，仍然应当遵守《民法典》第357条关于“地随房走”的规定，将地上建筑物及相应土地使用权一并拍卖但分别计价。有观点认为，当事人明确约定仅对建筑物设定抵押而不包括建设用地使用权，或者仅对建设用地使用权设定抵押而不包括建筑物的，由于房地一体，实现抵押权时，应将建筑物与相应的建设用地使用权同时拍卖、分别计价，建筑物或者建设用地使用权抵押权人只能就建筑物或者建设用地使用权卖得的价金优先受偿。[①] 但在司法实践中，也有法院认为，以当事人的另外约定排除房地一体抵押原则的适用，将导致后者的立法目的落空，也与“视为一并抵押”所具有的抵押权形成之“法定性”相悖，因此不考量当事人的另外约定，而一律适用房地一体抵押原则。

【关联案例】

交通银行股份有限公司吴江分行与吴江金源钢材市场有限公司保证合同纠纷案[②]

裁判要旨：实践中，由于土地使用权和建筑物两者的登记机关和审查权限规定的不同，导致经常发生房地分别抵押并经合法登记的现象。法律关于土地使用权与建筑物所有权结合的规定并不是一种强制性规定，之所以规定“房随地走、地随房走”的双向统一原则，目的主要是避免因为分别抵押导致权利冲突和摩擦。在理解该原则时，应当关注转让的一体和最终权利归属上的一体，即只要在实现权利转移和处置抵押物时能够保持权益归属上的一体，

---

① 参见最高人民法院民法典贯彻实施工作领导小组主编：《中华人民共和国民法典物权编理解与适用》，人民法院出版社2020年版，第1053页。

② 参见江苏省苏州市吴江区人民法院（2014）吴江商初字第959号民事判决书。

就可以妥当地解决上述权利冲突。故本案所涉的土地使用权和在建工程的抵押应当认定为有效。在实现抵押权时，两项抵押财产分别受偿，但应当确保买受人为同一人。由于本案土地使用权向两个以上债权人抵押，故就土地使用权拍卖、变卖所得价款，应当按照登记的先后顺序清偿。

【关联规范】

《中华人民共和国民法典》（2020年5月28日）

第三百九十七条 以建筑物抵押的，该建筑物占用范围内的建设用地使用权一并抵押。以建设用地使用权抵押的，该土地上的建筑物一并抵押。

抵押人未依据前款规定一并抵押的，未抵押的财产视为一并抵押。

第四百一十七条 建设用地使用权抵押后，该土地上新增的建筑物不属于抵押财产。该建设用地使用权实现抵押权时，应当将该土地上新增的建筑物与建设用地使用权一并处分。但是，新增建筑物所得的价款，抵押权人无权优先受偿。

《全国法院民商事审判工作会议纪要》（2019年11月8日 法〔2019〕254号）

61.【房地分别抵押】根据《物权法》第182条之规定，仅以建筑物设定抵押的，抵押权的效力及于占用范围内的土地；仅以建设用地使用权抵押的，抵押权的效力亦及于其上的建筑物。在房地分别抵押，即建设用地使用权抵押给一个债权人，而其上的建筑物又抵押给另一个人的情况下，可能产生两个抵押权的冲突问题。基于“房地一体”规则，此时应当将建筑物和建设用地使用权视为同一财产，从而依照《物权法》第199条的规定确定清偿顺序：登记在先的先清偿；同时登记的，按照债权比例清偿。同一天登记的，视为同时登记。应予注意的是，根据《物权法》第200条的规定，建设用地使用权抵押后，该土地上新增的建筑物不属于抵押财产。

第五十二条 【抵押预告登记的设立条件及在破产程序中的效力】

当事人办理抵押预告登记后，预告登记权利人请求就抵押财产优先受偿，经审查存在尚未办理建筑物所有权首次登记、预告登记的财产与办理建筑物所有权首次登记时的财产不一致、抵押预告登记已经失效等情形，导致不具备办理抵押登记条件的，人民法院不予支持；经审查已经办理建筑物所有权首次登记，且不存在预告登记失效等情形的，人民法院应予支持，并应当认定抵押权自预告登记之日起设立。

当事人办理了抵押预告登记，抵押人破产，经审查抵押财产属于破产财产，预告登记权利人主张就抵押财产优先受偿的，人民法院应当在受理破产申请时抵押财产的价值范围内予以支持，但是在人民法院受理破产申请前一年内，债务人对没有财产担保的债务设立抵押预告登记的除外。

【条文理解】

本条认可了抵押预告登记在一定条件下具有顺位上的优先性。

抵押预告登记是指当事人签订房屋买卖或者其他不动产物权的协议，为保障将来物权的实现，而按照约定向登记机关申请抵押预告登记。《民法典》第 221 条规定："当事人签订买卖房屋的协议或者签订其他不动产物权的协议，为保障将来实现物权，按照约定可以向登记机构申请预告登记。预告登记后，未经预告登记的权利人同意，处分该不动产的，不发生物权效力。预告登记后，债权消灭或者自能够进行不动产登记之日起九十日内未申请登记的，预告登记失效。"《物权编解释（一）》第 4 条规定："未经预告登记的权利人同意，转让不动产所有权等物权，或者设立建设用地使用权、居住权、地役权、抵押权等其他物权的，应当依照民法典第二百二十一条第一款的规定，认定其不发生物权效力。"

在商品房预售中，由于购买商品房的人通常都是通过银行按揭支付大部分的购房款，很多情况下，其所购买的商品房属于期房（在建的、尚未完成建设的、不能交付使用的房屋），暂未竣工验收，开发商未向购买商品房的人交付商品房，购买商品房的人也未取得房地产权属证书，因此购买商品房的人在办理房产按揭贷款时，并不具备办理正式抵押登记的条件。在这种情况下，为获得贷款，购买商品房的人通常是通过办理抵押预告登记的方式，将所购房屋进行预抵押，使银行成为抵押权人，从而获得相应贷款。

但是，该抵押预告登记究竟是否具有物权效力，换言之，银行能否通过该抵押预告登记获得优先受偿的救济，在理论界及司法实务中长期存在争议。此前，最高人民法院对抵押预告登记的抵押权人享有抵押物的优先受偿权持否定态度，而地方法院在司法实务中却认可了抵押权人的优先受偿权。本解释明确以建筑物所有权完成首次登记作为抵押预告登记中抵押权人享有优先受偿权的标志，在一定程度上统一了司法实务的观点，避免了争议。本条虽然并未对抵押预告登记是物权还是债权请求权进行定性，但对如何处理抵押预告登记的抵押物、抵押权人是否对预告登记的抵押物享有优先受偿权进行了明确，对于今后司法实务具有重要的指导意义。

本条第1款规定："当事人办理抵押预告登记后，预告登记权利人请求就抵押财产优先受偿，经审查存在尚未办理建筑物所有权首次登记、预告登记的财产与办理建筑物所有权首次登记时的财产不一致、抵押预告登记已经失效等情形，导致不具备办理抵押登记条件的，人民法院不予支持；经审查已经办理建筑物所有权首次登记，且不存在预告登记失效等情形的，人民法院应予支持，并应当认定抵押权自预告登记之日起设立。"本款认可了抵押预告登记在满足一定条件时具有顺位优先性。以建筑物设立抵押，办理抵押预告登记后，只要建筑物办理了首次登记，且预告登记未失效，即可认定抵押权自预告登记之日起设立，而无须预告登记人实际办理抵押登记。若存在尚未办理建筑物所有权首次登记、预告登记的财产与办理建筑物所有权首次登记的财产不一致、抵押预告登记已经失效等情形，则预告登记权利人不能就抵押财产请求优先受偿。

值得注意的是，为了确保预告登记权利人将来实现物权，《最高人民法院关于人民法院办理执行异议和复议案件若干问题的规定》第 30 条规定："金钱债权执行中，对被查封的办理了受让物权预告登记的不动产，受让人提出停止处分异议的，人民法院应予支持；符合物权登记条件，受让人提出排除执行异议的，应予支持。"即在预告登记有效期内，如果具备办理本登记的条件，预告登记权利人的权利具有排除强制执行的效力。

本条第 2 款规定："当事人办理了抵押预告登记，抵押人破产，经审查抵押财产属于破产财产，预告登记权利人主张就抵押财产优先受偿的，人民法院应当在受理破产申请时抵押财产的价值范围内予以支持，但是在人民法院受理破产申请前一年内，债务人对没有财产担保的债务设立抵押预告登记的除外。"此前，我国《物权法》仅规定了预告登记的保全效力，并未规定破产保护效力。对于在预告登记之后，预告登记的不动产究竟是作为破产财产，由破产债权人依破产清算程序进行分配，还是不纳入破产财产，而归属于预告登记的权利人这一问题，实务中一直存在争议。目前在破产实践中，出于权益保护的考虑，对于已经进行预告登记的购房者，在其足额支付购房款的情况下，一般均采取房屋交付的处理方式。而对于进行预告登记的抵押权则处理方式不一。

本解释明确规定了抵押预告登记的破产保护效力，充分保护预告登记权利人在债务人破产程序中的优先受偿权。举轻以明重，对于采取预告登记的房屋买受人，其对房屋享有的物权请求权则具备更为充分的法律依据。

同时，本条第 2 款与《企业破产法》第 31 条相衔接。《企业破产法》第 31 条规定："人民法院受理破产申请前一年内，涉及债务人财产的下列行为，管理人有权请求人民法院予以撤销：（一）无偿转让财产的；（二）以明显不合理的价格进行交易的；（三）对没有财产担保的债务提供财产担保的；（四）对未到期的债务提前清偿的；（五）放弃债权的。"因此，如果债务人在人民法院受理破产申请前 1 年内，对没有财产担保的债务提供财产担保，则属于应予以撤销的行为，不具有优先权效力。

【适用指南】

第一，抵押预告登记实际上是一种什么权利？

预告登记的本质特征是使被登记的请求权具有物权效力，对后来发生的与该请求权内容相同的不动产物权的处分行为，具有对抗效力。立法机关的立法理由为："预告登记的功能是限制房地产开发商等债务人处分其权利，以保障债权人将来实现其债权。"① 即该规定是为了保护购房者的利益，避免开发商对预购商品房进行不合理的处分。

关于预告登记的法律效力，目前还存在许多争议。笔者认为，抵押权预告登记的权利性质可视为一种准物权，其效力弱于抵押、保证、质押、留置、定金等担保物权，但优于债权。首先，预购商品房贷款抵押合同成立之时，贷款银行已经按照预购商品房买卖合同的约定，一次性将全部贷款划转到开发商指定的银行账户，即权利人已经为获得物权保护而先期支付了对价。其次，预购商品房虽无权属证书，但具有商品房预售资格的开发商前期已投入大量的工程建设总投资，并且已交付了全部土地出让金，获得了土地使用权证书。即期房及其附着的土地是具有财产价值的，是一项尚有待法律明确其权利边界的财产。最后，预告登记是指房屋登记机构在房屋登记簿上予以记载后，向登记权利人发放登记证明，即一个登记权利向社会公众公示的程序。

值得注意的是，预告登记没有优先受偿的权利，只有对抗第三人的效力。抵押预告登记作为一种临时性登记行为，既不是行政部门对期房交易的监管行为，也不能等同于直接产生支配效力的抵押登记。在期房买卖中，债权行为的成立和不动产的转移登记之间常常由于房屋建造等各种原因导致相当长时间的间隔。为平衡不动产交易中各方利益，维护交易安全，法律设立了抵押预告登记并赋予其对抗第三人的物权效力，但鉴于不动产物权尚未成立，不具备法定的抵押登记条件，故抵押预告登记不产生优先受偿的效力。

第二，抵押预告登记何时具有优先受偿效力？

总的来说，抵押预告登记是否具有优先受偿效力主要根据以下要件事实进行认定：（1）预告登记时，财产是否已经办理首次登记。如果预告登记时，该财产（主要是不动产）已经办理了首次登记，如开发商已经取得了产权证，

① 参见胡康生主编：《中华人民共和国物权法释义》，法律出版社 2007 年版。

则此时抵押预告登记的效力等同于正式抵押登记，权利人自标的财产办理抵押预告登记之日即享有优先受偿权利；预告登记时财产尚未办理首次登记的，该抵押预告登记权利的性质仍为请求权，权利人不享有优先受偿权。（2）预告登记的财产与办理建筑物所有权首次登记时的财产是否一致。一致的，自预告登记之日即成就正式抵押效力；不一致的，不予认定抵押效力。（3）预告登记是否业已失效。《民法典》第211条第2款规定："预告登记后，债权消灭或者自能够进行不动产登记之日起九十日内未申请登记的，预告登记失效。"因此，如果债权消灭或者自能够进行不动产登记之日起90天内未申请登记或者没有依照本条第1款要求就抵押财产优先受偿，预告登记就会失效，债权人自然也无法获得优先权。

【关联案例】

中国工商银行股份有限公司铜陵百大支行与王武甲、王文甲、杨健康、李葳、铜陵银基置业有限公司、铜陵市宝业商贸有限公司金融借款合同纠纷案①

裁判要旨：预告登记赋予预告登记申请人一种将来在条件成就或期限届满时请求房产预售人向其转移物权的权利，其目的在于保护以物权变动为内容之请求权，使之免受预售人处分行为之妨害。这本质上是预告登记权利人请求预售人转移房屋请求权的物权化的一种表现，是具有一定物权效力的、对以物权变动为内容的请求权担保。担保的效力体现在原不动产所有人仍有权进行处分，但该处分行为与预告登记权利人行使请求权发生冲突时，处分行为对预告登记权利人不生效，担保预告登记权利人在登记条件具备或者所附条件成就及所附期限到来时能够取得预告登记不动产的抵押权。故预告登记并不能取得与抵押权登记一样的法律效果，当事人在能够进行不动产登记之日起3个月内申请抵押权登记的，预告抵押登记失效，也就是说，只有在办理抵押权登记、债权人取得抵押权后，方能对抵押财产享有优先受偿权。

---

① 参见安徽省高级人民法院（2015）皖民二终字第00891号民事判决书。

中国光大银行股份有限公司上海青浦支行诉上海东鹤房地产有限公司、陈思绮保证合同纠纷案[①]

裁判要旨：抵押权预告登记所登记的并非现实的抵押权，而是将来发生抵押权变动的请求权，该请求权具有排他效力。因此，系争房屋抵押权预告登记的权利人在未办理房屋抵押权设立登记之前，享有的是当抵押登记条件成就或约定期限届满时对系争房屋办理抵押权登记的请求权，并可排他性地对抗他人针对系争房屋的处分，是待房屋建成交付购房人后就该房屋设立抵押权的一种预先的排他性保全，但并非对系争房屋享有现实抵押权。如果房屋建成后的产权未登记至购房人名下，则抵押权设立登记无法完成，购房人不能对该预售商品房行使抵押权。

【关联规范】

《中华人民共和国民法典》（2020 年 5 月 28 日）

第二百二十一条 当事人签订买卖房屋的协议或者签订其他不动产物权的协议，为保障将来实现物权，按照约定可以向登记机构申请预告登记。预告登记后，未经预告登记的权利人同意，处分该不动产的，不发生物权效力。

预告登记后，债权消灭或者自能够进行不动产登记之日起九十日内未申请登记的，预告登记失效。

《最高人民法院关于适用〈中华人民共和国民法典〉物权编的解释（一）》（2020 年 12 月 29 日　法释〔2020〕24 号）

第四条 未经预告登记的权利人同意，转让不动产所有权等物权，或者设立建设用地使用权、居住权、地役权、抵押权等其他物权的，应当依照民法典第二百二十一条第一款的规定，认定其不发生物权效力。

第五条 预告登记的买卖不动产物权的协议被认定无效、被撤销，或者预告登记的权利人放弃债权的，应当认定为民法典第二百二十一条第二款所称的“债权消灭”。

① 参见《最高人民法院公报》2014 年第 9 期。

（三）动产与权利担保

第五十三条　【担保财产的概括描述】

当事人在动产和权利担保合同中对担保财产进行概括描述，该描述能够合理识别担保财产的，人民法院应当认定担保成立。

【条文理解】

本条属于新增条款，此前中国法律体系中并没有专门的条文针对担保合同中使用概括性语言描述担保财产这一问题予以明晰。在兼顾了担保财产的特定性和充分考虑交易便捷性的基础之上，本条设立了“合理识别”标准来辨别担保合同中的担保财产范围。

本条实际是特定性在动产和权利担保合同中的具体应用。作为物权客体的物必须具备特定性，这一点在《民法典》第114条第2款中即有所体现：物权是权利人依法对特定的物享有直接支配和排他的权利。担保物越是特定明确，其价值的稳定性就越强，除自然的损耗以及正常的市场贬值外，不易发生较大的价值波动。通过立法规定担保物必须特定明确，可以在很大程度上固定担保物价值，减少其不足受偿的风险，有利于保障债权人的合法权益。担保物是否特定，需要通过担保人在担保合同中对担保物信息的描述来判断。担保人对担保物的信息描述越具体，则担保物特定的程度越高。根据本条的规定，若动产和权利担保合同中对担保财产的概括描述能够合理识别担保财产，即担保财产具有特定性，应当认定担保成立。

从法律技术上讲，本解释尝试引入《美国统一商法典》第9编动产担保法规定的关于动产担保交易的合理识别标准（reasonable identification）。《美国统一商法典》第9编第9－203条规定，担保权有效成立的前提条件便是担保物具有可执行性，而判断是否具有可执行性的标准之一便是“债务人确认了描述担保物的担保合同”。该编第9－108条（a）款规定，担保合同中对于动产或不动产的描述无须特定明确，只要能够合理识别其所描述的内容即为充分。该条（b）款规定了担保人以“具体列举担保物种类，担保物数量或计算、分配的方式或步骤”中的任何一种方式在担保合同中描述担保物，都可被视为充分描述，担保合同均能成立。该条（d）款规定，对证券权利、证券账户或商品账户的下列描述，属于充分：（1）使用证券权利、证券账户或商品账户这样的用词描述担保物，或将担保物称为投资财产；或（2）对作为基础的金融资产或商品合同作出描述。该条（e）款规定，涉及下列担保物时，如果仅以该法定义的担保物类别进行描述，不属于充分：（1）担保物为商业侵权索赔；（2）涉及消费者交易时，担保物为消费品、证券权利、证券账户或商品账户。①

合理识别的标准否定了那种描述应当准确而详细否则即为不充分的规定，十分符合担保物特定的缓和化，尤其契合了浮动抵押财产浮动性、不确定性的特点。抵押人只需在抵押合同中描述抵押财产的种类，如现有及将有的某存货及设备，只要能够被合理识别，则该描述就是充分的，抵押合同便可生效。

虽然依据上述标准，担保人在担保合同中对担保物的描述只要达到合理识别的状态即为充分，但过于概括性的描述也不能被认定为充分，即《美国统一商法典》第9－108条（c）款规定的“超一般的描述”（super－generic description）是不充分的。该款规定，对担保物的描述，如果使用“债务人的全部财产”、“债务人的全部动产”或具有类似含义的文字，不属于合理指明担保物。个人资产抵押的概括性约定与此如出一辙。当事人在抵押合同中约定以个人资产设立抵押，其实就是指代其所有财产。这种描述的确无法使抵押权人合理识别抵押财产的大致范围，财产的种类、数量、名称等最为基本的信息都无法在这一描述中得以体现，抵押权人甚至完全无法对抵押财产的价值建立起有效的评估与预期，更无法进行合理的监管，这将提高债权人实现债权的风险。

---

① 参见美国法学会、美国统一州法委员会：《美国〈统一商法典〉及其正式评述》（第3卷），高圣平译，中国人民大学出版社2006年版。

借鉴美国“合理识别”判断标准，当事人采取具体列出担保物、担保物的数量或种类等方式的，只要能客观辨别担保财产，并与担保人的其他财产相区分的，应认为足以合理识别担保财产。当事人对担保物的描述，如果使用“债务人的全部财产”、“债务人的全部动产”或具有类似含义的表达，不能认为足以合理识别担保财产。

实际上，与已经被废止的《物权法》相比，《民法典》对担保合同一般条款进行了简化，如《民法典》第400条第2款第3项只规定了抵押合同中写明“抵押财产的名称、数量等情况”；第427条第2款第3项只规定了质权合同中写明“质押财产的名称、数量等情况”，一改《物权法》中要求详尽描述担保物的名称、数量、质量、状况、所在地、所有权归属或者使用权归属信息的规定。《物权法》立法时之所以这样规定，是因为我国传统担保法理论对担保物特定性的建构主要从两个方面入手：一是担保物的物理属性，二是担保物的权利属性。但随着担保财产的范围不断扩展，担保物特定逐步呈现出缓和化的趋势，《物权法》对担保物标准详细、具体的描述已经不能适应市场融资的急迫需求。《民法典》仅要求担保合同中明确担保物的名称、数量作为可识别担保物范围的最基本信息，亦是对担保物特定的最低要求。这不仅可以将个人资产抵押这种“超一般的描述”排除在外，更为浮动抵押的设立适用提供了更为灵活的空间。因此，《民法典》颁布后，担保人在担保合同中必须描述担保物的名称与数量，而是否记载《物权法》所要求的担保物的质量、状况、所在地以及权属问题，则属于当事人自行约定的内容。

从使用情景上讲，本条更多的是针对个人资产抵押和浮动抵押的情形。个人资产抵押的约定是司法实践中最常见的概括性抵押条款。个人资产由不动产、动产和权利构成，通常包括了当事人的房屋、汽车、各类消费品、现金、存款以及股票等。因此，个人资产属于集合性概念，呈现不特定性、浮动性的特点。与之类似，浮动抵押也是当事人以不特定性、浮动性的财产设立的抵押权，因此从广义上讲，浮动抵押也属于概括性抵押。根据《民法典》第396条的规定，中国浮动抵押的设立主体仅包括“企业、个体工商户、农业生产经营者”三类，而抵押物仅限于现有的以及将有的“生产设备、原材料、半成品、产品”四类动产。结合前文所述，浮动抵押合同中仅描述抵押物的名称与数量的，法院不应以其违反担保物特定性为由否认浮动抵押的成立；而对于以个人资产作抵押或以公司全部资产抵押的概括性约定，法院应以其无法在最低限度上符合抵押物特定性要求为由，认定其无法成立抵押权。由此，法院对概括性抵押的约定能否成立抵押权的判断标准得以明确、统一。

另外，本条突出了债权人在签订担保合同时的审慎义务。如果未尽到足够的审慎义务，可能无法实现担保权。在动产担保交易中，担保财产的范围与当事人在担保合同或登记系统中的描述紧密相关，如当事人描述不明确，则从交易安全角度出发，应认为担保合同不成立。

【适用指南】

实践中，当事人因未经受过专业的法律训练，其用于表达内心意思的用语往往并不是专业、准确的法律术语，而是日常生活中的经验性表述。当事人对于“抵押”“保证”“担保”等民法概念并无准确的认知，亦无法区分其中的差异，因此担保合同中会出现“以个人资产作抵押”“以公司全部资产抵押”“以公司全部资产及股东个人财产作抵押”“以个人资产对借款提供担保”等概括性约定。该条的显著特征便是仅约定以抵押人所有财产设立担保，未列举抵押物的范围，当事人对抵押物范围的约定存在模糊性，且抵押物本身具有不特定性、浮动性的特点。鉴于个人资产处于变动之中，上述对担保财产的概括性描述与法律关于抵押财产须特定化的规定不符，且当事人亦未就担保财产特定化予以补正。这样的概括性约定能否成立担保物权，担保人应当承担何种责任成为司法实践中的争议焦点。

通过对2008年至2019年的个人资产抵押类案进行检索，可以发现法院认定这类约定时的裁判思路可分为两种：第一种思路未对该约定能否成立抵押权作出认定，而是直接判决担保人应对债务承担连带清偿（担保）责任，但究竟是抵押责任还是保证责任则未予明确。① 第二种思路通过两个步骤作出

---

① 参见湖南省蓝山县人民法院（2018）湘1127民初1023号民事判决书、安徽省宁国市人民法院（2019）皖1881民初56号民事判决书。

判决：第一步判断该约定能否成立抵押权；第二步是在无法成立抵押权的前提下认定当事人的责任。就个人资产抵押这一概括性约定能否成立抵押权的问题，法院的意见基本一致，均认为其违反了担保物特定性要求而无法成立抵押权。差异仅在于说理部分，部分法院援引《担保法司法解释》第 56 条第 1 款的规定，部分法院则直接阐述担保物特定的民法理论，二者其实殊途同归。关于在无法成立抵押权的前提下如何认定当事人的责任，不同法院判决的分歧比较明显。通过对判决的梳理，可归纳为以下三种结果：其一，认为抵押权不成立，担保人不承担法律责任；① 其二，认为该种约定属于并存的债务承担，担保人与债务人承担连带责任；② 其三，认为担保人提供担保意思表示真实，且个人资产抵押的约定符合保证的要素，因此担保人应承担相应的保证责任，这也是绝大数法院的判决思路。③

对此，本书比较认同将个人资产抵押解释为保证的观点。个人资产抵押的约定无法成立抵押权的原因在于违反了担保物特定性要求，但当事人提供担保的意思表示是真实的，而且个人资产不特定性的特点符合保证的要素——以不特定的财产提供担保。个人资产抵押在本质上属于一种信用担保，债权人不是信任某个特定财产的价值，而是认可与信任保证人的财产状况及其信用。因此个人资产抵押与保证在本质上如出一辙。例如，司法实践中当事人虽然在合同中采用了个人资产抵押的概括性约定，但其还表示“直至借款还清”。该约定虽然没有明确使用“保证”的概念，但以文义解释与目的解释的方法看，“以个人资产抵押偿还债务直至借款还清”表达了当事人以不特定财产提供担保的真实意思表示，且反映了当事人对责任承担后果的预期。因此该约定与连带责任保证无异。该种情形下法院将之认定为连带责任保证既符合当事人的内心真意，也不会加重当事人的保证责任。

---

① 参见江苏省南京市栖霞区人民法院（2012）栖霞民初字第 681 号民事判决书、江苏省南京市中级人民法院（2013）宁民终字第 3009 号民事判决书、广东省佛山市中级人民法院（2014）佛中法民一终字第 476 号民事判决书。

② 参见浙江省宁波市江北区人民法院（2016）浙 0205 民初 844 号民事判决书、北京市朝阳区人民法院（2017）京 0105 民初 46440 号民事判决书。

③ 参见广东省深圳市中级人民法院（2017）粤 03 民再 130 号民事判决书。

此外，法院还应结合其他证据材料来判断担保人的意思表示。例如，若当事人在合同中约定以个人资产抵押，之后担保人主动将其房产以及部分动产进行抵押登记，那么该行为其实已经将个人资产予以特定化，法院应当将此解释为有效设立的抵押权。若担保人始终没有对其个人资产进行抵押登记或质押交付，且债权人并未要求担保人履行相关的公示义务，那么表明双方当事人对该约定的认知都是以不特定的个人资产担保债务直至完全履行，法官可以在担保人提供担保的意思表示真实的前提下将该约定解释为保证。

综上所述，法院在审理当事人以个人资产作抵押为债务提供担保的概括性抵押条款时应秉持如下的裁判思路：首先，以该条款违反担保物特定性的要求为由，否定抵押权的成立；其次，若当事人提供担保的意思表示真实，则应当将该约定认定为当事人之间设立的保证担保，判决担保人承担相应的保证责任。此外，法院还应认识到现代担保物权制度中，担保物特定呈现缓和化的趋势，担保物特定的标准也从详细描述担保物信息逐步过渡至可合理识别的状态。《民法典》施行后，担保人在担保合同中仅需对担保物的名称、数量等基本信息进行描述，其余如担保物所在地、权属状况等则属于当事人自由约定的事项，合同中不予记载不影响担保合同的成立。

【关联案例】

袁敏与湖北北辰汽车转向系统有限公司买卖合同纠纷案①

裁判要旨：抵押权为担保物权，故抵押担保要求抵押物必须具体确定。担保人承诺以不特定的“个人资产作抵押”为债权提供担保的，不构成抵押担保的意思表示，而应认定为保证担保。如果担保人承诺以“个人资产”“企业全部资产”为债务提供抵押担保，实际上是以个人的一般责任财产为他人的债务提供担保，符合保证担保的本质特征。

① 参见湖北省咸宁市中级人民法院（2014）鄂咸宁中民再终字第11号民事判决书。

江苏省无锡欧翔动力机车贸易有限公司诉张玉彪保证合同纠纷案[①]

裁判要旨：当事人之间以不特定的个人财产设定抵押时，抵押担保不成立，但可依合同推定成立保证担保。涉案合同条款形式上为个人资产设定了抵押，但在具有不确定性的个人资产上设定抵押为特定债权提供担保，实际上不具有可行性，故不能成立抵押担保。但是，根据涉案合同条款的文义解释，应将其视为个人向公司提供的保证担保；而且，因涉案合同条款中约定，只有在公司无法承担所有债务时，才由个人负责偿还公司所有货款，故个人向公司提供的是一般保证担保。

【关联规范】

《中华人民共和国民法典》（2020 年 5 月 28 日）

第三百九十六条 企业、个体工商户、农业生产经营者可以将现有的以及将有的生产设备、原材料、半成品、产品抵押，债务人不履行到期债务或者发生当事人约定的实现抵押权的情形，债权人有权就抵押财产确定时的动产优先受偿。

第四百条 设立抵押权，当事人应当采用书面形式订立抵押合同。

抵押合同一般包括下列条款：

（一）被担保债权的种类和数额；

（二）债务人履行债务的期限；

（三）抵押财产的名称、数量等情况；

（四）担保的范围。

第四百二十七条 设立质权，当事人应当采用书面形式订立质押合同。

质押合同一般包括下列条款：

（一）被担保债权的种类和数额；

（二）债务人履行债务的期限；

（三）质押财产的名称、数量等情况；

---

① 参见江苏省无锡市中级人民法院（2012）锡商终字第 0169 号民事判决书。

（四）担保的范围；

（五）质押财产交付的时间、方式。

第五十四条 【未办理登记的动产抵押合同的效力】

动产抵押合同订立后未办理抵押登记，动产抵押权的效力按照下列情形分别处理：

（一）抵押人转让抵押财产，受让人占有抵押财产后，抵押权人向受让人请求行使抵押权的，人民法院不予支持，但是抵押权人能够举证证明受让人知道或者应当知道已经订立抵押合同的除外；

（二）抵押人将抵押财产出租给他人并移转占有，抵押权人行使抵押权的，租赁关系不受影响，但是抵押权人能够举证证明承租人知道或者应当知道已经订立抵押合同的除外；

（三）抵押人的其他债权人向人民法院申请保全或者执行抵押财产，人民法院已经作出财产保全裁定或者采取执行措施，抵押权人主张对抵押财产优先受偿的，人民法院不予支持；

（四）抵押人破产，抵押权人主张对抵押财产优先受偿的，人民法院不予支持。

【条文理解】

本条分情况并结合《民法典》关于转让抵押物的有效情形的条款进行了描述，逻辑上更严谨。根据《民法典》第403条的规定，以动产抵押的，抵押权自抵押合同生效时设立；未经登记，不得对抗善意第三人。该条依然延续了《物权法》《担保法》及相关解释等法律及实践中的一贯做法，且实践中也未有大的争议。动产抵押的，抵押合同生效抵押权即设立。如果未经登记，只是不得对抗善意第三人。具体从以下几个方面来分析：

（一）“他人”“第三人”主要是指受让人、承租人

实践中，动产抵押合同签订后，抵押权设立，但是由于未转移抵押物的

占有，抵押人可能又将抵押物转卖、出租给他人，如果受让人和承租人为善意，抵押权人不得基于抵押权的追及效力向善意受让人和承租人主张抵押权，抵押权人向法院主张行使抵押权，即要求对抵押物优先受偿的，法院不予支持。

具体来讲，如果抵押物转让的，此时受让人须已经取得抵押物所有权，并转移占有；如果没有实际占有该动产，受让人仅享有请求抵押人交付抵押物的债权请求权，该权利并不能对抗抵押权人的担保物权。“受让人占有抵押财产后”的表述较之征求意见稿更符合逻辑，这里要区分开所有权和抵押权的取得，否则容易陷入思维误区。《民法典》第406条第1款规定：“抵押期间，抵押人可以转让抵押财产。当事人另有约定，按照其约定。抵押财产转让的，抵押权不受影响。”抵押物可以转让，无须征得抵押权人同意，受让人也可以取得抵押物所有权，此时并没有区分善意还是恶意，说明即便是恶意，也可以取得抵押物的所有权，但同时抵押权人的抵押权并不受影响；只是如果抵押权未登记，仅是不能对抗善意受让人。反过来就是，未经登记的抵押权人可以对抗“恶意”受让人。该解释的正式稿中将“恶意”改为“受让人知道或者应当知道已经订立抵押合同的除外”，在善意的举证问题上，抵押权人应举证证明受让人知道或者应当知道该抵押物已经订立了抵押合同，抵押权人举证不能的，应当承担因此产生的不利后果。

此处的“他人”“第三人”，也包括抵押物的租赁人。根据《民法典》第405条的规定，抵押权设立前，抵押财产已经出租并转移占有的，原租赁关系不受该抵押权的影响。如果抵押物在签订了抵押合同之后出租给了他人，该承租人基于租赁合同取得了抵押物的使用权，此时承租人有可能为善意也有可能为恶意；如果抵押权未经登记，抵押权人无法向善意承租人主张抵押权，即无法对抗该善意承租人，租赁关系依然有效。同理，抵押权人应举证证明承租人知道或者应当知道该抵押物已经订立了抵押合同，抵押权人举证不能的，应当承担因此产生的不利后果。

（二）一般债权人是否属于“他人”“第三人”范畴

抵押人在动产抵押前后，均可能有其他一般债权人，此时抵押权人是否可以对抗一般债权人？根据《民法典》第403条的规定，以动产抵押的，抵押权自抵押合同生效时设立；未经登记，不得对抗善意第三人。按照法理来说，虽然动产抵押权未经登记，但是依然是担保物权，此乃物权范畴；一般债权人的债权无论如何都仅仅为债权范畴。根据物权优先于债权的一般原理，抵押权肯定优先于一般债权，即使未登记，抵押权还是应该优先于一般债权。抵押权人可以就该抵押物申请强制执行，此为基于抵押物为该债权的特别物权担保，贯彻的是优先受偿原则；一般债权人可以就该债务人的财产申请强制执行，此为基于债务人的信用，由债务人的所有财产为该债权进行担保，因此贯彻的是平等保护原则。

未经登记的抵押权是否可以对抗一般债权，在司法实践中是存在争议的，有的法院认为从逻辑上看，未经登记的抵押权可以对抗一般债权，这样“第三人”概念的内涵和外延就要进行界定；有的法院认为未经登记的抵押权无法对抗一般债权，动产抵押权人并未经过登记，未经公示即没有对抗效力，故无法对抗所有“第三人”。理论界也有多种观点：王泽鉴教授认为，动产抵押权人恒优于债务人的一般债权人，并分别从法律性质、文义解释、立法史和交易安全四个方面进行论证；有的学者认为，未经登记的抵押权均不得对抗一般债权人，无论债权人的主观方面是否存在恶意；还有的学者认为，未经登记的抵押权可以对抗善意债权人，不得对抗恶意债权人。无论如何可以看出，该问题需要对多方面进行权衡，如果允许未经登记的抵押权恒优于一般债权，意味着一般债权人要承担更多权利落空的风险；如果不允许未经登记的抵押权对抗一般债权，则意味着未经登记的抵押权人要承担更多权利落空的风险。这样，就需要一个衡平点。

《物权法》《民法典》均规定了登记对抗主义，从立法目的来看，在于督促抵押权人及时办理登记：如果主动办理了登记，则该抵押权具有对抗效力；如果怠于行使登记权利，为了消除交易的不确定性，不应给该类抵押权以过强的对抗效力。根据该立法目的，未经登记的抵押权无法对抗其他一般债权人。本条第3项规定：抵押人的其他债权人向人民法院申请保全或者执行抵押财产，人民法院已经作出财产保全裁定或者采取执行措施，抵押权人主张对抵押财产优先受偿的，人民法院不予支持。该表述说明，如果在保全或者执行之后，抵押权人要求行使抵押权来优先受偿的，法院不予支持。此刻抵押权没有了对抗效力，仅能与其他一般债权人一起平等地参与该抵押物的分配。

（三）未经登记的动产抵押权是否可以对抗破产程序中的普通债权人

破产程序中，债权人基于债务人已设定的担保物权而享有的对该特定财产优先受偿的权利，称为“别除权”。在债务人破产清算程序中，抵押权人对特定财产享有担保权，按照《企业破产法》第109条的规定，对破产人的特定财产享有担保权的权利人，对该特定财产享有优先受偿的权利。因此，有抵押担保的债权可以享受优先受偿。关于未经登记的动产抵押权是否可以享受优先受偿，在司法实践中却有截然相反的观点和做法。有法院认为，动产抵押因未经登记，不得对抗善意第三人。此处对第三人的范围界定应是对同一抵押标的物享有物权关系的人，债务人的一般债权人并不包括在内。动产抵押权未办理登记并不因此丧失其优先受偿的性质，破产中的普通债权人与未破产时的一般债权人并无差别，故破产程序中可以对抗一般债权人。也有法院认为，该第三人应该包括所有第三人，由于并未登记，无法对抗一般债权人，故认为在破产程序中无法具有优先性。该解释统一了实务中的操作，规定未经登记的动产抵押权不具有优先效力，应与一般债权同等受偿。

【适用指南】

动产抵押采用的是登记对抗主义模式，即抵押权自抵押合同生效时设立，但未经登记不得对抗善意第三人。此处所指的“善意第三人”不仅指对抵押物享有物权关系的人，还包括抵押人的一般债权人。随着《民法典》的颁布尤其是《担保制度司法解释》的出台，一些案例不再具有指导和示范作用，应注意要按照新的法律规定来认定。

虽然动产抵押采用登记对抗主义，未经登记，抵押权仍然设立，但当事人在设立动产抵押时，仍需要尽可能办理抵押登记，防止出现不必要的争端。同时，也能够有效防止抵押人对抵押物进行二次抵押，导致当事人丧失对抵押物的顺位利益。

实践中认定抵押物转让或者出租的，受让人或者承租人须实际占有该抵押物，如果未占有，则不具有对抗性；在其他一般债权人向人民法院申请保全或者执行抵押财产的，人民法院“已经作出财产保全裁定或者采取执行措施”，抵押权人主张对抵押财产优先受偿的，人民法院不予支持，此时的时间认定节点比较重要，在实践中可能会因为保全或者执行的时间而导致不同的结果。

【关联案例】

佛山市南海广亿五金制品有限公司与广东南方富达进出口有限公司管理人破产纠纷案[①]

裁判要旨：（1）未经登记的抵押权亦属物权，能与之对抗的也应该是物权，而债务人之一般债权人并不包括在内。就法律性质而言，物权具有排他性，效力恒优于债务人之一般债权。其登记与否并不影响其优先受偿的效力。（2）一般债权人与债务人交易系信赖债务人的清偿能力，而与抵押人的动产抵押标的物无法律上的直接联系，故应承担不获清偿的风险。

【关联规范】

《中华人民共和国民法典》（2020年5月28日）

第四百零三条 以动产抵押的，抵押权自抵押合同生效时设立；未经登记，不得对抗善意第三人。

第五十五条 【财产处于第三方监管的质押】

债权人、出质人与监管人订立三方协议，出质人以通过一定数量、品种等概括描述能够确定范围的货物为债务的履行提供担保，当

① 参见广东省广州市中级人民法院（2019）粤01民终22274号民事判决书。

事人有证据证明监管人系受债权人的委托监管并实际控制该货物的，人民法院应当认定质权于监管人实际控制货物之日起设立。监管人违反约定向出质人或者其他人放货、因保管不善导致货物毁损灭失，债权人请求监管人承担违约责任的，人民法院依法予以支持。

在前款规定情形下，当事人有证据证明监管人系受出质人委托监管该货物，或者虽然受债权人委托但是未实际履行监管职责，导致货物仍由出质人实际控制的，人民法院应当认定质权未设立。债权人可以基于质押合同的约定请求出质人承担违约责任，但是不得超过质权有效设立时出质人应当承担的责任范围。监管人未履行监管职责，债权人请求监管人承担责任的，人民法院依法予以支持。

【条文理解】

本条源于《九民会议纪要》第63条关于流动质押是否有效设立以及监管人如何承担责任的规定。通过监管协议委托第三方监管质物的，质权是否有效设立，理论界和实务界有不同观点：第一种观点认为，该情况下质物实际由监管人控制，质权人并未实际占有质物，与质权设立的要件不符，故质权未设立；第二种观点认为，三方达成合意，通过监管人占有质物，可以看作质权人已经占有质物，故质权有效设立。

债务人或第三人为担保债务的履行，由质权人、出质人和监管人以签订监管协议的方式，对其有权处理的且通过一定数量能够确定范围的货物为标的，向债权人设定质押，该种质押也称流动质押，即以债务人或者第三人有权处分的原材料、半成品、产品等库存货物为标的，债权人和债务人委托第三方物流企业占有并监管质押财产，质押财产被控制在一定数量或价值范围内进行动态更换，出旧补新的一种担保方式。基于动产质押的理论，需要注意以下两个问题：其一，质押物是否能够特定化；其二，质物是否实际交付。关于第一个问题，“通过一定数量、品种等概括描述能够确定范围的货物”，可见数量、品种可以确定的质物即可以实现特定化，实践中，通过仓库的独立性、货物的区隔化可以将质物明确化。关于第二个问题，根据质权的成立要件，只有将质物交付质权人占有，质权才能设立。何为“交付”？《民法典》物权编规定了现实交付、简易交付、占有改定和指示交付，后三者为观念交付。在占有改定的方式下，实际质物还是由出质人自己占有，故不符合质权的成立要件，简易交付和指示交付均可以产生交付的法律后果。

在认定是否有效交付时，需要根据监管协议具体来判断：如果当事人有证据证明监管人是受债权人的委托占有并对质物进行监管，则自监管人实际控制货物之日起质权有效设立；如果因为监管人实际履行职责的过程中未能有效监控货物出库或者因保管不善导致货物毁损灭失的，则应当按照监管协议的约定承担违约责任，监管协议对赔偿责任有约定的，应当依照规定处理，监管协议没有约定或约定不明的，应按照《民法典》第584条的规定进行赔偿。如果监管人是受出质人委托监管并占有质物，或监管协议虽约定监管人受质权人委托占有质物，但实际上出质人仍然对于质物有实际处置权，则应认为质物的占有并未转移给质权人，动产质权未设立。此时，债权人可以基于合同约定请求出质人承担不超过质权有效设立时出质人应当承担责任范围内的违约责任，也可以请求监管人承担相应责任。

【适用指南】

（一）“共同占有”下质权的有效设立的认定

在动产质押监管合同纠纷案件中，应当注意质物是否真实移交给监管人或是否足额移交给监管人，据此对相应质权是否已经设立作出准确认定。《九民会议纪要》对实践中出现的问题进行了有效的界定，其中对共同占有的情形作出了认定，具体需要分情况认定。共同占有是指出质人和监管人共同占有质物，如为了监管方便，常常将质物存放在出质人的仓库中，由监管人进行驻厂监管或定期检查，一般认为质物仍在出质人的占有之下，故无法有效设立质权，但是《九民会议纪要》规定“只要监管人系受债权人的委托监管质物，且已经进行了实质监管的，就应当认为完成了指示交付，质押有效设立”。例如，质物出库时须经监管人同意。如果仅仅签订监管协议，监管人并未实际履行监管职责，质物仍由出质人控制的，质物无法认定交付，则质权未设立。

（二）监管人未履行监管职责的赔偿责任范围

当因监管人没有妥善保管质物，造成的损失应当按照《民法典》第584条的规定进行完全赔偿，既包括全部实际损失，也包括可得利益的损失。但是对于监管人没有妥善保管质物而应该承担的责任范围，在实务中有几种观点：（1）认为应当与出质人承担主债务的连带赔偿责任；（2）认为应承担因保管不当造成质物价值减损不能清偿部分的赔偿责任；（3）认为是在出质人无法赔偿的损失范围内承担补充赔偿责任。《九民会议纪要》规定只在监管人因过失造成质物减损的范围内，对于不能受偿的部分承担赔偿责任，因监管人没有妥善保管质物致使质权人遭受的损害，不能完全归责于监管人。

另外，还有实践中经常发生的第三方监管的动产质押、动产滚动质押类模式，鉴于部分监管公司在清点、管理过程中流于形式，导致监管责任纠纷类案件大量出现，对此监管方如何承担责任？最高人民法院认为，监管方没有依约履行清点义务，应当承担合同义务，如果因为监管方的原因导致实际质押物数量和清单质量不符，对质押物不足额具有责任的，应当按照监管方的责任大小，对质权人的损失按比例承担补偿赔偿责任。

（三）质押货物被法院财产保全，监管方是否还要继续监管货物，出质人是否还应支付货物的监管费用

在债务人和其他担保人都未履行还款义务的情况下，质权人诉至法院，法院为了避免难以执行或者造成当事人其他损害，根据对方当事人的申请或案件的需要，对相关财产采取查封、扣押、冻结等财产保全的措施，其与商业上的监管行为在性质、目的、方式等方面存在差异，质权人对出质人的起诉及诉讼中的财产保全行为并不能替代质押监管行为，亦不代表质押货物监管义务的结束，即便保全查封后质物无法出库流转，监管义务应继续履行。在查封后的质物监管中，对于质物缺失，监管人还应承担赔偿责任。法院对涉案质物财产保全后，监管继续的，监管费用亦应继续支付。质押监管协议一般约定由出质人支付监管费用，义务人不支付监管费用的，监管人可主张解除质物监管合同，也可以通过对质物行使留置权以清偿其监管债权。

【关联案例】

招商银行股份有限公司福州白马支行与上海中远物流配送有限公司合同纠纷案①

裁判要旨：质权人以交付质押的质物重量减去执行处置时的质物重量差额要求监管人承担赔偿责任，但经监管人的举证，法院计算并扣除了自然损耗导致的质物缺失重量，对于质物的剩余缺失，认为质权人也有一半的过错，监管人仅对剩余质物一般的损失承担赔偿责任。因此，在动产质押监管合同中，应理性衡量债权人、作为出质人的债务人、质物监管人三方对质物损失的过错责任，监管人也可以提出“质权人与有过错”的抗辩主张。法院保全查封后发生的质物损失，监管人仍应承担监管责任。

广州资产管理有限公司与广州中远海运物流有限公司合同纠纷案②

裁判要旨：法院对涉案质物保全查封后，义务人不支付监管费用的，监管人可主张解除质物监管合同。当事人一方迟延履行主要债务，经催告后在合理期限内仍未履行的，当事人可以解除合同。出质人不支付监管费用的，监管人退出监管也具有一定合理性。此时，监管人就可以提出解除质押监管协议的主张，并与出质人结算监管费用。

【关联规范】

《全国法院民商事审判工作会议纪要》（2019 年 11 月 8 日　法〔2019〕254 号）

63.【流动质押的设立与监管人的责任】在流动质押中，经常由债权人、出质人与监管人订立三方监管协议，此时应当查明监管人究竟是受债权人的

---

① 参见福建省福州市中级人民法院（2018）闽 01 民初 260 号民事判决书。

② 参见广东省中山市第一人民法院（2018）粤 2071 民初 3792 号民事判决书。

委托还是受出质人的委托监管质物，确定质物是否已经交付债权人，从而判断质权是否有效设立。如果监管人系受债权人的委托监管质物，则其是债权人的直接占有人，应当认定完成了质物交付，质权有效设立。监管人违反监管协议约定，违规向出质人放货、因保管不善导致质物毁损灭失，债权人请求监管人承担违约责任的，人民法院依法予以支持。

如果监管人系受出质人委托监管质物，表明质物并未交付债权人，应当认定质权未有效设立。尽管监管协议约定监管人系受债权人的委托监管质物，但有证据证明其并未履行监管职责，质物实际上仍由出质人管领控制的，也应当认定质物并未实际交付，质权未有效设立。此时，债权人可以基于质押合同的约定请求质押人承担违约责任，但其范围不得超过质权有效设立时质押人所应当承担的责任。监管人未履行监管指责的，债权人也可以请求监管人承担违约责任。

第五十六条　【善意买受人的保护】

买受人在出卖人正常经营活动中通过支付合理对价取得已被设立担保物权的动产，担保物权人请求就该动产优先受偿的，人民法院不予支持，但是有下列情形之一的除外：

（一）购买商品的数量明显超过一般买受人；

（二）购买出卖人的生产设备；

（三）订立买卖合同的目的在于担保出卖人或者第三人履行债务；

（四）买受人与出卖人存在直接或者间接的控制关系；

（五）买受人应当查询抵押登记而未查询的其他情形。

前款所称出卖人正常经营活动，是指出卖人的经营活动属于其营业执照明确记载的经营范围，且出卖人持续销售同类商品。前款所称担保物权人，是指已经办理登记的抵押权人、所有权保留买卖的出卖人、融资租赁合同的出租人。

【条文理解】

（一）动产上可能设立的担保物权

本条的基础在于《民法典》第404条“以动产抵押的，不得对抗正常经营活动中已经支付合理价款并取得抵押财产的买受人”的规定。

动产上可能设立的担保物权，包括典型的担保物权，法律认可的非典型的担保物权，还有其他虽然未被法律或司法解释所确认，但未来可能在实践中被认可的非典型担保物权。第一种类型包括动产抵押、购置款抵押、动产质押、动产留置；第二种类型包括所有权保留买卖、融资租赁、保理和让与担保；第三种类型多以《民法典》第10条规定的习惯作为法律渊源。

按照《民法典》第403条的规定，动产抵押以合同生效为设立要件，以登记为对抗要件。本解释第54条明确规定，对抗要件是指不得对抗买受人、不得对抗承租人、不得对抗保全或执行、不得在破产中主张优先受偿等。对抗要件的必要条件之一是第三人善意，但如何认定善意，是否参照《民法典》第311条所规定的要件（主观善意、合理对价、物权公示），需要在每一种情形中做不同要求。例如，第54条第1项并未要求受让人支付合理价格，那么在《民法典》第311条第3款规定之下，是否以受让人支付合理价格为要件，是值得考虑的；更进一步，抵押人赠与财产的，是否可以认定受让人为善意？这都是动产抵押的登记对抗效力制度中值得研究的。

按照《民法典》第416条规定，购置款抵押要件包括：第一，担保物必须是动产，可以是所有类型的动产，如设备、原材料、半成品、成品以及农产品和牲畜；第二，被担保的债权必须是价款债权，必须用于购买该动产。根据本解释第57条的规定，《民法典》第416条的价款，可以包括买卖的对价、为对价而进行的融资、融资租赁的租金；第三，抵押权人必须在动产交付给债务人的10日内办理抵押登记，此处办理应该理解为申请登记，而并非获得抵押权。

动产质押，要件是将动产交付给债权人占有，这种占有必须是实际交付，而不能是占有改定。如果是拟制交付的话，往往是纳入权利质押的规范中。留置与动产质押具有相同的要件，即占有。关于占有的认定标准，公认的观点认为，占有是对物的控制与支配，即对物进行管理或影响，并能够加以一定的利用。占有的性质，一般认为仅仅体现上述的控制与支配关系，是可以发生一定法律效果的事实，而非法定的完整的权利。所以考查占有人的权利，有些是必须合法占有方可享有，有些是占有即可享有，并不区分是合法占有还是非法占有。

根据《民法典》第641条的规定，所有权保留买卖是指当事人可以在买卖合同中约定买受人未履行支付价款或者其他义务的，标的物的所有权属于出卖人。通说认为，所有权保留买卖的标的只能是动产，而买卖合同中卖方以交付不动产为义务，所以所有权保留买卖外观上与普通的买卖关系并无二致，除非有登记，否则不能产生对抗效力。

根据《民法典》第388条和本解释第65条第1款的规定，在融资租赁合同创设的动产担保物权中，出租人被视为担保物权人，承租人被视为担保人，租赁物被视为担保物，承租人违约时，租赁物应当进行清算，出租人仅能就承租人欠付的租金以及其他费用优先受偿。

保理合同创设的动产担保物权，如果当事人约定的是有追索权保理，则保理人被视为担保物权人，应收账款债权人被视为担保人，应收账款被视为担保物，保理人主张债权时，应收账款的回款应当进行清算，保理人仅能就保理融资款本息和相关费用优先受偿。如果当事人约定的是无追索权保理，则应当按照债权转让的规则来处理，不涉及清算事宜。

实践中还有一些以法律、行政法规尚未规定可以担保的财产权利设立担保的情形，如商铺租赁权质押、出租车运营质押、排污权质押等。本解释第63条对这些“非典型”的非典型担保（区别于“典型”的非典型担保诸如所有权保留买卖、融资租赁和保理）作了开放性的规范，为日后法律对此类担保进行规范和约束留下了余地。第63条第2句的表述为“当事人未在法定的登记机构依法进行登记，主张该担保具有物权效力的，人民法院不予支持”，由此可知有些财产权利，法律、行政法规尚未规定可以担保，但实践中当事人可以在相关的机构中进行登记，当事人主张该担保具有物权效力的，人民法院有可能支持。当然，在法律、行政法规尚未规定的情况下，人民法院予以支持的依据，可以是《民法典》第10条和相关规范所规定的可作为法律渊源的习惯。

以所有权保留买卖、融资租赁、保理合同等方式设立的动产担保物权，在央行动产融资统一登记公示系统中均可做相应登记，以登记作为对抗效力的要件。需要注意的是，在本条第1款第5项中仅规定了买受人应当查询抵押登记，并未要求对所有权保留买卖、融资租赁、保理等的登记事项做查询。

（二）善意买受人的要件

根据《民法典》第311条的规定，善意取得所有权的要件包括主观善意、合理对价和公示。第311条第3款规定，当事人善意取得其他物权的，参照适用前两款规定，则一般情况下担保物权善意取得的标准也以主观善意、合理对价和公示为要件。但本条规定的并非一般情况下的善意取得，而是在买卖关系中对善意买受人的保护，对善意买受人的认定，与《民法典》第311条有所不同。根据本条中的表述，可以认为，对善意买受人的保护的要件为：买受人、主观善意、正常经营活动、合理对价和公示。

买受人，应当认为是买卖合同中支付对价、取得物的当事人。这是以真实有效的买卖合同存在为前提的。实践中存在《民法典》第146条规定的通谋的虚伪意思表示的情形，即以买卖合同为表层意思表示，但双方实际的意思表示为其他法律关系；也存在欺诈、误解等意思表示错误导致买卖合同并未成立或存在效力瑕疵的情形，如以买卖合同形式为外观的民间借贷或让与担保。如果产生纠纷，那么对法律关系的性质和案由的争议将成为庭审焦点和认定双方权利义务的关键。

本条以反向规定的形式确定了买受人主观善意的认定标准，即规定了恶意的表现形式，反推善意的认定方法。买受人恶意的情形为：购买商品的数量明显超过一般买受人；购买出卖人的生产设备；订立买卖合同的目的在于担保出卖人或者第三人履行债务；买受人与出卖人之间存在直接或间接的控制关系；买受人应当查询抵押登记而未查询的其他情形。关于“购买商品的数量明显超过一般买受人”，问题在于这种一般买受人，是否包括买受人自己，即如果买受人购买商品明显超过其他买受人，但与自己之前购买商品的数量差别不大或者可以证明超出的数量有合理根据的（如扩大生产经营），应当认定善意还是恶意？这涉及的问题跟本解释第 14 条的问题性质类似，即在法律未能穷尽规范现实情形的情况下，法官是严格依据文义解释来处理纠纷，还是可以依据立法目的进行穿透审查？第 14 条的问题是，如果不是担保人受让债权，而是担保人之外的（可能跟担保人有关联关系或其他特殊关系的）主体收购债权的，能否适用第 14 条？如果不能，则第 14 条很容易被规避；如果能，那么司法权力的界限在哪里？本条第 1 款第 1 项的问题也类似，即是否“购买商品的数量明显超过一般买受人”就一定认为买受人恶意，还是存在虽然明显超过但仍可认为是正常交易的空间？我们认为，应该从立法目的论的角度进行审判，但鉴于文义解释的强势地位、法官的保守性等，能否要求法官跳出法条文义的窠臼进行扩张，仍是个疑问。

关于“订立买卖合同的目的在于担保出卖人或者第三人履行债务”，这符合让与担保的一般形式，我们在本解释第 68 条中有说明，此处不再赘述。关于“买受人与出卖人存在直接或者间接的控制关系”，可以从以下几个方面考虑：第一，股权控制，如一方在公司中占股超过一半甚至超过 2/3；第二，协议控制，如 VIE 架构，或者股东一致行动协议；第三，存在足以否认公司独立人格的情形，如《九民会议纪要》第 10 条规定的人格混同、第 11 条规定的过度支配与控制、第 12 条规定的资本显著不足等。也可参照有关关联关系的规范，如《企业所得税法实施条例》第 109 条规定：“企业所得税法第四十一条所称关联方，是指与企业有下列关联关系之一的企业、其他组织或者个人：（一）在资金、经营、购销等方面存在直接或者间接的控制关系；（二）直接或者间接地同为第三者控制；（三）在利益上具有相关联的其他关系。”《特别纳税调整实施办法（试行）》第 9 条也规定了八种构成关联关系的情形，可资参考。

最后值得注意的是，动产担保物权有两种外观：一是担保权人占有，包括质押和留置；二是担保权人不占有但以登记为对抗要件，包括动产抵押、融资租赁、保理合同、所有权保留买卖。在第二种外观中，本条第 1 款第 5 项仅要求买受人对动产抵押做查询，而不要求买受人对融资租赁、保理合同、所有权保留买卖的登记进行查询，则在这三种交易关系中，担保人的买受人未查询登记情况的，能否构成善意？与前述本解释第 14 条的困境一样，如果采用文义解释，则不能认为买受人是恶意的；但这样的话对担保权人不利，尤其是本条第 1 款规定了"担保物权人请求就该动产优先受偿的，人民法院不予支持"，则担保权人也不享有担保物的代位权（参见《民法典》第 390 条），如此可能破坏担保制度的稳定性，值得思考。

【适用指南】

《民法典》第 396 条规定了浮动抵押，特点是：第一，抵押标的物为实现抵押权时的全部动产，包括生产设备、原材料、半成品或产品；第二，设定浮动抵押时抵押财产是不确定的，一般在浮动抵押合同中会明确约定"现有的以及将有的全部财产"设定抵押，而且《民法典》第 396 条也规定了"可以将现有的以及将有的生产设备、原材料、半成品、产品抵押"的内容。一直到抵押权实现之前，抵押财产都是不确定的。

浮动抵押与本条规定的善意买受人的保护制度不尽相同。在浮动抵押下，只要不出现《民法典》第 414 条规定的抵押财产确定的情形，抵押人的正常经营活动中出售和购置财产，抵押权人是不能干涉的。本条的意旨是《民法典》第 404 条，即动产抵押不得对抗正常经营活动中已经支付合理价款并取得抵押财产的买受人。

【关联案例】

四川兴隆诚纸业有限公司与重庆银行股份有限公司成都科华支行、四川晨龙纸业有限责任公司案外人执行异议纠纷案[①]

裁判要旨：异议人（买受人）提交的证据证明其已支付合理价款并取得相关瓦楞纸、箱板纸所有权，债权人（抵押权人）关于案涉财产瓦楞纸、箱板纸系其抵押物的辩解不成立，

① 参见成都铁路运输法院（2019）川 7101 民初 375 号民事判决书。

法院不予采纳。

【关联规范】

《中华人民共和国民法典》（2020年5月28日）

第十条 处理民事纠纷，应当依照法律；法律没有规定的，可以适用习惯，但是不得违背公序良俗。

第三百一十一条 无处分权人将不动产或者动产转让给受让人的，所有权人有权追回；除法律另有规定外，符合下列情形的，受让人取得该不动产或者动产的所有权：

（一）受让人受让该不动产或者动产时是善意；

（二）以合理的价格转让；

（三）转让的不动产或者动产依照法律规定应当登记的已经登记，不需要登记的已经交付给受让人。

受让人依据前款规定取得不动产或者动产的所有权的，原所有权人有权向无处分权人请求损害赔偿。

当事人善意取得其他物权的，参照适用前两款规定。

第三百九十六条 企业、个体工商户、农业生产经营者可以将现有的以及将有的生产设备、原材料、半成品、产品抵押，债务人不履行到期债务或者发生当事人约定的实现抵押权的情形，债权人有权就抵押财产确定时的动产优先受偿。

第四百零三条 以动产抵押的，抵押权自抵押合同生效时设立；未经登记，不得对抗善意第三人。

第四百零四条 以动产抵押的，不得对抗正常经营活动中已经支付合理价款并取得抵押财产的买受人。

第四百一十六条 动产抵押担保的主债权是抵押物的价款，标的物交付后十日内办理抵押登记的，该抵押权人优先于抵押物买受人的其他担保物权人受偿，但是留置权人除外。

第五十七条　【价款优先权】

担保人在设立动产浮动抵押并办理抵押登记后又购入或者以融资租赁方式承租新的动产，下列权利人为担保价款债权或者租金的实现而订立担保合同，并在该动产交付后十日内办理登记，主张其权利优先于在先设立的浮动抵押权的，人民法院应予支持：

（一）在该动产上设立抵押权或者保留所有权的出卖人；

（二）为价款支付提供融资而在该动产上设立抵押权的债权人；

（三）以融资租赁方式出租该动产的出租人。

买受人取得动产但未付清价款或者承租人以融资租赁方式占有租赁物但是未付清全部租金，又以标的物为他人设立担保物权，前款所列权利人为担保价款债权或者租金的实现而订立担保合同，并在该动产交付后十日内办理登记，主张其权利优先于买受人为他人设立的担保物权的，人民法院应予支持。

同一动产上存在多个价款优先权的，人民法院应当按照登记的时间先后确定清偿顺序。

【条文理解】

针对交易实践中普遍存在的借款人借款购买货物，同时将该货物抵押给贷款人作为价款的担保的情形，《民法典》赋予了该抵押权优先效力，以保护融资人的权利，促进融资。本条规定同样适用于融资租赁、所有权保留制度，故在条文中一并予以规定。

该规定赋予抵押物出卖人享有“购买价金担保权”优先于其他抵押权人受偿的权利，学界将这一权利称为“超级优先权”。在《民法典》中首次进行确定，是《民法典》第414条所确立的“先登记者优先规则”的例外，其优先于抵押物买受人的其他担保物权人，是约定担保物权突破法定规则的特例，因此亦被称为超级优先权或超级抵押权。

《民法典》第416条是《民法典》编纂中新增加的规定，目的在于保障出卖人的利益，其理论依据和立法目的就是鼓励信用消费，赊销设备、消费品等货物，故卖方权益应当优先保护。这也是在所有权保留制度之外为出卖人收回转让价款提供另一种保护方式。改成通俗易懂的语言就是：出卖人将标的物（动产）出卖给买受人后，或者债权人提供标的物价款后，出卖人或者债权人为了担保基于该标的物形成的价款的债权而在该标的物上设立抵押权，在法定期限内办理抵押登记后，出卖人或者债权人的抵押权就优先于其他担保物权，但依然劣后于留置权。还可以更简单表述为：价款抵押权所担保的主债权就是抵押的动产的购买价款。为了更好地理解该条文，举个简单的例子用以说明。

2020 年 7 月 1 日，小 A 和小 B 之间签订了买卖合同，将小 A 所有的车辆出卖给了小 B，合同价款为 30 万元。小 B 由于资金紧张，和小 A 约好，当日交付车辆，并办理所有权变更登记，车款于 2020 年 12 月 31 日前支付。当日，小 A 将车辆交付，之后办理了所有权变更登记。2020 年 7 月 8 日，小 A 和小 B 办理了抵押权登记。2020 年 12 月 31 日届满，小 B 仍未能支付 30 万元车款。后查明，小 B 于 2020 年 7 月 3 日将车辆质押给小 C，又于 2020 年 7 月 5 日将车辆抵押给了小 D。此时，按照价款优先权的规则，即便其登记在后，但小 A 拥有优于小 C 的质押权和小 D 的抵押权，可就车辆拍卖或变卖所得价款优先受偿。小 C 和小 D 按照谁先登记、交付谁优先的规则排序。

【适用指南】

（一）价款抵押权人的范围

《民法典》第 416 条仅规定动产抵押担保的主债权是抵押物的价款，并没有限制只有标的物的出卖方才能成为价款抵押权人，故在实践中为买方提供融资的第三方亦可以成为价款抵押权人，该解释亦明确了该种情况——为价款支付提供融资而在该动产上设立抵押权的债权人。比如，出卖人并不允许买受人赊购，也不愿设置抵押权，此时第三人作为融资方，可以将价款支付给出卖人，同时获得该动产的价款抵押权；或者出卖人同意设置价款优先权，此时第三方愿意为买方支付该价款，此时如果不允许第三方成为抵押权人，就只能由出卖人将该债权及之上的从权利价款优先权转让给第三人，增加了交易的复杂程度和交易成本。

（二）可以设立价款抵押权的抵押物

根据《民法典》第 416 条的规定，只有动产可以设立价款抵押权，不动产和知识产权等资产不可以设立价款抵押权。这里的动产包括一切动产，如交通工具、产品、生产设备、半成品、原材料等。

（三）价款抵押权是否可以在同一物上多个并存

《民法典》并未禁止在一个动产上设置两个以上的价款抵押权，所以价款抵押权可以在同一动产上并存。本条第 3 款规定，同一动产上存在多个价款优先权的，人民法院应当按照登记的时间先后确定清偿顺序。例如，小 A 为了公司经营需要购买设备，同时向小 B 和小 C 申请融资，此时小 B 向小 A 融资 1000 万元，小 C 向小 A 融资 500 万元，并且都在设备交付后的 10 日内设立了价款抵押权，此时小 B 和小 C 都是抵押权人，按照“抵押在先者抵押权优先受偿”的规则进行处理。

（四）价款优先权如何体现其优先权的“超级”

价款优先权之所以被称为“超级优先权”，在于其突破了抵押在先的优先原则，只要满足该条规定的几个要件后成立价款优先权，则可以优先于买受人除了留置权以外的其他所有担保权人；但是要注意该优先权的“超级”仅在于优先于买受人的其他担保权人。如果在标的物交付之前，就已经由买受人以外的人设立了其他担保物权的，是否依然适用？显然，从条文本身来看，不能适用。按照《民法典》第 406 条的规定，抵押期间，抵押人可以转让抵押财产。抵押财产转让的，抵押权不受影响。这就说明，此时若该动产系在他处设立了抵押，则此时即便价款抵押权人优先于买受人的其他抵押人，也不能优先于动产转让前的其他抵押权人。

【关联规范】

《中华人民共和国民法典》（2020 年 5 月 28 日）

第四百一十六条 动产抵押担保的主债权是抵押物的价款，标的物交付后十日内办理抵押登记的，该抵押权人优先于抵押物买受人的其他担保物权人受偿，但是留置权人除外。

第五十八条 【汇票质押】

以汇票出质，当事人以背书记载“质押”字样并在汇票上签章，汇票已经交付质权人的，人民法院应当认定质权自汇票交付质权人时设立。

【条文理解】

本条从正面确定了汇票出质有效的要件：其一为背书记载“质押”，其二为在汇票上签章，两个要件缺一不可。

汇票质押是指以设定质权，提供债务担保为目的而进行的背书，是由背书人通过背书的方式，将票据转移给质权人，以票据金额的给付作为对被背书人债务清偿保证的一种担保方式。背书人在设定质押背书时，必须在背书中载明“质押”的字样，并签名盖章。如果出质人仅仅记载了“质押”字样而未在票据上签章，或者出质人未在汇票上记载“质押”字样而是另行签订了质押合同、质押条款的，不构成汇票质押。

在征求意见稿中，法律专家建议该条解释可以设置一个例外情况，如基于委托关系等情形，基于资管计划或者信托关系中的委托人，即便没有在汇票上进行相应背书或者签章，也应当承认委托人享有并实现该质权。然而，在正式稿中仍没有设置例外。实践中法院在认定该类问题时往往会根据真实交易和债权债务关系来审查。

【适用指南】

订立质押合同并交付纸质票据，但是无背书是否构成有效汇票质押？

对于在票据上没有质押背书的，审判实践中认为不构成票据质押，但是背书转让并非取得票据权利的唯一方式，可以通过对真实交易和债权债务关系（如因借款而签订质押合同）的审查来确认是否享有票据权利，如在“台州市路桥汇强机车部件厂与张瑞南票据返还请求权纠纷案”中，法院认为根据《票据法》第 31 条的规定，非经背书转让而以其他合法方式取得汇票的，依法举证证明其汇票权利，因此支持当事人取得票据权利。在“江油科发建筑劳务有限责任公司与南京市江宁区一坤建材经营部票据纠纷案”[①] 中，法院认为当事人在取得案涉两张商业承兑汇票时存在重大过失，无法举证证明其取得汇票权利，因此其并非案涉票据合法持有人，不享有票据权利。

【关联案例】

内蒙古四海科技股份有限公司诉上海农村商业银行股份有限公司长宁支行等金融借款合同纠纷案[②]

裁判要旨：对于有转让背书而无质押背书的，法院认为系争汇票虽未记载“质押”字样，但当事人已经提供充分证据证明票据质押关系的成立，且出票人无权作为善意第三人而对抗票据质权，故其上诉主张否定票据质权的相关意见，法院不予采信，根据《票据法》第 35 条的规定，被背书人依法实现其质权时，可以通过行使票据权利实现质权。

【关联规范】

《中华人民共和国民法典》（2020 年 5 月 28 日）

第四百四十一条 以汇票、本票、支票、债券、存款单、仓单、提单出质的，质权自权利凭证交付质权人时设立；没有权利凭证的，质权自办理出质登记时设立。法律另有规定的，依照其规定。

第四百四十二条 汇票、本票、支票、债券、存款单、仓单、提单的兑现日期或者提货日期先于主债权到期的，质权人可以兑现或者提货，并与出

---

① 参见江苏省南京市江宁区人民法院（2017）苏 0115 民初 4972 号民事判决书。

② 参见上海市第一中级人民法院（2015）沪一中民六（商）终字第 362 号民事判决书。

质人协议将兑现的价款或者提取的货物提前清偿债务或者提存。

第五十九条 【仓单质押】

存货人或者仓单持有人在仓单上以背书记载“质押”字样，并经保管人签章，仓单已经交付质权人的，人民法院应当认定质权自仓单交付质权人时设立。没有权利凭证的仓单，依法可以办理出质登记的，仓单质权自办理出质登记时设立。

出质人既以仓单出质，又以仓储物设立担保，按照公示的先后确定清偿顺序；难以确定先后的，按照债权比例清偿。

保管人为同一货物签发多份仓单，出质人在多份仓单上设立多个质权，按照公示的先后确定清偿顺序；难以确定先后的，按照债权比例受偿。

存在第二款、第三款规定的情形，债权人举证证明其损失系由出质人与保管人的共同行为所致，请求出质人与保管人承担连带赔偿责任的，人民法院应予支持。

【条文理解】

仓单质押作为企业融资的新型手段，越来越受到实务界的关注和青睐。但由于法律对仓单质押规制甚少，仓单质押业务中的许多操作和权利义务都依靠当事人之间的约定。现实中的仓单质押法律关系相当复杂，加之对于仓单的认识并不全面，应用也不规范，导致仓单质押在实践中存在很多的风险。另外，理论界对于仓单质押涉及的很多法律问题也没有定论，阻碍仓单质押充分发挥其效用，并引发了业务风险。本条专门对仓单质押的成立、清偿顺序及连带责任进行了统一的规定，为司法实践提供了极大的指导意义。

本条第 1 款规定了设立仓单质押的要件。仓单是记名证券，然而，在本解释出台之前，我国法律对仓单质押是否需要背书并没有明确的规定。大部分国家和地区的立法都要求仓单出质时仓单持有人要在仓单上背书，值得肯定的是，仓单背书对有价证券流通和防止第三人善意取得有非常积极的作用。

考虑到仓单是提取仓储物的凭证，除了要求仓单以背书记载“质押”字样之外，本解释借鉴了《民法典》第910条关于仓单转让的规定，要求仓单质押须经保管人签章。同时结合《民法典》第441条的规定，要求以仓单出质的，质权自权利凭证交付质权人时设立；没有权利凭证的，质权自办理出质登记时设立。

本条第2款对于仓单质押和仓储物担保的竞合作了规定。当仓单质押与仓储担保竞合时，不管该担保属于质权还是抵押权，参考《九民会议纪要》第69条的精神，根据是否完成公示以及公示先后情况来确定清偿顺序，顺序相同的，按照债权比例清偿。

本条第3款对于在仓单重复质押的情况下，质权人如何实现仓单质权作出了明确规定。由于法律没有规定设立仓单质押需要登记，目前尚没有权威的仓单质押登记机关，而且仓单的网络登记也还没有形成商业习惯，所以目前仓单质押的登记效力有待商榷，不能以登记优先原则作为仓单质权竞合的优先顺位原则。这种情况下，该解释采取适用权利在先原则，让首先设立的质权所担保的债权优先受偿，难以确定先后的，按照债权比例受偿。

在仓单质押中，仓单所记载的货物处于保管人的控制之下，涉及三方法律关系，这就要求仓单质押的效力必须要及于保管人。在本条第3款规定之前，我国现行法律没有明确规定仓单质押对保管人是否发生效力，保管人的权利义务主要来源于其与出质人、质权人所签订的仓单质押监管合同。一般来说，依据仓储合同和仓单质押监管合同，保管人负有保管和监管仓储物及见单即付的义务，违反这些义务将给质权人带来损失，对此保管人应当与有过错的出质人承担连带赔偿责任。

【适用指南】

对于仓储物的权属问题，保管人不负有查明仓储物所有权的义务，但法律也没有明确质权人承担这个义务。《商业银行法》第36条虽然规定银行负有对质物权属的审查义务，但仓单质押的质物并非仓储物而是仓单。如果当事人没有在仓单质押监管协议中约定承担仓储物权属审查义务的主体，或者虽然约定银行承担审查义务，但是银行往往会忽视对仓储物权属的审查。一旦出质人并非仓储物的所有权人，那么债权人的质权将面临无效之风险，其债权担保的功能就无法实现，从而影响债权人实现债权。对于检验货物的数量、质量等是否符合仓单记载这个问题，当事人往往也会忽视，从而没有约定明确的验货义务。在这种情况下，保管人在签发仓单时只会对货物进行表面审查，银行也会疏于审查，仅对仓单所记载的货物情况做形式审查，而不去实地考察货物是否符合仓单的记载，由此可能引发仓储物不符合仓单记载甚至不存在的风险，影响质权人实现质权。

【关联案例】

章昌华与建发物流集团有限公司侵权纠纷案[①]

裁判要旨：出质人以间接占有的财产出质的，质押合同自书面通知送达占有人时视为移交。在物流公司并未得到任何关于存货方将存货质押给第三人的通知的情况下，动产质权不成立。仓单质押需要交付权利凭证，无须通知占有人。

【关联规范】

《中华人民共和国民法典》（2020年5月28日）

第四百四十条 债务人或者第三人有权处分的下列权利可以出质：

（一）汇票、本票、支票；

（二）债券、存款单；

（三）仓单、提单；

（四）可以转让的基金份额、股权；

（五）可以转让的注册商标专用权、专利权、著作权等知识产权中的财产权；

---

① 参见福建省高级人民法院（2014）闽民终字第80号民事判决书。

（六）现有的以及将有的应收账款；

（七）法律、行政法规规定可以出质的其他财产权利。

第四百四十一条 以汇票、本票、支票、债券、存款单、仓单、提单出质的，质权自权利凭证交付质权人时设立；没有权利凭证的，质权自办理出质登记时设立。法律另有规定的，依照其规定。

第四百四十二条 汇票、本票、支票、债券、存款单、仓单、提单的兑现日期或者提货日期先于主债权到期的，质权人可以兑现或者提货，并与出质人协议将兑现的价款或者提取的货物提前清偿债务或者提存。

第六十条 【提单质押】

在跟单信用证交易中，开证行与开证申请人之间约定以提单作为担保的，人民法院应当依照民法典关于质权的有关规定处理。

在跟单信用证交易中，开证行依据其与开证申请人之间的约定或者跟单信用证的惯例持有提单，开证申请人未按照约定付款赎单，开证行主张对提单项下货物优先受偿的，人民法院应予支持；开证行主张对提单项下货物享有所有权的，人民法院不予支持。

在跟单信用证交易中，开证行依据其与开证申请人之间的约定或者跟单信用证的惯例，通过转让提单或者提单项下货物取得价款，开证申请人请求返还超出债权部分的，人民法院应予支持。

前三款规定不影响合法持有提单的开证行以提单持有人身份主张运输合同项下的权利。

【条文理解】

本条第 1 款确认了跟单信用证交易中，提单质押的性质及成立的条件，即开证行与开证申请人之间约定以提单作为担保可依照《民法典》关于质权的有关规定处理。《民法典》第 440 条规定债务人或者第三人有权处分的下列权利可以出质，其中就包含提单，同样延续了《担保法》的规定，将信用证交易中银行对提单的权利确认为权利质权。

《民法典》第 446 条规定："权利质权除适用本节规定外，适用本章第一节的有关规定。"第 427 条规定："设立质权，当事人应当采用书面形式订立质押合同……"该规定确认提单质押的前提是开证行与开证申请人之间要有以提单作为担保的约定。

根据《民法典》第 429 条的规定，质权自出质人交付质押财产时设立。可见提单质权成立的两个条件：一是以提单作为担保的约定；二是公示条件。提单已交付，也即需出质人依质押合同的约定将提单作为财产权利交债权人占有。质权人对质押物的占有是保持质权的要件，质权人无论任何原因丧失对提单的占有，均引起质押的消灭。

本条第 2 款和第 3 款则是在非典型担保受到认可的情况下，考虑到《民法典》第 10 条关于"处理民事纠纷，应当依照法律；法律没有规定的，可以适用习惯，但是不得违背公序良俗"的规定作出的。

本条第 2 款将开证行持有提单的权利构造为担保物权，而非所有权。在大陆法系物权债权二元划分的财产权体系下，对某物主张优先受偿权，即表明此权利不是普通债权，而是物权，因为债权具有平等性，某一债权人不能仅凭借其债权便主张优先于其他债权人受偿的权利。

一直以来，对于提单的性质学术界有不小的争议。《海商法》第 71 条、第 78 条第 1 款的规定表明提单是债权凭证。与此同时，在海上货物运输合同中，货物所有权人在将货物交付承运人实际占有后，并未丧失所有权，可以基于此所有权对货物行使返还原物请求权，这属于物权请求权的范畴。可见，提单具有债权凭证和所有权凭证的双重属性。

本条第 2 款解释为司法实践立下了统一的标准：在跟单信用证交易中，开证行不管是按照与开证申请人之间的约定，还是按照跟单信用证的惯例持有提单，当开证申请人未按照约定付款赎单时，法院支持开证行主张对提单项下货物优先受偿权而非所有权的主张。

《民法典》第 438 条规定："质押财产折价或者拍卖、变卖后，其价款超过债权数额的部分归出质人所有，不足部分由债务人清偿。"本条第 3 款允许开证申请人请求返还超出债权的部分。

本条第 4 款主要针对提单质押的情形作了相应的限定，并不一概认定持有提单的开证行只享有质权。该条需要与信用证规则相衔接。在国际贸易实践中，由于信用证交易是从托收制度发展而来，为了规避相应交易风险，当事人会构造出很多复杂的交易结构。故此，不能一概将开证行持有提单的权利构造为担保物权。

【适用指南】

信用证项下提单质权关系中的无单放货，一般发生在开证行与开证申请人间的提单质权中，承运人向开证申请人无单放货。提单质权建立在提单是物权凭证的基础上，在承运人向开证申请人无单放货无法继续履行交付货物的义务时，提单是否有权利凭证的作用？提单质权是否应当消灭，开证行的提单质权变为一般的债权？有观点认为，在承运人无单放货的条件下，提单质权并不消灭。首先，我国法律并未对权利质权的消灭作出特殊规定，因此权利质权的消灭条件应当适用动产质权的规定。提单质权应在以下情形下消灭：所担保的主债权消灭、因质权人的行使或放弃而消灭、因质权人丧失对于提单的占有而消灭以及因质权存续期间届满而消灭。无单放货的情形下，并不满足上述任意一种情形，所以提单质权继续存在。其次，提单质权是基于提单是物权凭证，代表了对于提单下货物的占有权而对主债权所进行的担保。当承运人无单放货时，开证行可以基于对提单的占有主张对于货物占有的保护，承运人仍负有见单交货的义务，提单作为质物的权利凭证基础仍然存在。由此，在承运人无单放货时开证行的提单质权并未消灭。因此，在承运人向开证申请人无单放货时，开证行仍可以基于提单质权向开证申请人主张实现提单质权，就提单下货物优先受偿。

【关联案例】

中国建设银行股份有限公司广州荔湾支行诉广东蓝粤能源发展有限公司等信用证开证纠纷案①

裁判要旨：（1）提单持有人是否因受领提单的交付而取得物权以及取得何种类型的物权，取决于合同的约定。开证行根据其与开证申请人之间的合同约定持有提单时，人民法院应结合信用证交易的特点，对案涉合同进行合理解释，确定开证行持有提单的真实意思表示。（2）开证行对信用证项下单据中的提单以及提单项下的货物享有质权的，开证行行使提单质权的方式与行使提单项下货物动产质权的方式相同，即对提单项下货物折价、变卖、拍卖后所得价款享有优先受偿权。

【关联规范】

《中华人民共和国民法典》（2020年5月28日）

第四百四十条 债务人或者第三人有权处分的下列权利可以出质：

（一）汇票、本票、支票；

（二）债券、存款单；

（三）仓单、提单；

（四）可以转让的基金份额、股权；

（五）可以转让的注册商标专用权、专利权、著作权等知识产权中的财产权；

（六）现有的以及将有的应收账款；

（七）法律、行政法规规定可以出质的其他财产权利。

第四百四十一条 以汇票、本票、支票、债券、存款单、仓单、提单出质的，质权自权利凭证交付质权人时设立；没有权利凭证的，质权自办理出

---

① 参见最高人民法院（2015）民提字第126号民事判决书，最高人民法院第21批指导性案例111号。

质登记时设立。法律另有规定的，依照其规定。

第四百四十二条 汇票、本票、支票、债券、存款单、仓单、提单的兑现日期或者提货日期先于主债权到期的，质权人可以兑现或者提货，并与出质人协议将兑现的价款或者提取的货物提前清偿债务或者提存。

第六十一条 【应收账款质押】

以现有的应收账款出质，应收账款债务人向质权人确认应收账款的真实性后，又以应收账款不存在或者已经消灭为由主张不承担责任的，人民法院不予支持。

以现有的应收账款出质，应收账款债务人未确认应收账款的真实性，质权人以应收账款债务人为被告，请求就应收账款优先受偿，能够举证证明办理出质登记时应收账款真实存在的，人民法院应予支持；质权人不能举证证明办理出质登记时应收账款真实存在，仅以已经办理出质登记为由，请求就应收账款优先受偿的，人民法院不予支持。

以现有的应收账款出质，应收账款债务人已经向应收账款债权人履行了债务，质权人请求应收账款债务人履行债务的，人民法院不予支持，但是应收账款债务人接到质权人要求向其履行的通知后，仍然向应收账款债权人履行的除外。

以基础设施和公用事业项目收益权、提供服务或者劳务产生的债权以及其他将有的应收账款出质，当事人为应收账款设立特定账户，发生法定或者约定的质权实现事由时，质权人请求就该特定账户内的款项优先受偿的，人民法院应予支持；特定账户内的款项不足以清偿债务或者未设立特定账户，质权人请求折价或者拍卖、变卖项目收益权等将有的应收账款，并以所得的价款优先受偿的，人民法院依法予以支持。

【条文理解】

应收账款质押是《民法典》第440条关于权利质押规定中列举的可以出质的权利之一，即债务人或者第三人有权处分的“现有的以及将有的应收账款”可以出质。

我国将应收账款作为质押标的经历了从无到有的过程。《担保法》第75条规定，可设定质权的权利范围为：汇票、支票、本票、债券、存款单、仓单、提单，依法可以转让的股份、股票，依法可以转让的商标专用权，专利权、著作权中的财产权，以及依法可以质押的其他权利。虽然列出了“可以质押的其他权利”作为兜底条款，但当时的银行等金融机构首先看重的是房地产、设备等有形财产，其次是明确记载权利内容的权利凭证，最后是价值变动空间相对较大的金融资产、知识产权。在经历了发展的黄金十年后，不动产“担保之王”的光环逐渐褪去，彼时企业应收账款的规模大幅增长，国人信用意识有所提高，信用体系逐渐走向健全，应收账款因其财产属性和巨大的变现空间进入银行等金融机构的视野。加之国内学界对应收账款的理论研究也日臻成熟，应收账款作为权利质押的标的遂成为《物权法》时代的亮点之一。

2007年《物权法》第223条规定：“债务人或者第三人有权处分的下列权利可以出质：（一）汇票、支票、本票；（二）债券、存款单；（三）仓单、提单；（四）可以转让的基金份额、股权；（五）可以转让的注册商标专用权、专利权、著作权等知识产权中的财产权；（六）应收账款；（七）法律、行政法规规定可以出质的其他财产权利。”为配合应收账款作为质押标的，中国人民银行于2007年9月30日公布了《应收账款质押登记办法》并于2007年10月1日与《物权法》一同实施，此举在一定程度上打消了学界和实务界对于承认应收账款质押制度以及该如何构建和适用该制度存在的疑虑。

《民法典》第440条对于可以出质的应收账款，在《物权法》规定的基础上进一步将其区分为现有的及将有的应收账款，规定“债务人或者第三人有权处分的下列权利可以出质：（一）汇票、本票、支票；（二）债券、存款单；（三）仓单、提单；（四）可以转让的基金份额、股权；（五）可以转让的注册商标专用权、专利权、著作权等知识产权中的财产权；（六）现有的以及将有的应收账款；（七）法律、行政法规规定可以出质的其他财产权利”。此种划分与现代应收账款融资实践中将应收账款包括的范围“现有应收账款”“未挣得应收账款”“未来应收账款”[①] 有一定的一致性。本条正是基于现有应收账款及将有应收账款的不同情形而作出的规定。

应收账款是债权请求权，应收账款质押属于权利质押，需遵循物的担保中关于质权的一般性规定。以应收账款设立质权的，应当订立书面的质押合同并办理出质登记。同时，由于应收账款本身就存在基础的债权债务关系，对应收账款进行质押相当于在基础债权债务关系之上又产生了一种新的债权债务关系，对新债权债务关系（质权关系）的保护必然牵涉原债权债务关系双方。本条第 1 ~3 款是对现有应收账款真实性的确认要求，也是对现有应收账款质押关系中的质权人与应收账款法律关系中的债务人二者利益平衡保护的规定，在一定程度上明确了质权人在应收账款质权设立时的谨慎义务，也体现了对应收账款债务人诚实信用义务的基本要求。

应收账款是一种财产权益，该权益的基础是债权债务关系真实存在，只有权利真实存在，才能够基于权利设定新的权利。本条第 1 款“以现有的应收账款出质，应收账款债务人向质权人确认应收账款的真实性后，又以应收账款不存在或者已经消灭为由主张不承担责任的，人民法院不予支持”的规定，即是从应收账款债务人角度出发，对权利的真实性作出确认，进而使应收账款处于确定状态，从而保障应收账款质权关系的稳定性。

《应收账款质押登记办法》在一定程度上对质权人质权的保护形成了保障，但质权人也不能仅以作了应收账款质押登记就可以怠于对应收账款的真实性作出审查。本条第 2 款“以现有的应收账款出质，应收账款债务人未确认应收账款的真实性，质权人以应收账款债务人为被告，请求就应收账款优先受偿，能够举证证明办理出质登记时应收账款真实存在的，人民法院应予

---

① 中国人民银行研究局等：《中国动产担保物权与信贷市场发展》，中信出版社 2006 年版。

支持；质权人不能举证证明办理出质登记时应收账款真实存在，仅以已经办理出质登记为由，请求就应收账款优先受偿的，人民法院不予支持”的规定，即是从对质权人提出要求的视角出发，为确认现有应收账款的真实性而作出的规定，该款也是对债权人合理注意义务的要求。

在市场主体越来越多元化、经济活动日益频繁的情况下，我国的公示制度也日臻完善，公示机关承担着越来越繁重的登记公示工作，但是，各类市场主体才是经济活动及其法律后果的首要承担者，公示机关仅对公示事项进行形式审查，让公示机关对公示事项的实质真实性负责既不现实也不科学。因此，应收账款质权人在接受出质时即应对应收账款的真实性进行审查。

第 2 款与第 1 款相呼应，在第 1 款应收账款债务人确认了应收账款存在的真实性的基础上，第 2 款规定了债权人负有证明办理出质登记时应收账款真实存在的义务，如果质权人仅办理质权登记而不主动审查基础的应收账款债权债务关系的真实性，将承担不利后果。如此，从一正一反两方面确认了应收账款的真实性，形成整体法益受到保护的基础。

本条第 3 款规定：“以现有的应收账款出质，应收账款债务人已经向应收账款债权人履行了债务，质权人请求应收账款债务人履行债务的，人民法院不予支持，但是应收账款债务人接到质权人要求向其履行的通知后，仍然向应收账款债权人履行的除外。”在第 1 款、第 2 款对应收账款债务人、应收账款质权人分别进行应收账款真实性确认要求的基础上，让“应收账款债权人”作为“连接点”，使第一性的债权债务关系的债务人和第二性的债权债务关系的债权人发生了正面“交锋”，再次为保障应收账款的真实性作出规定。

在第一性的应收账款的债权人与债务人的关系中，如果债务人已经向债权人履行了债务，应收账款得到清偿，债权人也就相应丧失了应收账款的财产性权益，那么建立于应收账款基础之上的质权就成了“空中楼阁”，质权人所享有的权益也就无从谈起。但是，如果应收账款的债务人在接到质权人向其履行通知后，仍然向应收账款的债权人履行，则其与应收账款债权人串通损害质权人利益的可能性就大大增加，其行为也违反了民事活动中基本的诚实信用原则。如果任由债务人在明知应收账款已被出质的情况下仍然对债权人履行债务，将对经济秩序和信用社会的建设造成极为不利的影响。

本条第4款规定："以基础设施和公用事业项目收益权、提供服务或者劳务产生的债权以及其他将有的应收账款出质，当事人为应收账款设立特定账户，发生法定或者约定的质权实现事由时，质权人请求就该特定账户内的款项优先受偿的，人民法院应予支持；特定账户内的款项不足以清偿债务或者未设立特定账户，质权人请求折价或者拍卖、变卖项目收益权等将有的应收账款，并以所得的价款优先受偿的，人民法院依法予以支持。"本款是对质权人对将有的应收账款实现质权方式的规定，客观上会引导质权人将资金投资于具有公益性质、建设周期长的项目上，以实现社会效益和经济效益的统一。

在大基建时代，基础设施和公用事业项目上马较多，但其却存在项目资金需求量大、回报周期长、公益性强等特点。以提供服务或者劳务为业务收入来源的企业往往属于劳动密集型企业，其服务的项目通常存在"先服务、后付费"的特点，但企业需先行取得资金用于设备租赁、人员工资发放等。因此，在实践中，项目投资方为缓解资金压力往往会将未来产生的收益权或债权作为质权标的出质给银行等金融机构，为保障质权的顺利实现，金融机构通常会要求设立特定账户。本款明确规定了对质权人就特定账户内款项优先受偿权的保护，及发生特定账户款项不足时质权人可就项目收益权进行折价、拍卖、变卖所得价款享有优先受偿权，此举可在一定程度上消除质权人的顾虑，助推社会资源的合理配置。

【适用指南】

根据《民法典》第427条、第445条的规定，设立质权，当事人应当订立书面质押合同；以应收账款出质的，质权自办理出质登记时设立。结合《应收账款质押登记办法》的规定，应收账款出质的要求为，签订应收账款质押合同，并在中国人民银行征信中心办理应收账款质押登记。除此之外，接受现有应收账款出质的，质权人应书面告知应收账款质押情况，明确要求应收账款债务人不得向原债权人履行付款义务，而向己方偿还债务，并要求应收账款债务人出具书面材料，就应收账款存在的真实性作出确认。接受将有应收账款出质的，质权人在与出质人签订的应收账款质押合同中可列明收取应收账款的特定账户，并列明质权人就该特定账户款项优先受偿所触发的条件，同时，还应监管账户的实时变化情况，以便在发生争议时有据可依。

【关联案例】

广发银行股份有限公司本溪分行、满孚首成（本溪）实业有限公司金融借款合同纠纷案①

裁判要旨：考虑到交易成本的降低、交易效率的提高和风险控制的可能性，核实应收账款真实性义务的履行主体，应由质押担保的主债权人负担。在质押担保的主债权人怠于核实该应收账款客观真实性的情况下，该应收账款并不客观真实存在及存在抵销权等抗辩的风险，应由质押担保的主债权人自行承担。在质押担保的债权人核实了应收账款客观真实存在的情况下，还应通知基础交易关系债务人该设立应收账款质权的情况，并在通知中明确该债务人不得再行向基础交易关系债权人或者第三人予以清偿或行使抵销权的要求。

【关联规范】

《中华人民共和国民法典》（2020 年 5 月 28 日）

第四百四十条　债务人或者第三人有权处分的下列权利可以出质：

（一）汇票、本票、支票；

（二）债券、存款单；

（三）仓单、提单；

（四）可以转让的基金份额、股权；

（五）可以转让的注册商标专用权、专利权、著作权等知识产权中的财产权；

（六）现有的以及将有的应收账款；

（七）法律、行政法规规定可以出质的其他财产权利。

① 参见最高人民法院（2019）最高法民终 1445 号民事判决书。

第四百四十五条 以应收账款出质的，质权自办理出质登记时设立。

应收账款出质后，不得转让，但是出质人与质权人协商同意的除外。出质人转让应收账款所得的价款，应当向质权人提前清偿债务或者提存。

《应收账款质押登记办法》（2019年11月22日 中国人民银行令2019年第4号）

第二条 本办法所称应收账款是指权利人因提供一定的货物、服务或设施而获得的要求义务人付款的权利以及依法享有的其他付款请求权，包括现有的和未来的金钱债权，但不包括因票据或其他有价证券而产生的付款请求权，以及法律、行政法规禁止转让的付款请求权。

本办法所称的应收账款包括下列权利：

（一）销售、出租产生的债权，包括销售货物，供应水、电、气、暖，知识产权的许可使用，出租动产或不动产等；

（二）提供医疗、教育、旅游等服务或劳务产生的债权；

（三）能源、交通运输、水利、环境保护、市政工程等基础设施和公用事业项目收益权；

（四）提供贷款或其他信用活动产生的债权；

（五）其他以合同为基础的具有金钱给付内容的债权。

第四条 中国人民银行征信中心（以下简称征信中心）是应收账款质押的登记机构。

征信中心建立基于互联网的登记公示系统（以下简称登记公示系统），办理应收账款质押登记，并为社会公众提供查询服务。

第六十二条 【留置权】

债务人不履行到期债务，债权人因同一法律关系留置合法占有的第三人的动产，并主张就该留置财产优先受偿的，人民法院应予支持。第三人以该留置财产并非债务人的财产为由请求返还的，人民法院不予支持。

企业之间留置的动产与债权并非同一法律关系，债务人以该债权不属于企业持续经营中发生的债权为由请求债权人返还留置财产的，人民法院应予支持。

企业之间留置的动产与债权并非同一法律关系，债权人留置第三人的财产，第三人请求债权人返还留置财产的，人民法院应予支持。

【条文理解】

依据《民法典》第447条的规定，留置权是指在一定的债权债务关系中，债权人依照一定的法律关系占有债务人的动产，于债务人未履行合同义务时，对其占有的债务人的动产予以留置并变价优先受偿的权利。

（一）留置权的种类

留置权区分为民事留置权和商事留置权两种。民事留置权注重具体单次民事交往活动中利益关系的平衡，着眼于留置物与债权间的个别牵连关系；商事留置权则意在寻求企业间持续性商业交往中整体利益关系的平衡，且因商事主体交易频繁，留置物与债权之间难以一一对应。因此，为了排除因频繁商业交易而导致牵连关系举证困难，商事留置权规定其留置权与债权间可不受同一法律关系制约。[①]

（二）留置权的立法沿革

《民法通则》第89条规定了债的几种担保形式，第一次在法律条文中明确规定留置权，留置权由此成为法定担保物权。“按照合同约定一方占有对方的财产，对方不按照合同给付应付款项超过约定期限的，占有人有权留置该财产，依照法律的规定以留置财产折价或者以变卖该财产的价款优先得到偿还。”根据此条可以看出行使留置权的四个条件：（1）基于合同法律关系；（2）一方合法占有对方财产；（3）合同约定对方应付款，且期限已届满；（4）占有人可就留置财产折价或变卖优先受偿。

《担保法》第82条和第84条对留置权的适用范围明确限定为“保管合

① 江平：《中国物权法教程》，知识产权出版社2007年版，第534页。

同、运输合同和加工承揽合同”，在这三类合同中，债权人基于合法占有较易实现留置权，是留置权最常适用的法律场景。同时，第 84 条第 2 款也作了兜底性的规定，即“法律规定可以留置的其他合同，适用前款规定”。这为今后的立法留下了空间，同时也为留置权的适用范围继续扩大奠定了更多可能性。同时，第 82 条也将留置权的标的物明确限定为动产，不动产不能适用留置权的相关规定。

《合同法》第 422 条规定：“行纪人完成或者部分完成委托事务的，委托人应当向其支付相应的报酬。委托人逾期不支付报酬的，行纪人对委托物享有留置权，但当事人另有约定的除外。”此条将留置权的适用范围扩大至行纪合同，即委托人逾期不支付报酬，行纪人便可主张对委托物享有留置权，将委托物折价或变卖优先受偿。

《担保法司法解释》第 109 条规定：“债权人的债权已届清偿期，债权人对动产的占有与其债权的发生有牵连关系，债权人可以留置其所占有的动产。”这是我国首次出现占有标的物与债权应具有牵连关系的表述，即留置物与债权之间应有牵连关系，但本条对于牵连关系的具体内涵并未作出界定。相较于《民法典》中将民事留置权限缩至同一法律关系而言，《担保法司法解释》所规定的牵连关系外延更广。

《物权法》第 231 条规定：“债权人留置的动产，应当与债权属于同一法律关系，但企业之间留置的除外。”本条将《担保法司法解释》的“牵连关系”限缩至“同一法律关系”，更加严格了留置权的适用范围，同时，将企业之间留置以但书形式作了除外规定，这也是我国立法层面第一次对商事留置权作出规定。

《民法典》第 447 条、第 448 条保留了《物权法》第 230 条、第 231 条的规定，没有对条款做任何改动。

本解释第 62 条对留置的标的物的范围扩大至第三人，同时，对于在商事留置过程中，并非同一法律关系所涉及的债务人及第三人的返还请求权作出了更为明确的规定。

（三）民法典时代商事留置

《民法典》第 448 条规定：“债权人留置的动产，应当与债权属于同一法律关系，但是企业之间留置的除外。”单从条文字面理解，企业之间的商事留置不受同一法律关系的限制，似乎不要求留置标的物与债权之间有任何关系，然而事实上，作为商事交易，考虑到其交易的频繁性，基于“效率优先，兼顾公平”的商法理念，避免商事主体滥用留置权，本解释第62条对留置权作出了更为详细明确的规定，为司法实践提供了判断依据。

首先，扩大了留置权标的物的范围，避免在实际交易过程中，债务人主张债权人留置的是第三人的财产而任意要求返还，损害债权人的利益。其次，也要限制债权人滥用留置权，如果债权人任意留置与企业持续经营发生的债权无关的动产，可能导致交易秩序的混乱，不利于债务人依法行使权利，甚至损害债务人和第三人的合法权益。

基于此，第62条第1款明确基于同一法律关系，合法占有的第三人的动产可以作为留置权的标的物，本款在很大程度上保护了债权人的合法权益；第2款明确对于非同一法律关系项下，如果不属于企业持续经营中发生的债权，即留置的动产与企业持续经营发生的债权不存在任何关联关系，则债务人有权要求债权人返还留置财产，此条是对债务人合法利益的保护；第3款明确对于非同一法律关系项下，第三人可以向债权人主张返还留置财产，这是从第三人利益保护的角度出发而订立的规则。

【适用指南】

留置权是法定担保物权，本条对留置权适用所涉及的三方主体，债权人、债务人及第三人各自的权利，以及留置财产与债权的关系作出了清晰而明确的指引，使三方主体能够进行合理预判，区分是否为同一法律关系，且知道相关限制，进而平衡留置权的合法行使及各方利益的保护。

（一）留置第三人动产

本条第1款将留置的标的物的范围扩大至第三人的动产，在具体使用时应注意以下几个方面：（1）债务已经到期届满，对于未到期的债务，实际上不具备行使留置权的先决条件，无法进行留置；（2）同一法律关系，这是留置适用的基础，对于非同一法律关系而产生的合法占有的财产不能留置；

（3）合法占有的第三人的动产，如果是债务人的动产直接可以留置，本解释对于留置权的范围进行了扩大，合法占有第三人的动产，债权人同样可以行使留置权；（4）债权人应当主张就该留置财产行使优先受偿，如果没有主张或者中途放弃主张，则法院不予处理，如果提出主张，在满足上述四个条件的情况下，法院应予支持。与此同时，在满足前述条件的情况下，如果第三人以该留置财产并非债务人的财产为由请求返还的，人民法院不予支持；如果缺少任何一个条件，则第三人可以请求返还留置财产。

（二）企业之间留置的适用

对于企业之间的留置，应适用本条第 2 款、第 3 款的规定，首先确定留置的动产与债权是否为同一法律关系，如果是同一法律关系，则构成合法留置，债权人可就留置财产行使优先受偿权，如果不属于同一法律关系，则将债权范围仅限定为"企业持续经营中发生的债权"，对于不属于企业持续经营中发生的债权，债务人有权向债权人请求返还留置财产。

另外，如果并非同一法律关系，则债权人留置的第三人的合法财产，第三人有权要求债权人返还。此处没有附加其他限制性条件，只要不满足同一法律关系，第三人便有权主张返还。由此可见，本解释第 62 条第 2 款和第 3 款明确规定了债务人及第三人的返还请求权，在非同一法律关系的前提下，既可以由债务人主张，也可以由第三人主张，只是二者所受到的限制不同，应区别对待。

【关联案例】

无锡市卓盛隆国际货运代理有限公司、
无锡西姆莱斯石油专用管制造有限公司
排除妨害纠纷、返还原物纠纷案[①]

裁判要旨：房屋出租人并未合法占有承租人所有的货物，其对该货物不享有留置权。

① 参见最高人民法院（2017）最高法民申 1227 号民事裁定书。

中国外运长江有限公司太仓分公司与苏州汇畅国际货运代理有限公司、陈亮海上、通海水域货运代理合同纠纷案[①]

裁判要旨：留置的货物无须为债务人所有，只要是债务人合法占有即可。原告外运公司就被告货代公司拖欠的费用而对涉案原木享有留置权，有权就该批原木拍卖、变卖的款项优先受偿。

【关联规范】

《中华人民共和国民法典》（2020年5月28日）

第四百四十七条 债务人不履行到期债务，债权人可以留置已经合法占有的债务人的动产，并有权就该动产优先受偿。

前款规定的债权人为留置权人，占有的动产为留置财产。

第四百四十八条 债权人留置的动产，应当与债权属于同一法律关系，但是企业之间留置的除外。

① 参见武汉海事法院（2017）鄂72民初3号民事判决书。

四、关于非典型担保

第六十三条 【新型担保的债权与物权效力区分】

债权人与担保人订立担保合同，约定以法律、行政法规尚未规定可以担保的财产权利设立担保，当事人主张合同无效的，人民法院不予支持。当事人未在法定的登记机构依法进行登记，主张该担保具有物权效力的，人民法院不予支持。

【条文理解】

《民法典》第388条第1款中规定："设立担保物权，应当依照本法和其他法律的规定订立担保合同。担保合同包括抵押合同、质押合同和其他具有担保功能的合同。"该条文首次以法律的形式明确规定了典型担保之外"其他具有担保功能的合同"的非典型担保的法律地位。

本解释第63条以《民法典》第388条关于非典型担保的规定为依托，对其法律关系所涉及的债权效力和物权效力作出有所区分的司法评价。

（一）担保类型的相对开放性

本解释第1条明确，除了典型的抵押、质押、留置、保证等担保方式适用本解释外，还规定了所有权保留买卖、融资租赁、保理等涉及担保功能发生的纠纷也同样适用本解释。可见，对于担保合同类型已经从原来《物权法》法定的典型担保扩展至实践中涌现的各类非典型担保。

但前述的几类担保形式，无论是典型还是非典型，都尚能在《民法典》中找到相对应的法律规定。随着经济活力的增强，商业创新的变革，注定将来会涌现出更加新型的具有担保功能的交易模式，这是法律无法提前预料的。当实践中出现一种未曾被法律所规制的担保类型时，人民法院不因该担保方式的新颖性、不具备法定性而认定其无效。

不少学者认为，从法律条文和立法说明中的表述可以推断，除融资租赁、保理、所有权保留合同以及已经蕴含于其中的让与担保合同之外，或许将来会有其他具有担保功能的非典型担保合同及与此对应的具有担保物权性质的权利。① 也有学者将这样一种相对开放的担保规则，解读为对物权法定原则的缓和，是对物权法定原则副作用的一种消解。②

（二）非典型担保的合同效力

对于非典型担保的合同效力，在司法实践中存有争议。有的法院认为其回避了法定担保的登记公示制度，可能损害第三人的权利，因此是无效的；③有的法院认为其并未违反《物权法》的禁止性规定，不违反法律、行政法规的强制性规定，是有效的。④《九民会议纪要》第66条规定，当事人订立的具有担保功能的合同，不存在法定无效情形的，应当认定有效。该文件首次明确、统一了对非典型担保合同效力的司法观点。

《民法典》第388条第1款既然已经确立了非典型担保合同类型的法律地位，并形成了相对开放的担保规则，那么当市场交易主体设计出一种法律尚未明确规定的、具有担保功能的交易结构后，法律也应当给予其保护和认可。在坚持债权与物权效力相区分原则的前提下，只要没有出现《民法典》关于民事法律行为无效或合同无效的法定情形，该担保合同应当被认定为有效。

（三）非典型担保应遵循法定的物权登记原则

《民法典》第403条规定了动产抵押登记对抗原则，第641条规定了所有

---

① 刘保玉：《民法典担保物权制度新规释评》，载《法商研究》2020年第5期（总第37期）。

② 参见王利明：《担保制度的现代化：对〈民法典〉第388条第1款的评析》，载《法学家》2021年第1期。

③ 浙江省杭州市中级人民法院（2014）浙杭民终字第1085号：建德雅居房地产开发有限公司与宣建耀、濮素娟房屋买卖合同纠纷案。

④ 最高人民法院（2011）民提字第344号：朱俊芳与山西嘉和泰房地产开发有限公司商品房买卖合同纠纷案。

权保留登记对抗原则，第745条规定了融资租赁模式下的登记对抗原则，可以说《民法典》在典型担保和非典型担保领域确立了统一的登记对抗原则，且该规则应当类推适用于尚未被法律明确规定的其他担保类型。这也就意味着，新型担保物权发生效力，必须以存在可以进行权利登记的法定登记机关为前提。

【适用指南】

（一）登记制度与法定登记机构

相较于我国逐步统一的不动产登记机构，我国动产和权利担保的登记机关处于一种较为分散的现状。如航空器抵押登记机关为民航管理部门，船舶抵押登记机关为海事管理部门，动产抵押登记机关、非上市公司股权质押登记机关均为市场监督管理部门，上市公司股权质押登记由证券登记结算机构负责，知识产权质押登记由知识产权登记机构负责。

《优化营商环境条例》第47条第2款明确提出："国家推动建立统一的动产和权利担保登记公示系统，逐步实现市场主体在一个平台上办理动产和权利担保登记。纳入统一登记公示系统的动产和权利范围另行规定。"建立统一的、全面的动产和权利担保登记制度，已经成为我们的共识和当务之急。

目前，中国人民银行征信中心的动产融资统一登记平台已经可以实现应收账款质押和转让登记，租赁登记，生产设备、原材料、半成品、产品抵押登记，所有权保留登记，租购登记，留置权登记，保证金质押登记，存货/仓单质押登记，动产信托登记等各类动产和权利担保登记。①

（二）金融创新下的法定登记机构空白

有法定登记机构的，应当进行物权公示。但是，如果某类担保交易模式尚处于发展和探索阶段，极有可能并不存在一个"法定"的登记机构来满足这种物权公示的要求，或者说"法定的登记机构"尚不明确，较为典型的比如商铺租赁期担保登记。在此种情形下，即使当事人之间具有形成担保法律

① 可查询中国人民银行征信中心登记服务页面，http：//www. pbccrc. org. cn/zxzx/djfw/201406/bddb2aca36934771a50223c7b771d451. shtml。

关系的意思表示、实现担保功能的意图，也仅能在其内部之间发生效力。当事人虽不能主张对第三人的物权优先性，但基于合同本身的有效性，可以请求按照担保合同的约定，就该财产折价、变价或拍卖所得款项主张清偿债务。

在商铺租赁权的融资模式下，由借款人以其向市场管理方承租的商铺租赁权作为质押担保向金融机构借款，在担保期间，借款人未经金融机构同意，不得转让或转租该商铺租赁权，市场管理方也不得协助借款人办理商铺租赁权转让或转租过户手续。[①] 商铺租赁权质押一般以商铺市场管理方作为登记主体，并不存在一个法定的登记机构。该担保方式虽未违反法律、法规的强制性规定，但因其登记主体不具有法定性而不具有对世效力。

【关联案例】

上海贵灵实业集团有限公司、张友进与袁楚丰民间借贷纠纷案[②]

裁判要旨：当事人之间就借贷法律关系签署的《和解协议》视为设定了股权让与担保，不违反流质条款的禁止性规定，未违反法律、行政法规的禁止性规定，应为合法有效。债权人参照股权质押的规定，请求对该股权折价或者变卖、拍卖，以所得价款优先受偿，于法不悖。

【关联规范】

《中华人民共和国民法典》（2020年5月28日）

第一百一十六条 物权的种类和内容，由法律规定。

第三百八十八条 设立担保物权，应当依照本法和其他法律的规定订立担保合同。担保合同包括抵押合同、质押合同和其他具有担保功能的合同。担保合同是主债权债务合同的从合同。主债权债务合同无效的，担保合同无效，但是法律另有规定的除外。

担保合同被确认无效后，债务人、担保人、债权人有过错的，应当根据

---

① 高圣平：《金融创新视角下的商铺租赁权担保：体系定位与法律效力》，载《山东大学学报》2017年第6期。

② 参见上海市高级人民法院（2020）沪民终423号民事判决书。

其过错各自承担相应的民事责任。

第六百四十一条 当事人可以在买卖合同中约定买受人未履行支付价款或者其他义务的，标的物的所有权属于出卖人。

出卖人对标的物保留的所有权，未经登记，不得对抗善意第三人。

第七百四十五条 出租人对租赁物享有的所有权，未经登记，不得对抗善意第三人。

《优化营商环境条例》（2019 年 10 月 23 日）

第四十七条 不动产登记机构应当按照国家有关规定，加强部门协作，实行不动产登记、交易和缴税一窗受理、并行办理，压缩办理时间，降低办理成本。在国家规定的不动产登记时限内，各地区应当确定并公开具体办理时间。

国家推动建立统一的动产和权利担保登记公示系统，逐步实现市场主体在一个平台上办理动产和权利担保登记。纳入统一登记公示系统的动产和权利范围另行规定。

第六十四条 【所有权保留买卖中取回权的实现】

在所有权保留买卖中，出卖人依法有权取回标的物，但是与买受人协商不成，当事人请求参照民事诉讼法“实现担保物权案件”的有关规定，拍卖、变卖标的物的，人民法院应予准许。

出卖人请求取回标的物，符合民法典第六百四十二条规定的，人民法院应予支持；买受人以抗辩或者反诉的方式主张拍卖、变卖标的物，并在扣除买受人未支付的价款以及必要费用后返还剩余款项的，人民法院应当一并处理。

【条文理解】

所有权保留，是指在买卖合同中，依据当事人的约定，由买受人占有标的物，但在买受人付清价款之前，标的物的所有权仍属于出卖人所有。所有权保留条款的设定目的在于担保标的物价款债权，防止买受人在完成价款支付前，擅自做出转让标的物所有权、损害标的物财产价值、设定抵押权等处分行为导致出卖人利益受损。

在所有权保留买卖中，主要包括两部分内容：一是所有权的取回条件；二是以所有权保留构建物权担保的内容。但根据《民法典》第 642 条第 2 款的规定，标的物的实现程序需要依照担保物权的程序予以实现。本条主要是针对标的物取回如何实现的规定。

1. 当事人可以协商确认标的物取回权实现的方式。根据本条第 1 款的内容，当事人有权请求参照《民事诉讼法》“实现担保物权案件”的有关规定，拍卖、变卖标的物的前提是一方面达到了出卖人有权取回标的物的法定或约定的条件，另一方面系与买受人未能协商一致。

2. 拍卖、变卖标的物系取回权实现的法定形式之一。本条第 1 款中关于申请参照《民事诉讼法》“实现担保物权案件”的有关规定，拍卖、变卖标的物的系当事人，也即在出卖人未能与买受人协商一致的情形下，出卖人与买受人均有权依照本条规定的方式实现出卖人的取回权。

3. 在保留所有权买卖中，出卖人一般主张的是取回权，而买受人一般主张的是返还已付货款等权利。该两项请求权基础不同，法院不宜直接认定款项是否返还。出卖人是基于所有权保留取回标的物，而非买受人根本违约行使合同解除权后的返还义务。因此在所有权保留的买卖纠纷中，需要买受人以抗辩或者反诉的方式主张拍卖、变卖标的物，法院才能一并处理。但此处的一并处理并非等同于法院支持。因买受人主张返还已付款项的，买受人在返还合同标的物后，其也无权直接要求出卖人返还相对应的已付货款。如经过合同约定的回赎期后未回赎，且出卖人另行出卖后双方可以进行结算，结算后如有剩余，买受人才能要求返还；如出卖人在取回标的物后，一直未另行出卖，则买受人可以在合理期限后要求出卖人与买受人之间进行结算，并有权就结算后的剩余货款请求出卖人返还。据此，能否实现拍卖、变卖的方式，也要根据合同等不同具体情况分别对待。对于符合取回权条件的，法院原则上应当支持，但买受人提出合法的抗辩或者反驳的情况下主张拍卖、变卖标的物等内容的，人民法院一并处理。

【适用指南】

1. 出卖人达到取回权的条件系适用本条规定的前提。所有权保留买卖合同多适用于分期付款买卖合同，在该类纠纷中，所有权的保留主要是为了担保出卖人未来债权的实现，该担保形式既不是物保，也不是人保，即债务人以不作为的形式承担担保义务。本条中主要规定的是出卖人标的物取回权的实现方式，因此出卖人在主张该权利时，应当结合证据规则，确定条件是否已经成就。

2. 买受人在遇到取回权纠纷时，需要以明示的方式提出抗辩或反诉，以主张拍卖、变卖标的物，且需提出扣除买受人未支付的价款以及必要费用后返还剩余款项的内容或请求，否则人民法院不予一并处理。抗辩是指对抗权利人的履行请求并说明理由，且需提供证据予以证明。抗辩不同于反驳。而反诉则是指在一个已经开始的民事诉讼（诉讼法上称为本诉）程序中，本诉的被告以本诉原告为被告，向受诉法院提出的与本诉有牵连的独立的反请求。结合本条而言，买受人提出对标的物进行拍卖、变卖，需要符合抗辩的构成要件或满足反诉的形式，同时还需要明确扣除买受人未支付的价款以及必要费用后返还剩余款项的，人民法院才能一并处理。也即在买受人以抗辩或反诉的形式主张拍卖、变卖标的物的情形下，未提出扣除未付价款及必要费用后返还剩余款项的请求的，人民法院不得直接处理返还款项的问题。

【关联案例】

广东联钢薄板有限公司与佛山市南海区乘盛电器实业有限公司、佛山市南海盐步华盛家用电器厂、黎毅谦、黎思明买卖合同纠纷案[①]

裁判要旨：购销合同中约定在未付清货物全款前，货物的权属仍归出卖人所有，是所有权保留有关的约定，该约定有效。但所有权保留买卖合同纠纷中，标的物的取回不得对抗善意的第三人，如抵押权、质权等。

---

① 参见广东省佛山市中级人民法院（2014）佛中法民二终字第565号民事判决书。

杭州杭氧股份有限公司与吉林长岭鸿聚通能源有限公司买卖合同纠纷案①

裁判要旨：在所有权保留买卖合同履行过程中，如买受人逾期付款的，出卖人可以取回标的物。而在取回标的物后，出卖人有权在回赎期后，另行出卖标的物，并应当扣除相应的交易成本和未清偿货款，将剩余部分价金返还给买受人，如不足以清偿的，则可以继续向买受人主张。

【关联规范】

《中华人民共和国民法典》（2020年5月28日）

第六百四十一条 当事人可以在买卖合同中约定买受人未履行支付价款或者其他义务的，标的物的所有权属于出卖人。

出卖人对标的物保留的所有权，未经登记，不得对抗善意第三人。

第六百四十二条 当事人约定出卖人保留合同标的物的所有权，在标的物所有权转移前，买受人有下列情形之一，造成出卖人损害的，除当事人另有约定外，出卖人有权取回标的物：

（一）未按照约定支付价款，经催告后在合理期限内仍未支付；

（二）未按照约定完成特定条件；

（三）将标的物出卖、出质或者作出其他不当处分。

出卖人可以与买受人协商取回标的物；协商不成的，可以参照适用担保物权的实现程序。

第六百四十三条 出卖人依据前条第一款的规定取回标的物后，买受人在双方约定或者出卖人指定的合理回赎期限内，消除出卖人取回标的物的事由的，可以请求回赎标的物。

买受人在回赎期限内没有回赎标的物，出卖人可以以合理价格将标的物出卖给第三人，出卖所得价款扣除买受人未支付的价款以及必要费用后仍有剩余的，应当返还买受人；不足部分由买受人清偿。

---

① 参见吉林省高级人民法院（2017）吉民终54号民事判决书。

第六十五条　【融资租赁中违约给付的救济】

在融资租赁合同中，承租人未按照约定支付租金，经催告后在合理期限内仍不支付，出租人请求承租人支付全部剩余租金，并以拍卖、变卖租赁物所得的价款受偿的，人民法院应予支持；当事人请求参照民事诉讼法“实现担保物权案件”的有关规定，以拍卖、变卖租赁物所得价款支付租金的，人民法院应予准许。

出租人请求解除融资租赁合同并收回租赁物，承租人以抗辩或者反诉的方式主张返还租赁物价值超过欠付租金以及其他费用的，人民法院应当一并处理。当事人对租赁物的价值有争议的，应当按照下列规则确定租赁物的价值：

（一）融资租赁合同有约定的，按照其约定；

（二）融资租赁合同未约定或者约定不明的，根据约定的租赁物折旧以及合同到期后租赁物的残值来确定；

（三）根据前两项规定的方法仍然难以确定，或者当事人认为根据前两项规定的方法确定的价值严重偏离租赁物实际价值的，根据当事人的申请委托有资质的机构评估。

【条文理解】

本条是关于融资租赁法律关系中，承租人违约给付应付租金时对出租人的救济方式。基于该合同关系，出租人既可以请求继续履行合同，要求承租人以丧失期限利益为代价支付全部剩余租金，也可以请求解除合同收回租赁物。

（一）承租人违约后或丧失期限利益

根据《民法典》第752条对于普通租金违约情形的规制，“承租人经催告后在合理期限内仍不支付租金的，出租人可以请求支付全部租金”。可见，在租金给付违约中，出租人除了可以请求违约方支付原本应当支付的租金，还可以对尚未到期的租金宣布一次性到期，此为对承租人期限利益的一种特殊限制，可以视为对其违约行为的一种惩治。

（二）催告程序中合理期限的界定问题

租金加速到期的前提是经出租人催告并给予合理期限，但并未对该合理期限作明确的期间规定。

民法上多处使用“合理期限”的概念，但多语焉不详，很难把握其准确含义。法律并未对这一概念所使用的情况作出相对细化的解释和说明，未免过于笼统，概念的不周延无疑会影响法律效力的发挥和实践操作。从法律实证主义角度看，对“合理期限”这一概念，如何在案件处理中作正确、恰当的法律解释，是一个困难的问题。

要解释“合理期限”的含义，还要从最基础的问题开始。民法上的期间制度有以下功能：（1）督促权利行使。如果一定的事实状态持续存在而权利人未予否认，则可能是名义法律关系与实际法律关系产生偏差，实际上损害因为名义法律关系的存在而衍生的其他法律关系和利益。（2）缓解举证困难。历时越久越容易导致证据湮灭，造成当事人举证困难，不仅有害于当事人实体权利和程序权利的行使，也给法官审理造成困难，空耗司法资源而效果未必佳。（3）提高交易效率。法律通过期间制度赋予物或者权利的归属和流通以规范性，使当事人对交易具备可预测性，降低交易成本，促进交易的形成。（4）维护交易安全，期间制度赋予长期占有物或享有权利的主体以法律上的确认，不再强制要求超过时效的债务人清偿财务，这就使交易主体可以在安全的状态下参与交易，避免受到逾期第三方的追索，影响安全性。

可以看出，在现代通信手段越发达、人与人交往越便利的前提下，无论是民事行为还是商事行为，效率都越来越被当事人所重视。《民法典》中并没有对合理期限作明确规定，实践中对此掌握也五花八门。我们认为，如果出于事前风险控制的考虑，最好在融资租赁合同中明确约定“合理期限”的长度和计算方法，以免在法律未有明确规定、缺乏约定时产生的诉讼中的不确定性，给自身权益造成不利。

（三）与“实现担保物权”特殊程序的衔接

本条第1款后半句规定了出租人可不经司法诉讼审判程序，而直接参照适用“实现担保物权案件”的有关规定。实现担保物权程序作为《民事诉讼法》明文规定的特别程序，与一般程序相比优缺点都很明显。

优点：（1）成本低。案件受理费案件收取，每件为 50 ~ 100 元。（2）效率高。法律规定实现担保物权案件的审查期限为立案之日起 30 日，且一裁终局，不存在上诉的问题。（3）程序简便灵活。实践中法院对实现担保物权的案件可以进行书面审查，也可以采取询问当事人的方式，形式较为灵活和便捷。

缺点：（1）申请被驳回的概率较高。实现担保物权程序中设置了被申请人提出异议的程序，因为实现担保物权的案件是非诉处理的，在这一程序中法院对于这类异议一般都只做形式审查而不是实质审查，即凡是涉及被申请人对债务的数额、是否已届清偿期、诉讼时效、合同或物权效力问题等提出异议的，法院会认为系存在实质争议而驳回申请人的申请。至于被申请人的异议在实体上是否成立，这并不是实现担保物权程序所解决的问题，而是要放到普通程序中处理。（2）债权实现范围有限。实现担保物权程序中申请人只能在拍卖、变卖所得价款范围内主张权利，而不能按照金钱债权的数额主张全部权利。也就是说，如果担保财产通过拍卖、变卖程序后，价值仍不能偿还所有本息的，债权人也不能在这个程序中要求法院执行被申请人的其他财产，这个请求只能在普通程序中得到支持，或者申请仲裁、向公证机关申请具有执行效力的公证文书等。只有取得判决、仲裁裁决、公证债权文书等执行根据后，才能就剩余部分申请法院强制执行。

所以，无论是实现担保物权特别程序，还是普通诉讼程序、仲裁程序和公证债权文书程序，各有其利弊，实践中往往根据案件的具体情况分别采用，以期实现债权人的利益最大化。

【适用指南】

关于委托评估，最高人民法院等机关先后发布过《人民法院委托评估工作规范》（法办〔2018〕273 号）、《最高人民法院关于人民法院确定财产处置参考价若干问题的规定》（法释〔2018〕15 号）、《人民法院委托评估专业技术评审工作规范》（法办〔2019〕364 号）等文件。这些规范对于评估机构的资质、专业评审人员的要求、评估申请的提出、评估程序、回避、评估期限、评审结论、评审费用等问题作了详细规定，在此不再赘述。一般认为，评估报告可以归纳为《民事诉讼法》第 63 条第 1 款规定的八种法定证据类型中的鉴定意见。

本条中规定的程序是，人民法院“根据当事人的申请委托有资质的机构评估”，但实践中常见的问题是，一方当事人自行委托评估的，如何认定这种“民间评估报告”证明力。我们认为，民间评估报告属于书证，并非鉴定意见。理由是：虽然民间评估报告中用于评估的相关鉴定材料，没有像司法委托评估那样有非常严格的法定性，没有组织双方当事人进行举证、质证，甚至辩论，并经由法官进行认证之后移送评估人，也没有遵循先确定跟案件审理密切相关的待评估项目，再作出相关意见的程序，但是它毕竟也是证据材料，即便是当事人单方所保存、所提供的。民间评估报告是经过一定的、有资格的，或者说有相对专业能力的专家和机构，对相关专门性问题依据较为科学的方式方法所形成的一份科学意见，并且它也是以文字所载明的内容来证实相关的案件。书证的认证规则是如果对方当事人存在足以反驳的情况，书证不能采信。

【关联案例】

上海柳州化学工业集团有限公司、民生金融租赁股份有限公司融资租赁合同纠纷案[①]

裁判要旨：承租人因欠付租金已经构成违约，出租人有权对剩余全部租金提出主张。且在承租人清偿全部租金、违约金等债务之前，租赁物所有权仍归出租人所有。

【关联规范】

《中华人民共和国民法典》（2020 年 5 月 28 日）

第七百三十五条 融资租赁合同是出租人根据承租人对出卖人、租赁物

---

① 参见最高人民法院（2019）最高法民终 132 号民事判决书。

的选择，向出卖人购买租赁物，提供给承租人使用，承租人支付租金的合同。

第七百五十二条 承租人应当按照约定支付租金。承租人经催告后在合理期限内仍不支付租金的，出租人可以请求支付全部租金；也可以解除合同，收回租赁物。

第七百五十八条 当事人约定租赁期限届满租赁物归承租人所有，承租人已经支付大部分租金，但是无力支付剩余租金，出租人因此解除合同收回租赁物，收回的租赁物的价值超过承租人欠付的租金以及其他费用的，承租人可以请求相应返还。

当事人约定租赁期限届满租赁物归出租人所有，因租赁物毁损、灭失或者附合、混合于他物致使承租人不能返还的，出租人有权请求承租人给予合理补偿。

《最高人民法院关于审理融资租赁合同纠纷案件适用法律问题的解释》(2020 年 12 月 29 日修正　法释〔2020〕17 号)

第十二条 诉讼期间承租人与出租人对租赁物的价值有争议的，人民法院可以按照融资租赁合同的约定确定租赁物价值；融资租赁合同未约定或者约定不明的，可以参照融资租赁合同约定的租赁物折旧以及合同到期后租赁物的残值确定租赁物价值。

承租人或者出租人认为依前款确定的价值严重偏离租赁物实际价值的，可以请求人民法院委托有资质的机构评估或者拍卖确定。

第六十六条　【保理】

同一应收账款同时存在保理、应收账款质押和债权转让，当事人主张参照民法典第七百六十八条的规定确定优先顺序的，人民法院应予支持。

在有追索权的保理中，保理人以应收账款债权人或者应收账款债务人为被告提起诉讼，人民法院应予受理；保理人一并起诉应收账款债权人和应收账款债务人的，人民法院可以受理。

应收账款债权人向保理人返还保理融资款本息或者回购应收账款债权后，请求应收账款债务人向其履行应收账款债务的，人民法院应予支持。

【条文理解】

本条第1款明确保理、应收账款质押、债权转让同时存在于同一应收账款时，以登记时间为优先顺序的确定依据。

1. 登记机构和登记方式

根据《国务院关于实施动产和权利担保统一登记的决定》的规定，应收账款质押、保理的登记均通过中国人民银行征信中心的动产融资统一登记公示系统自主办理登记。

《民法典》对普通债权转让没有登记要求，仅规定通知债务人后债权转让对债务人生效；其他法律法规层面对普通债权转让的登记也没有规定，仅《应收账款质押登记办法》规定了以融资为目的的应收账款转让可参照其规定。动产融资统一登记公示系统中较早设置了“应收账款转让登记”功能，实践中，在动产和权利担保未统一登记之时，多数保理人就已经在动产融资统一登记公示系统中进行应收账款转让登记。考虑到国家统一登记的政策方向，动产融资统一登记公示系统长期的应收账款转让登记实践以及不对登记内容进行实质审查，在官方并无指定登记机构的情况下，非融资目的的债权转让在动产融资统一登记公示系统进行登记，似乎是比较可行的操作。

中国人民银行征信中心的动产融资统一登记公示系统，业内习惯简称其为中登网。中登网的登记全部采用在线登记，不提供现场登记。登记之前，需要先注册系统用户，登记系统用户分常用户（包括机构和个人）和普通用户，两类用户的注册流程和功能存在差别，具体如表4所示：

表 4　登记系统常用户与普通用户注册流程和功能的区别

<table>
<tr><th rowspan="2"></th><th colspan="2">常用户</th><th rowspan="2">普通用户</th></tr>
<tr><th>机构常用户</th><th>个人常用户</th></tr>
<tr><td>登记主体</td><td>机构</td><td>个人</td><td>个人</td></tr>
<tr><td>身份验证</td><td>征信分中心现场服务点验证</td><td>征信分中心现场服务点验证，或通过个人持有的带银联标识且开通银联在线支付的银行卡账户信息在线实时验证</td><td>不需要</td></tr>
<tr><td>账户设置</td><td>管理员：对常用户的注册信息进行维护、创建和维护操作员信息等，无登记和查询的权限
操作员：登记与查询</td><td>不设操作员，登录名直接具有登记和查询的权限</td><td>登录名直接具有查询的权限</td></tr>
<tr><td>登记功能</td><td>√</td><td>√</td><td>×</td></tr>
<tr><td>查询功能</td><td>√</td><td>√</td><td>√</td></tr>
<tr><td>代理登记</td><td>√</td><td>×</td><td>×</td></tr>
<tr><td>登记收费</td><td>应收账款质押和转让登记服务收费，其他登记暂不收费。后付费</td><td>应收账款质押和转让登记服务收费，其他登记暂不收费。先付费</td><td>—</td></tr>
<tr><td>查询收费</td><td>免费</td><td>免费</td><td>免费</td></tr>
</table>

对于业务中经常作为应收账款权利人或受让人的主体来说，注册为常用户是比较方便的选择。对于偶尔作为应收账款权利人或受让人的主体，特别是机构主体，专门做一次现场身份核验可能过于麻烦，可以选择委托已经登记为常用户的机构进行代理登记；登记事项中登记主体、权利主体是分别登记的，无须担心权利被登记到代理机构名下。

2. 三者同时存在于同一应收账款的原因

从学理上说，应收账款一旦被转让，原债权人即无处分权，无权再对该应收账款进行保理、出质操作；应收账款叙做保理后，所有权便转移给了保理人，保理人大多会进行转让登记，甚至会同时进行防御性的质押登记，原债权人再次转让、出质似乎在实质和形式上均有障碍；应收账款出质后，未经质权人同意亦不得转让，且《民法典》规定应收账款质权设立必须经过登记，原债权人再次转让、出质在实质和形式上亦均有障碍。

那么实践中为何出现同一应收账款同时存在保理、应收账款质押、债权转让？这实际上既有制度、操作上的原因，又具有现实的商业意义。

（1）无论是转让、保理、出质，原债权人都仍然是基础合同的相对方，若原债权人故意隐瞒转让、保理、出质的情形，仅提供基础合同材料，善意第三方很有可能在不知情的情况下接受转让、保理、出质。毕竟，转让并无法定登记要求和登记机构，很可能并未登记；保理和质押的登记也可能由于保理人或质权人的业务流程设计缺陷导致多重登记，比如，仅在项目审批时查询中登网，而在项目放款时才进行登记，那么就可能存在项目审批至项目放款的窗口期被其他方在先登记的可能。

（2）基于中登网的登记机制，登记人对登记内容的真实性、完整性和合法性负责，登记机构并不对登记内容进行实质审查。也就是说，中登网系统并不禁止已经做了转让、保理、质押登记的应收账款再度进行转让、保理、质押登记操作。而且，在此前很长的一段时间内，中登网质押、转让的查询通道是相互分离的，也就是说，如果仅在质押或转让的通道查询原债权人，是无法看到已经登记的转让或质押信息的；后期中登网进行了升级，目前查询原债权人，将列示该主体名下的全部登记信息，相信会大大减少由于疏忽导致的多重登记。

（3）即便中登网充分展示了原债权人的全部登记信息，受让方、保理人、质权人仍可能从商业角度接受劣后登记。就受让方、保理人、质权人来说，如果在先登记的是质押或保理，而其主债权或保理业务即将到期，经商业调查认为原债权人有足够的资金偿还债务、解除在先的质押或保理登记，那么其有可能和原债权人达成协议，先行登记以确保优先于其他在后登记方或排除潜在的商业竞争者，同时当在先质押或保理登记解除时再支付转让价款或保理款。就质押来说，还可能存在应收账款质押仅是补充的担保手段，质权人本着在先质押实现后有质押余额更好、没质押余额也无所谓的考虑，接受二押、三押甚至更劣后的质押。

3. 仅登记过的应收账款质押才可参与排序分配

根据《民法典》第 445 条的规定，没有登记的质权不设立，也就不存在根据《民法典》第 768 条后半部分之规定（“均未登记的，由最先到达应收账款债务人的转让通知中载明的保理人取得应收账款；既未登记也未通知的，按照保理融资款或者服务报酬的比例取得应收账款”）按比例分配的问题。因此，仅签署质押合同、未办理登记的当事人，不能按照本条规定参与分配。

4. 以登记为优先顺序标准的合理性

《民法典》对于债权转让的优先顺序没有规定，当存在多重转让或转让、保理、质押混合存在时，需要有明确的优先顺序规则，以便于市场参与主体有明确的行为后果预期，并据此选择交易安全保护手段。尽管《民法典》规定债权转让对债务人是通知生效，但考虑到通知时间的确认缺乏稳定性和公开性，比如书面签署通知文件可能出现倒签时间的情形，通知时间并不适合作为优先顺序判断标准。适用登记优先规则，可以保障优先规则在不同市场主体间的统一，也有利于促进登记系统的推广使用。

5. 具体优先顺序

依据本条第 1 款规定，同一应收账款同时存在保理、应收账款质押和债权转让的，参照《民法典》第 768 条的规定确定优先顺序。《民法典》第 768 条规定：“应收账款债权人就同一应收账款订立多个保理合同，致使多个保理人主张权利的，已经登记的先于未登记的取得应收账款；均已经登记的，按照登记时间的先后顺序取得应收账款；均未登记的，由最先到达应收账款债务人的转让通知中载明的保理人取得应收账款；既未登记也未通知的，按照保理融资款或者服务报酬的比例取得应收账款。”

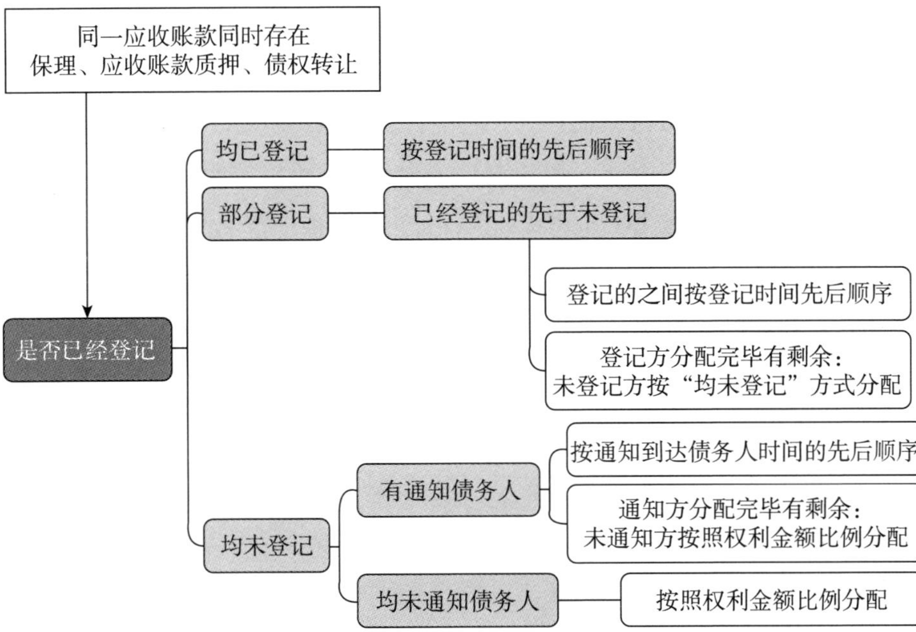

图1　保理、应收账款质押和债权转让的优先顺序

本条第2款规定，有追索权保理，保理人可以选择单诉应收账款债权人、应收账款债务人一方，也可以选择一并起诉。

1. 单诉一方，应当受理

本款明确规定“在有追索权的保理中，保理人以应收账款债权人或者应收账款债务人为被告提起诉讼，人民法院应予受理”，既然是应当，那么保理人单诉任何一方，法院都无理由拒绝受理。事实上，在司法实践中，法院对单诉一方也是普遍接受的。

2. 一并起诉，法院是否可以选择不受理

值得关注的是本款后半部分——“保理人一并起诉应收账款债权人和应收账款债务人的，人民法院可以受理”，这里的“可以受理”是作“也可以不受理”理解，还是作“并不强制要求一并起诉，但保理人选择一并起诉时，法院无须征得对方当事人同意即可以受理”理解？笔者倾向于后一种理解。

首先，从法理上说，保理人一并起诉应收账款债权人和应收账款债务人，是基于法定权利的一种诉讼策略选择，这种权利不应该受到诉讼程序的限制。

《民法典》第 766 条中规定："当事人约定有追索权保理的，保理人可以向应收账款债权人主张返还保理融资款本息或者回购应收账款债权，也可以向应收账款债务人主张应收账款债权。"对此种表述亦有观点认为属于择一行使，不能同时行使。但是，对比《民法典》第 688 条关于连带保证责任"债权人可以请求债务人履行债务，也可以请求保证人在其保证范围内承担保证责任"的表述，《民法典》显然对有追索权保理和连带保证责任采取了完全一致的"可以……也可以"表述。对于同一法典的相同的表述，应当作相同的理解。参考连带保证责任的诉讼当事人，无论是理论还是司法实践，均认可权利人单方选择单一或一并诉讼。

其次，从立法技术和立法沿革看，采用相同表述的还有《担保制度司法解释》第 26 条的规定，"一般保证中，债权人以债务人为被告提起诉讼的，人民法院应予受理……一般保证中，债权人一并起诉债务人和保证人的，人民法院可以受理，但是在作出判决时，除有民法典第六百八十七条第二款但书规定的情形外，应当在判决书主文中明确，保证人仅对债务人财产依法强制执行后仍不能履行的部分承担保证责任……"一般保证的条文显然重点在但书部分，也就是受理是没有问题的，但由于一般担保人的责任要在债务人之后，审判时应注意处理好先后顺序。巧合的是，从本款的立法沿革来看，本款在征求意见稿时亦尝试对应收账款债权人与应收账款债务人间的责任划分予以明确；但应收账款债权人与应收账款债务人间的责任分担可能由于基础交易、保理合同约定和履行的多样性而存在不同的处理方式，因此，征求意见稿发布后，此条引发了很多讨论和建议，并不像一般保证那样容易确定一个明确的审理标准。本条规定先解决程序诉权，再在个案中具体处理实体责任不失为一种巧妙的选择。

最后，从司法效果上说，如果法院可以拒绝受理一并起诉，将可能导致保理人只能起诉一方，待前一诉终结才能另诉另一方，此时另一方可能已经将财产转移，保理人丧失了本来在一并起诉下可以获得的受偿。由于程序限制，而损害保理人的实体权利，显然不是立法的本意。

本条第 3 款规定了对于应收账款回转的处理。保理业务不同于应收账款转让，在很多情况下，应收账款会再次回转回原债权人。但是，《民法典》合同编第 16 章（保理合同）却没有规定保理业务项下应收账款回转回原债权人的情形，本款即明确了应收账款回转的情形及其处理。值得注意的是，本款并未像第 2 款一样加在“有追索权的保理中”的限制，是否可适用于无追索权保理是需要考虑的一个问题。考虑到保理业务的多样性，笔者认为本款的理解重点有以下几点：

（1）依约回购应收账款债权的情形。无论是有追索权保理还是无追索权保理，无论是由于应收账款瑕疵触发回购条件还是双方对无瑕疵应收账款的协商一致回购，均应具有应收账款回转的效果，原债权人有权请求应收账款债务人向其履行应收账款债务。

（2）有追索权保理下，由于《民法典》第 766 条规定“保理人向应收账款债务人主张应收账款债权，在扣除保理融资款本息和相关费用后有剩余的，剩余部分应当返还给应收账款债权人”，可以理解为如果保理合同无特殊规定，保理人对超过融资款本息和相关费用的款项是无权利的。因此，应收账款债权人向保理人返还保理融资款本息（笔者理解此处的本息还应包括相关费用金额）后，应收账款应当回转。

（3）无追索权保理下，由于《民法典》第 767 条规定“保理人取得超过保理融资款本息和相关费用的部分，无需向应收账款债权人返还”，可以理解为如果保理合同无特殊约定，应收账款债务人对超过融资款本息和相关费用的款项是无权利的。因此，应收账款债权人即便向保理人返还保理融资款本息（笔者理解此处的本息还应包括相关费用金额），应收账款也不应当自然回转。应收账款债权人返还保理融资款本息的行为，性质上类似于以实际行动提出对保理合同的解除请求，依据合同解除的相关规定，除非存在法定解除事由，保理人应有权选择是否接受合同的解除，并应由双方就解除后应收账款的处理协商一致。

（4）由于《民法典》第 766 条和第 767 条并非强制性规范，保理合同可以，也有可能对应收账款回款超过保理融资本息和相关费用部分的处理作出不同的约定。如果出现不同的约定，不应局限于保理业务在形式上约定为有追索权还是无追索权，而应依合同约定的实质来判定是否可以实现应收账款回转。

【适用指南】

（一）保理合同担保功能的理解

1. 问题起源

保理担保功能的问题，源于《民法典》第388条关于“担保合同包括抵押合同、质押合同和其他具有担保功能的合同”的表述。《民法典（草案）说明》对“其他具有担保功能的合同”的解释是“融资租赁、保理、所有权保留等非典型担保合同”；本解释则在此基础上增加明确“让与担保”“保证金”也属于非典型担保。“其他具有担保功能的合同”对物权法定原则进行了缓和，赋予担保物权一定的弹性，顺应了社会经济发展的需要。

2. 对保理合同的理解

《民法典》第761条规定：“保理合同是应收账款债权人将现有的或者将有的应收账款转让给保理人，保理人提供资金融通、应收账款管理或者催收、应收账款债务人付款担保等服务的合同。”根据上述规定，保理合同 = 应收账款转让 + 保理融资/账款管理/账款催收/坏账担保， + 号前为必选项， + 号后为自选项。

保理合同的“应收账款转让”不同于一般意义上的“债权转让”，业界对此理解不同，导致了很多对保理业务的误解，如认为保理人就是买应收账款的，保理就是应收账款质押贷款等。《民法典》将保理合同单独成章，作出详细规定，有利于行业发展。

表5 保理下的应收账款转让与一般债权转让的区别

	保理下的应收账款转让	一般债权转让
转让目的	叙做保理，享受四项服务，目前以融资为主	资产出让，取得收入
风险转移	有追业务下风险并不转移。无追业务下也仅转移信用风险	转移的风险范围依约定，一般大于等于信用风险

续表

	保理下的应收账款转让	一般债权转让
转让对价	无对价 （虽然某些合同会约定应收账款转让价款，但实际上是保理融资款，且不论是银行业协会的保理合同示范文本，还是商业保理专委会的《商业保理合同准则》，均采用了无对价、保理融资款的交易安排）	与资产价值相适应的价格，涉及国有资产还有公允价格、防止国有资产流失的要求
回款处理	一般情况下，有追业务扣除保理融资款本息和相关费用后的保理余款需返还原债权人；无追业务无须返还。保理合同另有约定的依约定	归受让方所有
转让性质	具有担保功能的所有权转移	所有权转移
财务处理	按融资业务处理：保理融资款和应收账款的差额，保理申请人确认融资财务费用；保理商确认利息收入（有追分期确认、无追直接确认），按6%缴纳增值税	按财产转让处理：出让方按转让收入扣除财产净值后的金额缴纳企业所得税，如果转让收入低于其净值和处置费用则确认损失；受让方的收入根据不同情况可能按贴现息也可能按营业外收入确认

3. 保理合同所具有的担保功能的理解

保理下的应收账款转让与一般债权转让的区别之一即转让性质不同，保理项下是“具有担保功能的所有权转移”。理解保理合同具有的担保功能需关注以下几个问题：

（1）保理合同作为“具有担保功能的合同”，担保的主债权是什么，担保物是什么？

保理人和应收账款债权人间仅签署了保理合同一份合同，如果机械地套用抵押合同、质押合同的模式，认为保理合同担保的主合同是保理合同，显然在逻辑上无法自洽（自己担保自己）。那么，如果从保理合同双方的主要权利义务分析，将保理合同视为由主债权、从权利构成的综合合同，则更为容易理解：

就有追索权保理来说，保理人对应收账款债权人享有的权利一般包括受让应收账款所有权的权利，以及对保理融资款、融资费用、保理服务费的请求权。此种情况下，认为应收账款所有权是从权利，用以担保保理融资款、融资费用、保理服务费等主债权，更为合理也符合业务操作中的惯常理解，即有追索权保理类似于“资产担保融资”。

就无追索权保理来说，保理人对应收账款债权人享有受让应收账款所有权的权利，以及对融资费用、保理服务费的请求权，并不享有对保理融资款的追偿权。在一般情况下，由于保理融资费用、保理服务费等大多在业务叙做之初便已收取，实无再设担保的必要。通常会将无追索权保理视为仅仅是保理人为赚取应收账款与保理融资款之间的差价而受让应收账款，并不具有担保功能。

但是，无论是从理论可行性和业务实际来说，无追索权保理具有担保功能都具有可能性和必要性：

在理论层面，根据《民法典》第438条关于“质押财产折价或者拍卖、变卖后，其价款……不足部分由债务人清偿”的规定有追保理、无追保理的担保逻辑可统一、理顺：无追业务下，应收账款所有权仍用以担保保理融资款、融资费用、保理服务费等主债权，但保理人单一选择就应收账款受偿，放弃了有追业务模式下单独向应收账款债权人追偿，同时向应收账款债权人和基础合同债务人追偿、单独向基础合同债务人追偿后就不足部分向应收账款债权人继续追偿的权利。

在实践层面，鉴于保理产品的多样性和灵活性，无论是在有追保理还是无追保理下，其实还都可能存在以受让的一批应收账款为另一批应收账款的回款提供担保的情形。比较简单的情况是，保理人仅就审核通过的应收账款金额向应收账款债权人提供无追索权融资，但同时受让包括审核通过和未通过的应收账款在内的、应收账款债权人在一定期间的全部应收账款或对某一特定债务人的全部应收账款。如果审核通过的应收账款正常回款，则向应收账款债权人回转多余受让的应收账款，如果未正常回款，则以多余受让的应收账款回款偿还融资额。这些多余受让的应收账款，担保功能的性质就十分明显。再考虑到池保理、循环保理等更为复杂的情况，保理项下应收账款转让的担保功能就更加明显了。

（2）保理人取得的对应收账款的权利，是担保物权还是所有权？

担保物权在权能上不及所有权，那么《民法典》关于保理合同是具有担保功能的合同的规定，是否会将保理人取得的应收账款所有权降格为担保物权，从而损害保理人原应享有的权利？具有“担保功能”并不等同于“担保物权”，以比担保物权权能更高的所有权为主债权提供保障，当然具有担保功能，而且是更有力的担保功能。《民法典》未将保理与抵押、质押列入物权编，而是单独作为典型合同列入合同分编，其用意显然是保理应该优先适用其特有的规范，即所有权转让。《民法典》之所以将其列为“具有担保功能的合同”，更合理的解释应该是，保理合同下转让的应收账款主要发挥担保功能，双方并非单纯为了让渡应收账款所有权而签订和履行保理合同（若以此为目的直接签署债权转让协议即可）。

（3）保理合同的担保功能如何实现？

如前所述，正因为保理人取得的是所有权，而非担保物权，所以，保理人无须依照担保物权的规定将应收账款折价、拍卖或变卖后再就价款优先受偿，而是如《民法典》第766条、第767条所规定的，“向应收账款债务人主张应收账款债权”。

（二）同一应收账款同时存在保理、应收账款质押和债权转让，债务人已善意向应收账款债权人或劣后方实际支付的处理

由于保理、质押、转让的相关方均有可能选择暂不通知债务人，因此非常有可能存在债务人在不知情的情况下向应收账款债权人或劣后方实际支付的情况，虽然《民法典》和《担保制度司法解释》都没有明确规定此种情形如何处理，但从相关规范以及过失与责任相对等的角度考虑，笔者认为如下的方式比较合理：应收账款期限届满后，应收账款债务人由于未接到任何通知、已接到劣后方的转让通知或质押通知，向应收账款债务人、未登记或在后登记的受让人或质权人付款的，债务人不再承担付款责任，顺序在先的受让人或质权人应向收款方追索相应款项，应收账款原债权人对此承担连带责任；但是，债务人明知或应当知道有顺序在先的受让人或质权人而向其他人付款的，与收款方、应收账款原债权人承担连带责任。

此种处理的理由如下：

（1）保理、转让均属于债权转让，根据《民法典》第546条的规定，“债权人转让债权，未通知债务人的，该转让对债务人不发生效力”，由于保理、转让未经通知，债务人无须受对其不发生效力的行为的限制，其自然可以按照债权未转让、未保理的情况进行付款。就质押来说，如果应收账款期限届满，质权人仍未向债务人主张实现质权，那么依据《担保制度司法解释》第61条“以现有的应收账款出质，应收账款债务人已经向应收账款债权人履行了债务，质权人请求应收账款债务人履行债务的，人民法院不予支持，但是应收账款债务人接到质权人要求向其履行的通知后，仍然向应收账款债权人履行的除外”的规定，债务人亦不需要向质权人承担付款责任。

（2）《民法典》规定转让通知到达债务人时，债权转让对债务人即生效，要求债务人去核查优先顺序，既无法律上的义务依据，也会导致交易效率下降，给债务人带来不必要的业务干扰。

（3）法律不应保护恶意行为：对于多重转让或质押，原债权人显然有不可推卸的责任，因此，应就该等款项的追索承担连带责任；对于恶意支付的债务人，比如与原债权人或收款方恶意串通支付账款以转移财产、逃避债务的，亦应承担责任。

当然，就善意应收账款债务人来说，即便法律上无须承担双重付款责任，考虑到一旦出现纠纷，难免被牵扯入各种程序事项，为避免不必要的麻烦，笔者建议：若出现接到应收账款转让、质押、保理通知，并需要依此付款时，最好登录中登网进行查询，确认无在先登记之后再付出款项。

（三）应收账款受让人、保理人、质权人需改善业务流程，以避免因操作不当导致权利劣后

1. 务必重视登记

（1）业务执行前，建议审批、落地双查，落地时登记。为了避免在业务审批、落地的空窗期新增在先保理、质押或转让，建议双环节查询在先登记情况，并注意及时办理登记。

（2）落地后建议定期复查，及时发现处置风险。尽管法律上认可在先登

记的优先效力，但如果复查发现重复融资或其他处置，很可能应收账款债权人的经营状况出现了重大不利变化或风险，建议及时采取措施控制风险。

（3）对于受让人或保理人，可考虑防护性转让、质押双登。一旦有在先质押时，转质双登可以保障转让无效后还可顺位行使质权。

2. 有追保理合同以融资款追偿权代替应收账款回购权

回购权意味着保理人需要同时返还应收账款给应收账款债权人，将导致无法同时追索应收账款债权人、应收账款债务人，因此建议在信用风险处置中避免使用回购的表述。约定追偿权时，也要注意以下三点：

（1）明确一旦未按期收款，保理人即有权立即向应收账款债权人追偿。

（2）明确保理人有权追偿应收账款债权人、应收账款债务人任一方或同时追偿双方。

（3）在无法获得相关公司有效担保决议的情况下，不建议使用应收账款债权人、应收账款债务人相互担保的表述，以免脱保。

（四）有追保理业务下，保理人一并起诉应收账款债务人、应收账款债权人时的诉讼请求

保理业务下，保理人对应收账款债务人、应收账款债权人的请求权基础是不同的：对应收账款债权人的请求权是“返还保理融资款本息”或者“回购应收债权”，对应收账款债务人的请求权是“实现应收账款债权”，两方请求权的数额也并不一定相等。因此，若主张两者之间是连带责任，有可能导致一方承担的责任大于其依据合同应当承担的责任（比如，在全额融资、加收利息模式下，应收账款债务人若对“返还保理融资款本息”承担连带责任，则可能超出其在基础合同项下应该承担的付款责任），而不被法院支持。

依据保理人对双方不同的请求权基础、有追保理的业务模式特点，结合已有的司法审判实践，笔者认为如下的诉讼请求方案是比较合适的：

（1）应收账款债务人在限定期限内支付保理人应收账款本金、逾期利息；

（2）若应收账款债务人未在限定期限内足额支付保理人应收账款本金及逾期利息，应收账款债权人应在保理融资本息、逾期利息范围内向保理人支付应收账款债务人未履行部分的款项；

（3）本案诉讼费、律师费由应收账款债务人、应收账款债权人负担。

当然，如果应收账款债权人履行了前述第2项诉求，保理人应将应收账款债权回转给应收账款债权人，不得再向应收账款债务人追索。

（五）无追保理业务下，保理人特定情形下亦有一并起诉应收账款债务人、应收账款债权人的需求

无追保理仅是就基础应收账款的信用风险无追，对于因债权人违约等情况导致的应收账款无法全部或部分收回，保理人仍有权利要求债权人赎回应收账款或向其追偿。此种情况下，如能同时起诉债权人和债务人，将能促进争端的协同、迅速解决，最大限度地维护保理人的合法权益。但考虑到目前法律对无追保理的一并起诉并无明确规定，建议保理人可从以下方面维护自己的诉讼利益：

（1）对非信用风险的处置，建议以违约金、赔偿金等形式代替应收账款赎回，即约定如出现非信用风险，应收账款债权人应支付保理融资款本息等额的违约金或赔偿金，支付完毕后应收账款将回转给应收账款债权人。

（2）明确约定非信用风险下，保理人在追索应收账款债务人的同时，可一并追索应收账款债权人，债权人不可撤销地同意此等同时追索并放弃任何就一并起诉的程序抗辩。

【关联案例】

深圳阜鼎汇通商业保理有限公司与荆州市沃特玛电池有限公司、四川浩普瑞新能源材料股份有限公司等其他合同纠纷案①

裁判要旨：有追保理业务下，保理人可以一并起诉应收账款债务人、应收账款债权人，应收账款债务人承担应收账款支付责任、应收账款债权人就应收账款债务人未履行部分在保理融资本息、逾期利息范围内承担付款责任。

① 参见上海市浦东新区人民法院（2018）沪0115民初53159号民事判决书。

【关联规范】

《中华人民共和国民法典》（2020 年 5 月 28 日）

第三百八十八条 设立担保物权，应当依照本法和其他法律的规定订立担保合同。担保合同包括抵押合同、质押合同和其他具有担保功能的合同。担保合同是主债权债务合同的从合同。主债权债务合同无效的，担保合同无效，但是法律另有规定的除外。

担保合同被确认无效后，债务人、担保人、债权人有过错的，应当根据其过错各自承担相应的民事责任。

第四百四十五条 以应收账款出质的，质权自办理出质登记时设立。

应收账款出质后，不得转让，但是出质人与质权人协商同意的除外。出质人转让应收账款所得的价款，应当向质权人提前清偿债务或者提存。

第五百四十六条 债权人转让债权，未通知债务人的，该转让对债务人不发生效力。

债权转让的通知不得撤销，但是经受让人同意的除外。

第七百六十六条 当事人约定有追索权保理的，保理人可以向应收账款债权人主张返还保理融资款本息或者回购应收账款债权，也可以向应收账款债务人主张应收账款债权。保理人向应收账款债务人主张应收账款债权，在扣除保理融资款本息和相关费用后有剩余的，剩余部分应当返还给应收账款债权人。

第七百六十七条 当事人约定无追索权保理的，保理人应当向应收账款债务人主张应收账款债权，保理人取得超过保理融资款本息和相关费用的部分，无需向应收账款债权人返还。

第七百六十八条 应收账款债权人就同一应收账款订立多个保理合同，致使多个保理人主张权利的，已经登记的先于未登记的取得应收账款；均已经登记的，按照登记时间的先后顺序取得应收账款；均未登记的，由最先到达应收账款债务人的转让通知中载明的保理人取得应收账款；既未登记也未通知的，按照保理融资款或者服务报酬的比例取得应收账款。

《最高人民法院关于适用〈中华人民共和国民法典〉有关担保制度的解释》（2020年12月31日　法释〔2020〕28号）

第六十一条第三款　以现有的应收账款出质，应收账款债务人已经向应收账款债权人履行了债务，质权人请求应收账款债务人履行债务的，人民法院不予支持，但是应收账款债务人接到质权人要求向其履行的通知后，仍然向应收账款债权人履行的除外。

《国务院关于实施动产和权利担保统一登记的决定》（2020年12月2日　国发〔2020〕18号）

二、纳入动产和权利担保统一登记范围的担保类型包括：

……

（二）应收账款质押；

……

（五）保理；

……

三、纳入统一登记范围的动产和权利担保，由当事人通过中国人民银行征信中心（以下简称征信中心）动产融资统一登记公示系统自主办理登记，并对登记内容的真实性、完整性和合法性负责。登记机构不对登记内容进行实质审查。

《应收账款质押登记办法》（2019年11月22日　中国人民银行令2019年第4号）

第三十四条　权利人在登记公示系统办理以融资为目的的应收账款转让登记，参照本办法的规定。

第六十七条　【所有权保留买卖、融资租赁中出卖人、出租人所有权的效力】

在所有权保留买卖、融资租赁等合同中，出卖人、出租人的所有权未经登记不得对抗的“善意第三人”的范围及其效力，参照本解释第五十四条的规定处理。

【条文理解】

本条是对所有权保留买卖、融资租赁中，出卖人、出租人所有权效力的细化规定。

《民法典》第 641 条规定："当事人可以在买卖合同中约定买受人未履行支付价款或者其他义务的，标的物的所有权属于出卖人。出卖人对标的物保留的所有权，未经登记，不得对抗善意第三人。"第 745 条规定："出租人对租赁物享有的所有权，未经登记，不得对抗善意第三人。"

《民法典》已明确规定：（1）出卖人、出租人享有所有权；（2）该等所有权未经登记不得对抗善意第三人。但《民法典》对这种所有权的具体效力，以及何者属于善意第三人没有进一步作出规定。

（一）出卖人、出租人所有权的效力

本条明确规定善意第三人的范围及所有权的效力参照《担保制度司法解释》第 54 条的规定处理。为便于理解和操作，笔者将参照处理的具体结果以表 6 所示（为便于表述，我们将标的物、租赁物统称为"该物"）：

表 6　参照处理的具体情形与所有权效力

具体情形	第 54 条原文	所有权效力	例外情形：非善意
该物被转让，且已为受让人占有	抵押权人向受让人请求行使抵押权的，人民法院不予支持，但是抵押权人能够举证证明受让人知道或者应当知道已经订立抵押合同的除外	不可对受让人主张所有权	能够举证证明第三人知道或者应当知道该物已经被保留所有权或为融资租赁物
该物被出租给他人并移转占有	抵押权人行使抵押权的，租赁关系不受影响，但是抵押权人能够举证证明承租人知道或者应当知道已经订立抵押合同的除外	可行使所有权，但租赁关系不受影响	
该物被法院作出财产保全裁定或采取执行措施	抵押权人主张对抵押财产优先受偿的，人民法院不予支持	出卖人、出租人主张对该物优先受偿的，不予支持	无
买受人、承租人破产	抵押权人主张对抵押财产优先受偿的，人民法院不予支持	出卖人、出租人主张对该物优先受偿的，不予支持	无

由表6可以看出，所有权保留、融资租赁若未经登记，出卖人、出租人所享有的所有权仅对买受人、承租人以及知情人有对抗效力，对其他人不具有对抗效力，换言之，对债权的保障功能是十分有限的：不仅在买受人、承租人恶意隐瞒对该物进行转让、出租时，会遭受损失；即使买受人、承租人毫无恶意，在法院作出财产保全裁定或采取执行措施、遭遇破产等情形时，所有权还会毫无例外情形地无法发挥担保功能。因此，笔者建议出卖人、出租人务必重视登记，以免权益受损。

（二）普通动产的登记机关和登记方式

《国务院关于实施动产和权利担保统一登记的决定》明确规定："二、纳入动产和权利担保统一登记范围的担保类型包括：……（四）融资租赁；……（六）所有权保留；……三、纳入统一登记范围的动产和权利担保，由当事人通过中国人民银行征信中心（以下简称征信中心）动产融资统一登记公示系统自主办理登记，并对登记内容的真实性、完整性和合法性负责。登记机构不对登记内容进行实质审查……"

因此，普通动产融资租赁、普通动产所有权保留的登记机关是中国人民银行征信中心，登记方式是通过动产融资统一登记公示系统自主办理登记，具体的办理操作可以参见本书第66条保理部分的介绍。

【适用指南】

（一）本条规定是否适用于特殊动产、不动产

《民法典》第224条规定："动产物权的设立和转让，自交付时发生效力，但是法律另有规定的除外。"因此，动产物权的一般判断标准是占有。所有权保留、融资租赁交易下，所有权人（出卖人、出租人）和占有人（买受人、承租人）发生了分离，以占有为标准判断所有权与交易原意相悖，故《民法典》特别规定两者的特殊所有权规则。但考虑到第三人仍会以占有为标准判断普通动产的所有权归属，为避免纠纷以及纠纷出现时能够有明确的解决规则，本担保解释特别规定登记对抗主义适用于所有权保留、融资租赁。

《民法典》第225条规定："船舶、航空器和机动车等的物权的设立、变

更、转让和消灭，未经登记，不得对抗善意第三人。”因此，船舶、航空器和机动车等特殊动产的物权判断规则本就是登记对抗主义。无论是否适用本条规定，在任何交易类型下，其判断标准都不会出现不一致或变化，均是登记对抗主义。

《民法典》第209条第1款规定：“不动产物权的设立、变更、转让和消灭，经依法登记，发生效力；未经登记，不发生效力，但是法律另有规定的除外。”因此，不动产物权的判断规则是登记生效主义。但《民法典》第641条（所有权保留）和第745条（融资租赁）却没有区分动产租赁物、不动产租赁物，直接规定了登记对抗。那么就不动产的所有权保留、融资租赁，是优先适用不动产物权登记生效主义，还是优先适用所有权保留、融资租赁的登记对抗主义？笔者认为应优先适用前者，理由如下：

（1）优先适用不动产登记生效主义，并不会导致法条之间实际效力的冲突，因为如果不登记则不生效，那么就无法对抗任何人，自然包括善意第三人；反过来则会导致不动产物权登记制度的分裂和冲突——所有权保留、融资租赁的不动产，即便不登记也可在交易双方间生效，仅是不能对抗善意第三人。在《民法典》大力推动动产统一登记制度的大背景下，造成已经统一的不动产登记制度的不必要分裂，不太符合立法的本意。

（2）从以往的司法实践看，对于不动产融资租赁，不过户登记的，也倾向于认定不构成融资租赁，而非认定构成融资租赁但不得对抗第三人。也就是说，要先依据《民法典》的规定确定交易实质，然后才能根据确定的交易实质适用其对应的规则。

（3）从交易习惯看，鉴于不动产登记生效制度的长期稳定施行，不动产需登记的理念和实践深入人心，没有必要在登记生效主义适应问题解决的情况下反而采用一种容易导致混乱的逆向方式。

（二）船舶、航空器的登记以及机动车登记对抗规则的适用困境

在特殊动产里，航空器、船舶对于所有权、占有分离的情况均有比较适应的规定。

根据《民用航空器权利登记条例》的规定，民用航空器的所有权、占有

权是分别登记的，那么，出卖人、出租人可以登记为所有权人，买受人、承租人可以登记为占有权人，登记机关是国务院民用航空主管部门（中国民用航空局）。

根据《船舶登记条例》（2014 年修订），船舶可进行所有权登记、光船租赁登记，也可以达到船舶所有权人与使用权人分离的登记状态，特别是《船舶登记工作规程》（海船舶〔2015〕9 号）明确规定融资租赁船舶应办理船舶所有权登记和光船租赁登记（附注“融资租赁”），登记机关是船籍港船舶登记机关。

然而，机动车的登记则没有如此方便，根据《机动车登记规定》（2012 年修正）的规定，机动车只有注册登记（所有权登记）、抵押登记和质押登记，而没有占有权登记。出卖人、出租人若选择注册登记，则成为机动车的登记所有人，一旦车辆出现交通事故，则负有法定的赔偿责任，这也是实践中很多租赁公司选择抵押登记而不做所有权登记的原因；并且，在有车辆限购政策的城市或者需要特种许可的特种车辆，出卖人、出租人也很难有资格登记成为所有权人。但是，出卖人、出租人若登记为抵押权人，又面临与交易实际不符的窘境，极端情况下还可能由于没有完成所有权登记被否定融资租赁性质。

对于此种情况，若车辆管理部门能够改进登记系统，将所有权登记和占有权登记区别进行，或者在抵押登记中登记出卖人或出租人并附注“所有权保留”“融资租赁”，自然是彻底的解决方式。

在车辆登记没有改变之前，实践中也有机构采用以下变通方式：在车辆管理部门进行抵押权登记，同时在中登网进行“所有权保留”或“融资租赁”登记；当然，在业务情况允许和风险控制能够接受的范围内，尽量登记为所有权人更为稳妥。

（三）不动产融资租赁登记的困境及解决建议

对不动产融资租赁登记来说，虽然将不动产过户到出租人名下并不存在法律障碍（考虑到大部分不动产融资租赁非住宅，因此城市限购政策并不构成对现实租赁市场的真实障碍），现实中却存在税务方面的困境：不动产过户需要同步交税，且由于不动产价值一般较大，税金亦不菲；而大部分不动产融资租赁租赁期满租赁物归承租人所有，在业务结束时还需要再做一次转移给承租人的登记，导致不动产融资租赁合规登记的成本十分高昂。现实中，有些地方（比如天津）对融资租赁比较支持，出台了比较优惠的税收政策，如零税率，可以解决这一问题，但这毕竟依靠当地的政策，不具有普适性。如果在《民法典》施行的大背景下，在不动产登记中比照抵押登记增设融资租赁登记，则可以彻底解决该问题。

（四）本条是否可以扩张解释为所有权保留、融资租赁之外的其他具有担保功能的合同也可以创设类似的登记对抗主义物权

《关于〈中华人民共和国民法典（草案）〉的说明》对“其他具有担保功能的合同”的解释是“融资租赁、保理、所有权保留等非典型担保合同”；本解释则在此基础上增加明确“让与担保”“保证金”也属于“其他具有担保功能的合同”。即目前官方认可的“其他具有担保功能的合同”仅包括融资租赁、保理、所有权保留、让与担保、保证金。

在这些合同中，保理合同、让与担保、保证金均有其各自的专属规定，不适用本条。

至于其他未明确的担保合同，一是有待实践中形成相对统一的操作和观点，才可能被明确为“其他具有担保功能的合同”，毕竟物权法定的缓和制度需要保持必要的谦抑，以保障法律制度的相对稳定；二是《担保制度司法解释》第63条也明确了法律、行政法规尚未规定可以担保的财产权利设立担保，未经登记，只认可其合同效力，不认可其物权效力。

综上，本条是对所有权保留、融资租赁的专属规定，不应扩展适用。

【关联案例】

郑大鹏与日立建机融资租赁（中国）有限公司等案外人执行异议案[①]

裁判要旨：出租方能够举证证明第三人知道或者应当知道标的物为融资租赁物的，出租方可以主张所有权。

---

① 参见吉林省长春市中级人民法院（2020）吉01民终5764号民事判决书。

【关联规范】

《中华人民共和国民法典》（2020 年 5 月 28 日）

第二百零九条第一款 不动产物权的设立、变更、转让和消灭，经依法登记，发生效力；未经登记，不发生效力，但是法律另有规定的除外。

第二百二十四条 动产物权的设立和转让，自交付时发生效力，但是法律另有规定的除外。

第二百二十五条 船舶、航空器和机动车等的物权的设立、变更、转让和消灭，未经登记，不得对抗善意第三人。

第六百四十一条 当事人可以在买卖合同中约定买受人未履行支付价款或者其他义务的，标的物的所有权属于出卖人。

出卖人对标的物保留的所有权，未经登记，不得对抗善意第三人。

第七百四十五条 出租人对租赁物享有的所有权，未经登记，不得对抗善意第三人。

《最高人民法院关于适用〈中华人民共和国民法典〉有关担保制度的解释》（2020 年 12 月 31 日　法释〔2020〕28 号）

第五十四条 动产抵押合同订立后未办理抵押登记，动产抵押权的效力按照下列情形分别处理：

（一）抵押人转让抵押财产，受让人占有抵押财产后，抵押权人向受让人请求行使抵押权的，人民法院不予支持，但是抵押权人能够举证证明受让人知道或者应当知道已经订立抵押合同的除外；

（二）抵押人将抵押财产出租给他人并移转占有，抵押权人行使抵押权的，租赁关系不受影响，但是抵押权人能够举证证明承租人知道或者应当知道已经订立抵押合同的除外；

（三）抵押人的其他债权人向人民法院申请保全或者执行抵押财产，人民法院已经作出财产保全裁定或者采取执行措施，抵押权人主张对抵押财产优先受偿的，人民法院不予支持；

（四）抵押人破产，抵押权人主张对抵押财产优先受偿的，人民法院不予支持。

第六十三条 债权人与担保人订立担保合同，约定以法律、行政法规尚未规定可以担保的财产权利设立担保，当事人主张合同无效的，人民法院不予支持。当事人未在法定的登记机构依法进行登记，主张该担保具有物权效力的，人民法院不予支持。

《中华人民共和国民用航空器权利登记条例》（1997年10月21日）

第四条第一款 办理民用航空器所有权、占有权或者抵押权登记的，民用航空器权利人应当按照国务院民用航空主管部门的规定，分别填写民用航空器所有权、占有权或者抵押权登记申请书，并向国务院民用航空主管部门提交本条例第五条至第七条规定的相应文件。

《中华人民共和国船舶登记条例》（2014年7月29日）

第十三条第一款 船舶所有人申请船舶所有权登记，应当向船籍港船舶登记机关交验足以证明其合法身份的文件，并提供有关船舶技术资料和船舶所有权取得的证明文件的正本、副本。

第二十六条 船舶在境内出租时，出租人和承租人应当在船舶起租前，持船舶所有权登记证书、船舶国籍证书和光船租赁合同正本、副本，到船籍港船舶登记机关申请办理光船租赁登记。

对经审查符合本条例规定的，船籍港船舶登记机关应当将船舶租赁情况分别载入船舶所有权登记证书和船舶登记簿，并向出租人、承租人核发光船租赁登记证明书各1份。

《船舶登记工作规程》（2015年1月4日 海船舶〔2015〕9号）

第七十四条第一款 融资租赁船舶应办理船舶所有权登记和光船租赁登记，并在光船租赁登记证书上附注“融资租赁”。

《机动车登记规定》（2012年9月12日修正）

第五条 初次申领机动车号牌、行驶证的，机动车所有人应当向住所地的车辆管理所申请注册登记。

第二十二条 机动车所有人将机动车作为抵押物抵押的，应当向登记地车辆管理所申请抵押登记；抵押权消灭的，应当向登记地车辆管理所申请解除抵押登记。

第四十二条第一款 申请办理机动车质押备案或者解除质押备案的，由机动车所有人和典当行共同申请，机动车所有人应当填写申请表，并提交以下证明、凭证：

（一）机动车所有人和典当行的身份证明；

（二）机动车登记证书。

第六十八条 【让与担保】

债务人或者第三人与债权人约定将财产形式上转移至债权人名下，债务人不履行到期债务，债权人有权对财产折价或者以拍卖、变卖该财产所得价款偿还债务的，人民法院应当认定该约定有效。当事人已经完成财产权利变动的公示，债务人不履行到期债务，债权人请求参照民法典关于担保物权的有关规定就该财产优先受偿的，人民法院应予支持。

债务人或者第三人与债权人约定将财产形式上转移至债权人名下，债务人不履行到期债务，财产归债权人所有的，人民法院应当认定该约定无效，但是不影响当事人有关提供担保的意思表示的效力。当事人已经完成财产权利变动的公示，债务人不履行到期债务，债权人请求对该财产享有所有权的，人民法院不予支持；债权人请求参照民法典关于担保物权的规定对财产折价或者以拍卖、变卖该财产所得的价款优先受偿的，人民法院应予支持；债务人履行债务后请求返还财产，或者请求对财产折价或者以拍卖、变卖所得的价款清偿债务的，人民法院应予支持。

债务人与债权人约定将财产转移至债权人名下，在一定期间后再由债务人或者其指定的第三人以交易本金加上溢价款回购，债务人到期不履行回购义务，财产归债权人所有的，人民法院应当参照第二款规定处理。回购对象自始不存在的，人民法院应当依照民法典第一百四十六条第二款的规定，按照其实际构成的法律关系处理。

【条文理解】

本条是让与担保的一般规则，以成文法的形式首次明确确认了让与担保的法律效力。让与担保与抵押、质押等典型担保不同，虽然其设计目的仍然是当债务得不到清偿时以担保财产折价或变卖、拍卖来偿还债务，但形式上却采取了与抵押、质押完全不同的路径，抵押、质押下担保财产的所有权仍然在抵押人或质押人名下，而让与担保中则由担保权人形式上取得所有权。实践中，让与担保的担保财产以房地产、股权居多。

（一）清算型让与担保有效，流质型让与担保关于流质的约定无效

在实现担保权利时，以担保财产折价或者以拍卖、变卖该财产所得价款偿还债务的，即为清算型让与担保。本条第 1 款明确认可了清算型让与担保的有效性。

在实现担保权利时，不以担保财产折价或者以拍卖、变卖该财产所得价款偿还债务，而是径行将财产转归债权人所有，即为流质型让与担保。该种担保不考虑担保财产的价值与债权金额间可能存在的较大差额，有可能导致担保各方的利益严重失衡，不符合公平原则，法律不予保护。

本条第 2 款明确否定了流质约定的效力，但并不否定当事人有关提供担保的意思表示的效力。即，如果双方约定了流质型担保，担保权人只要不坚持主张财产所有权，转而参照担保物权规定请求对财产折价或者以拍卖、变卖该财产所得的价款优先受偿，仍会得到法律的保护。

当然，如果已经办理了权利变动公示，担保权人拒不返还财产时，担保人也可以向法院起诉，请求返还财产（仅在债务被清偿完毕后才会被支持），或者请求对财产折价或者以拍卖、变卖所得的价款清偿债务（建议财产价值高于债务金额时请求，以免徒增诉累和经济负担）。

（二）让与担保经公示后具有对世效力

让与担保若要取得对世效力，即可以对抗第三人对担保财产的请求权或执行措施，需进行财产权利变动的公示，公示方式以《民法典》规定的物权公示方式为准。就常见的股权让与担保、房地产让与担保为例，需将股权变

更登记至债权人名下、将房地产的不动产产权人变更为债权人，才可对抗第三人。如果没有进行相应登记，一旦有第三人查封股权或房地产，债权人将丧失以担保财产优先受偿的权利。

但是，房地产、股权的变更登记会产生税费，基于房地产、股权的价值一般不菲，税费负担也相应较重。因此，在确定具体的担保方式时，需要结合商业目的、成本收益分析，谨慎选择合适的方式。比如，房地产尽量选择抵押登记，当房地产抵押由于登记部门原因（部分地方登记机构不办理非金融机构债权人的抵押登记）无法办理时，若过户费用太高，也可选择将债权信托给信托公司，由信托公司代为办理抵押登记。再如，股权登记，若选择让与担保的目的是能够及时掌握公司股权的重大变动，避免股权所在公司通过增资扩股等方式稀释担保权益，则可以选择较少数量的股权进行转让登记，其他股权进行质押登记，以减少股权过户费用。

（三）买卖式让与担保

本条第1款、第2款所规范的是狭义的让与担保，即单纯的让与式担保。广义的让与担保还包括买卖式担保（又称卖与担保），即本条第3款所规范的情况。

在买卖式担保下，双方以买卖方式移转标的物的所有权，而以交易价款名义通融金钱，并约定日后回购该标的物。与单纯的让与式担保存在主债权、让与担保两个独立合同的形式不同，在此种形式下，双方的权利义务均在买卖合同中约定，交易本金即主债权，溢价款即利息，回购款即是对本息的偿还，交易标的即担保物。此种情况下，如果债务人不履行回购义务，即等同于不履行到期的主债务，约定“财产归债权人所有”即可参照第2款规定处理，即不可直接取得标的物的所有权，但可以就标的物折价或以拍卖、变卖该财产所得的价款优先受偿。

若标的物自始不存在，那么买卖式让与担保合同即属于虚假的意思表示，其“出售—回购”的意思表示无效，其后隐藏的民事法律行为的性质和效力，根据《民法典》第146条第2款的规定，应依具体交易实际和相关法律规定另行判断，比如，被认定为民间借贷。

【适用指南】

（一）让与担保与以物抵债的区别

让与担保和以物抵债都是以转移标的物所有权的方式处理债务不能依约清偿的问题，两者存在以下区别：（1）成立的时间点不同。让与担保需成立于债务到期之前，至少相关协议应在债务期限届满之前签署；以物抵债则一般成立于债务到期之时或之后。（2）是否具有转让所有权的真实目的不同。让与担保情形下，双方并非要真实转移标的物所有权，只是作为债权的担保，而且事先担保的方式也不是直接转移所有权，而是折价、变价或拍卖；以物抵债则是双方一致要真实地转让标的物所有权，以终止当前债权债务关系。（3）破产撤销权的期限不同。人民法院受理破产申请前 1 年内，如果债务人对没有财产担保的债务提供让与担保，该让与担保可以被撤销；人民法院受理破产申请前 6 个月内，如果债务人不能清偿到期债务，并且资产不足以清偿全部债务或者明显缺乏清偿能力，仍对个别债权人进行以物抵债清偿的，该以物抵债可以被撤销。也就是说，在破产受理前的 6 个月至 1 年，以物抵债的债务处理方式比让与担保相对而言更安全。

（二）先让与担保与后让与担保

本条规定让与担保需在形式上转移财产所有权，也就是在让与担保设立时、担保权利实现前先变更财产的所有权，即“先让与担保”。如果当事人只是签订了财产转让合同，但约定债务得不到履行时才变更财产所有权，即“后让与担保”（现实中，由于房产过户税务问题，这类后让与担保并不鲜见）。

按照本条的表述，是不包括“后让与担保”的，但这并不意味着后让与担保不具有法律效力。《最高人民法院关于审理民间借贷案件适用法律若干问题的规定》第 23 条第 1 款规定：“当事人以订立买卖合同作为民间借贷合同的担保，借款到期后借款人不能还款，出借人请求履行买卖合同的，人民法院应当按照民间借贷法律关系审理。当事人根据法庭审理情况变更诉讼请求的，人民法院应当准许。”该款规定不认可其买卖合同的效力，按实际的民间借贷法律关系处理。第2款规定："按照民间借贷法律关系审理作出的判决生效后，借款人不履行生效判决确定的金钱债务，出借人可以申请拍卖买卖合同标的物，以偿还债务。就拍卖所得的价款与应偿还借款本息之间的差额，借款人或者出借人有权主张返还或者补偿。"该款规定认可其担保功能，但仅限于以拍卖方式实现担保功能，不能以折价、变卖的方式处置标的物。

综合来说，后让与担保的效力和担保功能都是弱于先让与担保的。首先，后让与担保无法进行物权公示，缺乏对世效力，无法对抗善意第三人；其次，担保功能的实现路径单一，拍卖方式很可能导致变现价款远低于变卖、折价；最后，后让与担保仅在民间借贷情形时才有明确的法律依据。

（三）预约的归属清算型让与担保亦是清算型让与担保，合法有效

《担保制度司法解释》不认可流质型让与担保的效力，只承认清算型让与担保的效力。清算有两种：一种是归属清算型，即本条所表述的"对财产折价"，超出债务金额部分由债权人支付给担保人，债权人取得所有权；另一种是处分清算型，即本条所表述的"以拍卖、变卖该财产所得价款偿还债务"，多余部分归属于担保人。

如果是在实现担保时由双方选择归属清算型并不存在疑问，但是，如果当事人双方是在设定让与担保时即约定选择该种方式——比如，约定债务人不履行到期债务，财产归债权人所有，并就财产的折价和债务清算方案予以具体约定，折价后的财产价值高于债务的部分由债权人支付差价给债务人，不足部分由债务人继续清偿。

担保权人的清算义务应包括两个方面：确认担保物价值和确认债权金额。在以上两项内容已经确认，或者其确定方法已经明确的情况下，双方约定就差额部分进行清偿后担保物归担保权人所有便是有效的。

【关联案例】

黑龙江闽成投资集团有限公司、西林钢铁集团有限公司民间借贷案①

裁判要旨：（1）签订股权让与担保协议并依约完成股权登记变更后，因借款人未能按期还款，当事人又约定对目标公司的股权及资产进行评估、抵销相应数额债权、确认此前的股权变更有效，并实际转移目标公司控制权的，应认定此时当事人就真实转让股权达成合意并已实际履行。以此为起算点1年以后借款人才进入重整程序，借款人主张依《企业破产法》相关规定撤销该以股抵债行为的，不应支持。

（2）对于股权让与担保是否具有物权效力，应以是否已按照物权公示原则进行公示作为核心判断标准。当借款人进入重整程序时，确认股权让与担保权人享有优先受偿的权利，不构成《企业破产法》第16条规定所指的个别清偿行为。

（3）以股权设定让与担保并办理变更登记后，让与担保权人又同意以该股权为第三人对债务人的债权设定质押并办理质押登记的，第三人对该股权应优于让与担保权人受偿。

深圳市奕之帆贸易有限公司、侯庆宾合同纠纷案②

裁判要旨：（1）让与担保的设立应在债务履行期届满之前，但就让与担保的实现问题，需要满足债务人不履行到期债务或者发生当事人约定的实现权利的情形等条件。双方当事人在设立让与担保的合同中约定，如担保物的价值不足以覆盖相关债务，即使债务履行期尚未届满，债权人亦有权主张行使让与担保权利。

---

① 参见最高人民法院（2019）最高法民终133号民事判决书，载《最高人民法院公报》2020年第1期（总第279期）。

② 参见最高人民法院（2018）最高法民终751号民事判决书，载《最高人民法院公报》2020年第2期（总第280期）。

该约定不违反法律行政法规的强制性规定，应当认定合法有效。

（2）为防止出现债权人取得标的物价值与债权额之间差额等类似于流质、流押之情形，让与担保权利的实现应对当事人课以清算义务。双方当事人就让与担保标的物价值达成的合意，可认定为确定标的物价值的有效方式。在让与担保标的物价值已经确定，但双方均预见债权数额有可能发生变化的情况下，当事人仍应在最终据实结算的债务数额基础上履行相应的清算义务。

【关联规范】

《中华人民共和国民法典》（2020年5月28日）

第一百四十六条 行为人与相对人以虚假的意思表示实施的民事法律行为无效。

以虚假的意思表示隐藏的民事法律行为的效力，依照有关法律规定处理。

《最高人民法院关于审理民间借贷案件适用法律若干问题的规定》（2020年12月29日修正 法释〔2020〕17号）

第二十三条 当事人以订立买卖合同作为民间借贷合同的担保，借款到期后借款人不能还款，出借人请求履行买卖合同的，人民法院应当按照民间借贷法律关系审理。当事人根据法庭审理情况变更诉讼请求的，人民法院应当准许。

按照民间借贷法律关系审理作出的判决生效后，借款人不履行生效判决确定的金钱债务，出借人可以申请拍卖买卖合同标的物，以偿还债务。就拍卖所得的价款与应偿还借款本息之间的差额，借款人或者出借人有权主张返还或者补偿。

第六十九条 【股权让与担保下名义股东无出资义务】

股东以将其股权转移至债权人名下的方式为债务履行提供担保，公司或者公司的债权人以股东未履行或者未全面履行出资义务、抽逃出资等为由，请求作为名义股东的债权人与股东承担连带责任的，人民法院不予支持。

【条文理解】

《最高人民法院关于适用〈中华人民共和国公司法〉若干问题的规定（三）》第 13 条第 2 款中规定，“公司债权人请求未履行或者未全面履行出资义务的股东在未出资本息范围内对公司债务不能清偿的部分承担补充赔偿责任的，人民法院应予支持”。让与担保下的名义股东，由于是工商登记的公司股东，而目前的工商登记并没有让与担保的特别标注，其登记外观与实际股东无异。因此，无论是公司或公司债权人对让与担保安排不知情，还是明知让与担保但看重名义股东的还款能力，都很有可能以出资瑕疵为由将其起诉至法院。

本条明确规定股权让与担保中的名义股东（被担保债权的债权人）不承担出资义务，出资义务由实际股东承担。但正如前所述，让与担保在登记外观上是没有识别标志的，如何证明自己的名义股东身份是让与担保权利人必须重视的问题。结合已有的案例和实践经验，建议从以下方面进行风险防控。

1. 在让与担保的相关文件中明确让与担保的性质，并对担保的债权予以明确约定。为避免纠纷中被对方质疑文件的真实性或文件签署时间的真实性，建议采取公证、电子存证等方式对签署内容和签署时间进行见证。另外，尽管中登网不是法定的股权质押登记途径，但由于其是法定的动产和权利担保统一登记平台，记录事项的真实性有技术保障，也可考虑在中登网进行让与担保登记，并上传相关文件，保存好登记证明以备证明让与担保的真实设立日期，具体登记时可选择“其他动产和权利担保”功能。

2. 不参与公司的实际管理运营，取得股东会决议对让与担保、名义股东、实际股东事实的确认文件。若由于法定原因必须以股东名义签署文件，应取得实际股东的授权文件，以证明己方并非实际决策方。

【适用指南】

从债权人的角度来说，如何辨别是名义股东还是实际股东，防止实际股东以假让与担保的形式真逃债也是必须考虑的问题。若遇上公司股东以让与担保名义推卸股东责任，公司或债权人可从以下方面调查其真实性：

1. 其声称的实际股东是否曾是工商登记的公司股东，若不是，则可以证明不存在让与担保的实施基础；若是，则需要进一步核查曾持股的数量、退出公司的时间与被告公司股东取得股权的数量、时间是否能够对应。

2. 其是否实际参与公司经营，如委派董事、高管，对公司经营决策参与实际投票等。

3. 核实让与担保所对应的主债权是否存在。

【关联案例】

新疆投资发展（集团）有限责任公司、金石财富投资有限公司合同纠纷案①

裁判要旨：让与担保下的名义股东承担出资不实的连带责任没有法律依据。

【关联规范】

《最高人民法院关于适用〈中华人民共和国公司法〉若干问题的规定（三）》（2020 年 12 月 29 日修正　法释〔2020〕18 号）

第十三条第二款　公司债权人请求未履行或者未全面履行出资义务的股东在未出资本息范围内对公司债务不能清偿的部分承担补充赔偿责任的，人民法院应予支持；未履行或者未全面履行出资义务的股东已经承担上述责任，其他债权人提出相同请求的，人民法院不予支持。

① 参见最高人民法院（2018）最高法民终 54 号民事判决书。

第七十条　【保证金】

债务人或者第三人为担保债务的履行，设立专门的保证金账户并由债权人实际控制，或者将其资金存入债权人设立的保证金账户，债权人主张就账户内的款项优先受偿的，人民法院应予支持。当事人以保证金账户内的款项浮动为由，主张实际控制该账户的债权人对账户内的款项不享有优先受偿权的，人民法院不予支持。

在银行账户下设立的保证金分户，参照前款规定处理。

当事人约定的保证金并非为担保债务的履行设立，或者不符合前两款规定的情形，债权人主张就保证金优先受偿的，人民法院不予支持，但是不影响当事人依照法律的规定或者按照当事人的约定主张权利。

【条文理解】

《担保法司法解释》第85条对保证金债权担保形式进行了规定："债务人或者第三人将其金钱以特户、封金、保证金等形式特定化后，移交债权人占有作为债权的担保，债务人不履行债务时，债权人可以以该金钱优先受偿。"《民法典》施行后，《担保法司法解释》失效，《民法典》条文里却没有保证金的相关规定，但是现实交易（特别是银行信用证、承兑、保函等业务）中却存在大量的保证金，为规范此类业务、防范相关金融风险，本解释特设本条予以规范。

（一）保证金具备优先受偿效力的必要条件

保证金的设立首先必须有明确的约定，即必须以书面形式约定。但是，并非双方将一定款项的名称书面约定为保证金，即可实现优先受偿权。欲使款项具有优先受偿的非典型担保效力，还须同时满足为担保债务履行而设立、款项专门化、债权人实际控制三个条件。

1. 为担保债务履行而设立

具有非典型担保效力的保证金仅指为担保某项债务的履行而设立的情况，设立人可以是债务人本人，也可以是愿意为该项债务提供保障的第三人。

现实中，被称为保证金的款项并不一定是为担保债务而设立，比如，招投标中的投标保证金、货物买卖中的质量保证金、服务合同中的履约保证金、拍卖中竞拍人提交的拍卖保证金等，它们可能是为确保一方当事人依约做出一定行为，也可能是为当事人履约的质量提供担保，但都不涉及对金钱债务的担保。这些保证金虽然不具有本条规定的优先受偿权利，但并不影响相关约定的有效性，当事人仍然可以按照约定的安排行使对相应款项的权利。

2. 款项专门化

由于金钱是种类物，进入银行系统的款项大多数情况下仅是银行记账系统中的一条记录，如果不专门化，将很难区分哪些款项具有担保功能，哪些款项不具有担保功能。

根据本条规定，专门化有以下几种方式：（1）由债务人或第三人开立专门的保证金账户；（2）由债权人开立专门的保证金账户；（3）在银行账户下设立保证金分户。无论以何种方式开立，保证金账户开立后都不建议用于日常结算，以免和其他资金发生混同，丧失专门性。

3. 债权人实际控制

保证金专户开立后，其实际控制权必须掌握在债权人手中，若仍由债务人或第三人控制，则很难和其他账户区别开来，既难保证款项的专门化，也存在保证金账户款项被挪用的风险。当然，这里的控制应指债权人能控制账户内款项不被随意划出，而不是也不应要求债权人必须达到能自行决定账户款项的划出。

当债权人是银行时，无论是开立单独的保证金账户还是在银行账户下设立保证金分户的情形，银行虽不是账户的所有人，但却可以通过对银行账户系统的管理权实现对保证金分户的实际控制，同时大多还会配以无须客户预留印鉴、不向客户出售该分户支付结算凭证等方式控制账户安全。

需要特别关注的是，当债权人为非银行时，由债务人或第三人开立保证金账户，债权人不天然掌握账户的实控权，需要双方另行设置控制手段。比较建议的方式是该账户预留债权人印鉴作为必需印鉴，如设置质权人、债务人或第三人双印鉴作为账户款项划出的必备印鉴。不建议采取只留债务人或第三人印鉴，然后将实体印鉴交由债权人保管的方式，以免债务人或第三人挂失印鉴后重新掌握账户的控制权。另外，在可能的情况下，建议与开户银行签署账户监管协议，由银行协助对保证金账户予以监管，以免债务人或第三人利用开户人的便利，隐瞒保证金账户性质，通过欺骗银行或与银行相关人员合谋的方式重掌账户控制权。

（二）保证金优先受偿权的对抗效力

保证金具有优先受偿权是指对其中的款项优先受偿，并不意味着保证金账户不能被冻结。

根据《最高人民法院关于人民法院能否对信用证开证保证金采取冻结和扣划措施问题的规定》《最高人民法院、中国人民银行关于依法规范人民法院执行和金融机构协助执行的通知》《最高人民法院关于审理独立保函纠纷案件若干问题的规定》（2020 年修正），信用证开证保证金、银行承兑汇票保证金、独立保函开立保证金均可以采取冻结措施，但不能扣划；账户被冻结后，如果债权人需要对保证金行使优先受偿权，优先受偿权金额范围内的保证金应予解冻，并支付给债权人；如果保证金丧失了担保功能，如债权人债权消灭、优先受偿后保证金账户仍有余额，则可以扣划。

其他保证金虽无相关规定，但其与信用证开证保证金、银行承兑汇票保证金、独立保函开立保证金的目的、形式、性质都十分类似，参照适用前述规定亦在情理之中。

（三）债权人实际控制保证金账户的，账户款项金额浮动不影响优先受偿权

虽然前面提到保证金优先受偿权的前提之一是专门化，但这里的专门化并不是固定化，目的是能够明确质押财产的数量，并不意味着保证金账户开立后金额就不可以再浮动。

1. 银行的同一笔贷款按照约定的提款节奏分几次发放，借款人根据提款进度按约定好的保证金比例分次汇入保证金，这些保证金共同用来担保已发放贷款的偿还，清晰无误表明这是对该笔贷款的担保，这种浮动并没有影响

款项的特定化。

2. 一个保证金账户下存放了不同业务的多笔保证金，但银行能够通过虚拟户或其他簿记方式将这些保证金与各自业务一一对应，或者经双方约定这些保证金是共同为全部或某几部分业务提供担保，那么即便保证金进出账导致整个账户的资金浮动，亦不影响款项的特定化。

特别需要注意的是，虽然最高人民法院的指导案例和本条的规定都没有像部分地方法院判决那样强调保证金与债权必须严格一一对应，更强调对账户本身的实际控制，但考虑到其他保证人可能以此为由主张减免担保责任（比如用A业务的保证金去偿还B业务，A业务的其他保证人主张债权人主动放弃了债务人的保证金担保，应在保证金范围内免除保证人的责任），如果没有明确约定保证金是对全部业务提供担保且第三方保证人知晓相关安排，各笔保证金间建议还是要尽量做好与债权的对应工作，不要混用。

还需要注意的是，尽管本条只笼统规定了金额浮动不影响优先受偿权，对于何种原因导致的金额浮动未作明确限制，但截至目前已有的支持金额浮动的案例也仅限于由于担保功能导致的款项进出账户，并无支持对外与第三方结算的案例，因此，不建议以保证金账户对外结算或进行保证金双方间与担保事项无关的其他支付结算。

【适用指南】

（一）保证金账户优先受偿权的性质：动产质押、权利质押之惑

对于以保证金账户中的款项担保债权的性质，存在不同的看法：有观点认为这属于特殊的动产质押，也有观点认为属于权利质押。上述两种观点的差别实质在于将银行账户中的款项看作物还是债，亦即账户所有人是将款项作为动产交给银行保管从而享有要求银行返还原物的物上请求权，还是将款项存入银行后基于存款协议享有要求银行依约支付一定金额的债权。无论将银行账户款项看作物还是债，都会存在与银行实践操作相冲突的地方：如果看作物，那么无论银行破产与否，客户的存款都不能作为破产财产，客户应该享有完全取回的权利，这就无法解释为何银行破产时只保护50万元以内的

储户存款，也无法解释银行为何在贷款清收时会对保证金账户直接行使基于债权才享有的抵销权；如果看作债权，那么权利质押是需要登记设立的，实践中既没有登记的机构也没有登记的操作，用的是类似动产质押的占有形式处理保证金担保。

《担保法司法解释》第85条虽然规定于动产质权部分，却是以放弃理论自洽转而务实保障债权人优先受偿权的方式去解决现实问题。本解释将保证金账户优先受偿权从动产质权移至非典型担保部分，显然也是关注到了将其单纯归类为动产质权或权利质权都会存在理论上的冲突，恰好《民法典》提出了非典型担保的分类，将其按实际设置目的和现实操作作为非典型担保处理更为妥当。

与《担保法司法解释》第85条进行比较，会发现本解释少了封金形式，是否意味着否认了封金这种担保形式？笔者认为，这并非否定封金担保效力，而是由于封金这种形式符合典型的动产质押的构成要件，并不需要在非典型担保中进行规定，直接适用动产质押的规则即可（当然由于货币本身就是一般等价物，是价值的尺度和流通手段，实现担保功能时直接按面额实现，并不需要再次变现或折价）；同时，封金这种形式，随着流通货币的存款化，在现实生活中其实也并不常见。

（二）非银行债权人接受保证金担保需注意的问题

银行接受保证金担保存在很多天然的优势。首先，银行天然具有账户的实际控制权；其次，银行在接受保证金并开立保证金账户时，根据规定可以开立有专门编码标识的保证金账户，且该类账户属于临时内部账户，不属于结算账户，不能对外直接发生资金收付结算，从而在外观上即具备较好的可识别性和专门性；而且，银行可以第一时间发现对保证金账户的第三方冻结措施，及时提出异议维护自己的权益。即便如此，银行保证金纠纷仍然频发，银行保证金权益受到威胁的情况并不罕见。那么，非银行债权人在接受保证金质押时，不具备上述优势，需要面临的风险和注意的问题就更多。

首先，要注意多方面落实保证金的专门化。保证金协议或条款要明确账户的开户行、户名、账号等详细信息，并明确债权担保保证金的性质。如有可能，开立专用存款账户并在账户名称中增加“保证金”的性质描述。除双方共同预留印鉴外，最好与银行签订账户监管协议，由银行协助进行账户监管。

其次，尽量采取多种手段强化保证金对第三人的对抗效力。比如，利用中登网进行保证金质押登记，将出质人、账号、担保金额等信息进行防御性登记。此类登记虽无明确的法律依据，其对世效力并不确定，但至少可以在发生纠纷时证明担保设立的时间和事实状态，从而支持己方对在后取得保证金上担保的第三人的优先权益；而且，参考融资租赁业务下租赁物工商抵押登记的司法确认先例，不排除随后司法对该种登记的效力予以明确认可的可能。

实践中，还存在这样一种情况，即债权人和债务人约定开立双方共管账户，债务人的业务回款全部回至共管账户，以共管账户中一定金额的款项作为保证金，金额以上的款项债务人可以支出使用。这种安排具有商业合理性，既能满足债权人对融资项目回款情况的监测需求和担保功能需求，又能解决某些大型项目下回款账户无法随意变更的困难，但在专门化和债权人控制力上都存在瑕疵，存在不被认定为保证金担保的可能。建议在保留回款账户双方共管功能的基础上，增设一个专门的保证金账户，将担保金额以下的回款随时转移至保证金账户。

（三）保证金浮动的约定细节建议

1. 应明确被担保的债权的范围，特别是对于债权数额也浮动的情况，要约定债权确定的条件和确定方法。

2. 要明确保证金数额的确定方式，是属于固定数额还是浮动数额。属于固定数额的，要明确资金低于固定数额时如何处理，债务人或出具担保的第三人是否对差额承担补足或保证责任。还要注意明确，账户内资金高于约定的保证金数额或比例时，超额部分的金额是否属于保证金范围，是否可用于担保相应债务。

【关联案例】

张大标与中国农业发展银行安徽省分行民间借贷纠纷案[1]

裁判要旨：当事人依约为出质的金钱开立保证金专门账户，且质权人取得对该专门账户的占有控制权，符合金钱特定化和移交占有的要求，即使该账户内资金余额发生浮动，也不影响该金钱质权的设立。

抚顺市艳丰建材有限公司、郑克旭与大连银行股份有限公司沈阳分行案外人执行异议案[2]

裁判要旨：承兑汇票出票人向银行承兑汇票保证金专用账户交存保证金作为承兑汇票业务的担保，该行为性质属于设立金钱质押。当出票人未支付到期票款，银行履行垫款义务后，银行基于质权享有就该保证金优先受偿的权利。

【关联规范】

《最高人民法院关于人民法院能否对信用证开证保证金采取冻结和扣划措施问题的规定》（2020 年 12 月 29 日修正　法释〔2020〕21 号）

一、人民法院在审理或执行案件时，依法可以对信用证开证保证金采取冻结措施，但不得扣划。如果当事人、开证银行认为人民法院冻结和扣划的某项资金属于信用证开证保证金的，应当依法提出异议并提供有关证据予以证明。人民法院审查后，可按以下原则处理：对于确系信用证开证保证金的，不得采取扣划措施；如果开证银行履行了对外支付义务，根据该银行的申请，人民法院应当立即解除对信用证开证保证金相应部分的冻结措施；如果申请开证人提供的开证保证金是外汇，当事人又举证证明信用证的受益人提供的

---

① 参见最高人民法院（2014）民申字第 1239 号民事裁定书，最高人民法院第十一批指导性案例 54 号。

② 参见最高人民法院（2015）民提字第 175 号民事裁定书，载《最高人民法院公报》2016 年第 10 期（总第 240 期）。

单据与信用证条款相符时，人民法院应当立即解除冻结措施。

二、如果银行因信用证无效、过期，或者因单证不符而拒付信用证款项并且免除了对外支付义务，以及在正常付出了信用证款项并从信用证开证保证金中扣除相应款额后尚有剩余，即在信用证开证保证金账户存款已丧失保证金功能的情况下，人民法院可以依法采取扣划措施。

《最高人民法院、中国人民银行关于依法规范人民法院执行和金融机构协助执行的通知》（2000年9月4日 法发〔2000〕21号）

九、人民法院依法可以对银行承兑汇票保证金采取冻结措施，但不得扣划。如果金融机构已对汇票承兑或者已对外付款，根据金融机构的申请，人民法院应当解除对银行承兑汇票保证金相应部分的冻结措施。银行承兑汇票保证金已丧失保证金功能时，人民法院可以依法采取扣划措施。

《最高人民法院关于审理独立保函纠纷案件若干问题的规定》（2020年12月29日修正 法释〔2020〕18号）

第二十四条第一款 对于按照特户管理并移交开立人占有的独立保函开立保证金，人民法院可以采取冻结措施，但不得扣划。保证金账户内的款项丧失开立保证金的功能时，人民法院可以依法采取扣划措施。

五、附　　则

第七十一条　【时间效力】

本解释自 2021 年 1 月 1 日起施行。

【条文理解】

本解释是对《民法典》的解释，《民法典时间效力规定》亦适用于本解释。结合时间效力规定，为便于查询，我们对本解释的适用问题总结如图 2 所示：

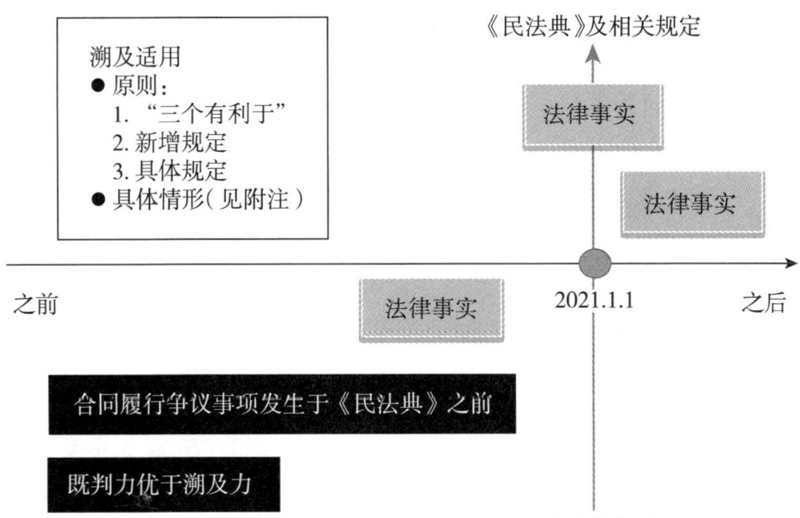

图 2　《民法典》及相关规定时间效力查询图

附注：溯及适用的具体情形

* 侵害英雄烈士姓名、肖像、名誉、荣誉；
* 流押、流质；
* 旧法无效、新法有效；
* 格式条款效力认定；
* 直接起诉解除合同；
* 合同僵局终止请求权；
* 保理合同；
* 继承权、受遗赠权宽宥，代位继承，打印遗嘱，新旧遗嘱效力；
* 自甘风险行为；
* 自助行为；
* 无偿搭乘人损害；
* 高空坠物；
* 争议事项在民法典之后；
* 承租人的优先承租权（租期届满于民法典之后）；
* 分居离婚诉讼；
* 《民法典》后发生侵权后果；
* 合同解除权的行使期间；
* 婚姻撤销权的行使期间；
* 保证合同的保证期间。

《民法典》及相关规定是以不溯及既往为一般原则的，但仍然存在溯及适用、衔接适用的例外情况。

（一）溯及适用的情形

1. “三个有利于”

《民法典时间效力规定》第 2 条规定：“民法典施行前的法律事实引起的民事纠纷案件，当时的法律、司法解释有规定，适用当时的法律、司法解释的规定，但是适用民法典的规定更有利于保护民事主体合法权益，更有利于维护社会和经济秩序，更有利于弘扬社会主义核心价值观的除外。”因此，当符合“更有利于保护民事主体合法权益、更有利于维护社会和经济秩序、更有利于弘扬社会主义核心价值观”这“三个有利于”的情形时，对于《民法典》施行前的法律事实引起的纠纷，即便《民法典》施行前已有相关规定，《民法典》仍可适用。

“三个有利于”标准并没有量化的客观指标，其施行依赖于法官的自由裁量。因此，当涉及《民法典》前法律事实引起的具体案件时，不能简单地以时间为节点判断法律适用，还需要仔细研究对比《民法典》前后的规定之间的差异，判断是否存在适用《民法典》的可能，以免对案情研判发生重大偏差。

2. 新增规定

《民法典时间效力规定》第 3 条规定：“民法典施行前的法律事实引起的民事纠纷案件，当时的法律、司法解释没有规定而民法典有规定的，可以适用民法典的规定，但是明显减损当事人合法权益、增加当事人法定义务或者背离当事人合理预期的除外。”因此，对于之前没规定、《民法典》及其相关规定有规定的，《民法典》及其相关规定将具有溯及既往的适用效力。

但是，当适用导致以下任意一种情况时，则不能溯及既往：明显减损当事人合法权益、增加当事人法定义务、背离当事人合理预期。

3. 具体规定

《民法典时间效力规定》第 4 条规定：“民法典施行前的法律事实引起的民事纠纷案件，当时的法律、司法解释仅有原则性规定而民法典有具体规定的，适用当时的法律、司法解释的规定，但是可以依据民法典具体规定进行裁判说理。”也就是说，如果《民法典》的规定是对之前已有规定的具体规定，那么，对于《民法典》施行前的法律事实引起的纠纷，虽然判决时应引用施行前的法律条文，但《民法典》的规定可以在裁判说理部分予以运用，即实际上具有溯及既往的效力。

这里所说的具体规定，既包括单纯进行详细安排的细化规定，也包括对之前规定的瑕疵进行调整的校正规定、对之前规定的疏漏之处进行弥补的补充规范。后两者虽然在形式上或与之前的规定有些微差别，或对之前的规定有细节新增，但和之前的规定没有原则上的冲突，仍属于具体规定的范畴。即便某一具体规定较之前变化较大，无法明辨是属于具体规定还是新规定，大抵也可通过以下路径认可适用：《民法典》的规定大抵较之前的规定更加符合“三个有利于”，不适用校正规则也可以适用《民法典时间效力规定》第2条；新增内容较多、较重大，不适用补充规则也可以适用《民法典时间效力规定》第3条。

（二）既判力优于溯及力

《民法典时间效力规定》第5条规定：“民法典施行前已经终审的案件，当事人申请再审或者按照审判监督程序决定再审的，不适用民法典的规定。”

也就是说，一个案件如果已经在《民法典》施行前终审，如果其进入再审程序，即便根据《民法典时间效力规定》第2～4条的规定可以适用《民法典》及其相关规定，也仍然不可适用，而只能适用终审时的法律规定。

（三）与担保有关的具体溯及适用规定及对应条文编号

具体规定	编号
流押、流质条款无效不影响抵押、质押合同的整体效力	第7条
《民法典》使合同无效变有效的，适用《民法典》	第8条
格式条款未提示说明不成为合同内容	第9条
可以不经通知对方、直接起诉解除合同	第10条
合同僵局下的终止请求权	第11条
保理合同	第12条

（四）衔接适用

《民法典时间效力规定》第1条第3款规定：“民法典施行前的法律事实持续至民法典施行后，该法律事实引起的民事纠纷案件，适用民法典的规定，但是法律、司法解释另有规定的除外。”与担保有关的具体衔接适用规定汇总如下：

具体规定	编号
履行期跨越《民法典》的合同，以争议事实时点判断适用法律	第 20 条
《民法典》之前的保证合同的保证期间	第 27 条
《民法典》之前立案，但尚未审结案件，适用本担保解释	第 28 条

【适用指南】

1. 发生在 2021 年 1 月 1 日之前的担保纠纷，《民法典时间效力规定》没有明确列举可追溯适用或衔接适用的，是否可以适用《民法典》相关规定？

《民法典时间效力规定》虽然详细列举了溯及适用、衔接适用的具体情形，但并不构成对第一部分一般规定的适用范围限制。因此，如果有充分的适用《民法典》的理由，仍有可能得到法官的支持。在相关案件中建议从以下正反两方面进行说理和举证：

正向说明适用《民法典》的规定更有利于保护民事主体合法权益，更有利于维护社会和经济秩序，更有利于弘扬社会主义核心价值观，特别是更有利于保护民事主体合法权益这一核心方面。民事纠纷一般存在权利人、义务人双方，不仅要说明有利于保护权利人的合法权益，还应说明不会给义务人增加过多的义务负担。

反向说明适用《民法典》不会明显减损当事人合法权益，增加当事人法定义务或者背离当事人合理预期。

2. 本解释第 9 条关于上市公司对外担保的规定是否具有溯及力？

这一问题的实质是关于本解释第 9 条是属于新增规定还是具体规定。虽然其制定的依据是《公司法》第 16 条，且《公司法》并未修改或者废止，但由于《公司法》第 16 条并无关于上市公司提供担保的特别规定，因此本解释第 9 条属于规则创制（新增规定），而不是单纯的对《公司法》第 16 条的理解和解释（具体规定）。根据本解释第 3 条的规定，新增规定具有溯及力要排除明显减损当事人合法权益、增加当事人法定义务或者背离当事人合理预期的情况。由于本解释第 9 条新增了对担保公告的要求，《民法典》生效前，当事人无法预期担保公告对上市公司担保效力的重大影响，溯及适用背离当事人合理预期，不应赋予其溯及既往的效力，即仅应适用于2021年1月1日后发生的担保行为。

【关联案例】

武汉融汇融资担保有限公司与宋祥国、向全楚追偿权纠纷案[①]

裁判要旨：《民法典》施行前的法律事实引起的民事纠纷案件，适用当时的法律、司法解释的规定。

【关联规范】

《最高人民法院关于适用〈中华人民共和国民法典〉时间效力的若干规定》（2020年12月29日　法释〔2020〕15号）

根据《中华人民共和国立法法》《中华人民共和国民法典》等法律规定，就人民法院在审理民事纠纷案件中有关适用民法典时间效力问题作出如下规定。

一、一般规定

第一条　民法典施行后的法律事实引起的民事纠纷案件，适用民法典的规定。

民法典施行前的法律事实引起的民事纠纷案件，适用当时的法律、司法解释的规定，但是法律、司法解释另有规定的除外。

民法典施行前的法律事实持续至民法典施行后，该法律事实引起的民事纠纷案件，适用民法典的规定，但是法律、司法解释另有规定的除外。

第二条　民法典施行前的法律事实引起的民事纠纷案件，当时的法律、司法解释有规定，适用当时的法律、司法解释的规定，但是适用民法典的规定更有利于保护民事主体合法权益，更有利于维护社会和经济秩序，更有利于弘扬社会主义核心价值观的除外。

第三条　民法典施行前的法律事实引起的民事纠纷案件，当时的法律、

---

① 参见湖北省武汉市江岸区人民法院（2020）鄂0102民初4292号民事判决书。

司法解释没有规定而民法典有规定的，可以适用民法典的规定，但是明显减损当事人合法权益、增加当事人法定义务或者背离当事人合理预期的除外。

第四条　民法典施行前的法律事实引起的民事纠纷案件，当时的法律、司法解释仅有原则性规定而民法典有具体规定的，适用当时的法律、司法解释的规定，但是可以依据民法典具体规定进行裁判说理。

第五条　民法典施行前已经终审的案件，当事人申请再审或者按照审判监督程序决定再审的，不适用民法典的规定。

二、溯及适用的具体规定

第六条　《中华人民共和国民法总则》施行前，侵害英雄烈士等的姓名、肖像、名誉、荣誉，损害社会公共利益引起的民事纠纷案件，适用民法典第一百八十五条的规定。

第七条　民法典施行前，当事人在债务履行期限届满前约定债务人不履行到期债务时抵押财产或者质押财产归债权人所有的，适用民法典第四百零一条和第四百二十八条的规定。

第八条　民法典施行前成立的合同，适用当时的法律、司法解释的规定合同无效而适用民法典的规定合同有效的，适用民法典的相关规定。

第九条　民法典施行前订立的合同，提供格式条款一方未履行提示或者说明义务，涉及格式条款效力认定的，适用民法典第四百九十六条的规定。

第十条　民法典施行前，当事人一方未通知对方而直接以提起诉讼方式依法主张解除合同的，适用民法典第五百六十五条第二款的规定。

第十一条　民法典施行前成立的合同，当事人一方不履行非金钱债务或者履行非金钱债务不符合约定，对方可以请求履行，但是有民法典第五百八十条第一款第一项、第二项、第三项除外情形之一，致使不能实现合同目的，当事人请求终止合同权利义务关系的，适用民法典第五百八十条第二款的规定。

第十二条　民法典施行前订立的保理合同发生争议的，适用民法典第三编第十六章的规定。

第十三条　民法典施行前，继承人有民法典第一千一百二十五条第一款第四项和第五项规定行为之一，对该继承人是否丧失继承权发生争议的，适用民法典第一千一百二十五条第一款和第二款的规定。

民法典施行前，受遗赠人有民法典第一千一百二十五条第一款规定行为之一，对受遗赠人是否丧失受遗赠权发生争议的，适用民法典第一千一百二十五条第一款和第三款的规定。

第十四条 被继承人在民法典施行前死亡，遗产无人继承又无人受遗赠，其兄弟姐妹的子女请求代位继承的，适用民法典第一千一百二十八条第二款和第三款的规定，但是遗产已经在民法典施行前处理完毕的除外。

第十五条 民法典施行前，遗嘱人以打印方式立的遗嘱，当事人对该遗嘱效力发生争议的，适用民法典第一千一百三十六条的规定，但是遗产已经在民法典施行前处理完毕的除外。

第十六条 民法典施行前，受害人自愿参加具有一定风险的文体活动受到损害引起的民事纠纷案件，适用民法典第一千一百七十六条的规定。

第十七条 民法典施行前，受害人为保护自己合法权益采取扣留侵权人的财物等措施引起的民事纠纷案件，适用民法典第一千一百七十七条的规定。

第十八条 民法典施行前，因非营运机动车发生交通事故造成无偿搭乘人损害引起的民事纠纷案件，适用民法典第一千二百一十七条的规定。

第十九条 民法典施行前，从建筑物中抛掷物品或者从建筑物上坠落的物品造成他人损害引起的民事纠纷案件，适用民法典第一千二百五十四条的规定。

三、衔接适用的具体规定

第二十条 民法典施行前成立的合同，依照法律规定或者当事人约定该合同的履行持续至民法典施行后，因民法典施行前履行合同发生争议的，适用当时的法律、司法解释的规定；因民法典施行后履行合同发生争议的，适用民法典第三编第四章和第五章的相关规定。

第二十一条 民法典施行前租赁期限届满，当事人主张适用民法典第七百三十四条第二款规定的，人民法院不予支持；租赁期限在民法典施行后届满，当事人主张适用民法典第七百三十四条第二款规定的，人民法院依法予以支持。

第二十二条 民法典施行前，经人民法院判决不准离婚后，双方又分居满一年，一方再次提起离婚诉讼的，适用民法典第一千零七十九条第五款的规定。

第二十三条 被继承人在民法典施行前立有公证遗嘱，民法典施行后又立有新遗嘱，其死亡后，因该数份遗嘱内容相抵触发生争议的，适用民法典第一千一百四十二条第三款的规定。

第二十四条 侵权行为发生在民法典施行前，但是损害后果出现在民法典施行后的民事纠纷案件，适用民法典的规定。

第二十五条 民法典施行前成立的合同，当时的法律、司法解释没有规定且当事人没有约定解除权行使期限，对方当事人也未催告的，解除权人在民法典施行前知道或者应当知道解除事由，自民法典施行之日起一年内不行使的，人民法院应当依法认定该解除权消灭；解除权人在民法典施行后知道或者应当知道解除事由的，适用民法典第五百六十四条第二款关于解除权行使期限的规定。

第二十六条 当事人以民法典施行前受胁迫结婚为由请求人民法院撤销婚姻的，撤销权的行使期限适用民法典第一千零五十二条第二款的规定。

第二十七条 民法典施行前成立的保证合同，当事人对保证期间约定不明确，主债务履行期限届满至民法典施行之日不满二年，当事人主张保证期间为主债务履行期限届满之日起二年的，人民法院依法予以支持；当事人对保证期间没有约定，主债务履行期限届满至民法典施行之日不满六个月，当事人主张保证期间为主债务履行期限届满之日起六个月的，人民法院依法予以支持。

四、附 则

第二十八条 本规定自2021年1月1日起施行。

本规定施行后，人民法院尚未审结的一审、二审案件适用本规定。

附录一

民二庭负责人就《最高人民法院关于适用〈中华人民共和国民法典〉有关担保制度的解释》答记者问①

《最高人民法院关于适用〈中华人民共和国民法典〉有关担保制度的解释》（以下简称"担保制度司法解释"）于2020年12月25日最高人民法院审判委员会第1824次会议通过，2020年12月31日公告公布，自2021年1月1日起施行。"担保制度司法解释"公布后，社会反响热烈，社会各界亟待听到对该解释的权威解读。为此，记者采访了最高人民法院民二庭负责人。

问：能否请您简要介绍一下"担保制度司法解释"的起草背景和过程？

答：此次"担保制度司法解释"的起草工作是在民法典颁布实施的大背景下开展和进行的。习近平总书记在中央政治局第二十次集体学习时强调，民法典在中国特色社会主义法律体系中具有重要的地位，是一部固根本、稳预期、利长远的基础性法律，对发展社会主义市场经济、保障人民权益实现、巩固社会主义基本经济制度，都具有重大意义。

为贯彻落实习近平总书记第二十次集体学习时重要讲话精神，最高人民法院及时开展司法解释全面清理工作，把高质量完成司法解释全面清理工作作为提高政治能力的重要方面，确保民法典统一正确实施，依法保障人民群

① 载最高人民法院官网：http：//www. court. gov. cn/zixun – xiangqing – 284441. html，2021年3月16日最后访问。

众权益。这次对新中国成立以来现行有效的591个司法解释和相关规范性文件进行了全面清理，其中和民法典规定一致的364件，未作修改、继续适用；需要对于名称和部分条款进行修改的共计111件，决定废止的共计116件。根据最高人民法院“统一规划、分批制定、急用先行、重点推进”的原则，制定了与民法典配套的第一期共计7个司法解释，并于2021年1月1日起施行。

本次起草的“担保制度司法解释”就是与民法典配套的第一期制定的7个司法解释中的一部，制定过程中秉承了传承与发展相统一的基本理念。

一方面，通过对包括原担保法司法解释等在内的与担保有关的10个司法解释的梳理，对和民法典不一致的规定予以清理，将其中与民法典规定相一致的部分予以吸收，并在对条款内容进一步改造完善的前提下，纳入本解释中，保持了法律的延续性和稳定性，更加适应新形势下经济社会发展的需求。

另一方面，我们充分考虑民法典对于担保制度进行的修改和增加的规定，为防止民法典实施以后该部分规定在司法实践中认识不一致、裁判尺度不统一，避免先乱后治，力争防患于未然，本解释对于该部分内容进一步明确法律适用的具体规则，保持了法律适用的统一性和严肃性。如民法典修改了担保法关于保证方式推定的规则，在当事人对于保证责任的方式没有约定或者约定不明时，推定为一般保证。实践中，可能会存在将推定规则与解释规则混为一谈的现象，即认为只要当事人没有明确约定连带责任保证，就应认定为一般保证。我们认为，推定规则只有在难以确定保证人真实意思表示的情况下才能适用。

反之，如果可以通过意思表示解释规则，确定当事人承担的是连带责任保证的，就不能简单地根据推定规则将其认定为一般保证。再如价款优先权问题，该制度系民法典增加规定的内容，鉴于这是一项全新的制度，不少人反映理解起来非常困难，为此，我们通过研究相关案例，通过类型化方式描述该制度的交易结构，将该制度区分为两种情形：一是债务人在设定动产浮动抵押后又购入或者承租新的动产时，为担保价款或者租金债权的实现，有关权利人在该动产上依法设定抵押权等担保物权；二是在动产买卖中，买受人通过赊销、融资租赁等方式取得动产后，又以该动产为他人设定担保物权，为担保价款或者租金债权实现，有关权利人在该动产上依法设定担保物权。两种情形中，享有价款优先权的人都包括在动产上设立抵押权或者保留所有权的出卖人、为价款支付提供融资而在该动产上设立抵押权的债权人、以融资租赁方式出租该动产的出租人等情形。

所不同的是，前一情形下的价款优先权，主要适用于浮动抵押场合，解决的是已经设定浮动抵押的中小企业的再融资问题，对抗的是在先设立的浮动抵押权；而后一情形下的价款优先权，适用于动产抵押，是为了解决买受人在该动产上为第三人设定抵押权时如何保护出卖人、出租人等权利人权益的问题，对抗的则是为取得优先权进行抢先登记的权利人。

为确保此次司法解释能够准确聚焦民法典担保制度的适用，我们坚持问题导向和实际需求，努力构建清晰、简明、针对性强的担保制度解释体系。2019 年制定《全国法院民商事审判工作会议纪要》（以下简称《纪要》）时，已经着手准备有关担保制度解释的梳理工作。《纪要》制定过程中，我们参照了民法典草案有关担保制度的规定，将“关于担保纠纷案件的审理”作为《纪要》的重要内容予以规定，在后续的实施过程中取得了很好的社会效果和法律效果。此次司法解释，吸纳改进了《纪要》规定的实践中证明行之有效的部分内容。此外，为确保此次司法解释更加务实管用、更具理论品味、更具国际视野，2020 年初我们组成了专门的研究团队，对担保领域的相关理论和实务问题进行了深入的专题研究，于 6 月初形成初稿。此后，先后在长沙、重庆召开 15 家地方高院有关同志参加的研讨会；利用学员到法官学院培训机会，听取部分参训学员意见；就仓单质押、应收账款质押等问题征求“一行两会”以及包括银行业协会在内的 8 家行业协会意见，就不动产登记事宜拜访了自然资源部不动产登记局并听取其意见，就金融、房地产等相关实务问题听取了全国律协、北京律协等以及房地产协会意见；委托人大法学院等高等院校，多次召开研讨会，听取专家学者意见。我们还书面征求了全国各高院以及我院相关部门的意见，并就相关条文专门征求相关庭室意见；公开征求了包括人大法学院等在内的 9 家法学科研院校意见；面向社会公开征求意见，共收到有效意见约260件。同时，召开民二庭主审法官会议，对《征求意见稿》进行逐条研究，并将公开征求意见稿以及征求全国人大法工委意见稿发全庭法官征求意见；最高人民法院审判委员会专职委员刘贵祥大法官二十余次带领起草组成员进行逐条研究。除此之外，我们还组织了专门力量，逐条附上典型案例、相关规范以及比较法资料，并对实践中争议比较大的23个条文进行了类案检索。可以说，“担保制度司法解释”是社会各界认真研究、共同努力的结果。

问：能否请您谈谈此次贯穿于“担保制度司法解释”的指导思想是什么？

答：法者，天下之程式，万事之仪表。当前中国进入新发展阶段，贯彻新发展理念和构建新发展格局，主动应对国内外各种挑战，比任何时候都需要发挥法治的引领和保障作用。担保作为一项重要民事法律制度，涉及民事法律体系的各个方面，担保制度的完善对于促进经济发展起着至关重要的作用。在司法解释起草过程中，我们深入学习贯彻习近平法治思想，坚决贯彻习近平总书记系列重要讲话精神，坚持以人民为中心的发展思想，以平等保护当事人合法权益为出发点和落脚点，通过切实规范担保交易秩序，保障债权实现，缓解中小企业融资难融资贵等问题，发挥法治对于经济发展的保障作用，不断增强市场活力和人民群众获得感。

一是尊重立法原意。如对于共同保证，担保人之间是否具有追偿权，不论是民法典制定过程中还是出台后，都存在争议。在此情况下，我们秉持尊重立法原意原则，明确担保人之间原则上不能相互追偿，但是担保人之间约定相互追偿、约定承担连带共同担保，或者虽未作出这样的约定，但是各担保人在同一份合同书上签字、盖章或者按指印或者担保人之间因共同关系而形成连带债务关系的除外，解决了审判实践中的绝大多数问题。对于未办理登记的动产抵押合同的效力、抵押财产转让的法律后果，我们在尊重立法原意基础上，结合可能产生的实践问题进行了规范。

二是坚持问题导向。司法解释规定的担保问题，如公司对外担保、分支机构对外担保、学校医院对外担保、混合担保中担保人有无追偿权、债务人破产时保证债务应否停止计息、如何认识先诉抗辩权、保证合同无效时能否适用保证期间、预告登记的效力、流动质押、仓单质押等问题，几乎全部是长期困扰司法实践的疑难问题。另一方面，对于原担保法司法解释规定的很多制度，尽管从法理上说仍然具有正确性，但考虑到目前已经基本没有异议，秉持问题导向所以未简单地予以沿袭。

三是合理引导预期。针对经济金融领域存在的一些不规范现象，本解释着眼于规范交易行为，对相关问题进行了规范，合理引导社会预期。如针对金融机构分支机构负责人越权提供担保的情形，规定未经金融机构授权，金融机构分支机构对外提供的保函以外的担保无效；针对上市公司违规担保这一资本市场的“顽疾”和“毒瘤”，规定相对人未根据上市公司公开披露的信息与上市公司及其控股子公司签订担保合同的，上市公司不承担任何民事责任。这一规定有利于维护广大股民的合法权利，对于促进股票市场健康发展、增强交易所和上市公司的国际竞争力，意义重大；针对“一单多质”等仓单领域的乱象，规定仓单既可以背书方式进行质押，也可以依法进行登记，并明确保管人的责任。

四是保持司法政策延续性。如关于担保从属性、公司对外担保、共同担保、借新还旧中的担保责任、房地一体抵押等所涉及的具体规则，主要来自《纪要》的相关规定，目的就在于保持司法政策的连续性，稳定社会预期。

五是优化营商环境。世行营商环境评估中的“获得信贷”指标，对应的很多内容涉及担保制度。其中，关于担保财产的概括描述、抵押权及于从物与添附物、担保物权的实现程序等规定，与民法典规定不相冲突，故司法解释予以了规定。

问：“担保制度司法解释”内容非常丰富，能否请您简要介绍一下各部分的重点内容？

答：“担保制度司法解释”共计71个条文，主要包括一般规定、保证、担保物权和非典型性担保四个部分，每一部分都各具亮点，每一条都很重要，下面就各部分的重中之重予以简要说明：

关于一般规定，该部分共有24个条文，分别就适用范围、担保从属性、担保资格、公司对外担保、共同担保、担保无效的法律后果、担保与破产的衔接以及其他问题作出规定。其中，在适用范围上明确了典型担保应适用本解释的规定，非典型性担保中有些合同本身并非担保合同，故此类合同一般不适用本解释，而只有在涉及担保功能发生纠纷时才适用本解释的规定。在担保的从属性上，坚持问题导向，仅对效力、内容上的从属性作出规定。关于公司对外担保的问题，本解释在《纪要》确定的裁判尺度基础上明确，公司的法定代表人违反公司法关于公司对外担保决议程序的规定，超越权限代表公司与相对人订立担保合同，人民法院应当依照民法典第六十一条和第五百零四条等规定视相对人是善意还是非善意处理。对相对人与上市公司签订担保合同的效力和后果进行了特别规定。在共同担保的问题上，秉承了担保人原则上不享有相互追偿权的原则，对于当事人明确约定或者推定当事人具有互相追偿意思表示的情形，本着尊重当事人意思自治的原则，赋予当事人之间相互追偿的权利。

关于保证，该部分共有12个条文，分别就保证类型的识别、一般保证的诉讼当事人、赋予强制执行效力的公证债权文书的效力、依法强制执行仍不能履行债务的标准、共同保证中债权人行使权利的相对效力、最高额保证的保证期间、撤诉是否影响保证期间、保证合同无效时保证期间的效力、与保证期间有关事实的审查、对超过诉讼时效的债务提供保证、增信措施的性质方面做出规定，几乎每一条规定都带有强烈的问题意识，多数规定都是本解释的亮点。其中，在保证类型的识别问题上，区分了推定规则与解释规则，并对非典型保证作出具体规定。对于一般保证的保证期间和诉讼时效如何适用及衔接问题予以明确，并规定人民法院应将保证期间是否经过作为案件基本事实予以查明。对于实践中争议较大的最高额保证的保证期间如何计算问题，结合审判实践经验作出了统一规定。

关于担保物权，该部分共有26个条文，是内容最多的部分，亮点纷呈。其中，以权属不明或者有争议的财产抵押，构成无权处分的，按善意取得处理。关于抵押财产转让问题，对于民法典第406条“当事人另有约定，按照其约定”的法律后果予以明确，并规定了上述约定在登记的情况下才具有对抗效力。在抵押预告登记的效力问题上，明确了不具备办理抵押登记条件的，不享有优先受偿的效力。在权利质押部分，着力解决仓单质押中的“仓单乱象”和应收账款不存在或者虚构应收账款时该如何分配举证责任问题，有利于促进权利质押的规范操作。

关于非典型性担保，该部分共有8个条文，除了对民法典规定的所有权保留、融资租赁、保理作出规定外，还规定了让与担保以及保证金。其中，明确了本解释仅适用于有追索权的保理，为尊重司法实践，规定了人民法院对于保理人一并起诉应收账款债权人和应收账款债务人的可以受理。对于让与担保的识别问题，本解释作出了详细的规定，旨在明确让与担保合同的识别标准，有利于在司法实践中准确把握。

问：“担保制度司法解释”对于优化营商环境有哪些具体的举措和体现？

答：“担保制度司法解释”在优化营商环境问题上有两个方面体现，一是对标世行营商环境指标，二是优化国内营商环境。

一般认为，现代动产担保制度的基本规则包括以下几个方面：一是将不转移占有的动产担保形式作为最基本和最主要的担保形式；二是除典型担保外，担保方式还应包括所有具有担保功能的非典型担保，如让与担保、所有权保留、融资租赁、保理等；三是担保范围应当包括所有的动产和权利；四是担保权通过担保协议设立，允许企业为任何类型的债务设定担保，允许对担保物和担保债务进行概括描述；五是担保资产上的担保权延及可识别的收益、产品和替代品；六是建立统一的公示对抗效力规则，并明确登记是担保权取得对抗第三人效力的主要公示方法；七是建立全国集中统一的登记机构和登记系统，提供电子化的登记公示服务；八是建立统一清晰、可预测的优先权规则；九是建立高效的担保权执行程序，支持庭外执行。世界银行“获得信贷”指标基本采纳了前述观点，将其作为评估动产担保制度的主要依据。

因应世界银行优化营商环境要求，着力构建现代动产担保制度，是民法典的重要内容。本解释的很多条文，都体现了优化营商环境的要求，如第38

条至第42条有担保物权的不可分性、抵押权及于从物、抵押权及于添附物、抵押权的物上代位效力的规定，体现的就是担保资产上的担保权延及可识别的收益、产品和替代品这一要求；第45条有关担保物权实现程序的规定，体现的是建立高效的担保权执行程序，支持庭外执行这一要求；第53条允许对抵押财产进行概括描述，体现了允许对担保物和担保债务进行概括描述的要求；第54条关于未办理登记的动产抵押权的效力的规定，体现了建立统一清晰、可预测的优先权规则的要求；有关所有权保留、融资租赁、保理、让与担保等条文的规定，体现了功能主义担保的要求。可以说，优化营商环境是“担保制度司法解释”的重要着力点。

着力缓解中小微企业融资难、融资贵问题，切实规范担保交易秩序，更好发挥物的流转效用，是优化营商环境的重要内容。因缺乏银行可接受的有效担保，是造成中小微企业融资难的重要成因之一。如何寻求新的有效担保方式，规范担保交易秩序，已经成为经济发展中的重要环节。除民法典第399条规定的财产不得抵押、第426条规定的法律、行政法规禁止转让的动产不得出质外，本解释第63条允许以法律、行政法规尚未规定可以担保的财产权利设立担保，并确认了该类合同的效力，以及可以请求按照担保合同的约定折价、变价受偿，丰富了当事人担保的方式和类型；第55条明确了质权设立的条件，明确了监管人的责任，有利于规范质押担保时的交易秩序。在非典型担保部分，本解释明确了融资租赁、保理、让与担保等非典型性担保合同的性质，并规定了债权人实现担保物权的方式，丰富了担保交易的类型，拓宽了获得信贷的途径。类似的规定还有很多。作出此类规定的本意也是从服务实体经济的角度出发，预防化解金融交易风险点，促进市场主体规范经营，繁荣社会主义市场经济。

问：最后，请您谈谈“担保制度司法解释”的适用范围和新旧法衔接问题？

答：本解释的适用范围及新旧法衔接问题主要从两个方面考虑，一是适用对象上，因典型担保发生的纠纷属于本解释主要解决的内容，故典型担保纠纷应适用于本解释。非典型性担保中，部分合同本身并非担保合同，且融资租赁、保理等合同类型在民法典合同编典型合同中已有专门的规定，且类似无追索权保理合同等并不具有担保功能，故本解释明确非典型性担保只有在涉及担保功能发生的纠纷，才应适用本解释的有关规定。二是新旧法衔接适用上，因为我院已在《最高人民法院关于适用〈中华人民共和国民法典〉时间效力的若干规定》中既对民法典的施行问题作出了一般规定，又对“民法典施行前成立的保证合同”当事人对保证期间约定不明确或者对保证期间没有约定如何处理等作出具体规定，故本解释不再规定新旧法的适用问题。

附录二

中华人民共和国民法典（节录）

（2020年5月28日第十三届全国人民代表大会第三次会议通过
2020年5月28日中华人民共和国主席令第45号公布
自2021年1月1日起施行）

第二编　物　　权

第四分编　担 保 物 权

第十六章　一 般 规 定

第三百八十六条　担保物权人在债务人不履行到期债务或者发生当事人约定的实现担保物权的情形，依法享有就担保财产优先受偿的权利，但是法律另有规定的除外。

第三百八十七条　债权人在借贷、买卖等民事活动中，为保障实现其债权，需要担保的，可以依照本法和其他法律的规定设立担保物权。

第三人为债务人向债权人提供担保的，可以要求债务人提供反担保。反担保适用本法和其他法律的规定。

第三百八十八条　设立担保物权，应当依照本法和其他法律的规定订立担保合同。担保合同包括抵押合同、质押合同和其他具有担保功能的合同。担保合同是主债权债务合同的从合同。主债权债务合同无效的，担保合同无效，但是法律另有规定的除外。

担保合同被确认无效后，债务人、担保人、债权人有过错的，应当根据其过错各自承担相应的民事责任。

第三百八十九条 担保物权的担保范围包括主债权及其利息、违约金、损害赔偿金、保管担保财产和实现担保物权的费用。当事人另有约定的，按照其约定。

第三百九十条 担保期间，担保财产毁损、灭失或者被征收等，担保物权人可以就获得的保险金、赔偿金或者补偿金等优先受偿。被担保债权的履行期限未届满的，也可以提存该保险金、赔偿金或者补偿金等。

第三百九十一条 第三人提供担保，未经其书面同意，债权人允许债务人转移全部或者部分债务的，担保人不再承担相应的担保责任。

第三百九十二条 被担保的债权既有物的担保又有人的担保的，债务人不履行到期债务或者发生当事人约定的实现担保物权的情形，债权人应当按照约定实现债权；没有约定或者约定不明确，债务人自己提供物的担保的，债权人应当先就该物的担保实现债权；第三人提供物的担保的，债权人可以就物的担保实现债权，也可以请求保证人承担保证责任。提供担保的第三人承担担保责任后，有权向债务人追偿。

第三百九十三条 有下列情形之一的，担保物权消灭：

（一）主债权消灭；

（二）担保物权实现；

（三）债权人放弃担保物权；

（四）法律规定担保物权消灭的其他情形。

第十七章　抵　押　权

第一节　一般抵押权

第三百九十四条 为担保债务的履行，债务人或者第三人不转移财产的占有，将该财产抵押给债权人的，债务人不履行到期债务或者发生当事人约定的实现抵押权的情形，债权人有权就该财产优先受偿。

前款规定的债务人或者第三人为抵押人，债权人为抵押权人，提供担保的财产为抵押财产。

第三百九十五条 债务人或者第三人有权处分的下列财产可以抵押：

（一）建筑物和其他土地附着物；

（二）建设用地使用权；

（三）海域使用权；

（四）生产设备、原材料、半成品、产品；

（五）正在建造的建筑物、船舶、航空器；

（六）交通运输工具；

（七）法律、行政法规未禁止抵押的其他财产。

抵押人可以将前款所列财产一并抵押。

第三百九十六条 企业、个体工商户、农业生产经营者可以将现有的以及将有的生产设备、原材料、半成品、产品抵押，债务人不履行到期债务或者发生当事人约定的实现抵押权的情形，债权人有权就抵押财产确定时的动产优先受偿。

第三百九十七条 以建筑物抵押的，该建筑物占用范围内的建设用地使用权一并抵押。以建设用地使用权抵押的，该土地上的建筑物一并抵押。

抵押人未依据前款规定一并抵押的，未抵押的财产视为一并抵押。

第三百九十八条 乡镇、村企业的建设用地使用权不得单独抵押。以乡镇、村企业的厂房等建筑物抵押的，其占用范围内的建设用地使用权一并抵押。

第三百九十九条 下列财产不得抵押：

（一）土地所有权；

（二）宅基地、自留地、自留山等集体所有土地的使用权，但是法律规定可以抵押的除外；

（三）学校、幼儿园、医疗机构等为公益目的成立的非营利法人的教育设施、医疗卫生设施和其他公益设施；

（四）所有权、使用权不明或者有争议的财产；

（五）依法被查封、扣押、监管的财产；

（六）法律、行政法规规定不得抵押的其他财产。

第四百条 设立抵押权，当事人应当采用书面形式订立抵押合同。

抵押合同一般包括下列条款：

（一）被担保债权的种类和数额；

（二）债务人履行债务的期限；

（三）抵押财产的名称、数量等情况；

（四）担保的范围。

第四百零一条 抵押权人在债务履行期限届满前，与抵押人约定债务人不履行到期债务时抵押财产归债权人所有的，只能依法就抵押财产优先受偿。

第四百零二条 以本法第三百九十五条第一款第一项至第三项规定的财产或者第五项规定的正在建造的建筑物抵押的，应当办理抵押登记。抵押权自登记时设立。

第四百零三条 以动产抵押的，抵押权自抵押合同生效时设立；未经登记，不得对抗善意第三人。

第四百零四条 以动产抵押的，不得对抗正常经营活动中已经支付合理价款并取得抵押财产的买受人。

第四百零五条 抵押权设立前，抵押财产已经出租并转移占有的，原租赁关系不受该抵押权的影响。

第四百零六条 抵押期间，抵押人可以转让抵押财产。当事人另有约定的，按照其约定。抵押财产转让的，抵押权不受影响。

抵押人转让抵押财产的，应当及时通知抵押权人。抵押权人能够证明抵押财产转让可能损害抵押权的，可以请求抵押人将转让所得的价款向抵押权人提前清偿债务或者提存。转让的价款超过债权数额的部分归抵押人所有，不足部分由债务人清偿。

第四百零七条 抵押权不得与债权分离而单独转让或者作为其他债权的

担保。债权转让的，担保该债权的抵押权一并转让，但是法律另有规定或者当事人另有约定的除外。

第四百零八条 抵押人的行为足以使抵押财产价值减少的，抵押权人有权请求抵押人停止其行为；抵押财产价值减少的，抵押权人有权请求恢复抵押财产的价值，或者提供与减少的价值相应的担保。抵押人不恢复抵押财产的价值，也不提供担保的，抵押权人有权请求债务人提前清偿债务。

第四百零九条 抵押权人可以放弃抵押权或者抵押权的顺位。抵押权人与抵押人可以协议变更抵押权顺位以及被担保的债权数额等内容。但是，抵押权的变更未经其他抵押权人书面同意的，不得对其他抵押权人产生不利影响。

债务人以自己的财产设定抵押，抵押权人放弃该抵押权、抵押权顺位或者变更抵押权的，其他担保人在抵押权人丧失优先受偿权益的范围内免除担保责任，但是其他担保人承诺仍然提供担保的除外。

第四百一十条 债务人不履行到期债务或者发生当事人约定的实现抵押权的情形，抵押权人可以与抵押人协议以抵押财产折价或者以拍卖、变卖该抵押财产所得的价款优先受偿。协议损害其他债权人利益的，其他债权人可以请求人民法院撤销该协议。

抵押权人与抵押人未就抵押权实现方式达成协议的，抵押权人可以请求人民法院拍卖、变卖抵押财产。

抵押财产折价或者变卖的，应当参照市场价格。

第四百一十一条 依据本法第三百九十六条规定设定抵押的，抵押财产自下列情形之一发生时确定：

（一）债务履行期限届满，债权未实现；

（二）抵押人被宣告破产或者解散；

（三）当事人约定的实现抵押权的情形；

（四）严重影响债权实现的其他情形。

第四百一十二条 债务人不履行到期债务或者发生当事人约定的实现抵押权的情形，致使抵押财产被人民法院依法扣押的，自扣押之日起，抵押权人有权收取该抵押财产的天然孳息或者法定孳息，但是抵押权人未通知应当清偿法定孳息义务人的除外。

前款规定的孳息应当先充抵收取孳息的费用。

第四百一十三条 抵押财产折价或者拍卖、变卖后，其价款超过债权数额的部分归抵押人所有，不足部分由债务人清偿。

第四百一十四条 同一财产向两个以上债权人抵押的，拍卖、变卖抵押财产所得的价款依照下列规定清偿：

（一）抵押权已经登记的，按照登记的时间先后确定清偿顺序；

（二）抵押权已经登记的先于未登记的受偿；

（三）抵押权未登记的，按照债权比例清偿。

其他可以登记的担保物权，清偿顺序参照适用前款规定。

第四百一十五条 同一财产既设立抵押权又设立质权的，拍卖、变卖该财产所得的价款按照登记、交付的时间先后确定清偿顺序。

第四百一十六条 动产抵押担保的主债权是抵押物的价款，标的物交付后十日内办理抵押登记的，该抵押权人优先于抵押物买受人的其他担保物权人受偿，但是留置权人除外。

第四百一十七条 建设用地使用权抵押后，该土地上新增的建筑物不属于抵押财产。该建设用地使用权实现抵押权时，应当将该土地上新增的建筑物与建设用地使用权一并处分。但是，新增建筑物所得的价款，抵押权人无权优先受偿。

第四百一十八条 以集体所有土地的使用权依法抵押的，实现抵押权后，未经法定程序，不得改变土地所有权的性质和土地用途。

第四百一十九条 抵押权人应当在主债权诉讼时效期间行使抵押权；未行使的，人民法院不予保护。

第二节 最高额抵押权

第四百二十条 为担保债务的履行，债务人或者第三人对一定期间内将要连续发生的债权提供担保财产的，债务人不履行到期债务或者发生当事人约定的实现抵押权的情形，抵押权人有权在最高债权额限度内就该担保财产优先受偿。

最高额抵押权设立前已经存在的债权，经当事人同意，可以转入最高额抵押担保的债权范围。

第四百二十一条 最高额抵押担保的债权确定前，部分债权转让的，最高额抵押权不得转让，但是当事人另有约定的除外。

第四百二十二条 最高额抵押担保的债权确定前，抵押权人与抵押人可以通过协议变更债权确定的期间、债权范围以及最高债权额。但是，变更的内容不得对其他抵押权人产生不利影响。

第四百二十三条 有下列情形之一的，抵押权人的债权确定：

（一）约定的债权确定期间届满；

（二）没有约定债权确定期间或者约定不明确，抵押权人或者抵押人自最高额抵押权设立之日起满二年后请求确定债权；

（三）新的债权不可能发生；

（四）抵押权人知道或者应当知道抵押财产被查封、扣押；

（五）债务人、抵押人被宣告破产或者解散；

（六）法律规定债权确定的其他情形。

第四百二十四条 最高额抵押权除适用本节规定外，适用本章第一节的有关规定。

第十八章 质 权

第一节 动产质权

第四百二十五条 为担保债务的履行，债务人或者第三人将其动产出质给债权人占有的，债务人不履行到期债务或者发生当事人约定的实现质权的情形，债权人有权就该动产优先受偿。

前款规定的债务人或者第三人为出质人，债权人为质权人，交付的动产为质押财产。

第四百二十六条 法律、行政法规禁止转让的动产不得出质。

第四百二十七条 设立质权，当事人应当采用书面形式订立质押合同。

质押合同一般包括下列条款：

（一）被担保债权的种类和数额；

（二）债务人履行债务的期限；

（三）质押财产的名称、数量等情况；

（四）担保的范围；

（五）质押财产交付的时间、方式。

第四百二十八条 质权人在债务履行期限届满前，与出质人约定债务人不履行到期债务时质押财产归债权人所有的，只能依法就质押财产优先受偿。

第四百二十九条 质权自出质人交付质押财产时设立。

第四百三十条 质权人有权收取质押财产的孳息，但是合同另有约定的除外。

前款规定的孳息应当先充抵收取孳息的费用。

第四百三十一条 质权人在质权存续期间，未经出质人同意，擅自使用、处分质押财产，造成出质人损害的，应当承担赔偿责任。

第四百三十二条 质权人负有妥善保管质押财产的义务；因保管不善致使质押财产毁损、灭失的，应当承担赔偿责任。

质权人的行为可能使质押财产毁损、灭失的，出质人可以请求质权人将质押财产提存，或者请求提前清偿债务并返还质押财产。

第四百三十三条 因不可归责于质权人的事由可能使质押财产毁损或者价值明显减少，足以危害质权人权利的，质权人有权请求出质人提供相应的担保；出质人不提供的，质权人可以拍卖、变卖质押财产，并与出质人协议将拍卖、变卖所得的价款提前清偿债务或者提存。

第四百三十四条 质权人在质权存续期间，未经出质人同意转质，造成质押财产毁损、灭失的，应当承担赔偿责任。

第四百三十五条 质权人可以放弃质权。债务人以自己的财产出质，质权人放弃该质权的，其他担保人在质权人丧失优先受偿权益的范围内免除担保责任，但是其他担保人承诺仍然提供担保的除外。

第四百三十六条 债务人履行债务或者出质人提前清偿所担保的债权的，质权人应当返还质押财产。

债务人不履行到期债务或者发生当事人约定的实现质权的情形，质权人可以与出质人协议以质押财产折价，也可以就拍卖、变卖质押财产所得的价款优先受偿。

质押财产折价或者变卖的，应当参照市场价格。

第四百三十七条 出质人可以请求质权人在债务履行期限届满后及时行使质权；质权人不行使的，出质人可以请求人民法院拍卖、变卖质押财产。

出质人请求质权人及时行使质权，因质权人怠于行使权利造成出质人损害的，由质权人承担赔偿责任。

第四百三十八条 质押财产折价或者拍卖、变卖后，其价款超过债权数额的部分归出质人所有，不足部分由债务人清偿。

第四百三十九条 出质人与质权人可以协议设立最高额质权。

最高额质权除适用本节有关规定外，参照适用本编第十七章第二节的有关规定。

第二节 权利质权

第四百四十条 债务人或者第三人有权处分的下列权利可以出质：

（一）汇票、本票、支票；

（二）债券、存款单；

（三）仓单、提单；

（四）可以转让的基金份额、股权；

（五）可以转让的注册商标专用权、专利权、著作权等知识产权中的财产权；

（六）现有的以及将有的应收账款；

（七）法律、行政法规规定可以出质的其他财产权利。

第四百四十一条 以汇票、本票、支票、债券、存款单、仓单、提单出质的，质权自权利凭证交付质权人时设立；没有权利凭证的，质权自办理出质登记时设立。法律另有规定的，依照其规定。

第四百四十二条 汇票、本票、支票、债券、存款单、仓单、提单的兑现日期或者提货日期先于主债权到期的，质权人可以兑现或者提货，并与出质人协议将兑现的价款或者提取的货物提前清偿债务或者提存。

第四百四十三条 以基金份额、股权出质的，质权自办理出质登记时设立。

基金份额、股权出质后，不得转让，但是出质人与质权人协商同意的除外。出质人转让基金份额、股权所得的价款，应当向质权人提前清偿债务或者提存。

第四百四十四条 以注册商标专用权、专利权、著作权等知识产权中的财产权出质的，质权自办理出质登记时设立。

知识产权中的财产权出质后，出质人不得转让或者许可他人使用，但是出质人与质权人协商同意的除外。出质人转让或者许可他人使用出质的知识产权中的财产权所得的价款，应当向质权人提前清偿债务或者提存。

第四百四十五条 以应收账款出质的，质权自办理出质登记时设立。

应收账款出质后，不得转让，但是出质人与质权人协商同意的除外。出质人转让应收账款所得的价款，应当向质权人提前清偿债务或者提存。

第四百四十六条 权利质权除适用本节规定外，适用本章第一节的有关规定。

第十九章　留　置　权

第四百四十七条 债务人不履行到期债务，债权人可以留置已经合法占有的债务人的动产，并有权就该动产优先受偿。

前款规定的债权人为留置权人，占有的动产为留置财产。

第四百四十八条 债权人留置的动产，应当与债权属于同一法律关系，但是企业之间留置的除外。

第四百四十九条 法律规定或者当事人约定不得留置的动产，不得留置。

第四百五十条 留置财产为可分物的，留置财产的价值应当相当于债务的金额。

第四百五十一条 留置权人负有妥善保管留置财产的义务；因保管不善致使留置财产毁损、灭失的，应当承担赔偿责任。

第四百五十二条 留置权人有权收取留置财产的孳息。

前款规定的孳息应当先充抵收取孳息的费用。

第四百五十三条 留置权人与债务人应当约定留置财产后的债务履行期限；没有约定或者约定不明确的，留置权人应当给债务人六十日以上履行债务的期限，但是鲜活易腐等不易保管的动产除外。债务人逾期未履行的，留置权人可以与债务人协议以留置财产折价，也可以就拍卖、变卖留置财产所得的价款优先受偿。

留置财产折价或者变卖的，应当参照市场价格。

第四百五十四条 债务人可以请求留置权人在债务履行期限届满后行使留置权；留置权人不行使的，债务人可以请求人民法院拍卖、变卖留置财产。

第四百五十五条 留置财产折价或者拍卖、变卖后，其价款超过债权数额的部分归债务人所有，不足部分由债务人清偿。

第四百五十六条 同一动产上已经设立抵押权或者质权，该动产又被留置的，留置权人优先受偿。

第四百五十七条 留置权人对留置财产丧失占有或者留置权人接受债务人另行提供担保的，留置权消灭。

第三编　合　　同

第十三章　保 证 合 同

第一节　一 般 规 定

第六百八十一条　保证合同是为保障债权的实现，保证人和债权人约定，当债务人不履行到期债务或者发生当事人约定的情形时，保证人履行债务或者承担责任的合同。

第六百八十二条　保证合同是主债权债务合同的从合同。主债权债务合同无效的，保证合同无效，但是法律另有规定的除外。

保证合同被确认无效后，债务人、保证人、债权人有过错的，应当根据其过错各自承担相应的民事责任。

第六百八十三条　机关法人不得为保证人，但是经国务院批准为使用外国政府或者国际经济组织贷款进行转贷的除外。

以公益为目的的非营利法人、非法人组织不得为保证人。

第六百八十四条　保证合同的内容一般包括被保证的主债权的种类、数额，债务人履行债务的期限，保证的方式、范围和期间等条款。

第六百八十五条　保证合同可以是单独订立的书面合同，也可以是主债权债务合同中的保证条款。

第三人单方以书面形式向债权人作出保证，债权人接收且未提出异议的，保证合同成立。

第六百八十六条　保证的方式包括一般保证和连带责任保证。

当事人在保证合同中对保证方式没有约定或者约定不明确的，按照一般保证承担保证责任。

第六百八十七条　当事人在保证合同中约定，债务人不能履行债务时，由保证人承担保证责任的，为一般保证。

一般保证的保证人在主合同纠纷未经审判或者仲裁，并就债务人财产依法强制执行仍不能履行债务前，有权拒绝向债权人承担保证责任，但是有下列情形之一的除外：

（一）债务人下落不明，且无财产可供执行；

（二）人民法院已经受理债务人破产案件；

（三）债权人有证据证明债务人的财产不足以履行全部债务或者丧失履行债务能力；

（四）保证人书面表示放弃本款规定的权利。

第六百八十八条 当事人在保证合同中约定保证人和债务人对债务承担连带责任的，为连带责任保证。

连带责任保证的债务人不履行到期债务或者发生当事人约定的情形时，债权人可以请求债务人履行债务，也可以请求保证人在其保证范围内承担保证责任。

第六百八十九条 保证人可以要求债务人提供反担保。

第六百九十条 保证人与债权人可以协商订立最高额保证的合同，约定在最高债权额限度内就一定期间连续发生的债权提供保证。

最高额保证除适用本章规定外，参照适用本法第二编最高额抵押权的有关规定。

第二节 保证责任

第六百九十一条 保证的范围包括主债权及其利息、违约金、损害赔偿金和实现债权的费用。当事人另有约定的，按照其约定。

第六百九十二条 保证期间是确定保证人承担保证责任的期间，不发生中止、中断和延长。

债权人与保证人可以约定保证期间，但是约定的保证期间早于主债务履行期限或者与主债务履行期限同时届满的，视为没有约定；没有约定或者约定不明确的，保证期间为主债务履行期限届满之日起六个月。

债权人与债务人对主债务履行期限没有约定或者约定不明确的，保证期间自债权人请求债务人履行债务的宽限期届满之日起计算。

第六百九十三条 一般保证的债权人未在保证期间对债务人提起诉讼或者申请仲裁的，保证人不再承担保证责任。

连带责任保证的债权人未在保证期间请求保证人承担保证责任的，保证人不再承担保证责任。

第六百九十四条 一般保证的债权人在保证期间届满前对债务人提起诉讼或者申请仲裁的，从保证人拒绝承担保证责任的权利消灭之日起，开始计算保证债务的诉讼时效。

连带责任保证的债权人在保证期间届满前请求保证人承担保证责任的，从债权人请求保证人承担保证责任之日起，开始计算保证债务的诉讼时效。

第六百九十五条 债权人和债务人未经保证人书面同意，协商变更主债权债务合同内容，减轻债务的，保证人仍对变更后的债务承担保证责任；加重债务的，保证人对加重的部分不承担保证责任。

债权人和债务人变更主债权债务合同的履行期限，未经保证人书面同意的，保证期间不受影响。

第六百九十六条 债权人转让全部或者部分债权，未通知保证人的，该转让对保证人不发生效力。

保证人与债权人约定禁止债权转让，债权人未经保证人书面同意转让债权的，保证人对受让人不再承担保证责任。

第六百九十七条 债权人未经保证人书面同意，允许债务人转移全部或者部分债务，保证人对未经其同意转移的债务不再承担保证责任，但是债权人和保证人另有约定的除外。

第三人加入债务的，保证人的保证责任不受影响。

第六百九十八条 一般保证的保证人在主债务履行期限届满后，向债权人提供债务人可供执行财产的真实情况，债权人放弃或者怠于行使权利致使该财产不能被执行的，保证人在其提供可供执行财产的价值范围内不再承担保证责任。

第六百九十九条 同一债务有两个以上保证人的，保证人应当按照保证合同约定的保证份额，承担保证责任；没有约定保证份额的，债权人可以请求任何一个保证人在其保证范围内承担保证责任。

第七百条 保证人承担保证责任后，除当事人另有约定外，有权在其承担保证责任的范围内向债务人追偿，享有债权人对债务人的权利，但是不得损害债权人的利益。

第七百零一条 保证人可以主张债务人对债权人的抗辩。债务人放弃抗辩的，保证人仍有权向债权人主张抗辩。

第七百零二条 债务人对债权人享有抵销权或者撤销权的，保证人可以在相应范围内拒绝承担保证责任。